Joachim Jauch, Herbert Mayer, Gert Taraschonnek
überarbeitet von Peter John

Wegweiser zu Berlins
Straßennamen

Wilmersdorf

D1703158

Wegweiser zu Berlins Straßennamen
Herausgegeben von Hans-Jürgen Mende

Autoren: Joachim Jauch, Herbert Mayer, Gert Taraschonnek;
   überarbeitet von Peter John

Titel: Wegweiser zu Berlins Straßennamen – Wilmersdorf
Redaktion: Peter John
Redaktionsschluß: 30. 06. 1998

© Edition Luisenstadt
2. Auflage, Berlin 1998
Satz, Druck und Verlag: Luisenstädtischer Bildungsverein e.V.
Markgrafendamm 24, 10245 Berlin
Umschlag und Gestaltung: Rudolf Grüttner
Satz: Evelyn Krecksch

ISBN 3-89542-099-9

DM 48,50

Inhaltsverzeichnis

Geleitwort des Bürgermeisters 4

Zur Wegbegleitung – ein Vorwort 5

Einleitung 11

Zur Benutzung 14

Namen der Straßen und Plätze 17

Quellenbeleg 348

Literatur- und Quellenverzeichnis 372

Personenregister 383

Straßenverzeichnis 391

Geleitwort des Bürgermeisters

Der „Wegweiser" zu den Wilmersdorfer Straßennamen ist mir seit seinem Erscheinen im Jahre 1993 immer eine verläßliche Informationsquelle zu den historischen Hintergründen, Bedeutungen und genauen Daten unserer Straßennamen. Diese sind in der Kommunalpolitik häufig gefragt, da nicht selten mit den Namen starke Emotionen, Weltanschauungen und Geschichtsbilder verbunden sind.

Insofern bietet das Buch jedem, der sich für die Geschichte unseres Bezirks interessiert, eine Fülle von Anregungen und Einsichten.

Manchmal beruht der Streit über Straßennamen auch auf falschen oder unzureichenden Informationen. Dann hilft dieses Buch weiter, und ich bin froh, daß jetzt eine zweite, überarbeitete und aktualisierte Fassung vorliegt.

Das Berliner Straßennamengesetz macht eine Umbenennung neuer Straßen fast unmöglich. Das ist gut so. Dadurch wird verhindert, daß Straßen je nach Gusto der gerade Regierenden dem herrschenden Zeitgeschmack angepaßt werden. Die Straßennamen bleiben ein Zeugnis der Zeit, in der sie vergeben wurden, und werden somit zu einem Stück Identität der Bewohner.

Ich wünsche allen Lesern Unterhaltung und Freude bei der Lektüre und hoffe, daß sie angeregt werden, hin und wieder durch die Wilmersdorfer Straßen zu flanieren, um dabei die eine oder andere lokalhistorische Entdeckung zu machen.

Michael Wrasmann

Bezirksbürgermeister
von Berlin-Wilmersdorf

Zur Wegbegleitung – ein Vorwort

Mit diesem Wilmersdorfer „Wegweiser zu Berlins Straßennamen" liegt in zweiter Auflage ein überarbeitetes Heft dieser Reihe vor, die erstmals sowohl die heutigen als auch die früheren Namen von Berlins Straßen und Plätzen dokumentiert. Sie gibt damit dem Leser einen historischen Wegweiser zu Berlins Straßennamen in die Hand, der ihn zu Benennungsdaten, zu Be- und Umbenennungen und zur Herkunft und Bedeutung der Namen führt.

Straßennamen – darin selbstverständlich eingeschlossen die Namen von Plätzen – dienen uns nicht nur tagtäglich zur Orientierung. Im „Tagesgebrauch" oft weniger beachtet, verkörpern sie konservierte Geschichte, beleuchten dabei sowohl das aktuelle Geschehen wie auch bewahrte Vergangenheit. Straßennamen bilden quasi eine Visitenkarte jeder Stadt, reflektieren die jeweilige zeitgenössische Denkart und Geisteshaltung, demonstrieren den Umgang mit der Geschichte der eigenen Stadt und fremder Regionen, sind ein Spiegelbild der historischen Epochen. Die Straßennamen einer Stadt haben Bezug zum Alltagsleben, zu Wirtschaft, Politik, Wissenschaft, Kultur und Kunst. Viele Namen stehen für Personen, Ereignisse und Begriffe, die weit über ihre kommunale Bedeutung hinaus regionale, nationale oder gar internationale Dimensionen besitzen. Die Geschichte der Straßennamen reflektiert letztlich auch immer die Geschichte einer Stadt. Straßennamen sind daher auch nichts Konstantes, sondern – und das nicht nur in Zeiten von historischen Umbrüchen – vielfachen Veränderungen unterworfen.

Dem gewachsenen Interesse an Straßennamen und ihrer Geschichte trägt der Luisenstädtische Bildungsverein mit dieser Publikationsreihe Rechnung. Diesem Anliegen dient auch das 1996 in erster Auflage erschienene „Lexikon der aktuellen Namen Berliner Straßen und Plätze in vier Bänden", das gegenwärtig für eine überarbeitete und ergänzte Neuauflage vorbereitet wird. Allerdings unterscheiden sich das „Lexikon ..." und die seit 1992 erscheinende Reihe „Wegweiser zu Berlins Straßennamen" sowohl in ihrem Aufbau als auch in ihrer Schwerpunktsetzung.

Das „Lexikon ..." gibt in alphabetischer Anordnung einen Überblick über jeden heutigen Straßennamen Berlins: den Verlauf der Straße, ihr Benennungsdatum und die Namenserläuterung. In der überarbeiteten und erweiterten Auflage werden hier auch noch frühere Straßennamen zu finden sein, wobei auf den heutigen Namen kurz verwiesen wird.

In der Reihe „Wegweiser ..." wird – im Unterschied zum „Lexikon ..." – in jedem der 23 Hefte ein Bezirk mit allen ermittelten früheren sowie den heutigen Straßennamen dokumentiert. Eine bezirksspezifische Einleitung gibt jeweils einen kurzen

Überblick über die wechselvolle Geschichte der Straßennamen im jeweiligen Bezirk. Unter jedem Stichwort finden sich stets Angaben über alle früheren, späteren bzw. heutigen Namen, deren Benennungsdatum sowie die Erläuterung des Namens. Darüber hinaus werden auch Details zur Geschichte, zum Verlauf, zur Entstehung und zur Entwicklung der Straße und manch Interessantes, Kurioses und Wissenswertes vermittelt.

Beide Werke, „Lexikon ..." und „Wegweiser...", ergänzen sich so zu einem unverzichtbaren Nachschlagewerk der Namen aller Berliner Plätze und Straßen, bedienen aber auch verschiedene Interessengruppen.

Die Geschichte der Namen von Plätzen und Straßen Berlins ist so alt wie die Stadt selbst. Die ersten Namen für die Berliner Gassen sind bereits für das 13. Jahrhundert nachweisbar, doch waren sie meist nicht dauerhaft. Die ältesten Berliner Straßen sind in der Gegend des ursprünglichen Cölln und Berlin zu finden. Der wohl älteste Platz, der Molkenmarkt, hieß im Mittelalter zunächst Markt, dann Alter Markt – ihm zur Unterscheidung gab es 1323 einen neuen Markt –, dann Mulckenmarkt, ab 1728 Königsplatz, um 1750 wieder Molkenmarkt. Lange Zeit dürfte wohl die inzwischen überbaute Fischerstraße (Fischergasse) in Cölln der älteste Straßenname Berlins gewesen sein. Zu den ältesten Straßen gehört auch die Spandauer Straße, die im 13. und 14. Jahrhundert ein Weg zum Hoflager des Markgrafen war und nach dem Berliner Brand 1380 verbreitert und mit Straßenpflaster versehen wurde.

Zu alten, überlieferten Bezeichnungen gehörten Namen nach Handwerken und Gewerbezweigen, Kirchen und Kirchhöfen, Richtungen, Gebäuden, Anwohnern, Ämtern, Beamten und Fluren. Auch von der Entwicklung der Stadt und ihrer Befestigung zeugen viele alte Straßennamen. Besonders auffällig sind im heutigen Stadtbild zwei große Gruppen, nach denen Straßen benannt sind: Personen und geographische Begriffe. Doch wurden erst seit der Bebauung des Gebietes um die Friedrichstraße, der Friedrichstadt, etwa um 1700, Straßen systematisch nach Personen benannt. Zunächst erfolgte die Namensgebung nach Herrschern, Fürsten, Prinzen, Königen, dann nach Militärs, später kamen Grundeigentümer, Anwohner sowie Hausbesitzer hinzu und schließlich auch Politiker, Wissenschaftler, Künstler und kommunale Persönlichkeiten. Legion sind die nach geographischen Begriffen benannten Straßen. Diese Namen haben ihre ursprüngliche Funktion, die Richtung anzuzeigen, in die sie führten, längst verloren. Auch Namen nach geschichtlichen Ereignissen, Flora und Fauna sowie nach Funktion, Merkmalen, Örtlichkeit und Verlauf der Straße, ja selbst nach Märchen und Sagen prägen das Bild heutiger Straßenschilder. Nicht unerwähnt bleiben soll, daß seit über hundert Jahren in zusammenhängenden Straßenzügen oder Wohnvierteln Straßen nach gleichen Gesichtspunkten, nach einer bestimmten Gruppe von Namen, benannt werden. Auf diese Weise entstanden u. a. sogenannte Dichter-, Künstler-, Märchen-, Prinzen- oder Heimatviertel. Daß bei der Bildung der Stadtgemeinde Berlin 1920 sich durch die

Eingemeindung der Vororte zahlreiche Namensgleichheiten ergaben, belegt, daß sowohl in Berlin als auch in seinen Vororten Straßen und Plätze ihre Namen durchaus nach ähnlichen und gleichen Gesichtspunkten erhalten hatten. Noch 1927 hatte Berlin 2 240 Straßennamen, die mehrfach oder zumindest doppelt vorkamen (darunter u. a. 27 Bahnhofstraßen, 25 Berliner Straßen, 21 Bismarckstraßen).

All das zeigt: Die Straßennamen sind etwas weniger Zufälliges, als es manchmal auf den ersten Blick scheinen mag. Eines hat sich – vor allem seit Benennungen amtlich vollzogen wurden – über alle Zeitabschnitte hindurch nicht geändert: Die Namensgebung bzw. die Straßenbenennung und -umbenennung waren nie dem Zufall überlassen. Bereits die Entstehung dieser Namen und die Befugnis zur Namensgebung stellen ein interessantes historisches Zeugnis von gesellschaftlich-politischen Bedingungen und Umständen dar.

Zunächst, im mittelalterlichen Berlin, erfolgte die Namensgebung der Straßen auf natürliche Weise; geprägt durch tägliche Notwendigkeiten, bedurfte sie jahrhundertelang keiner verordneten kommunalen, staatlichen oder landesherrlichen Namensgebung. Mit dem Wachsen der Stadt mußte sich dies zwangsläufig ändern. In Berlin war daher der Magistrat, an dessen Spitze ein vom König eingesetzter Stadtpräsident stand, für Benennungen der Straßen zuständig. 1813 bestimmte dann eine Kabinettsorder Friedrich Wilhelms III. vom 20. Dezember, daß in den Residenzstädten Berlin, Potsdam und Charlottenburg Straßenbenennungen nur mit Genehmigung des Königs erfolgen dürfen. Der Berliner Magistrat konnte zwar Vorschläge unterbreiten, diese waren aber über den Polizeipräsidenten dem König zuzuleiten und von diesem zu bestätigen. Das Polizeigesetz vom 11. März 1850 betonte, daß in Preußen die Straßenbezeichnungen „Sache der Polizei" seien. Das bekräftigte auch ein Erlaß von Juli 1874, der als ausführendes Organ für die Benennung von Straßen die Wegepolizeibehörde vorsah. Diese war für Berlin natürlich nicht der Magistrat, sondern der Polizeipräsident. „Die Namen, welche die Straßen zu führen haben, bestimmt die Ortspolizeibehörde. Straßen im Sinne dieser Verordnung sind nicht nur die öffentlichen Straßen, sondern auch alle für den Verkehr frei gegebenen Privatstraßen", wurde nochmals am 2. November 1914 verkündet. In den damaligen Vororten Berlins wurden die Straßen und Wege dementsprechend auch von der Polizei bzw. damit beauftragten kommunalen Behörden benannt.

Nach dem Sturz der Monarchie in der Novemberrevolution 1918 ging das Genehmigungsrecht zur Benennung Berliner Straßen auf das preußische Staats-(Innen)ministerium über, ausführendes Organ blieb der Polizeipräsident. Die Verwaltungsordnung von 1918 hob ausdrücklich die Notwendigkeit der „Einholung der ministeriellen Genehmigung bei Straßenbenennungen" hervor. Die Bekanntmachungen über Straßenbenennungen vermerkten daher dann meist, daß sie der Polizeipräsident mit „Zustimmung" oder mit „Einwilligung" des preußischen Staatsministeriums getroffen habe. Zwar versuchte der Magistrat 1930 zu erwirken, daß das Recht der Straßenbenennung auf die Stadt übertragen wird, doch vergebens.

Nach dem Machtantritt von Hitler scheiterte 1935 ein erneuter Versuch der Stadt, das Genehmigungsrecht zu Straßenbenennungen und Umbenennungen zu bekommen. Mit Genehmigung des Staatsministers bzw. des Reichs- und Preußischen Ministers des Innern benannte weiterhin der Polizeipräsident Berliner Straßen, wenn auch seit Ende 1935 bekundet wurde, daß dies „im Einvernehmen" mit der Stadtverwaltung bzw. mit dem Oberbürgermeister erfolgte. Erst die Verordnungen zur Straßenbenennung 1939 führten zu einer Kompetenzänderung. Zukünftig sollten die Kommunen zuständig sein, nun entschied der Bürgermeister mit Zustimmung des nationalsozialistischen Beauftragten. Die Verordnungen waren vom Oberbürgermeister unterzeichnet.

Nach dem Zweiten Weltkrieg kam die Zuständigkeit für die Straßenbenennungen an den Magistrat, 1947 wurden die Benennungen von der Abteilung Bau- und Wohnungswesen und durch den Oberbürgermeister unterzeichnet. Mit der Spaltung der Stadt ging die Zuständigkeit in Ost und West unterschiedliche Wege. Ab 1953 gab in Westberlin der Regierende Bürgermeister das Umbenennungsrecht an den Senator für Bau- und Wohnungswesen. Seit dem Straßengesetz von 1966 und den Ausführungsbestimmungen von 1968 liegt dieses Recht bei den Bezirksbehörden – damals noch unter Zustimmung des Bausenators. Auf diesem Gesetz basiert in vielen Teilen das heute gültige Verfahren. Im Osten blieb die ganze Zeit der Magistrat verantwortlich, Umbenennungen wurden meist vom Oberbürgermeister sowie vom Stadtrat für Bauwesen oder für Innere Angelegenheiten gezeichnet.

Heute erfolgen die Benennungen entsprechend dem gültigen Straßengesetz, datiert vom 28. Februar 1985 mit Änderungen vom 30. Juni 1988 und den dazu erlassenen Ausführungsvorschriften zur Benennung vom 6. Dezember 1985 und vom 16. August 1991. Die Zuständigkeit der Bezirke für die Straßenbenennung wird nur durch den Hauptstadtvertrag von April 1993 eingeschränkt, nach dem im zentralen Bereich der Stadt und in Hauptverkehrsstraßen die Senatsverwaltung für Verkehr ein Einspruchs- und Weisungsrecht hat.

Die Benennungen sind im Amtsblatt für Berlin bekanntzugeben und dann in das Straßenverzeichnis einzutragen. Zu den Bestimmungen gehört, daß jeder Straßenname in Berlin grundsätzlich nur einmal vorkommen soll, wobei bereits die Wiederholung des Grundwortes (also Allee, Damm, Platz, Straße, Weg) als Doppelung gilt. Der Name sollte kurz, einprägsam und gut verständlich sein und nicht zu Verwechslungen führen. Benannt werden soll von der Örtlichkeit her, nach geschichtlichen Ereignissen und nach Persönlichkeiten, die mindestens fünf Jahre verstorben sein müssen. Vornamen, Titel und andere Zusätze zu Personennamen sollen in der Regel nicht verwendet werden. Seit 1991 ist verankert, daß weibliche Personen stärker berücksichtigt werden sollen. In begrifflich zusammenhängenden Straßenvierteln sollten diesen Grundsätzen entsprechend Namen verwendet werden.

Die Ausführungsbestimmungen des Straßengesetzes legen auch die Kriterien für Umbenennungen fest. Sie sind nur zulässig, um Wiederholungen zu beseitigen. Die

Benennung einer bisher mit einer Nummer bezeichneten Straße zählt nicht als Umbenennung, sondern als Benennung. 1985 war des weiteren festgelegt worden, daß Umbenennungen zulässig sind, um „aus der Zeit von 1933 bis 1945 stammende Straßennamen nach aktiven Gegnern der Demokratie und geistig-politischen Wegbereitern der nationalsozialistischen Gewaltherrschaft" und „in dieser Zeit aus politischen Gründen" anderweitig benannte Straßennamen zu beseitigen. 1991 wurde dies mit fast gleichlautender Formulierung auf Straßennamen aus der Zeit von 1945 bis 1989, die nach „aktiven Gegnern der Demokratie und zugleich geistig-politischen Wegbereitern und Verfechtern der stalinistischen Gewaltherrschaft, des DDR-Regimes und anderer kommunistischer Unrechtsregimes" benannt waren, sowie in dieser Zeit „aus politischen Gründen" benannte Straßen ausgedehnt. Umbenennungen sind mindestens sechs Monate vor Wirksamwerden bekanntzugeben (die Sechsmonatsfrist kann bei Umbenennungen der zwischen 1945 und 1989 benannten Straßen verkürzt werden). In Kenntnis zu setzen sind bei Umbenennungen die Anlieger sowie der Polizeipräsident. Bei Wirksamwerden muß sechs Monate lang der bisherige Name rot durchstrichen unter den Schildern mit dem neuen Namen angebracht sein.

In die Publikationsreihe „Wegweiser zu Berlins Straßennamen" sind die ermittelten früheren und die heutigen Namen von Straßen, Wegen und Plätzen aufgenommen. Dokumentiert sind dabei im Sinne der gültigen gesetzlichen Bestimmungen (Berliner Straßengesetz vom 28. Februar 1985) alle benannten „öffentlichen Straßen" und „Privatstraßen des öffentlichen Verkehrs". Als öffentlich werden Straßen, Wege und Plätze bezeichnet, „die dem öffentlichen Verkehr gewidmet" sind, analog gelten Straßen, Wege und Plätze als „Privatstraßen des öffentlichen Verkehrs", wenn auf ihnen „öffentlicher Verkehr stattfindet" bzw. zu erwarten ist. Doch ist diese Bestimmung nicht immer eindeutig und für die Vergangenheit nicht stets nachvollziehbar, so daß die Grenzen fließend bleiben mußten. So gibt es Benennungen von Straßen, die erst weitaus später oder manchmal überhaupt nicht angelegt wurden, die aber in amtlichen Verzeichnisse und in Karten eingetragen wurden. Zum anderen haben sich Straßennamen eingebürgert, ohne daß eine offizielle amtliche Benennung erfolgte.

Die Aufnahme nichtamtlicher Namen bzw. Benennungen von privaten, nicht öffentlichen Wegen, Plätzen und Straßen in Kleingarten- und Sportanlagen, in Betriebsgeländen, in Wäldern und Parks bildet die Ausnahme. Es ist auch nicht Anliegen der Reihe, die Geschichte der Straßen, ihre Planung und Anlage, bauliche Entwicklung und heutige Bebauung im einzelnen darzustellen. Auch mußte darauf verzichtet werden, wichtigen geschichtlichen Ereignissen und interessanten Persönlichkeiten in der jeweiligen Straße nachzuspüren. Dies muß künftigen Publikationen vorbehalten sein. Worauf sich die Reihe „Wegweiser ..." konzentriert hat, ist die Darstellung der Straßenbenennungen, die Darlegung der historischen Abfolge der Straßennamen und die Erläuterung der Straßennamen.

Die Dokumentationen der Reihe stützen sich auf eine breite Quellen- und Literaturbasis, die erschlossen, quellenkritisch ausgewertet und aufgearbeitet wurde. Dazu zählen Archivalien, Verordnungs- und Amtsblätter, Unterlagen der zuständigen Behörden und Ämter, amtliche Nachweiser und Verzeichnisse der Straßen, zeitgenössische Karten, Stadtpläne und Adreßbücher. Dennoch war es in verschiedenen Fällen bisher nicht möglich, das genaue Datum der Namensgebung zu ermitteln, die Herkunft des Straßennamens zu recherchieren oder nähere Angaben über den Namensgeber zu erhalten. Auch gelang es nicht immer, in den Quellen und in der Literatur bestehende Widersprüche aufzulösen. Wir sind daher für kritische Hinweise, anregende Vorschläge und alle Informationen dankbar.

Die „Wegweiser zu Berlins Straßennamen" konnten nur im Rahmen von Arbeitsbeschaffungsmaßnahmen realisiert werden, wofür den Förderern an dieser Stelle gedankt sei. Weiterhin danken wir den Kollegen und Dienststellen, die uns den Zugang und die Bereitstellung von Materialien ermöglichten und dadurch die notwendige Basis für diese Arbeit und Reihe entstehen ließen. Dieser Dank gilt insbesondere den Mitarbeitern in Senatsverwaltungen, Bezirksbehörden, Tiefbau- und Vermessungsämtern, in Archiven, Heimatmuseen und Bibliotheken, die uns mit ihrer Unterstützung eine wertvolle Hilfe gaben und geben.

Herbert Mayer

Einleitung

Mit der vorliegenden Dokumentation von Straßen- und Plätzenamen des Bezirks Wilmersdorf von Berlin werden 594 ermittelte Namen aus Vergangenheit und Gegenwart beschrieben. Von diesen Namen findet man heute im Bezirk noch 363, die restlichen 231 sind aus den unterschiedlichsten Gründen aus dem Stadtbild verschwunden. In der Mehrzahl der Fälle erfolgten Umbenennungen von Straßen, wodurch vor allem Mehrfachbenennungen von Berliner Straßen und überholte bzw. fehlerhafte Schreibweisen beseitigt wurden. Bedingt durch umfangreiche Baumaßnahmen nach 1945 – vor allem bei der Anlage der Stadtautobahn – mußten auch einige Straßen völlig aufgehoben werden.

Obwohl Wilmersdorf 1993 seine 700-Jahr-Feier nach der ersten urkundlichen Erwähnung aus dem Jahre 1293 beging, sind fast alle Straßennamen dieses Bezirks wesentlich jüngeren Datums – ganz im Gegensatz zu manchem anderen Berliner Bezirk. Die Ursache hierfür finden wir in der historischen Entwicklung dieses Gebiets. Der heutige 9. Verwaltungsbezirk von Berlin entstand 1920 auf der Grundlage des Gesetzes der preußischen Landesversammlung über die Bildung der neuen Stadtgemeinde Berlin vom 27. April 1920 aus der Großstadt Berlin-Wilmersdorf als Namensgeber, den beiden Landgemeinden Schmargendorf und Grunewald sowie dem Gebiet Grunewald-Forst.

Die beiden ältesten Orte Wilmersdorf und Schmargendorf – Grunewald entstand als selbständige Gemeinde erst am 1. April 1899, nachdem dort 1891 das erste Haus gebaut worden war – führten trotz ihrer Nähe zu Berlin jahrhundertelang eine Art „Schattendasein". So gab es in beiden Gemeinden bis in das 19. Jahrhundert hinein jeweils nur eine Straße: in Wilmersdorf war es die Dorfaue, die erst in den 80er Jahren des 19. Jahrhunderts den heute noch gebräuchlichen Namen Wilhelmsaue erhielt; in Schmargendorf hieß die einzige Straße Dorfstraße, die heute den Namen Breite Straße trägt.

Der älteste heute noch vorhandene Straßenname in Wilmersdorf ist der Kurfürstendamm, der bereits im 16. Jahrhundert als „Churfürstendamm" die Berliner Residenz mit dem 1542 erbauten Jagdschloß Grunewald verband und lange Zeit durch das Dorf Wilmersdorf führte, wo die kurfürstliche Jagdgesellschaft häufig eine Rast einmilch munden zu lassen.

Den jüngsten Namen im Bezirk Wilmersdorf trägt (der Franz-Cornelsen-Weg benannt 1996 und der Morgenrothplatz benannt 1997 wurden nicht berücksichtigt, da sie auf Privatland angelegt und nicnt öffentlich benannt wurden) der Hans-Rosenthal-Platz, der anläßlich des 68. Geburtstages dieses bekannten und beliebten Moderators und Quizmasters am 2. April 1993 benannt wurde.

Die geradezu stürmische Entwicklung von Wilmersdorf setzte ein, nachdem 1871 die Reichsgründung vollzogen und Berlin die deutsche Hauptstadt geworden war. 1870 noch mit 1626 Einwohnern eine idyllische Landgemeinde, entwickelte sich der Ort bis 1910 durch das Ansteigen der Einwohnerzahl auf das 70fache und das Überschreiten der 100 000er Grenze zu einer Großstadt. Aus dieser Zeit stammt folgerichtig auch die Mehrzahl der Straßennamen in Wilmersdorf.

Bei der Aufstellung der Bebauungspläne nach 1870 wirkte an hervorragender Stelle der zeitweise auch als Bodenspekulant bezeichnete Johannes Anton Wilhelm von Carstenn, der zwischen Berlin und der damaligen Wilmersdorfer Dorfgemeinde eine Landhaussiedlung nach französischem Vorbild schaffen wollte. Obwohl dort später keine Landhaussiedlung, sondern ein stark verdichtetes städtisches Siedlungsgebiet entstand, blieb das von Carstenn entworfene Straßenbild erhalten, und es trägt bis in die Gegenwart die Bezeichnung „Carstenn-Figur". Als Mittelpunkt wurde die prächtige Kaiserallee – die heutige Bundesallee – angelegt, um welche sich sowohl sich rechtwinklig kreuzende als auch ringförmig verlaufende Straßen mit vier Plätzen gruppierten und dadurch dieses bis heute erhaltene markante Straßenbild erzeugten.

Die Auswahl der Straßennamen geschah in Wilmersdorf nach sehr unterschiedlichen Gesichtspunkten. Historische Persönlichkeiten sowohl aus der Landesebene als auch aus dem kommunalen Bereich fanden hierbei große Beachtung. So treffen wir auf die Namen der Brandenburger Kurfürsten, die bis in das 17. Jahrhundert lückenlos vertreten sind, wobei nicht ausschließlich der vollständige Name wie beispielsweise bei der Joachim-Friedrich-Straße, der Johann-Georg-Straße und der Johann-Sigismund-Straße Verwendung fand, sondern teilweise auch der Beinamen von einzelnen Kurfürsten (Cicero-, Eisenzahn- und Hektorstraße). Auch die Namen von Ministern preußischer Regierungen schmücken das Straßenbild – genannt seien hier nur die Hammerstein-, die Lucius- und die Miquelstraße. Für den kommunalen Bereich stehen Namen von früheren Gemeindevorstehern und Bürgermeistern im Vordergrund (z. B. die Güntzel- und die Hohmannstraße sowie der Habermannplatz), gleichzeitig stoßen wir auf die Namen verdienter Einwohner der früheren selbständigen Kommunen wie z. B. bei der Blisse-, der Gieseler- und der Schrammstraße. In der Villenkolonie Grunewald wurden durch Straßenbenennungen verdienstvolle Bürger geehrt, die die Anlage dieser Kolonie Ende des 19. Jahrhunderts maßgeblich förderten (z. B. Booth- und Delbrückstraße sowie die Bernhard-Wieck-Promenade).

In einigen Gebieten des Bezirks dominieren auf den Straßenschildern die Namen von bekannten deutschen Badeorten, so u. a. bei der Berkaer, der Friedrichshaller, der Heiligendammer, der Nauheimer und der Schwarzbacher Straße.

Kurz nach der Jahrhundertwende begann Wilmersdorf in seinem südwestlichen Gemeindegebiet mit der Anlage einer neuen großen Wohnsiedlung, die die Bezeichnung „Rheingauviertel" erhielt und deren Straßen fast ausschließlich nach Gemeinden des Rheingaus benannt wurden, wie z. B. die Bergheimer, die Geisenheimer, die Markobrunner und die Rauenthaler Straße.

Ihre Vorliebe für den Wein bekundeten zu dieser Zeit auch die Grunewalder Gemeindeväter durch die Benennung der Erdener, der Niersteiner und der Winkler Straße nach bekannten Weinorten; auch die Bezeichnung „Hasensprung" für einen Fußweg im Ortsteil Grunewald ist auf eine Weinmarke zurückzuführen.

Der Anlaß für Straßenbezeichnungen war in einigen Bezirksteilen auch die örtliche Lage, was seinen Niederschlag u. a. in den Straßennamen Am Bahnhof Grunewald, Am Volkspark, Hundekehlestraße und Straße am Schildhorn fand.

Schließlich wird in einer kleinen Siedlung am östlichen Rand des Stadtforstes Grunewald, die bis 1939 zu Dahlem gehörte und heute im Ortsteil Schmargendorf liegt, an einige einheimische Wildtiere erinnert, was z. B. die Straßennamen Biber-, Fischotter-, Rehkitz- und Wildentensteig bezeugen.

Hiermit wollen wir die Aufzählung von Beispielen abschließen, obwohl es durchaus möglich wäre, diese Darstellung durch eine Reihe weiterer Gruppen von Namensgebern zu erweitern. Das soll dem interessierten Leser dieser Dokumentation überlassen bleiben, der sicherlich bei nicht wenigen Straßen immer wieder von selbst darauf gestoßen wird.

Eine Besonderheit bei der Namensgebung von Straßen und Plätzen bestand in der Vergangenheit sowohl in der Gemeinde Wilmersdorf als auch in der Gemeinde Schmargendorf darin, daß bei der Aufstellung der Bebauungspläne um die Jahrhundertwende die vorgesehenen Straßen bereits Namen erhielten. Deshalb enthält die vorliegende Dokumentation auch einige Namen für Straßen, die zwar in den Bebauungsplänen vorgesehen waren, später jedoch nicht angelegt wurden.

Bei einer Reihe von Straßennamen – vor allem bei nicht mehr vorhandenen – wird eine Beschreibung des Verlaufs der Straße gegeben. Dabei werden zum besseren Verständnis ausschließlich die heutigen Straßenbezeichnungen herangezogen, auch wenn diese anders gelautet haben sollten, als die betreffenden Straßennamen aktuell gewesen sind.

Die Erarbeitung der Dokumentation in der vorliegenden Form wäre den Autoren ohne die Unterstützung von Institutionen und Personen kaum möglich gewesen. Deshalb gilt der aufrichtige Dank stellvertretend für alle ungenannt Bleibenden dem Bezirksamt Wilmersdorf von Berlin, insbesondere Herrn Karl-Heinz Metzger, dem Wilmersdorfer Archiv zur Stadtteilgeschichte und seinem Leiter, Herrn Wolfgang Homfeld, und ganz besonders Herrn Werner Goldberg, der in uneigennütziger Weise ein von ihm erarbeitetes Manuskript zu Wilmersdorfer Straßennamen für unsere Arbeit zur Verfügung stellte. Nicht zuletzt gilt der Dank auch allen den Mitarbeitern im Luisenstädtischen Bildungsverein e.V., die uns in vielerlei Form halfen.

Die Autoren

Zur Benutzung

Um dem Leser ein schnelleres Orientieren zu ermöglichen, seien im folgenden einige Bemerkungen zum Aufbau der Reihe und zu editorischen Prinzipien erlaubt.

Die Hefte der Reihe werden in annähernd gleichem Aufbau und gleicher Struktur herausgegeben.

Im Hauptteil, den Straßennamen, wird als Stichwort jeder bisher ermittelte Straßenname aus Vergangenheit und Gegenwart des jeweiligen Bezirks aufgeführt. Der Fettdruck des Stichwortes weist darauf hin, daß es sich um einen heute gültigen Straßennamen handelt, ein Kursivdruck darauf, daß es sich um einen früheren Namen handelt oder die Straße nicht mehr besteht. In den nächsten Zeilen angeordnet sind die Daten, dann folgen chronologisch die früheren oder späteren bzw. heutigen Straßennamen mit Datenangabe. Da diese Namen – alphabetisch eingeordnet – außerdem ein eigenes Stichwort haben, sind aus diesen Stichworten die Geschichte der Benennungen und der Namensgeber einer Straße nachvollziehbar.

Oft werden sich parallele oder gleiche Zeitangaben bei früheren oder späteren Straßennamen finden, da manche Straßen geteilt oder auch zusammengefaßt wurden, manchmal nur ein Teilstück zu einer anderen Straße kam. Einige Straßen wurden wiederholt umbenannt, geteilt oder mit anderen Straßen zusammengefaßt.

Des weiteren werden die heutigen Ortsteile bzw. Bezirke aufgeführt, zu deren Gebiet die Straße gehört.

Im Text folgen als Detail nach den Namens- und Benennungsangaben oftmals Angaben über Anlaß der Benennung, die Anlage und Verlauf der Straße oder andere damit im Zusammenhang stehende Informationen. Es war dabei weder Ziel noch möglich, detailliert die jeweiligen Veränderungen in der Straßenführung nachzuweisen.

Das Stichwort wird abgeschlossen mit der Namenserläuterung: bei Personen Aussagen zu ihrer Biographie einschließlich des jeweiligen Bezugs zu Berlin, bei geschichtlichen Ereignissen zu deren Verlauf und Ergebnis, bei geographischen Namen zu deren Charakteristik bzw. (bei Orten, Regionen, Ländern usw.) zur historischen Entwicklung. Aber auch historische Namen, Bezeichnungen aus Flora und Fauna, von Berufen und Tätigkeiten, nach Industrie und Technik, nach Funktionen und vielem mehr werden erläutert. Bei Biographien sind Geburtsdaten mit *, Sterbedaten mit † gekennzeichnet.

Der Quellenbeleg enthält Angaben der zum jeweiligen Stichwort verwendeten Quellen und Literatur. Sie wurden zur besseren Übersichtlichkeit und Lesbarkeit der Texte in einem eigenständigen Abschnitt erfaßt. Zugleich wird dem interessierten

Leser dadurch die Möglichkeit gegeben, manchen Fakt nachvollziehen oder detaillierter nachlesen zu können. Im Quellen- und Literaturverzeichnis sind die Quellen und Literatur in vollständigem Titel und numeriert verzeichnet. Sie konnten im Quellenbeleg aus Platzgründen nur mit einer Ziffer versehen werden. Das Personenverzeichnis enthält alle in den Texten zu den Straßennamen genannten Personen. Ein Straßenverzeichnis am Ende gibt die Übersicht über die im Text ausgewiesenen früheren und heutigen Straßennamen. Abkürzungen folgen dem „Duden".

Namen der Straßen und Plätze

(heutige und frühere)

Aachener Platz

Name ab	um 1900
Name bis	nach 1944
Ortsteil	Wilmersdorf

Detail

Der Platz befand sich am östlichen Ende der Kreuznacher Straße, wo diese auf die Geisenheimer und die Laubacher Straße trifft. Er ist heute nicht mehr vorhanden.

Namenserläuterung

Aachen: kreisfreie Stadt im Land Nordrhein-Westfalen. Die ursprünglich keltische Siedlung bauten die Römer im 1. Jahrhundert zu einem Kurbad aus, dessen Name seit dem frühen Mittelalter als Aquae Granni oder Aquisgranum überliefert wurde. Der Ort wurde 769 als Königspfalz genannt, 972 wurde er als Ahha und 1549 als Aach erwähnt. Unter Karl dem Großen wurde Aachen Zentrum des Frankenreichs, seit der Krönung Otto I. 936 war Aachen bis 1531 Krönungsort der deutschen Könige. 1166 erhielt es später wiederholt bestätigte Stadt- und Marktrechte. Von 1336 bis zur französischen Besetzung 1794 war es freie Reichsstadt. 1815 kam Aachen zu Preußen, seit 1946 gehört es zum Land Nordrhein-Westfalen.

Aachener Straße

Name ab	4. August 1906
Ortsteil	Wilmersdorf

Detail

Die Straße wurde um 1900 angelegt; sie trug bis 1906 die Bezeichnungen Straße 12 und Straße 25. Am 1. Mai 1971 wurde der westliche Abschnitt der Detmolder Straße zwischen der Aachener und der Brabanter Straße in die Aachener Straße einbezogen.

Namenserläuterung

Aachen: vgl. Aachener Platz

17

Achenbachstraße

Name ab	um 1890
Name bis	1966
heutiger Name	Lietzenburger Straße (1966)
Ortsteil	Wilmersdorf
weiterer Bezirk	Charlottenburg

Detail

Die Achenbachstraße wurde 1966 in die Lietzenburger Straße einbezogen und bildet heute den Abschnitt dieser Straße zwischen der Ranke- und der Nürnberger Straße.

Namenserläuterung

Achenbach, Heinrich Karl Julius von
* 23. 11. 1829 Saarbrücken
† 09. 07. 1899 Potsdam
Preußischer Politiker. Nach dem Jura-Studium trat er 1851 in den preußischen Staatsdienst. 1860 wurde er in Bonn Jura-Professor. Seit 1866 Rat im Handelsministerium, wurde er 1871 ins Reichskanzleramt und 1872 zum Unterstaatssekretär berufen. 1873–1878 als Minister für Handel, Gewerbe und öffentliche Arbeiten setzte er sich für eine liberale Handelspolitik ein. 1878–1882 wirkte Achenbach als Oberpräsident von Westpreußen bzw. Brandenburg. 1888 wurde er geadelt. Seit 1866 war er Mitglied des preußischen Abgeordnetenhauses. Achenbach gehörte zu den Führern der Freikonservativen Partei bzw. Deutschen Reichspartei. Er verfaßte mehrere verwaltungsrechtliche Fachbeiträge.

Ahrweilerstraße

Name ab	19. August 1909
Ortsteil	Wilmersdorf

Detail

Die Ahrweilerstraße liegt im sogenannten Rheingauviertel, in dem die Straßen nach Orten des Rheingaus benannt wurden.

Namenserläuterung

Ahrweiler: Stadtteil von Bad Neuenahr-Ahrweiler, Kreisstadt des Kreises Ahrweiler im Land Rheinland-Pfalz.

18

Ahrweiler, im Tal der Ahr gelegen, wurde 893 erstmals erwähnt. 1246 kam es an das Erzstift Köln, 1248 erhielt es Stadtrechte. Ein Kloster Calvarienberg wurde um 1500 erwähnt. Im 17. Jahrhundert wurde die Stadt durch Plünderungen, Brandschatzungen und Brände mehrfach zerstört. Durch eine Verwaltungsreform in Rheinland-Pfalz wurden 1969 Ahrweiler, Bad Neuenahr und weitere Gemeinden zur Stadt Bad Neuenahr-Ahrweiler zusammengelegt. Bekannt wurde Ahrweiler durch seinen roten Ahrwein.

Albrecht-Achilles-Straße

Name ab	18. Juni 1911
früherer Name	Brieger Straße (1892–1911)
Ortsteil	Wilmersdorf

Detail

Die Straße entstand 1911 aus der Brieger Straße sowie den Straßen 28a und 42. Sie verläuft heute nördlich des BVG-Bushofes nur noch im Zuge der früheren Straße 42.

Namenserläuterung

Albrecht III. Achilles
* 09. 11. 1414 Tangermünde
† 11. 03. 1486 Frankfurt am Main
Kurfürst von Brandenburg. Der Sohn des Markgrafen Friedrich I. erbte 1440 das Fürstentum Ansbach. Sein Versuch, ein großes Herzogtum Franken zu bilden, scheiterte im Markgrafenkrieg 1449–1453 am Widerstand Nürnbergs und später Bayerns. 1464 erbte Albrecht Achilles auch das Fürstentum Kulmbach-Bayreuth. 1470 erhielt er die Mark Brandenburg und die Kurwürde (Kurfürst von Brandenburg). In der „Dispositio Achillea", dem Hausgesetz der Hohenzollern, bestimmte er 1473 die Unteilbarkeit der Kurmark Brandenburg im Hause Hohenzollern, die jeweils dem ältesten Sohn des verstorbenen Kurfürsten zufallen sollte.

Alter Begräbnisplatz

Name ab	um 1856
Name bis	um 1935
späterer Name	Platz K (um 1935–1964)
heutiger Name	Habermannplatz (1964)
Ortsteil	Wilmersdorf
Namenserläuterung	Der alte Platz an der Ecke Sigmaringer/Ecke Gasteiner Straße diente vor Jahrhunderten im Dorf Wilmersdorf als Begräbnisstätte. Um 1890 wurde er eingeebnet und im Volksmund als „Knochenpark" bezeichnet.

Am Bahnhof Grunewald

Name ab	um 1900
Ortsteil	Grunewald
Detail	Es handelt sich um den Vorplatz am Bahnhof Grunewald.
Namenserläuterung	*Bahnhof Grunewald:* Nach einer Königlichen Kabinettsorder von 1873 wurde von 1879 bis 1881 der Bahnhof an der Berlin-Wetzlarer Eisenbahn errichtet, der zuerst nach dem angrenzenden Gebiet den Namen Bahnhof Hundekehle und erst am 15. Oktober 1884 die Bezeichnung Bahnhof Grunewald erhielt. Der Name Grunewald ist die Ableitung von „grüner Wald"; so hatte Kurfürst Joachim II. beim Bau des Jagdschlosses den Standort angegeben. Die Berlin-Wetzlarer-Eisenbahnlinie hatte große militärische Bedeutung und hieß deshalb auch „Kanonenbahn". Der Güterbahnhof Grunewald wurde nicht zuletzt auch für diese Zwecke angelegt. Vom Bahnhof Grunewald aus begannen im Oktober 1941 in Berlin die Deportationen jüdischer Mitbürger. Ein Denkmal des Bildhauers Karol Broniatowski, das in eine Gedenkstätte einbezogen wird, erinnert daran.

Am Postfenn

Name ab	2. Mai 1962
Ortsteil	Grunewald
weiterer Bezirk	Charlottenburg

Detail

Die Straße Am Postfenn verläuft durch den Grunewald von der Havelchaussee im Bezirk Wilmersdorf bis zum Scholzplatz im Bezirk Charlottenburg. Der Charlottenburger Abschnitt erhielt bereits am 17. Mai 1930 den Namen Am Postfenn.

Namenserläuterung

Postfenn: Ein heute unter Naturschutz stehendes Gebiet im Grunewald, in dessen Nähe die Straße vorbeiführt, trägt diese Bezeichnung. Der Name wurde abgeleitet von einem Fenn (Sumpf bzw. Moor), an dem entlang in früherer Zeit die alte Poststraße von Spandau nach Teltow verlief.

Am Seepark

Name ab	um 1912
Name bis	1922
frühere Namen	Erfurter Straße (um 1890 – um 1912)
	Strelitzsche Straße (1902 – um 1912)
	Schrammstraße (1902 – um 1912)
spätere Namen	Hindenburgstraße (1922–1955)
	Apeldoorner Straße (1967–1970)
heutige Namen	Am Volkspark (1955)
	Blissestraße (1967)
	Mannheimer Straße (1967)
	Straße am Schoelerpark (1967)
	Wallenbergstraße (1967)
Ortsteil	Wilmersdorf

Detail

Bedingt durch die Bauarbeiten rund um den Seepark bzw. den heutigen Volkspark erfolgten seit 1912 häufig Umbenennungen, weil zum Teil Straßenabschnitte in die Gestaltung des Parks einbezogen wurden und dadurch die zusammenhängende Straße unterbrochen war bzw. an manchen Abschnitten einen neuen Verlauf erhielt.

Namenserläuterung	*Seepark:* Eine langgestreckte Parkanlage, die sich zwischen der Rudolstädter und der Kufsteiner Straße erstreckte, erhielt den Namen Seepark nach dem im östlichen Parkteil gelegenen Wilmersdorfer See, der nach und nach zugeschüttet wurde.

Amselstraße

Name ab	1912
Ortsteil	Schmargendorf
weiterer Bezirk	Zehlendorf
Detail	In diesem Gebiet wurden die Straßen eines geschlossenen Siedlungsabschnitts mit den Namen von Vogelarten benannt.
Namenserläuterung	*Amsel:* Schwarzdrossel, heimischer Singvogel; häufige, 25 Zentimeter lange, vorwiegend Würmer, Schnecken und Früchte fressende Drosselart. Sie kommt vor allem in Wäldern, Parkanlagen und Gärten in Europa, Vorder- und Südasien vor.

Am Volkspark

Name ab	18. November 1955
frühere Namen	Erfurter Straße (1890 – um 1912) Strelitzsche Straße (1902 – um 1912) Schrammstraße teilweise (1902 – um 1912) Am Seepark (um 1912–1922) Hindenburgstraße (1922–1955)
Ortsteil	Wilmersdorf
Detail	Jahrzehntelang wurden im früheren Seepark und heutigen Volkspark umfangreiche Bauarbeiten und Veränderungen durchgeführt, die einen ständigen Einfluß auf den Verlauf der Straße sowie auf das Herauslösen von Straßenabschnitten ausübten. So wurden am 1. September 1967 die herausgelösten Abschnitte in Apeldoorner Straße, Blissestraße, Mannheimer Straße, Straße am

Schoelerpark und Wallenbergstraße umbenannt. Die Apeldoorner Straße kam am 23. Oktober 1970 teilweise wieder zurück zur Straße Am Volkspark, der andere Teil wurde entwidmet.

Namenserläuterung	*Volkspark:* Eine langgestreckte Parkanlage, die sich zwischen der Rudolstädter und der Kufsteiner Straße erstreckt, heißt Volkspark. Zuvor trug der Park den Namen Seepark nach dem im östlichen Parkteil gelegenen Wilmersdorfer See, der nach und nach zugeschüttet wurde.

An der Trift

Name ab	um 1856
Name bis	um 1890
spätere Namen	Lauenburger Straße (um 1890–1937)
	Walter-Fischer-Straße (1937–1947)
heutiger Name	Fechnerstraße (1947)
Ortsteil	Wilmersdorf
Detail	Es handelte sich um einen alten Feldweg, der von Wilmersdorf über die Flur nach Charlottenburg führte.
Namenserläuterung	*Trift:* Früher bezeichnete man so einen Weg, auf dem Vieh zur Weide getrieben wurde.

Ansbacher Straße

Name ab	6. Februar 1901
Name bis	6. Oktober 1905
heutiger Name	Heilbronner Straße (1905)
Ortsteil	Wilmersdorf
Namenserläuterung	*Ansbach:* kreisfreie Stadt und Hauptstadt des Regierungsbezirks Mittelfranken im Freistaat Bayern. Sie entstand bei dem 748 gegründeten Kloster, der Name (Onoldisbach) soll auf einen fränkischen Siedler Onold zurückgehen. 1221 wurde Onoldsbach erstmals als Stadt erwähnt, 1331 kamen Stadt und Stift in den Besitz der

Zollern, der Burggrafen von Nürnberg; nach dem Erwerb der Markgrafschaft Brandenburg ging der Titel Markgrafschaft auch auf die Fürstentümer Ansbach-Bayreuth über, im 15. Jahrhundert bestand lange Zeit Personalunion mit Brandenburg. 1456–1806 war Ansbach markgräfliche Residenz. 1805/06 kam Ansbach durch den Schönbrunner Vertrag an Bayern und wurde 1837 Regierungssitz von Mittelfranken.

Apeldoorner Straße

Name ab	1. September 1967
Name bis	23. Oktober 1970
frühere Namen	Erfurter Straße (um 1890 – um 1912)
	Am Seepark (um 1912–1922)
	Hindenburgstraße (1922–1955)
	Am Volkspark (1955–1967)
heutiger Name	Am Volkspark (1970)
Ortsteil	Wilmersdorf

Detail

Zu Ehren der niederländischen Partnergemeinde Apeldoorn wurde 1967 ein Teil der Straße Am Volkspark herausgelöst und Apeldoorner Straße benannt. Aber bereits 1970 erfolgte wegen umfangreicher weiterer Bauarbeiten im Gebiet des Volksparks die Entwidmung des größten Teils der Straße. Der verbliebene Abschnitt kam erneut zur Straße Am Volkspark.

Namenserläuterung

Apeldoorn: Ort in den Niederlanden, Provinz Geldern. 1685/86 errichtete Willem III. von Oranien, der spätere König von England, das Lustschloß Het Loo. Nachdem Königin Wilhelmina zugunsten ihrer Tochter auf den Thron verzichtet hatte, war Het Loo von 1948 bis 1962 ihre Residenz. Obwohl der Ort um 1990 über 140 000 Einwohner zählte und als „größte Gartenstadt der Niederlande" gilt, besitzt er bis heute kein Stadtrecht. Apeldoorn ist Partnergemeinde des Bezirks Wilmersdorf.

Aschaffenburger Straße

Name ab	20. August 1906
frühere Namen	Preußische Straße (um 1875 – um 1880)
	Victoriastraße (um 1880–1888)
	Sadowastraße (1888–1906)
Ortsteil	Wilmersdorf
weiterer Bezirk	Schöneberg

Detail

Die Aschaffenburger Straße verläuft im Bezirk Wilmersdorf vom Prager Platz bis zur Bezirksgrenze und setzt sich im Bezirk Schöneberg, wo sie bereits 1896 diesen Namen erhielt, bis zur Westarpstraße fort.

Namenserläuterung

Aschaffenburg: Stadt in Unterfranken im Freistaat Bayern. Sie wurde als Ascapha Ende des 5. Jahrhunderts erwähnt. Um 957 entstanden Stift und Stadt. 974 wurde Ascaffinburg in einer Schenkungsurkunde von Kaiser Otto II. erwähnt, im folgenden Jahr bereits als Stadt charakterisiert. Das Gebiet um Aschaffenburg, zunächst an Schwaben gelangt, gehörte vom 10./11. Jahrhundert bis zur Säkularisation zu Mainz und war zeitweise Residenz der Kurfürsten und Erzbischöfe von Mainz. 1447 hatte der Aschaffenburger Fürstentag sich für den Papst und gegen das Basler Konzil erklärt und damit das Wiener Konkordat von 1448 vorbereitet. Ab 1803 bestand für einige Jahre das Fürstentum Aschaffenburg, das 1810 zu Frankfurt, dann zu Österreich und schließlich mit dem Vertrag von Paris 1814 vorläufig, 1816 endgültig zu Bayern kam.

Aßmannshauser Straße

Name ab	1. März 1912
früherer Name	Heidelberger Straße (1905–1912)
Ortsteil	Wilmersdorf

Detail

Die Aßmannshauser Straße liegt im sogenannten Rheingauviertel, in dem die Straßen nach Orten des Rheingaus benannt wurden.

Assmannshausen: Ortsteil von Rüdesheim im Kreis Groß-Gerau im Land Hessen. Der Ort, am Rhein unterhalb des Binger Lochs am Fuße des Niederwalds gelegen, war als Mineralbad, Luftkurort und Fremdenverkehrsort bekannt geworden. Ihm gegenüber befindet sich die Ruine Rheinstein. Assmannshausen, oft auch Aßmannshausen geschrieben, gehörte etwa seit dem 10. Jahrhundert zum Erzstift Mainz, 1803 zu Nassau, 1866 zu Preußen und kam 1945 zu Hessen. Erstmals erwähnt wurde der Ort als Hasemanneshusen mit seinen Weinbergen 1108. Der Assmannshäuser Rotwein, ein später Burgunder, gilt als Spezialität des Rheingaus und einer der besten deutschen Rotweine. Seit 1977 gehört Assmannshausen zu Rüdesheim, das seit 1820 Stadtrechte besitzt.

Auerbacher Straße

Name ab
früherer Name
Ortsteil

16. Mai 1938
Auerbachstraße (1898–1938)
Grunewald

Detail

Als 1938 die Nazis alle nach Juden benannten Straßen umbenannten, verwandelte man demagogisch die Auerbachstraße, benannt nach dem jüdischen Schriftsteller Bertold Auerbach, in Auerbacher Straße nach der gleichnamigen sächsischen Stadt im Vogtland.

Namenserläuterung

Auerbach: Kreisstadt im Vogtland im Freistaat Sachsen. Der älteste Siedlungteil des Ortes bestand in einer um 1200 gegründeten Herrrenburg, die Sitz der Herren von Auerbach war. Nach dem Brand von 1757 wurden ihre Reste abgetragen. Unterhalb der Burg entstand Mitte des 14. Jahrhunderts die Stadt Auerbach. Bis ins 18. Jahrhundert war Auerbach vor allem Marktort. Im 19. Jahrhundert begann sich auf der Grundlage eines starken Weber-Handwerks und einer ausgedehnten Spitzenklöppelei die Textilindustrie zu entwickeln.

Auerbachstraße

Name ab	1. April 1898
Name bis	16. Mai 1938
heutiger Name	Auerbacher Straße (1938)
Ortsteil	Grunewald

Detail

Als 1938 die Nazis alle nach Juden benannten Straßen umbenannten, verwandelte man demagogisch die Auerbachstraße, benannt nach dem jüdischen Schriftsteller Bertold Auerbach, in Auerbacher Straße, nach der gleichnamigen sächsischen Stadt im Vogtland.

Namenserläuterung

Auerbach, Bertold (eigentlich Moses Baruch Auerbacher)
* 28. 02. 1812 Nordstetten b. Horb
† 08. 02. 1882 Cannes
Schriftsteller. Er schrieb unter dem Pseudonym Theobald Chauber. Sein Plan, Rabbiner zu werden, scheiterte an seinem Konflikt mit der Obrigkeit, in dessen Folge er 1837 wegen burschenschaftlicher Aktivitäten zu zwei Monaten Festungshaft verurteilt wurde. Danach arbeitete er als Übersetzer, Journalist und Schriftsteller. Mit seinen „Schwarzwälder Dorfgeschichten" wurde er 1843 zu einem der meistgelesenen deutschen Erzähler. 1859 ließ er sich in Berlin nieder. Sein umfangreiches Werk ist heute zwar in Vergessenheit geraten, jedoch bleibt sein Name in der Literaturwissenschaft untrennbar mit der Gattung der Dorfgeschichte verbunden.

Augsburger Straße

Name ab	11. März 1887
Ortsteil	Wilmersdorf
weitere Bezirke	Charlottenburg, Schöneberg

Detail

Von der Augsburger Straße, die vom Joachimstaler Platz im Bezirk Charlottenburg zur Lietzenburger Straße im Bezirk Schöneberg verläuft, gehört nur die eine Straßenseite des südöstlichen Abschnitts zum Bezirk Wilmersdorf. Die Benennung erfolgte, wie auch anderweitig, um an das Wirken von Martin Luther in Bayern zu erinnern.

Namenserklärung	*Augsburg*: kreisfreie Stadt im Freistaat Bayern. Die Römer errichteten um den Beginn der Zeitrechnung, vermutlich 15 v. u. Z., ein Legionslager, das später als Augusta Vindelic[or]um bezeichnet wurde und Vorort ihrer Provinz Rätien war. Bischöfe von Augsburg werden seit dem 4./5. Jahrhundert angenommen, als Bischofssitz ist Augsburg seit 738 belegt. Die 832 als Augustburc super Lech erwähnte Siedlung kam zu den Staufern, dann an die Habsburger. Nachdem 1158 Augsburg sogenanntes erstes Stadtrecht erhalten hatte, nahm es sich 1276 eigenes Stadtrecht und wurde freie Reichsstadt. Der Augsburger Religionsfrieden vom 25. September 1555 schloß die Religionskämpfe ab und bestätigte die konfessionelle Spaltung Deutschlands („cuius regio, eius religio", das heißt „Wes das Land, des die Religion"). Augsburg war damals eine der reichsten deutschen Städte, Fernhandelsmetropole und Sitz frühkapitalistischer Unternehmer (Welser und Fugger). Die Stadt gehört seit 1805/06 nach dem Reichsdeputationshauptschluß zu Bayern.

Augustastraße

Name ab	16. März 1888
Name bis	20. Mai 1937
frühere Namen	Steglitzer Weg (um 1856 – um 1880)
	Steglitzer Straße (um 1880–1888)
	Grüner Weg (um 1880–1888)
späterer Name	Stenzelstraße (1937–1947)
heutiger Name	Blissestraße (1947)
Ortsteil	Wilmersdorf
Namenserläuterung	*Augusta (Marie Luise Augusta Katharina)* * 30. 09. 1811 Weimar † 07. 01. 1890 Berlin Deutsche Kaiserin (seit 1871) und Königin von Preußen (seit 1861). Sie war die Tochter des Großherzogs Karl Friedrich von Sachsen-Weimar und der Großfürstin Ma-

ria Pawlowna. 1829 heiratete sie den späteren König von Preußen und deutschen Kaiser Wilhelm I. Sie war aus ethischen Gründen eine Gegnerin der Politik von Bismarck, was zwischen den beiden bis zu Feindschaft und Haß führte. Von ihr gab es auch Anregungen für die Genfer Konvention, die 1864 abgeschlossen wurde und internationale Vereinbarungen über die Behandlung von Kriegsgefangenen, Verwundeten und Kranken im Kriegsfall beinhaltete.

Auguste-Viktoria-Straße

Name ab	6. März 1891
Ortsteile	Grunewald, Schmargendorf
Detail	Die Straße wurde 1891 durch die Zusammenlegung der um 1885 angelegten Straßen S 17 und S 17a gebildet.
Namenserläuterung	*Auguste Viktoria (Auguste Victoria Friederike Luise Feodora Jenny)*

* 22. 10. 1858 Dolzig (Lausitz)
† 11. 04. 1921 Huis Doorn (Niederlande)
Deutsche Kaiserin und Königin von Preußen; Gemahlin Wilhelms II. Die Tochter des Herzogs Friedrich von Schleswig-Holstein-Sonderburg-Augustenburg war seit 1881 mit dem späteren deutschen Kaiser Wilhelm II. verheiratet. Sie war vornehmlich auf kirchlich-sozialem Gebiet tätig und versuchte, vor allem während des Ersten Weltkrieges, Einfluß auf die Politik Wilhelms zu nehmen. Mit der Novemberrevolution 1918 wurde in Deutschland die Monarchie gestürzt, das Monarchenehepaar mußte emigrieren und ging in die Niederlande.

Auguststraße

Name ab	um 1880
Name bis	um 1890
früherer Name	Westphälische Straße (um 1875 – um 1880)
späterer Name	Königshofer Straße (um 1890–1901)

| heutiger Name | Motzstraße (1901) |
| Ortsteil | Wilmersdorf |

| Namenserläuterung | Die Herkunft der Straßenbezeichnung konnte nicht ermittelt werden. |

Babelsberger Straße

Name ab	8. Januar 1892
frühere Namen	Hannöversche Straße (um 1875 – um 1885)
	Elberfelder Straße (um 1885–1892)
Ortsteil	Wilmersdorf

| Detail | Die Benennung erfolgte nach der Gemeinde Babelsberg als einem der Lieblingsaufenthalte von Kaiser Wilhelm I. |

| Namenserläuterung | *Babelsberg:* Stadtteil von Potsdam, der Landeshauptstadt des Landes Brandenburg. Die amtliche Bezeichnung Babelsberg gilt seit dem 1. April 1938. Keimzelle des Ortes war der Rundling Neuendorf, 1375 erstmals erwähnt, dessen Anfänge in askanischer bzw. slawischer Zeit liegen. 1751 erfolgte nahe der alten Straße Berlin – Potsdam die Ansiedlung böhmischer Weber und Spinner und die Errichtung ihrer Pfarrkirche durch Johann Boumann. Die Industrialisierung setzte in Babelsberg Mitte des 19. Jahrhunderts ein. Es entstanden vor allem Seidenwickeleibetriebe und Maschinenspinnereien. Weltruf erlangten die 1918 gegründete Universum-Film AG (später DEFA) und die Elektrola-Schallplatten AG. Zu den Sehenswürdigkeiten zählen das 1835 nach Plänen Schinkels erbaute Schloß, der dazugehörige von Fürst Pückler-Muskau angelegte Park sowie die 1871 in Berlin abgetragene und dann im Park von Babelsberg aufgestellte Gerichtslaube. |

Badensche Straße

Name ab	16. März 1888
frühere Namen	Schöneberger Weg (um 1856 – um 1875)
	Schlesiger Straße (um 1875–1888)
Ortsteil	Wilmersdorf
weiterer Bezirk	Schöneberg

Detail

Die Badensche erhielt ihren Namen wenige Tage nach dem Tode Kaiser Wilhelm I., der 1849 die badische Revolution blutig niederschlug. Die Straße verläuft zwischen der Berliner/Ecke Mehlitzstraße im Bezirk Wilmersdorf und der Martin-Luther-Straße im Bezirk Schöneberg. Der Straßenabschnitt im Bezirk Schöneberg erhielt diesen Namen erst 1912.

Namenserklärung

Baden: Teil des Landes Baden-Württemberg. Das römische Aquae Aureliae wurde im 3. Jahrhundert zerstört, erst um 1000 tauchte dann die Bezeichnung Baden als Teil Schwabens wieder auf. Die Burg Baden-Baden gehörte im 12. Jahrhundert zum Kern des Besitzes der Markgrafen von Baden. Durch Gebietszuwachs entstand im 15. Jahrhundert ein Staat am Oberrhein, der nach zeitweiliger Teilung in Baden-Baden und Baden-Durlach 1771 als Markgrafschaft Baden wiedervereinigt wurde. Territorrial bedeutend vergrößert, entstand 1803 das Kurfürstentum und 1806 das Großherzogtum Baden. 1818 wurde Baden konstitutionelle Monarchie. 1918/19 wurde es Freistaat, 1940 zeitweilig zu einer Verwaltungsunion mit dem Elsaß verbunden. Nach 1945 wurde der nördliche Teil Badens Bestandteil der amerikanischen Besatzungszone und 1946 mit dem nördlichen Württemberg zum Land Württemberg-Baden vereinigt. Das südliche Baden wurde Teil der französischen Besatzungszone und bildete das Land Baden. 1952 wurde Baden Bestandteil des neuen Bundeslandes Baden-Württemberg.

Bahnhofstraße

Name ab	um 1902
Name bis	4. November 1935
früherer Name	Bahnstraße (um 1890 – um 1902)
heutiger Name	Werkstättenweg (1935)
Ortsteil	Grunewald
Namenserläuterung	Die Bahnhofstraße diente als Zugang zum Rangier- und Werkstattbahnhof Grunewald.

Bahnstraße

Name ab	um 1890
Name bis	um 1902
späterer Name	Bahnhofstraße (um 1902–1935)
heutiger Name	Werkstättenweg (1935)
Ortsteil	Grunewald
Namenserläuterung	Die Bahnstraße diente als Zugang zum Rangier- und Werkstattbahnhof Grunewald.

Baiersche Straße

Name ab	8. Januar 1892
Name bis	1908
heutiger Name	Bayerische Straße (1908)
Ortsteil	Wilmersdorf
Detail	Die Straße wurde um 1885 mit der Bezeichnung Straße 16a angelegt. Die Umbenennung im Jahre 1908 erfolgte, um der richtigen Schreibweise von Bayern gerecht zu werden.
Namenserläuterung	*Baiern:* vgl. Bayerische Straße

Ballenstedter Straße

Name ab	19. Februar 1911
früherer Name	Briloner Straße (1910–1911)
Ortsteil	Wilmersdorf

Namenserläuterung

Ballenstedt: Luftkurort im Kreis Quedlinburg im Land Sachsen-Anhalt. Der am Rande des Unterharzes gelegene Ort war Stammsitz der Askanier, von denen der um 1030 urkundlich erwähnte Graf Esiko als erster erschien. Die in der Altstadt nachweisbare Burg wird als deren Stammburg angesehen. Vermutlich um 1034 gründete Esiko außerdem auf dem Schloßberg ein Kollegiatstift, welches im Bauernkrieg 1525 zerstört wurde. 1544 wurde der Ort Ballenstedt zur Stadt erhoben. Bei der Landesteilung von 1603 fiel er an Bernburg. Von 1765 bis 1918 war Ballenstedt Residenz verschiedener Herzog- und Fürstentümer. 1918 kam die Stadt zur damaligen preußischen Provinz Anhalt, aus der 1945 die Provinz und 1947 das Land Sachsen-Anhalt wurde, das nach seiner Auflösung durch die DDR-Bezirksreform im Jahre 1952 schließlich 1990 neu entstand.

Bamberger Straße

Name ab	um 1900
Ortsteil	Wilmersdorf

Detail

Bei ihrer Benennung verlief die Straße mit der Bezeichnung Straße 51 zwischen der Geisberg- und der Wexstraße. Am 15. Juni 1906 wurde der südliche Abschnitt zwischen der Berliner und der Wexstraße herausgelöst und in Kufsteiner Straße umbenannt.

Namenserläuterung

Bamberg: kreisfreie Stadt an der Regnitz im Freistaat Bayern. 902 wurde Bamberg als Burg der Babenberger (castrum Babenberh) erwähnt, ein Adels- und Fürstengeschlecht aus Bayern und Österreich. Seit Ende des 10. Jahrhunderts wurde Bamberg als Stadt bezeichnet. 973 kam es an die bayerischen Herzöge. Sie gründeten 1007 das Bistum Bamberg, zu dem die Stadt bis zur Säkularisation 1802 gehörte. Im 11./12. Jahrhundert hatte Bamberg große politische und geistige Bedeutung und war im 15. Jahrhundert Zentrum des Humanismus. Die 1507 eingeführte Bambergische Halsgerichtsordnung übernahmen im Jahre 1516 die Markgrafen von Brandenburg in ihren fränkischen Besitzungen als Strafgerichtsordnung. Sie war das Vorbild der Constitutio Criminalis Carolina von 1532. Seit 1803 gehört Bamberg zu Bayern, 1817 wurde es Sitz des Erzbistums.

Barbarossastraße

Name ab	6. Oktober 1905
frühere Namen	Buschstraße (um 1876 – um 1890) Straße 50 (um 1890–1905)
Ortsteil	Wilmersdorf
weiterer Bezirk	Schöneberg
Detail	Der im Bezirk Schöneberg liegende Straßenabschnitt erhielt bereits 1892 den Namen Barbarossastraße.
Namenserläuterung	*Friedrich I. Barbarossa*

Friedrich I. Barbarossa
* um 1122 Waiblingen (?)
† 10. 06. 1190 Saleph (Göksu nehri)
Deutscher König und römischer Kaiser. Seit 1147 als Friedrich III. Herzog von Schwaben, wurde er im März 1152 von den deutschen Fürsten zum König gewählt und 1155 in Rom zum Kaiser gekrönt. Die Beziehungen zur römischen Kurie verschlechterten sich seit der Kaiserkrönung. In einem Schreiben seiner Kanzlei tauchte 1157 erstmals der Begriff „sacrum imperium" (heiliges Reich) auf, der dann auch künftig auf das Reich übertragen wurde. Friedrichs Versuche, seit 1154 in mehreren Italienfeldzügen, die verlorene kaiserliche Herrschaft in Nord- und Mittelitalien wiederherzustellen, scheiterten. 1177 wurde mit dem Frieden von Venedig das päpstliche Schisma beendet. Im Juni 1190 ertrank er während eines Kreuzzuges im Fluß Saleph. Seit dem ausgehenden Mittelalter wurde seine Person von zahlreichen Sagen umrankt (Kyffhäuser-, Kaisersage). Der italienische Beiname Barbarossa bedeutet Rotbart.

Barnayweg

Name ab	17. Dezember 1932
Name bis	21. Februar 1940
früherer Name	Rastatter Straße (um 1906–1932)
heutiger Name	Steinrückweg (1940)
Ortsteil	Wilmersdorf

Namenserläuterung

Barnay, Ludwig
* 11. 02. 1842 Pest (Budapest)
† 01. 02. 1924 Hannover
Theaterleiter. Barnay begann seine berufliche Laufbahn als Schauspieler und spielte u. a. in Budapest, Graz, Leipzig und Wien. 1871 zählte er in Weimar zu den Mitbegründern der Genossenschaft Deutscher Bühnenangehöriger. Im Jahre 1883 gründete er gemeinsam mit Adolf l'Arronge das Deutsche Theater im Hause des Friedrich-Wilhelmstädtischen Theaters in der Schumannstraße. Von 1888 bis 1894 leitete er das Berliner Theater und von 1906 bis 1908 das Königliche Schauspielhaus in Berlin. 1908 übernahm Barnay die Leitung des Hoftheaters in Hannover, die er bis 1912 ausübte.

Barstraße

Name ab	8. Januar 1892
Ortsteil	Wilmersdorf

Detail

Die um 1885 angelegte Straße trug bis zu ihrer Benennung in Barstraße die Bezeichnung Straße 34a.

Namenserläuterung

Bar: Bar-sur-Aube, Ort in Frankreich, Département Aube. Am 27. Februar 1814 fand in den Befreiungskriegen eine Schlacht bei Bar statt. Napoleon hatte zunächst die Hauptarmee der Alliierten unter Schwarzenberg bei Nagis und Montereau geschlagen. Diese fügte ihrerseits auf dem Rückzug der französischen Armee unter Oudinot bei Bar-sur-Aube eine Niederlage zu und drängte sie über die Aube zurück. Am 20./21. März wurde Napoleon von der alliierten Hauptarmee bei Arcis-sur-Aube geschlagen, am 30./31. März marschierte diese in Paris ein. Bar-sur-Aube gehörte vom 11. bis 14. Jahrhundert als Gewerbestandort und Messeort der Champagne zu den wichtigsten Handelszentren.

Bayerische Straße

Name ab	1908
früherer Name	Baiersche Straße (1892–1908)
Ortsteil	Wilmersdorf
Detail	Die Umbenennung im Jahre 1908 erfolgte, um der richtigen Schreibweise von Bayern gerecht zu werden.
Namenserläuterung	*Bayern*: Freistaat, größtes Land in der Bundesrepublik Deutschland mit der Hauptstadt München. Bayern war seit 555 Stammesherzogtum mit den Agilolfingern, die bis 788 nachgewiesen sind. Danach blieb es unter fränkischen Statthaltern und war seit Ludwig dem Deutschen Kernland des ostfränkischen Reiches mit dem ursprünglichen Zentrum Regensburg. 1070–1180 regierten die Welfen bis zum Sturz Heinrichs des Löwen. 976 wurde Kärnten, 1156 die Ostmark (Oesterreich) und 1180 die Steiermark abgetrennt. Im Jahre 1180 erhielten die Wittelsbacher das Herzogtum. 1314 erfolgte die Wahl von Ludwig IV. (Ludwig der Bayer), der die bayerischen Gebiete nach zahlreichen Teilungen zeitweilig wieder geeint hat, zum deutschen König. 1623 erhielt Bayern die 1356 verlorene Kurwürde wieder. 1806 wurde Bayern Königreich, nach der Reichsgründung 1871 konnte sich Bayern einige Sonderrechte bewahren. 1918 mußten die Wittelsbacher abdanken, 1919 wurde Bayern zum Freistaat erklärt. Nach 1945 gehörte Bayern zur amerikanischen Besatzungszone.

Bechstedter Weg

Name ab	15. Dezember 1930
Ortsteil	Schmargendorf
Namenserläuterung	*Bechstedt:* Ort im Landkreis Rudolstadt im Freistaat Thüringen. 1992 hatte er 224 Einwohner.

Beckmannstraße

Name ab	26. November 1925
Name bis	nicht bekannt
Ortsteil	Wilmersdorf

Detail

Die Straße trug im Bebauungsplan die Bezeichnung Straße 57. Obwohl die Straße offiziell den Namen Beckmannstraße erhielt, wurde sie nie – wie ursprünglich vorgesehen – am Preußenpark angelegt.

Namenserläuterung

Beckmann, Ernst Otto
* 04. 07. 1853 Solingen
† 13. 07. 1923 Berlin
Chemiker. Er wirkte als Professor in Gießen, Erlangen und Leipzig. 1912 kam er nach Berlin und wurde Direktor des Kaiser-Wilhelm-Instituts für Chemie in Dahlem. Bei seinen Forschungsarbeiten gelang es ihm, die Molekulargewichtsbestimmung durch die Herabsetzung des Gefrierpunktes und die Erhöhung des Siedepunktes weiter zu verbessern.

Bergheimer Platz

Name ab	18. Dezember 1919
Ortsteil	Wilmersdorf

Detail

Der Bergheimer Platz liegt im sogenannten Rheingauviertel, in dem die Straßen und Plätze nach Gemeinden im Rheingau benannt wurden.

Namenserläuterung

Bergheim: Kreisstadt des Erftkreises im Land Nordrhein-Westfalen. Der an der Erft, am Nordwesthang des Villegebirges gelegene Ort entstand aus einer dörflichen Siedlung und städtischen Gründung. 1233 wurde es als Berchem und 1317 erstmals als Stadt erwähnt. 1249–1312 residierten in der Burg Bergheim die Pfalzgrafen. Danach kam es endgültig an die Grafen bzw. Herzöge von Jülich, 1815 an Preußen und 1946 zum Land Nordrhein-Westfalen.

Bergheimer Straße

Name ab	19. August 1909
Ortsteil	Wilmersdorf
Detail	Die Bergheimer Straße liegt im sogenannten Rheingau-viertel, in dem die Straßen und Plätze nach Gemeinden im Rheingau benannt wurden.
Namenserläuterung	*Bergheim:* vgl. Bergheimer Platz

Berkaer Platz

Name ab	6. März 1891
Ortsteil	Schmargendorf
Detail	Der Berkaer Platz liegt in einem Siedlungsgebiet, in dem die Namen der Straßen und Plätze von bekannten Bade-orten abgeleitet wurden.
Namenserläuterung	*Bad Berka:* Stadt an der Ilm im Kreis Weimar, Freistaat Thüringen. Der 1119 erstmals bezeugte Ort war wenige Zeit später Mittelpunkt der seit 1154 urkundlich erwähn-ten Grafschaft von Berka. Um 1300 gelangte er im Erb-gang an die Grafen von Orlamünde, die 1321 die Herren von Blankenhain damit belehnten, durch den Grafenkrieg aber die Lehnshoheit an die Wettiner verloren. 1414 wurde Berka erstmals als Stadt bezeichnet. 1605 und 1608 durch Kauf an Sachsen-Weimar gekommen, war Berka von 1631 bis 1850 weimarischer Amtssitz. Mit der Ein-führung der Kurtaxe (1864), der Entdeckung neuer Heil-quellen und dem Neubau des Kurhauses (1911) vollzog sich ein stetiger Ausbau des Bade- und Kurbetriebs. Seit 1911 führt die Stadt den Namen Bad Berka.

Berkaer Straße

Name ab	18. Februar 1927
frühere Namen	Spandauer Weg (um 1885–1891)
	Liebenwerdastraße (1891–1898)
	Spandauer Straße (1891–1927)
Ortsteil	Schmargendorf
Detail	Die Berkaer Straße liegt in einem Siedlungsgebiet, in dem die Namen der Straßen und Plätze von bekannten Badeorten abgeleitet wurden.
Namenserläuterung	*Bad Berka:* vgl. Berkaer Platz

Berliner Platz

Name ab	8. Januar 1892
Name bis	25. Juli 1908
heutiger Name	Hohenzollerndamm (1908)
Ortsteil	Wilmersdorf
Detail	Der Berliner Platz, der vor 1892 die Bezeichnung Straße 28 trug, lag zwischen der Rudolstädter und der Konstanzer Straße. Er wurde am 25. Juli 1908 in den seit 1900 bestehenden Hohenzollerndamm einbezogen.
Namenserläuterung	*Berlin:* Hauptstadt der Bundesrepublik Deutschland. Berlin wurde erstmals 1244 urkundlich erwähnt, Cölln dagegen schon 1237. Gemeinsam mit Cölln bildete Berlin bis 1709 eine Doppelstadt. 1308 wurde Berlin Mitglied des Städtebundes und später der Hanse. Seit dem 15. Jahrhundert war es ständige Residenz der Kurfürsten von Brandenburg, seit 1871 Hauptstadt des Deutschen Kaiserreiches. Durch die Bildung der Stadtgemeinde Berlin wurde die Stadt 1920 in 20 Bezirke gegliedert. Nach dem Zweiten Weltkrieg erfolgte aufgrund des Berliner Viermächtestatuts vom 5. Juni 1945 die Aufteilung Berlins in vier Sektoren. 1948 vollzog sich die politische Spaltung der Stadt in Ost- und Westberlin, die mit dem Bau der Mauer 1961 ihren Höhepunkt erreichte und erst mit ihrer Öffnung 1989 aufgehoben wurde. (Ost-)Ber-

lin war bis 1990 Hauptstadt der Deutschen Demokratischen Republik. 1990 wurde das Besatzungsrecht für (West-)Berlin durch die drei Westalliierten aufgehoben. Am 3. Oktober 1990 erfolgte der Beitritt der DDR zum Geltungsbereich des Grundgesetzes der BRD. Durch Beschluß des Deutschen Bundestages vom 20. Juni 1991 wurde Berlin zur Hauptstadt der Bundesrepublik Deutschland erklärt.

Berliner Straße

Name ab	16. März 1888
frühere Namen	Der hohe Weg (um 1830 – um 1856)
	Spandauer Weg (um 1856–1888)
	Hintere Straße (um 1856–1888)
	Berliner Weg (um 1856–um 1875)
	Holsteiner Straße (um 1875–1888)
Ortsteil	Wilmersdorf
Detail	Nachdem Berlin 1871 zur Reichshauptstadt erklärt worden war, benannte auch die Gemeinde Wilmersdorf eine Ausfallstraße in Richtung Berlin danach. Dieser neue Straßenzug entstand durch die Zusammenlegung einiger vorhandener Straßen.
Namenserläuterung	*Berlin:* vgl. Berliner Platz

Berliner Weg

Name ab	um 1856
Name bis	um 1875
späterer Name	Holsteiner Straße (um 1875–1888)
heutiger Name	Berliner Straße (1888)
Ortsteil	Wilmersdorf
Detail	Der Berliner Weg war nach der Dorfaue die zweite Straße, die in der Gemeinde Wilmersdorf angelegt wurde. Sie führte von der heutigen Nassauischen Straße in Richtung Berlin.
Namenserläuterung	*Berlin:* vgl. Berliner Platz

Bernadottestraße

Name ab	6. Februar 1958
frühere Namen	Parkstraße (1905–1934)
	Helfferichstraße (1934–1958)
Ortsteile	Grunewald, Schmargendorf
weiterer Bezirk	Zehlendorf
Detail	Die Benennung der Straße erfolgte anläßlich der 10. Wiederkehr des Todestages von Graf Folke Bernadotte von Wisborg, Präsident des schwedischen Roten Kreuzes.
Namenserläuterung	*Bernadotte af Wisborg, Folke Graf*

Bernadotte af Wisborg, Folke Graf
* 02. 01. 1895 Stockholm
† 17. 08. 1948 Jerusalem
Schwedischer Politiker. Sein Vater war Prinz Oskar von Schweden und sein Onkel der schwedische König Gustav V. Nach dem Abitur trat er in den Militärdienst ein, aus dem er 1930 ausschied. Seit seiner Heirat 1928 mit Estelle Manville war er für die Firma seines Schwiegervaters, eines amerikanischen Millionärs, tätig. In den folgenden Jahren wirkte er auch auf diplomatischem und internationalem Gebiet für Schweden. 1943 wurde er Vizepräsident, 1946 Präsident des schwedischen Roten Kreuzes. Während des Zweiten Weltkrieges leitete er humanitäre Hilfsaktionen für deutsche Flüchtlinge. Mit Himmler verhandelte er über die Freilassung skandinavischer Häftlinge. Im Auftrag der UNO vermittelte er 1948 im Palästina-Konflikt einen Waffenstillstand, wurde dann aber von Zionisten ermordet.

Bernhardstraße

Name ab	24. August 1893
Ortsteil	Wilmersdorf
Detail	Die Bernhardstraße wurde um 1890 unter der Bezeichnung Straße 12 angelegt.

Wagner, Bernhard
Kaufmann und Grundbesitzer in Wilmersdorf. Die Straße wurde auf einem seiner Grundstücke angelegt und erhielt deshalb seinen Vornamen.

Bernhard-Wieck-Promenade

Name ab	22. Oktober 1959
früherer Name	Bernhard-Wieck-Straße (1925–1959)
Ortsteil	Grunewald

Detail

Wegen ihres promenadenartigen Charakters wurde diese Straße in der Villenkolonie Grunewald in Bernhard-Wieck-Promenade umbenannt.

Namenserläuterung

Wieck, Bernhard
* 08. 05. 1845
† 26. 08. 1913
Ingenieur. Als Sprecher der Interessengemeinschaft der Bewohner der Villenkolonie Grunewald hatte er wesentlichen Anteil an der Entwicklung des Ortes. Als 1899 einem Königlichen Erlasse gemäß Grunewald eine selbständige Landgemeinde wurde, wählte man Wieck zum unbesoldeten Gemeindevorsteher und am 1. Juli 1899 zum unbesoldeten Amtsvorsteher und Standesbeamten.

Bernhard-Wieck-Straße

Name ab	12. November 1925
Name bis	22. Oktober 1959
heutiger Name	Bernhard-Wieck-Promenade (1959)
Ortsteil	Grunewald

Detail

Die Anlage der Straße erfolgte um 1922 als Straße G 85. Wegen ihres promenadenartigen Charakters wurde diese Straße in der Villenkolonie Grunewald am 22. Oktober 1959 in Bernhard-Wieck-Promenade umbenannt.

Namenserläuterung

Wieck, Bernhard: vgl. Bernhard-Wieck-Promenade

Bettinastraße

Name ab	1. April 1898
Ortsteil	Grunewald
Detail	Die Straße erhielt ihren Namen nach der Dichterin Bettina von Arnim.
Namenserläuterung	*Arnim, Bettina (Elisabeth Katharina Ludovica Magdalena) von*, geb. Brentano

Arnim, Bettina (Elisabeth Katharina Ludovica Magdalena) von, geb. Brentano
* 04. 04. 1785 Frankfurt am Main
† 20. 01. 1859 Berlin
Schriftstellerin. Bis zu ihrem 13. Lebensjahr wurde sie im Ursulinerinnen-Kloster in Fritzlar erzogen. Nach dem Tod ihrer Eltern lebte sie u. a. in Kassel, von wo aus sie Goethe das erste Mal besuchte. 1810 kam Bettina nach Berlin und heiratete hier 1811 Achim von Arnim. Freundschaften verbanden sie u. a. mit Goethe, Schleiermacher und Gneisenau. Ihre künstlerische Begabung war außerordentlich vielseitig. Sie betätigte sich auf dem Gebiet der bildenden Kunst, komponierte Lieder und schrieb Gedichte und Märchen. Vor allem aber ihr Briefwechsel mit Goethe 1835 und mit Caroline von Günderode 1840 ließen sie zu einer der bedeutendsten Frauengestalten der Romantik werden.

Beverstedter Weg

Name ab	15. Dezember 1930
Ortsteil	Schmargendorf
Detail	Der Beverstedter Weg trug vor seiner Benennung die Bezeichnung Straße S 6.
Namenserläuterung	*Beverstedt*: Gemeinde am rechten Luneufer bei Bremerhaven im Landkreis Cuxhaven, Land Niedersachsen.

Beverstedt: Gemeinde am rechten Luneufer bei Bremerhaven im Landkreis Cuxhaven, Land Niedersachsen. Der Ort hieß ursprünglich Beversati. Er diente im Mittelalter, als Wirtschaftshof durch umliegende Befestigungen gesichert, zur Versorgung des erzbischöflichen Hofes in Bremervörde. Im Ort bestand ein erzbischöflicher Stützpunkt, später eine Amtsschreiberei. Mitte des 18. Jahrhunderts umfaßte das seit dem 15. Jahrhundert bestehende Richteramt Beverstedt etwa 40 Siedlungen. Neben dem Flecken Beverstedt gehören zur Gemeinde heute noch Appeln, Stubben und weitere Ortschaften.

Beymestraße

Name ab	1898
Name bis	24. Februar 1955
heutiger Name	Furtwänglerstraße (1955)
Ortsteil	Grunewald

Namenserläuterung

Beyme, Karl Friedrich Graf von
* 10. 07. 1765 Königsberg
† 10. 12. 1838 Steglitz
Preußischer Staatsmann. Er studierte Jura in Halle und legte 1784 das Referendarexamen in Berlin ab. 1788 wurde er als Assessor am Berliner Kammergericht vereidigt, 1791 Kammergerichtsrat und 1798 zum Geheimen Kabinettsrat ernannt. Beyme war ein konsequenter Vertreter der inneren Reformen, und es gelang ihm, die Befreiung der Bauern auf den Domänen durchzusetzen. 1807 wurde er Präsident des Kammergerichts und 1808 zum Justizminister (Großkanzler) ernannt. Dieses Amt hatte er bis 1810 inne. Seit 1813 war Beyme Zivilgouverneur von Pommern. 1816 geadelt, trat er 1817 in den Staatsrat ein und übernahm die Leitung des Ministeriums für Gesetzesrevision. Im Dezember 1919 trat er von seinen Ämtern zurück. Beyme ist auf dem Friedhof der St.-Annen-Kirche in Dahlem begraben.

Bibersteig

Name ab	29. März 1939
Ortsteil	Schmargendorf

Detail

Die Straße trug vor ihrer Benennung die Bezeichnung Straße G 29.

44

Sie liegt in einer Wohnsiedlung, in der die Straßen ihre Namen nach Wildtieren erhielten. Die Siedlung gehörte bis 1939 zum Ortsteil Dahlem im Bezirk Zehlendorf, kam dann zum Wilmersdorfer Ortsteil Grunewald und 1952 zum Ortsteil Schmargendorf.

Namenserläuterung

Biber: bis einen Meter langes Nagetier, das in Europa, in den gemäßigten Breiten Asiens sowie im größten Teil Nordamerikas verbreitet ist. Der Biber lebt vorwiegend an Uferböschungen von Binnengewässern und ist ein reiner Pflanzenfresser. Er fällt und zerlegt mit seinen starken Nagezähnen Weichhölzer, vor allem Pappeln und Weiden, die er zum Bau seiner Wohnburgen und als Nahrung verwendet.

Bielefelder Straße

Name ab
früherer Name
Ortsteil

22. Januar 1958
Osnabrücker Straße (1895–1958)
Wilmersdorf

Namenserläuterung

Bielefeld: kreisfreie Stadt im Norden des Teutoburger Waldes, Land Nordrhein-Westfalen. Der Ort wurde von Kaufleuten an einer alten Handels- und Heerstraße, von Köln zur Elbe führend, angelegt und 1015 erstmals als Bilivelde urkundlich genannt. Die heutige Schreibweise hat sich im 19. Jahrhundert durchgesetzt. Vermutlich 1214 erfolgte durch die Grafen von Ravensberg die Stadtgründung, 1287 erhielt Bielefeld erneut Stadtrechte. Vom 14. bis 16. Jahrhundert war es Mitglied der Hanse. Zunächst zum Wethigau gehörend, kam Bielefeld über die Zugehörigkeit zu Jülich-Kleve-Berg durch den Vertrag von Xanten 1614 und endgültig 1647 an Brandenburg, ab 1815 gehörte es zu der von Preußen gebildeten Provinz Westfalen. Das nach der Niederschlagung des Kapp-Putsches geschlossene Bielefelder Abkommen vom 24. März 1920 vereinbarte den Abbruch des Generalstreiks, sofortigen Waffenstillstand und die Waffenabgabe durch die bewaffneten Arbeiter des Ruhrgebiets. Seit Bildung des Landes 1946 gehört Bielefeld zu Nordrhein-Westfalen.

Bilsestraße

Name ab	1. April 1898
Ortsteil	Grunewald

Detail

Die Benennung der Straße erfolgte zu Ehren des 80. Geburtstages von Benjamin Bilse, des bekannten Berliner Dirigenten und Kapellmeisters.

Namenserläuterung

Bilse, Benjamin
* 17. 08. 1816 Liegnitz
† 13. 07. 1902 Liegnitz
Dirigent, Kapellmeister. Er war ab 1843 Stadtmusikus in Liegnitz und ab 1868 Militärkapellmeister in Berlin. In dieser Eigenschaft leitete er die sogenannten „Bilse-Konzerte" im Konzerthaus am Dönhoffplatz an der Leipziger Straße. Charakteristisch für Bilse war, daß er seine Konzerte nicht dem Orchester, sondern dem Publikum zugewandt dirigierte. Vom Kaiser wurde er zum Hofmusikdirektor ernannt. 1882 verließen zahlreiche Musiker wegen interner Spannungen das Bilse-Orchester und gründeten das Berliner Philharmonische Orchester, das in der Folgezeit Weltruf erlangte.

Bingener Straße

Name ab	8. Januar 1892
Name bis	25. April 1894
heutiger Name	Binger Straße (1894)
Ortsteil	Wilmersdorf

Detail

Die Bingener Straße lag im sogenannten Rheingauviertel, in dem die Straßen nach Orten des Rheingaus benannt wurden.

Namenserläuterung

Bingen: Stadt im Kreis Mainz-Bingen im Land Rheinland-Pfalz, an der Mündung der Nahe in den Rhein gelegen. Zu Beginn des 1. Jahrtausends entstand ein römischer Militärstützpunkt (Bingium). 765 wurde Bingen als Vicus Pinginsis erwähnt. Ursprünglich königlicher Besitz, erhielt 983 Willigis, Erzbischof von Mainz und Reichskanzler, den Ort übereignet, der bis 1792 geistliches Besitztum blieb. Der Mäuseturm auf der Felseninsel im Rhein stammt aus dem 13. Jahrhundert und wurde zu Verteidigungszwecken erbaut. Der Sage nach soll ein Mainzer Erzbischof von Hatto dort wegen seiner Hartherzigkeit von Mäusen gefressen worden sein. Der Turmname ist jedoch von dem Wort Maut im Sinne von Zoll abgeleitet und hat keinen Bezug zu Mäusen. 1815 kam Bingen nach mehrjähriger französischer Besetzung zum Großherzogtum Hessen, nach dem Zweiten Weltkrieg zur französischen Besatzungszone und damit 1946 zum Land Rheinland-Pfalz. Bekannt wurde der Ort durch seine Rheinhessischen Weine sowie die Weinbrand- und Sektherstellung.

Binger Straße

Name ab	25. April 1894
früherer Name	Bingener Straße (1892–1894)
Ortsteil	Wilmersdorf
Detail	Die Binger Straße liegt im sogenannten Rheingauviertel, in dem die Straßen nach Orten des Rheingaus benannt wurden.
Namenserläuterung	*Bingen:* vgl. Bingener Straße

Birger-Forell-Platz

Name ab	25. Juni 1981
Ortsteil	Wilmersdorf
Detail	Mit der Benennung des Platzes wurde der schwedische Pfarrer Birger Forell wegen seines humanistischen Einsatzes in der Zeit während und nach dem Zweiten Weltkrieg geehrt.

Namenserläuterung	*Forell, Birger* * 29. 09. 1893 † 04. 07. 1958 Pfarrer. Als Gesandtschaftspfarrer der schwedischen Gemeinde zu Berlin bis 1942 half er vielen Verfolgten des Naziregimes. Von 1943 bis 1948 betreute er deutsche Kriegsgefangene in England. Nach seiner Rückkehr in die Bundesrepublik half Birger Forell Flüchtlingen und Heimatvertriebenen. Er gründete u. a. die Flüchtlingsstadt Espelkamp. Sein Werk wird in der Birger-Forell-Stiftung weiter fortgesetzt.

Birkenwäldchenstraße

Name ab	um 1880
Name bis	16. März 1888
heutige Namen	Nürnberger Straße (1888) Spichernstraße (1888)
Ortsteil	Wilmersdorf
Detail	Die Birkenwäldchenstraße verlief zwischen der Bundesallee und der Augsburger Straße. Am 16. März 1888 erfolgte die Teilung der Straße in zwei selbständige neue Straßen: Der südwestliche Teil erhielt den Namen Spichernstraße, der nordöstliche Teil den Namen Nürnberger Straße. Der südwestliche Abschnitt gehörte zur sogenannten Carstenn-Figur.
Namenserläuterung	*Birkenwäldchen*: Der Name bezog sich auf ein kleines Birkenwäldchen, das in der Nähe des heutigen Bundeshauses lag.

Bismarckallee

Name ab	24. Januar 1898
Ortsteil	Grunewald
Detail	Vor ihrer Benennung trug die Bismarckallee die Bezeichnung Straße G 3. Am 3. Mai 1935 verfügte der Polizei-

präsident, daß die Bismarckallee in zwei selbständige Straßen aufgeteilt werden sollte: Der Abschnitt zwischen Koenigsallee und Wernerstraße sollte künftig den Namen Culmannallee, der Abschnitt zwischen Wernerstraße und Bismarckplatz den Namen Strackallee tragen. Diese Festlegung wurde jedoch bereits am 7. Juni 1935 wieder rückgängig gemacht, und es blieb bei der Straßenbezeichnung Bismarckallee.

Namenserläuterung

Bismarck, Otto Eduard Leopold Fürst von
* 01. 04. 1815 Schönhausen (Altmark)
† 30. 07. 1898 Friedrichsruh (Sachsenwald)
Politiker, Reichskanzler. 1865 Graf von Bismarck-Schönhausen, 1871 Fürst, 1890 Herzog von Lauenburg. Nach dem Schulbesuch in Berlin – Abitur am Grauen Kloster – studierte er in Göttingen und ab 1833 in Berlin Jura. Nach seiner Exmatrikulation 1835 war er kurze Zeit in Berlin am Kammergericht tätig. Mit seiner Wahl 1847 zum Abgeordneten im preußischen Landtag begann seine politische Laufbahn. 1851–1859 war Bismarck Gesandter Preußens in Frankfurt am Main, dann in St. Petersburg und 1862 Botschafter in Paris. 1862 wurde er preußischer Ministerpräsident und Außenminister. Er hatte – im Ergebnis dreier siegreicher Kriege 1864, 1866, 1870/71 und seit 1867 als Kanzler des Norddeutschen Bundes – maßgeblich auf die Bildung des Deutschen Reiches unter preußischer Führung hingewirkt. 1871 wurde er dessen Reichskanzler. Im gleichen Jahr erhielt Bismarck als 37. Bürger das Ehrenbürgerrecht von Berlin. In Berlin wohnte er meist in der Wilhelmstraße. Im Kulturkampf versuchte er die klerikale, partikularistische Opposition auszuschalten, mit dem Sozialistengesetz die sozialdemokratische Bewegung. 1890 wurde Bismarck als Reichskanzler und preußischer Ministerpräsident entlassen; er zog sich auf seine Güter zurück.

Bismarckplatz

Name ab	24. Januar 1898
früherer Name	Joachimplatz (um 1891–1898)
Ortsteil	Grunewald
Namenserläuterung	*Bismarck:* vgl. Bismarckallee

Bismarckplatz

Name ab	um 1895
Name bis	um 1909
Ortsteil	Wilmersdorf
Detail	Es handelte sich um einen früheren Platz an der Kreuzung Berliner/Badensche Straße.
Namenserläuterung	*Bismarck:* vgl. Bismarckallee

Blissestraße

Name ab	31. Juli 1947
frühere Namen	Steglitzer Weg (um 1856 – um 1880)
	Steglitzer Straße (um 1880–1888)
	Grüner Weg (um 1880–1888)
	Augustastraße (1888–1937)
	Stenzelstraße (1937–1947)
Ortsteil	Wilmersdorf
Detail	Die Namensgebung erfolgte nach Angehörigen einer alteingesessenen Wilmersdorfer Bauernfamilie. Am 1. September 1967 wurde noch ein kurzer Abschnitt der Straße Am Volkspark in die Blissestraße einbezogen.
Namenserläuterung	*Blisse, Christian* * 29. 01. 1823 Wilmersdorf † 30. 12. 1905 Wilmersdorf *Blisse, Auguste* * 17. 09. 1845 Wilmersdorf † 20. 08. 1907 Wilmersdorf

Wilmersdorfer Bauernehepaar und alteingesessene Bauernfamilie. Sie stifteten auf ihrem Grundstück an der Wilhelmsaue ein Waisenhaus. Das sogenannte Blissestift befindet sich im Besitz der Stadt Berlin und wird vom Bezirksamt Wilmersdorf verwaltet. Das Ehepaar Blisse erhielt auf dem Wilmersdorfer Friedhof eine Ehrengrabstätte.

Blüthgenstraße

Name ab · 2. Januar 1914

Ortsteil · Wilmersdorf

Detail · Die Blüthgenstraße entstand am 2. Januar 1914 durch die Zusammenführung zweier Straßen mit den Bezeichnungen Straße 74 und Straße 7. Die Namensgebung erfolgte anläßlich des 70. Geburtstages des Dichters und Schriftstellers Viktor Blüthgen.

Namenserläuterung · *Blüthgen, Viktor (August Eberhard)*
* 04. 01. 1844 Zörbig b. Halle
† 02. 04. 1920 Berlin
Schriftsteller. Der Sohn eines Postvorstehers begann nach einem Theologiestudium in Halle und dem Besuch des Predigerseminars in Wittenberg seine berufliche Laufbahn als Redakteur. 1876 arbeitete er in der Redaktion der „Krefelder Zeitung", 1878–1880 bei der „Gartenlaube" und danach bei der von Julius Lohmeyer herausgegebenen „Deutschen Monatsschrift". Als Schriftsteller machte Blüthgen sich vor allem durch seine Kinderlyrik einen Namen. 1880 erschien ein Band Gedichte, der auch Kindergedichte enthielt.

Böckmannsche Privatstraße

Name ab · um 1885

Name bis · 1910

Ortsteil · Wilmersdorf

Detail	Die Böckmannsche Privatstraße führte nördlich des Volksparks bogenförmig von der Bundesallee zur Prinzregentenstraße. Die Straße wurde aufgehoben, auf diesem Gelände befindet sich heute die Ernst-Habermann-Oberschule.
Namenserläuterung	*Böckmann* Grundeigentümer im damaligen Dorf Wilmersdorf, über dessen Feld dieser Weg führte.

Bonner Straße

Name ab	um 1900
Name bis	nicht ermittelt
Ortsteil	Wilmersdorf
Detail	Die Straße war seit 1885 im Bebauungsplan als Straße 38a aufgeführt. Sie verlief im sogenannten Rheingauviertel zwischen der Hanauer und der Kreuznacher Straße parallel zur Laubacher Straße. Seit einiger Zeit existiert diese Straße nicht mehr.
Namenserläuterung	*Bonn*: kreisfreie Stadt im Land Nordrhein-Westfalen. Die Römer legten 11 v. u. Z. ein Kastell an, das seit 69 u. Z. als Castell Bonna bzw. Castra Bonnensia erwähnt wurde. In dessen Nähe entstand im 8. Jahrhundert der Siedlungskern des heutigen Bonn. Im 10./11. Jahrhundert gelangte es in den Besitz der rheinischen Pfalzgrafen. 1244 wurde Bonn befestigt und erhielt das Stadtrecht bestätigt. Die Stadt gehörte von 1150 bis zur französischen Besetzung 1794 den Kurfürsten und Erzbischöfen von Köln und wurde 1597 deren Residenz. Zu Beginn des 19. Jahrhunderts zeitweilig französisch, kam es 1815 an Preußen, 1887 wurde es kreisfreie Stadt. Seit 1946 gehört Bonn zum Land Nordrhein-Westfalen. Nachdem Bonn 1948 Sitz des Parlamentarischen Rates wurde, konstituierten sich hier am 7. September 1949 der Bundestag und der Bundesrat. 1969 wurde Bonn durch den Zusammenschluß von umliegenden Städten und Gemeinden, darunter Bad Godesberg, beträchtlich erweitert. Von November 1949 bis 1991 fungierte Bonn

als Hauptstadt der Bundesrepublik Deutschland, ist aber vorerst bis zum Umzug der Regierung nach Berlin weiterhin Sitz des Bundestages und Bundesrates.

Bonner Straße

Name ab	19. August 1909
Ortsteil	Wilmersdorf

Detail

Die Bonner Straße liegt im sogenannten Rheingauviertel, in dem die Straßen die Namen von Orten des Rheingaus tragen.

Namenserläuterung

Bonn: vgl. Bonner Straße

Boothstraße

Name ab	8. Januar 1892
Name bis	23. Februar 1900
heutiger Name	Humboldtstraße (1900)
Ortsteil	Grunewald

Detail

Die Boothstraße, die seit 1890 die Bezeichnung Straße G 2 trug, verlief zwischen dem Kurfürstendamm und der Paulsborner Straße.

Namenserläuterung

Booth, John Cornelius
* 02. 11. 1836 Nienstedten (Elbe)
† 05. 02. 1909 Nienstedten (Elbe)
Baumzüchter. Booths Vorfahren stammen aus England und besaßen Baumschulen in Falkirk (Schottland); sein Großvater hatte eine Baumschule in Nienstedten. Booth besaß in der Kolonie Grunewald eine Baumschule und erwarb sich große Verdienste bei der Gründung und der weiteren Entwicklung der Kolonie. Später war er gärtnerischer Berater Carstenns, der von ihm Eichen, Linden und Kastanien bezog. Booth legte in Friedrichsruh im Sachsenwald Pflanzungen für Bismarck an, der ihn beruflich und persönlich sehr schätzte.

Borkumer Straße

Name ab	6. März 1891
Ortsteile	Schmargendorf, Wilmersdorf
Detail	In diesem Siedlungsgebiet wurden mehrere Straßen nach Badeorten an der Nord- und Ostseeküste benannt.
Namenserläuterung	*Borkum*: westlichste der Ostfriesischen Inseln in der Nordsee. Sie gehört zum Kreis Leer im Land Niedersachsen, umfaßt eine Fläche von über 30 Quadratkilometern und liegt vor der Mündung der Ems in die Nordsee. Die Insel wurde durch Sturmfluten in zwei Teile (Ost- und Westland) zerrissen und ist seit 1860 durch einen Deich verbunden. An der Westküste befindet sich die Stadt Borkum, die auch Heilbad ist.

Bornimer Straße

Name ab	8. Januar 1892
früherer Name	Bornimstraße (vor 1892–1892)
Ortsteil	Grunewald
Namenserläuterung	*Bornim:* Stadtteil von Potsdam im Land Brandenburg. Vom Dorf Bornim leitete vermutlich die ritterbürtige Familie de Bornem (1264 Theodericus) ihren Namen ab. Für das Jahr 1335 werden die Groeben als alleinige Inhaber der Gutsherrschaft ausgewiesen. Seit Mitte des 15. Jahrhunderts wechselte häufig der Besitzer, bis Bornim 1663 an den Großen Kurfürsten gelangte, der 1664 hier einen Garten anlegen und 1672–1677 ein Lustschloß errichten ließ. Durch den Dreißigjährigen Krieg und die Pest wurde der Ort stark verwüstet. Das später durch Jean de Bodt umgebaute Schloß verfiel und wurde 1756 abgerissen. Friedrich II. und seine Nachfolger nutzten das Gelände als Manöverplatz. 1935 wurde Bornim nach Potsdam eingemeindet.

Bornimstraße

Name ab	vor 1892
Name bis	8. Januar 1892
heutiger Name	Bornimer Straße (1892)
Ortsteil	Grunewald
Detail	Im Bebauungsplan trug der Straßenzug seit 1885 die Bezeichnungen Straße 11 w und Straße 40 w.
Namenserläuterung	*Bornim:* vgl. Bornimer Straße

Bornstädter Straße

Name ab	16. März 1888
Name bis	Februar 1906
heutiger Name	Bornstedter Straße (1906)
Ortsteil	Grunewald
Namenserläuterung	*Bornstädt:* vgl. Bornstedter Straße

Bornstedter Straße

Name ab	Februar 1906
früherer Name	Bornstädter Straße (1888–1906)
Ortsteil	Grunewald
Detail	Für die Straßenbezeichnung wurde der Name der Gemeinde Bornstedt gewählt, weil sich dort früher das preußische Krongut befand.
Namenserläuterung	*Bornstedt:* Stadtteil von Potsdam im Land Brandenburg. Das Dorf wurde zwischen 1160 und 1200 gegründet und 1304 erstmals urkundlich erwähnt. 1664 ging Bornstedt in kurfürstlichen Besitz über, nachdem es 1631 unter Pest und Plünderung durch die Schweden schwer gelitten hatte. Ab 1750 diente die Feldmark vor allem als Truppenübungsplatz. 1841 entstand das Exerziergelände „Bornstedter Feld", auf dem die preußischen Könige

und Kaiser alljährlich Paraden und Manöver abnahmen. 1939 wurde Bornstedt in den Stadtkreis Potsdam eingemeindet.

Brabanter Platz

<table>
<tr><td>Name ab
Ortsteil</td><td>19. Februar 1911
Wilmersdorf</td></tr>
<tr><td>Detail</td><td>Der Brabanter Platz trug vor seiner Benennung die Bezeichnung Platz C.</td></tr>
<tr><td>Namenserläuterung</td><td>Brabant: Provinz in Belgien um die Hauptstadt Brüssel. Historisch geht Brabant auf den fränkischen Gau Bracbantum zurück. Als nach der Teilung des Herzogtums Lothringen das Herzogtum Niederlothringen zerfiel, erwarben die Grafen von Löwen im 11. Jahrhundert das Gebiet um die heutigen belgischen Provinzen Brabant und Antwerpen sowie die niederländische Provinz Nordbrabant. Seit Mitte des 12. Jahrhunderts nannten sie sich Herzöge von Brabant, ab 1180 waren sie Reichsfürsten. Das Herzogtum kam 1430 durch Heirat an Burgund, 1477 an die Habsburger. Die Generalstaaten bekamen 1648 den Besitz des nördlichen Brabant bestätigt, der Süden blieb bei den spanischen bzw. späteren österreichischen Niederlanden. Nach der Aufteilung Brabants, das während der französischen Besetzung 1794–1814 in drei Départements gegliedert wurde, bildeten die beiden südlichen Provinzen das Kernland des 1830 geschaffenen Königreichs Belgien. Seit 1840 ist Herzog von Brabant der Titel des ältesten Sohnes des belgischen Königs. Brabant ist im Norden von Flamen und im Süden von Wallonen bewohnt.</td></tr>
</table>

Brabanter Straße

Name ab	1. Februar 1921
früherer Name	Mannheimer Straße (1890–1921)
Ortsteil	Wilmersdorf

Detail

Die Brabanter Straße führte zuerst von der Wallenberg- bis zur Detmoldstraße. Bedingt durch den Bau der Stadtautobahn verläuft sie seit 1. Mai 1971 nur noch zwischen der Mecklenburgischen und der Aachener Straße, weil im Süden ein Teil der Straße durch Bauarbeiten entfiel und im Norden ein Teil zur Wallenbergstraße kam.

Namenserläuterung

Brabant: vgl. Brabanter Platz

Brahmsstraße

Name ab	1. April 1898
Ortsteil	Grunewald

Namenserläuterung

Brahms, Johannes
* 07. 05. 1833 Hamburg
† 03. 04. 1897 Wien
Komponist. Bereits in früher Jugend begann er sich neben dem Klavierunterricht mit dem Komponieren und Dirigieren zu beschäftigen. Nachdem er drei Jahre Chordirigent und Hofpianist in Detmold war, leitete er 1859 einen Frauenchor in Hamburg und ab 1863 die Singakademie in Wien. Wiederholte Bemühungen um einen Dirigentenposten in Hamburg scheiterten. 1885 wurde er Präsident des Wiener Tonkünstlervereins. Zahlreiche Konzertreisen führten ihn u. a. nach Holland, England und Amerika. 1889 dirigierte er als Gast Konzerte in der Berliner Philharmonie. Im Schaffen von Brahms sind sämtliche Musikgattungen des 19. Jahrhunderts mit Ausnahme der Oper vertreten. Zu seinen bedeutendsten Werken zählen neben verschiedenen Klavierkonzerten u. a. das „Deutsche Requiem" für Soli, Chor und Orchester opus 45, sowie die 3. und 4. Sinfonie.

Brandenburger Straße

Name ab	um 1885
Name bis	16. März 1888
frühere Namen	Prinzenstraße (um 1875 – um 1880)
	Ringstraße II (um 1880 – um 1885)
späterer Name	Prager Straße (1888–1959)
heutiger Name	Grainauer Straße (1959)
Ortsteil	Wilmersdorf

Detail

Die Brandenburger Straße lag zwischen der Nachod- und der Geisbergstraße. Sie wurde am 16. März 1888 in Prager Straße umbenannt, weil am gleichen Tage eine andere Wilmersdorfer Straße den Namen Brandenburgische Straße erhielt. Die Straße war ein Abschnitt der östlichen Begrenzung der sogenannten Carstenn-Figur.

Namenserläuterung

Brandenburg: historische Landschaft, Bundesland. Das von Germanen und später von Slawen besiedelte Territorium wurde mit der Eroberung der Burg Brandenburg durch Albrecht den Bären 1150 endgültig der Ostkolonisation und Christianisierung erschlossen. Nach einem zeitweiligen Verlust der Brandenburg an Jaxa von Köpenick eroberte er die Burg für die Askanier am 11. Juni 1157 für immer zurück, was als Geburtsstunde der Mark Brandenburg gilt. Seitdem bezeichnete sich Albrecht als Markgraf von Brandenburg. Nach mehreren Besitzerwechseln regierten von 1417 bis 1918 die Hohenzollern in Brandenburg. Im Westfälischen Frieden konnte Friedrich Wilhelm (der Große Kurfürst) weitere Gebiete erwerben. Die Geschichte der Mark Brandenburg geht unter seinen Nachfolgern in der Geschichte Preußens auf. Erst nach der französischen Besetzung ab 1806 und dem Wiener Kongreß 1815 wurde die Mark als Provinz mit Regierungssitz in Potsdam organisiert. Sie umfaßte die alte Kurmark (Prignitz, Uckermark, Mittelmark) und von Sachsen abgetretene Gebiete. Nach 1945 gehörte Brandenburg zunächst zur sowjetisch besetzten Zone. Aus den DDR-Bezirken Potsdam, Cottbus und Frankfurt (Oder) wurde 1990 das Bundesland Brandenburg gebildet.

Brandenburgische Straße

Name ab	16. März 1888
frühere Namen	Charlottenburger Weg (um 1856 – um 1885)
	Westendstraße (um 1880–1888)
	Wilmersdorfer Chaussee (um 1885–1888)
Ortsteil	Wilmersdorf
Namenserläuterung	*Brandenburg:* vgl. Brandenburger Straße

Braunschweiger Straße

Name ab	um 1870
Name bis	1886
früherer Name	Buschweg (um 1856 – um 1870)
heutiger Name	Nassauische Straße (1886)
Ortsteil	Wilmersdorf

Detail

Die Braunschweiger Straße, die zwischen der Güntzel- und der Berliner Straße verlief, bildet zusammen mit der früheren Wilmersdorfer Straße seit 1886 die Nassauische Straße.

Namenserläuterung

Braunschweig: kreisfreie Stadt an der Oker im Land Niedersachsen. 1031 wurde Braunschweig erstmalig als Brunesguik erwähnt. Seine Entstehung geht auf fünf benachbarte Orte zurück, die im 13. Jahrhundert zu einer Stadt zusammenwuchsen. Die Stadt war bereits im 12. Jahrhundert Residenz Heinrich des Löwen und hatte spätestens 1227 Stadtrecht erhalten. Seit 1573 wurde sie als Braunschweig bezeichnet. Sie gehörte als sogenannter Vorort der Hanse an, verlor aber 1671 nach langen Kämpfen endgültig ihre Unabhängigkeit an die Wolfenbütteler Welfenherzöge. Ab 1753 war sie deren Residenzstadt. 1807–1813 gehörte Braunschweig zum Königreich Westphalen (Westfalen), dann zum Herzogtum Braunschweig. Der nach der Novemberrevolution 1918 gebildete Freistaat wurde 1933/34 aufgelöst. 1946 kam Braunschweig zum Land Niedersachsen.

Bregenzer Straße

Name ab	16. Juni 1908
Ortsteil	Wilmersdorf

Detail

Die um die Jahrhundertwende angelegte Straße wurde vor ihrer Benennung als Straße 33 geführt.

Namenserläuterung

Bregenz: Stadt in Österreich, Hauptstadt des Bundeslandes Vorarlberg am Ufer des Bodensees. Bregenz entstand aus einer alten keltischen Siedlung. Auf deren Boden errichteten die Römer das Kastell Briganti(n)um, das aber um 300 zerstört wurde. Im 5. Jahrhundert wanderten Alemannen ein, im 10. Jahrhundert wurde eine Burg angelegt. Das Gebiet war im Besitz der Grafen von Bregenz, ihnen folgten die Grafen von Montfort. 1249 wurde Bregenz erstmals als Stadt erwähnt. 1408 endete der Appenzeller Krieg durch die Niederlage der Bauernbewegung bei Bregenz gegen die Feudalgewalt: Der Bund wurde aufgelöst, die Bauern jedoch von Reichsacht und Kirchenbann befreit. Im 15. Jahrhundert bereits teilweise, kam die Stadt 1523 vollständig an die Habsburger. 1726 wurde sie Sitz der österreichischen Verwaltung von Voralberg, 1861 Sitz des Vorarlberger Landtages, 1919 Landeshauptstadt. 1805–1814 gehörte Bregenz zeitweilig zu Bayern.

Breitenbachplatz

Name ab	26. August 1913
früherer Name	Rastatter Platz (1892–1913)
Ortsteil	Wilmersdorf
weitere Bezirke	Steglitz, Zehlendorf

Detail

Am Breitenbachplatz stoßen die Bezirke Wilmersdorf, Steglitz und Zehlendorf aneinander. Die Umbenennung des Platzes erfolgte 1913 anläßlich der Eröffnung der U-Bahnlinie nach Dahlem, an deren Bau der preußische Minister Paul von Breitenbach wesentlichen Anteil hatte.

60

Namenserläuterung	*Breitenbach, Paul von* * 16. 04. 1850 Danzig † 10. 03. 1930 Bückeburg Preußischer Politiker, Jurist. Er war 1878 bei der Staatseisenbahnverwaltung beschäftigt und wurde 1897 Präsident der Eisenbahndirektion in Mainz und 1903 in Köln. 1906 übernahm er die Leitung des Ministeriums der öffentlichen Arbeiten und die des Reichsamtes für die Verwaltung der Reichseisenbahnen. 1909 wurde er geadelt. 1916/17 war Breitenbach Vizepräsident des preußischen Staatsministeriums. 1918 trat er von seinen Ämtern zurück.

Breite Straße

Name ab	13. April 1904
frühere Namen	Dorfstraße (1871–1891) Hauptstraße (1891–1904)
Ortsteil	Schmargendorf
Namenserläuterung	*Breite Straße*: Der Straßenname bezieht sich auf die Breite, die die damalige Hauptstraße im Dorf Schmargendorf von den anderen Straßen unterschied.

Brieger Straße

Name ab	8. Januar 1892
Name bis	18. Juni 1911
heutiger Name	Albrecht-Achilles-Straße (1911)
Ortsteil	Wilmersdorf
Namenserläuterung	*Brieg*: heute Brzeg (Polen), Stadt an der Oder in der Woiwodschaft Opole, ehemalige Kreisstadt in Niederschlesien. Die Stadt geht auf ein um 1200 bestehendes Fischerdorf zurück, das an einem alten Oderübergang angelegt worden war. Die Stadtgründung erfolgte um 1248. Von 1311 bis 1675 war der Ort Residenz der Herzöge von Liegnitz und Brieg. Danach kam er an Habsburg. 1741 errangen die preußischen Truppen bei Brieg

unter Graf von Schwerin ihren ersten großen Sieg über die Österreicher. 1756–1807 Regierungshauptstadt von Oberschlesien, zählte es bis zur Eroberung durch französische und bayerische Truppen 1807 zu den stärksten Festungen Deutschlands. Im Zweiten Weltkrieg stark zerstört, kam Brieg nach 1945 zu Polen.

Brienner Straße

Name ab	8. Januar 1892
Ortsteil	Wilmersdorf

Detail

Die Straße trug bereits um 1885 im Bebauungsplan die Bezeichnung Straße 32a. Mit der Benennung sollte die Erinnerung an den aus den Befreiungskriegen bekannten französischen Ort Brienne-le-Château wachgehalten werden, in dessen Nähe 1814 eine Schlacht stattfand.

Namenserläuterung

Brienne-le-Château: Ort in Frankreich im Département Aube. Das Schloß stammt aus dem 12. bis 14. Jahrhundert. Am 29. Januar 1814 fand während der Befreiungskriege – in den ersten Tagen nach dem Einrücken der Alliierten in Frankreich – ein Gefecht statt, als Blüchers Armee bei ihrem Vormarsch auf französische Truppen traf. Der Ausgang des Gefechts wird unterschiedlich bewertet. In Brienne befand sich früher eine Militärschule, an der Napoleon I. ausgebildet worden war.

Briloner Straße

Name ab	14. Juni 1910
Name bis	19. Februar 1911
heutiger Name	Ballenstedter Straße (1911)
Ortsteil	Wilmersdorf

Detail

Die Briloner Straße trug bis zu ihrer Benennung die Bezeichnung Straße 9.

Namenserläuterung

Brilon: Stadt und Luftkurort im nördlichen Sauerland, Land Nordrhein-Westfalen. 973 wurde Brilon (heute Altenbrilon) erstmals genannt, 1184 erfolgte die Anlage des befestigten Ortes, der 1217 das Stadtrecht erhielt und Mitglied der Hanse war. Das ursprünglich sächsische Königsgut kam als Geschenk an das Magdeburger Erzstift, dann an Paderborn und Waldeck und um 1200 an den Erzbischof von Köln. Im 15. Jahrhundert war Brilon führende Stadt im Herzogtum Westfalen. Ab 1803 vorübergehend zu Hessen gehörend, kam es 1815 zu Preußen und 1946 zum neugebildeten Land Nordrhein-Westfalen.

Bruchsaler Straße

Name ab
früherer Name
Ortsteil

30. Juni 1908
Bruchsal Straße (1896–1908)
Wilmersdorf

Detail

Die Benennung der Bruchsaler Straße erfolgte wahrscheinlich in Anlehnung an den früheren Kronprinzen und späteren Kaiser Wilhelm I. Als Oberbefehlshaber der Operationsarmee in Baden schlug er die badische Revolution 1849 blutig nieder. Eines der Gefechte erfolgte am 20. Juni 1849 bei Bruchsal.

Namenserläuterung

Bruchsal: Stadt im Landkreis Karlsruhe im Land Baden-Württemberg. Der Ort entstand als fränkischer Königshof, der 976–996 mehrfach von den Kaisern Otto II. und Otto III. aufgesucht wurde. Im Schutz der um 1090 erbauten Burg entstand eine städtische Siedlung, die im 14. Jahrhundert eine dreitorige Ringmauer erhielt. 1621 besetzte Ernst von Mansfeld die Stadt. Nach verschiedenen Bränden erlebte Bruchsal im 18. Jahrhundert seine Hochblüte, als Fürstbischof Damian Hugo von Schönborn seine Residenz von Philippsburg in das 1722 erbaute Schloß verlegte. 1803 fiel die Stadt an Baden. Wie in fürstbischöflicher Zeit blieb Bruchsal auch im 19. Jahrhundert Garnisionsstadt. 1848 wurde hier nach dem Muster von Pentonville (London) ein Zuchthaus errichtet. Bruchsal kam nach 1945 zu Württemberg-Baden und 1952 zum Land Baden-Württemberg.

Bruchsal Straße

Name ab	21. Juli 1896
Name bis	30. Juni 1908
heutiger Name	Bruchsaler Straße (1908)
Ortsteil	Wilmersdorf
Namenserläuterung	*Bruchsal:* vgl. Bruchsaler Straße

Buchhofstraße

Name ab	um 1875
Name bis	um 1880
späterer Name	Kirchofstraße (um 1880–1888)
heutiger Name	Gasteiner Straße (1888)
Ortsteil	Wilmersdorf
Namenserläuterung	*Buchhof:* Es wird vermutet, daß ein früherer Anlieger dieser Straße den Namen Buchhof trug.

Buchwaldplatz

Name ab	um 1876
Name bis	1885
späterer Name	Platz D (1885–1892)
heutiger Name	Hochmeisterplatz (1892)
Ortsteil	Wilmersdorf
Namenserläuterung	Für die Benennung des Platzes konnte keine Erklärung ermittelt werden.

Bundesallee

Name ab	18. Juli 1950
frühere Namen	Kaiserstraße (1874–1888)
	Kaiserallee (1888–1950)
Ortsteil	Wilmersdorf
weiterer Bezirk	Schöneberg

Detail	Die Bundesallee verläuft von der Schaperstraße im Bezirk Wilmersdorf bis zur Schloßstraße im Bezirk Schöneberg. Sie bildet teilweise die Nord-Süd-Achse der sogenannten Carstenn-Figur. Die Benennung erfolgte anläßlich der Einweihung des Bundeshauses in Berlin durch Bundeskanzler Konrad Adenauer. Das Bundeshaus beherbergte die Dienststelle des Bevollmächtigten der Bundesregierung in Berlin bis zu deren Auflösung nach dem Inkrafttreten des Einigungsvertrages 1990. Es wurde u. a. zum Sitz des Oberbundesstaatsanwaltes und von Dienststellen des Innenministeriums.
Namenserläuterung	*Bund*: abgeleitet von Bundesrepublik bzw. deren Bundeshaus. Die Bundesrepublik Deutschland entstand infolge der Teilung Deutschlands nach dem Zweiten Weltkrieg aus den drei westlichen Besatzungszonen. Am 5. Mai 1949 beschloß der Parlamentarische Rat das am 23. Mai 1949 verkündete Grundgesetz, am 14. August 1949 fanden die ersten Bundestagswahlen statt. Nach Neustrukturierung der Länder und Beitritt des Saargebietes gehörten 1957 der Bundesrepublik 10 Bundesländer an. (West-) Berlin war aufgrund alliierter Bestimmungen kein Bundesland. Mit dem Beitritt der DDR zum Geltungsbereich des Grundgesetzes besteht seit dem 3. Oktober 1990 die Bundesrepublik aus 16 Ländern, darunter dem Land und der Hauptstadt Berlin. Die höchste Staatsgewalt liegt beim Bund, nicht bei den Ländern.

Bundesplatz

Name ab	18. Juli 1950
frühere Namen	Straßburger Platz (1875–1888)
	Kaiserplatz (1888–1950)
Ortsteil	Wilmersdorf
Namenserläuterung	*Bund:* vgl. Bundesallee

Burgunder Straße

Name ab	19. August 1909
Ortsteil	Wilmersdorf
Namenserläuterung	*Burgund*: historisches Gebiet in Frankreich, französisch Bourgogne. Ein vom ostgermanischen Stamm der Burgunden zu Beginn des 5. Jahrhunderts gegründetes Reich kam 534 zum fränkischen Staat. Die beim Zerfall des fränkischen Reiches Mitte des 9. Jahrhunderts entstandenen Königreiche Hoch- und Niederburgund vereinigten sich 934 zum Königreich Burgund (Arelat), das 1033 unter die Herrschaft der deutschen Kaiser kam und dann in mehrere Teilstaaten zerfiel. Um 900 war außerdem als französisches Lehen westlich der Saône ein Herzogtum Burgund entstanden. Im 14./15. Jahrhundert bestand ein starkes deutsch-französisches Zwischenreich Burgund. Nach dem Tode Karl des Kühnen 1477, der vergeblich im Burgunderkrieg 1474–1477 ein geschlossenes Königreich Burgund zu schaffen versuchte, kam das Herzogtum Burgund an Frankreich, der Großteil der burgundischen Gebiete kam an die Habsburger.

Buschstraße

Name ab	um 1876
Name bis	um 1890
spätere Namen	Straße 50 (um 1890–1905)
	Straße 48 (um 1890–1906)
	Rheinische Straße (1906–1908)
heutige Namen	Barbarossastraße (1905)
	Jenaer Straße (1906)
Ortsteil	Wilmersdorf
Detail	Die Buschstraße verlief von der Bamberger Straße über die Aschaffenburger Straße bis zur Güntzelstraße. Ab 1890 erhielt der nordöstliche Abschnitt zwischen Bamberger und Aschaffenburger Straße die Bezeichnung Straße 50, während der südliche Abschnitt ein Teil der Straße 48 wurde, die von der Aschaffenburger bis zur Berliner Straße führte.

Namenserläuterung	*Buschstraße*: Die Bezeichnung Busch wurde hier für Hopfenbruch verwendet, bei dem es sich um ein bereits 1774 erwähntes Gelände zwischen Charlottenburg und Wilmersdorf handelte, das um diese Zeit zum größten Teil Waldgebiet und Weideland war. Die Buschstraße führte von Wilmersdorf aus in Richtung Hopfenbruch.

Buschweg

Name ab	um 1856
Name bis	um 1870
späterer Name	Braunschweiger Straße (um 1870–1886)
heutiger Name	Nassauische Straße (1886)
Ortsteil	Wilmersdorf
Namenserläuterung	*Buschweg*: vgl. Buschstraße

Carionweg

Name ab	12. Januar 1932
früherer Name	Larionweg (1931–1932)
Ortsteil	Schmargendorf
Detail	Der 1931 vergebene Name Larionweg entstand durch einen Schreibfehler, der 1932 durch die richtige Bezeichnung Carionweg beseitigt wurde.
Namenserläuterung	*Carion (eigentlich Nägelin oder Negelein), Johannes* * 22. 03. 1499 Bietigheim (Württemberg) † 1537 Wittenberg Mathematiker, Astrologe, Historiker. Er wurde vom Kurfürsten Joachim I. von Brandenburg 1522 im Alter von 23 Jahren an den Hof nach Berlin berufen, da sich der Kurfürst in seinen astrologischen Neigungen von ihm beraten lassen wollte. In Berlin wirkte er als Hofmechanikus, Hofastrologe und Magister. Carion prophezeite für den 15. Juli 1524 den Untergang Berlins. Seine astrologischen Schriften fanden weite Verbreitung. Die von ihm verfaßte „Chronika", eine Darstellung der Weltgeschichte, hat Philipp Melanchthon umgearbeitet und herausgegeben.

Carl-Ludwig-Schleich-Promenade

Name ab | 23. April 1959
Ortsteil | Schmargendorf

Detail | Das Gelände, auf dem die Straße verläuft, war um 1900 ein Privatgrundstück, auf dem sich das Restaurant „Waldpark" befand. Als später aus diesem Grundstück ein Platz wurde, erhielt er die Bezeichnung Platz S(F), bis 1959 anläßlich des 100. Geburtstages des Chirurgen und Schriftstellers Professor Dr. Carl Ludwig Schleich die Benennung in Carl-Ludwig-Schleich-Promenade erfolgte.

Namenserläuterung | *Schleich, Carl Ludwig*
* 19. 07. 1859 Stettin
† 07. 03. 1922 Bad Saarow
Mediziner. Er studierte in Zürich, Berlin und Greifswald und ließ sich 1889 als Chirurg in Berlin nieder. 1892 führte er die Infiltrationsanästhesie ein. Seine bahnbrechende Methode der örtlichen Betäubung durch eine Mischung aus Wasser und Kokain setzte sich schnell in der medizinischen Praxis durch. Ab 1900 war Schleich Chefarzt des Kreiskrankenhauses Teltow. Schwere Zerwürfnisse mit seinem Kollegen Professor Schwenninger führten 1901 zu seinem Rücktritt. Schleich wandte sich später von der Medizin ab und trat als Dichter, Maler und Musiker in Erscheinung.

Carlstraße

Name ab | um 1885
Name bis | um 1890
späterer Name | Hagenauer Straße (um 1890–1900)
heutiger Name | Ludwigkirchstraße (1900)
Ortsteil | Wilmersdorf

Namenserläuterung | *Carlstraße*: Der Namensgeber für diese Straße konnte nicht ermittelt werden.

Caspar-Theyß-Straße

Name ab	1. April 1898
Ortsteile	Grunewald, Schmargendorf
Detail	Die Caspar-Theyß-Straße entstand durch die Zusammenlegung der um 1885 angelegten Straßen G 18 und S 18.
Namenserläuterung	*Theiss, Caspar (auch Theyss)* † um 1550 Berlin Baumeister. Über seine Herkunft ist wenig bekannt. Er war zunächst in Torgau tätig und kam 1537 oder 1538 als Schloßbaumeister zu Kurfürst Joachim II. nach Berlin. Theiss war einer der bekanntesten Renaissance-Baumeister in Berlin und wurde 1544 auch als Bau- und Mühlenmeister erwähnt. Er wirkte beim Bau des Berliner Schlosses und des Jagdschlosses Grunewald mit. Von 1540 bis zu seinem Tod bewohnte er das Haus Heilige-Geist-Straße 10/11. Er wurde in der Nikolaikirche beigesetzt.

Charlottenbrunner Straße

Name ab	7. April 1904
Ortsteil	Schmargendorf
Detail	Die Charlottenbrunner Straße trug vor ihrer Benennung seit 1885 die Bezeichnung Straße S 21.
Namenserläuterung	*Bad Charlottenbrunn:* heute Jedlina Zdrój (Polen), Heilbad in Niederschlesien in der Woiwodschaft Walbrzych. 1694 wurde erstmals die Mineralquelle „Tannhauser Sauerborn" erwähnt. Der Grundherr von Tannhausen, Johann Christoph von Seherr-Thoß, erwarb die Quelle und benannte sie nach seiner zweiten Frau, Charlotte Maximiliane. Bis 1828 blieb der Ort in Besitz der Familie Seherr-Thoß. 1835 wurde die „Theresienquelle" entdeckt. 1740 erhielt Charlottenbrunn das Marktrecht. 1743 hielt sich König Friedrich II. im Ort auf. Im 19. Jahrhundert entwickelte sich der Badebetrieb. 1954 wurde Charlottenbrunn stadtartige Siedlung und 1967 zur Stadt erhoben. Seit 1945 gehört der Ort zu Polen.

Charlottenburger Weg

Name ab	um 1856
Name bis	um 1885
spätere Namen	Straße S 24 (um 1885–1891)
	Straße S 24a (um 1885–1891)
heutiger Name	Cunostraße (1891)
Ortsteil	Schmargendorf

Detail

Im Bebauungsplan aus der Zeit um 1885 wurde der Charlottenburger Weg als Straße S 24 und Straße S 24a ausgewiesen, bis sie 1891 den Namen Cunostraße erhielten. Den Namen Charlottenburger Weg erhielt diese Straße, weil sie vom Dorf Schmargendorf in Richtung Charlottenburg verlief.

Namenserläuterung

Charlottenburg: Verwaltungsbezirk von Berlin. Im 17. Jahrhundert befand sich westlich von Berlin das Dorf Lietzen, in dessen Nähe die zweite Gemahlin des Kurfürsten Friedrich III. – des späteren preußischen Königs Friedrich I.– , Sophie Charlotte, um 1696 ein Schloß bauen ließ, welches Lietzenburg genannt wurde. Nach dem Tode der Königin erhielt der Ort am 5. April 1705 den Namen Charlottenburg und 1721 die Stadtgerechtigkeit. Die Stadt entwickelte sich in den nächsten beiden Jahrhunderten zu einer blühenden Großstadt und gehörte Anfang des 20. Jahrhunderts zu den reichsten Städten Deutschlands. Mit der Bildung der Stadtgemeinde Berlin im Jahre 1920 wurde Charlottenburg zusammen mit Teilen der ehemaligen Gutsbezirke Heerstraße, Plötzensee und Jungfernheide ein Verwaltungsbezirk von Berlin.

Charlottenburger Weg

Name ab	um 1856
Name bis	um 1885
späterer Name	Wilmersdorfer Chaussee (um 1885–1888)
heutiger Name	Brandenburgische Straße (1888)
Ortsteil	Wilmersdorf

Detail	Der um 1856 benannte Charlottenburger Weg führte von der Gemeinde Wilmersdorf in Richtung Charlottenburg. Während nach seiner Teilung um 1880 der nördliche Abschnitt zwischen dem Kurfürstendamm und der Westfälischen Straße weiterhin bis um 1885 Charlottenburger Weg hieß, erhielt der südliche Abschnitt zwischen der Westfälischen und der Berliner Straße den Namen Westendstraße.
Namenserläuterung	*Charlottenburg*: vgl. Charlottenburger Weg (um 1856 bis um 1885)

Cicerostraße

Name ab	8. Januar 1892
Ortsteil	Wilmersdorf
Detail	Die Cicerostraße trug vor ihrer Benennung seit 1885 die Bezeichnung Straße 41. Am 2. März 1911 wurde als südliche Verlängerung die bisherige Liegnitzer Straße einbezogen.
Namenserläuterung	*Johann Cicero* * 02. 08. 1455 Ansbach † 09. 01. 1499 Arneburg (bei Stendal) Kurfürst von Brandenburg. Der Sohn des Kurfürsten Albrecht III. Achilles wurde nach langjähriger Regentschaft 1486 Kurfürst von Brandenburg. Er war der erste Hohenzoller, der ständig in Berlin residierte. Johann Cicero verzichtete auf die Lehnsherrschaft über Pommern. 1490 erwarb er die Herrschaft Zossen. Unter seiner Regierung festigte er die Mark Brandenburg durch den Abschluß von Verträgen. Sein Beiname Cicero nach dem Römer Cicero leitete sich insbesondere von seiner Bildung und der Förderung humanistischer Studien ab. Er bereitete die Eröffnung einer Landesuniversität vor.

71

Clayallee

Name ab — 1. Juni 1949

früherer Name — Kronprinzenallee (um 1912–1949)

Ortsteil — Schmargendorf

weiterer Bezirk — Zehlendorf

Detail — Die Benennung erfolgte nach dem US-General und Militärgouverneur in der amerikanischen Besatzungszone Deutschlands Lucius D. Clay auf Grund seiner Verdienste bei der Errichtung der Luftbrücke nach West-Berlin.

Namenserläuterung

Clay, Lucius Dubignon
* 23. 04. 1897 Marietta (Georgia, USA)
† 16. 04. 1978 Chatham (USA)
US-Amerikanischer General, Politiker. Der Sohn eines Anwalts und späteren Senators erhielt an der Militärakademie und Pionierschule eine militärische Ausbildung. Nach 1918 wirkte er in der Armee als Spezialist für Flugplatz-, Hafen- und Staudammbauten. Im Zweiten Weltkrieg seit April 1945 Stellvertreter von Dwight D. Eisenhower, war er nach Kriegsende bis 1947 stellvertretender Militärgouverneur der amerikanischen Besatzungszone in Deutschland. Von Januar 1947 bis Juni 1949 fungierte er als Militärgouverneur und Hoher Kommissar der USA in Deutschland. 1948/49 war Clay während der „Berliner Blockade" maßgebend an der Initiierung und Organisation der Luftbrücke nach West-Berlin beteiligt. 1949 schied er als Armeegeneral aus der Armee aus und war in den folgenden Jahren in führenden Wirtschaftspositionen tätig. Clay überbrachte 1950 die Freiheitsglocke für das Schöneberger Rathaus, 1961/62 wirkte er als Sonderbeauftragter von USA-Präsident John F. Kennedy zu Berlinfragen. Im Mai 1962 wurde Clay Ehrenbürger von Berlin.

Coblenzer Straße

Name ab	8. Januar 1892
Name bis	14. Mai 1926
frühere Namen	Lauenburger Straße (um 1875 – um 1888)
	Parallelstraße (um 1888–1892)
heutiger Name	Koblenzer Straße (1926)
Ortsteil	Wilmersdorf
Detail	Die Benennung der Coblenzer Straße erfolgte offenbar in Anlehnung an Kaiser Wilhelm I., der 1849, nachdem er als Oberbefehlshaber der Operationsarmee die badische Revolution blutig niedergeschlagen hatte, Militärgouverneur der Stadt Koblenz wurde.
Namenserläterung	*Coblenz:* vgl. Koblenzer Straße

Cordesstraße

Name ab	9. März 1925
frühere Namen	Werkstattstraße (um 1900–1906)
	Werkstattweg (1906–1925)
Ortsteil	Grunewald
weiterer Bezirk	Charlottenburg
Namenserläuterung	*Cordes, Heinrich*
	* 10. 10. 1852
	Geheimer Baurat. Heinrich Cordes war Leiter des Eisenbahnausbesserungswerkes und der Eisenbahnwerkstätten Grunewald in Halensee.

Crampasplatz

Name ab	1891
Name bis	4. Juli 1929
heutiger Name	Krampasplatz (1929)
Ortsteil	Schmargendorf

Der Platz liegt in einem Siedlungsgebiet, in dem für die Benennung von Straßen und Plätzen die Namen von Badeorten an der Nord- und Ostseeküste gewählt wurden.

Namenserläuterung

Crampas: vgl. Krampasplatz

Cranzer Straße

Name ab

Name bis

heutiger Name

Ortsteil

um 1905

4. Juli 1929

Kranzer Straße (1929)

Schmargendorf

Detail

Die Cranzer Straße liegt in einem Siedlungsgebiet, in dem für die Benennung von Straßen und Plätzen die Namen von Badeorten an der Nord- und Ostseeküste gewählt wurden. Sie entstand um 1905 durch die Zusammenführung der beiden Straßen S 2 und S 25 und verlief zwischen dem Hohenzollerndamm und der Reichenhaller Straße. Am 22. Juli 1908 wurde der südliche Abschnitt zwischen der Forckenbeck- und der Reichenhaller Straße abgetrennt und zur Weinheimer Straße umbenannt. Der verbliebene Abschnitt zwischen dem Hohenzollerndamm und der Cunostraße erhielt am 4. Juli 1929 den Namen Kranzer Straße.

Namenserläuterung

Cranz: früher Kranz, heute Selenogradsk (Rußland), Stadt und Ostseebad im Gebiet Kaliningrad. Der Name kommt vom pruzzischen kràntas, Uferabhang. Vom Deutschen Orden wurde an dieser Stelle für den Reiseverkehr ein Krug angelegt. Später entstand daneben das Dorf Cranzkuhren. Die kleine Fischersiedlung wurde seit 1816 das erste Seebad der Samlandküste und später das größte Seebad Ostpreußens. Im Zweiten Weltkrieg stark zerstört, kam es danach zur UdSSR und nach deren Auflösung zu Rußland. Nach 1945 wurde das Ostseebad zur Stadt erhoben.

Cronberger Straße

Name ab	1898
Name bis	4. Juli 1929
heutiger Name	Kronberger Straße (1929)
Ortsteil	Grunewald
Namenserläuterung	*Cronberg:* vgl. Kronberger Straße

Culmannallee

Name ab	3. Mai 1935
Name bis	7. Juni 1935
früherer Name	Bismarckallee (1898–1935)
heutiger Name	Bismarckallee (wieder ab 1935)
Ortsteil	Grunewald
Detail	Am 3. Mai 1935 verfügte der Polizeipräsident die Aufteilung der Bismarckallee in zwei selbständige Straßen: Der Abschnitt zwischen Koenigsallee und Wernerstraße sollte künftig den Namen Culmannallee, der Abschnitt zwischen Wernerstraße und Bismarckplatz den Namen Strackallee tragen. Diese Festlegung wurde jedoch bereits am 7. Juni 1935 wieder rückgängig gemacht, es blieb bei dem Straßennamen Bismarckallee.

Namenserläuterung

Kullmann, Eduard Franz Ludwig
* 14. 07. 1853 Neustadt bei Magdeburg
† 16. 03. 1892 Amberg
Böttcher. Der einundzwanzigjährige, katholische Böttchergeselle Kullmann verübte am 13. Juli 1874 in Bad Kissingen auf Bismarck ein Attentat. Der als psychisch labil geltende Mann verletzte den Reichskanzler mit einem Pistolenschuß nur leicht an der Hand. Das Attentat verschärfte den sogenannten Kulturkampf zwischen Staat und katholischer Kirche. Der Begriff Kulturkampf wurde vom Liberalen Rudolf Virchow geprägt. Es war aber eine unzutreffende Bezeichnung für den Kampf Bismarcks gegen partikularistische und antipreußische Bestrebungen der katholischen Kirche. Dieser Kulturkampf hatte seit den Maigesetzen von 1873 und 1874,

die den Einfluß der katholischen Kirche einschränken sollten, einen ersten Höhepunkt erreicht. Kullmann selbst erhielt 14 Jahre Zuchthaus; während der Haftzeit wurde er wegen Unbotmäßigkeit erneut verurteilt. Er verstarb im Zuchthaus Amberg.

Culmbacher Straße

Name ab	Februar 1901
Name bis	4. Juli 1929
heutiger Name	Kulmbacher Straße (1929)
Ortsteil	Wilmersdorf
Namenserläuterung	*Culmbach:* vgl. Kulmbacher Straße

Cunostraße

Name ab	6. März 1891
frühere Namen	Charlottenburger Weg (um 1856 – um 1885)
	Straße S 24 (um 1885–1891)
	Straße S 24a (um 1885–1891)
Ortsteil	Schmargendorf
Detail	Bis zu seiner Benennung am 6. März 1891 bestand der Straßenzug aus der Straße S 24 zwischen der Friedrichsruher und der Landecker Straße sowie aus der Straße S 24a zwischen der Landecker und der Breiten Straße.
Namenserläuterung	*Cuno, Rudolf*
	* 21. 06. 1827
	† 24. 04. 1895
	Direktor der früheren städtischen Gaswerke, die für die „Erleuchtung Berlins" angelegt worden waren.

Dachsberg

Name ab	1. April 1898
Ortsteil	Grunewald
Detail	Die Straße Dachsberg erhielt ihren Namen wahrscheinlich nach der Weinlage Dachsberg.
Namenserläuterung	*Dachsberg*: Weinlage bei Oestrich-Winkel im Land Hessen. Sie liegt nördlich von Winkel im Rheingau. Der Name Dachsberg leitete sich von Dachsbau her, da hier die Dachse bevorzugt ihre Baue errichteten.

Damaschkestraße

Name ab	30. März 1950
früherer Name	Küstriner Straße (1892–1950)
Ortsteil	Wilmersdorf
weiterer Bezirk	Charlottenburg
Detail	Die Damaschkestraße bildet die Grenze zwischen den Bezirken Wilmersdorf und Charlottenburg.
Namenserläuterung	*Damaschke, Adolf Wilhelm Ferdinand*

Damaschke, Adolf Wilhelm Ferdinand
* 24. 11. 1865 Berlin
† 30. 07. 1935 Berlin
Sozialpolitiker, Volkspädagoge. Damaschke absolvierte eine Ausbildung zum Volksschullehrer. Bereits 1895 wandte er sich als freier Publizist der Frage des Bodenrechtes zu. 1896 gehörte er zu den Mitbegründern des Nationalsozialen Vereins, schied aber nach dem Mißlingen dieses Versuches 1903 aus der Parteipolitik aus. Der „Bund für Bodenreform" wurde nun für ihn Instrument einer weitreichenden Sozial- und Volkspädagogik. So gewann er Einfluß auf die Bodenvorratspolitik der Gemeinden und auf die Steuerpolitik. Es war sein wesentliches Verdienst, daß in den Grundrechten der Weimarer Verfassung ein bodenreformerisches Bekenntnis Aufnahme fand.

Danziger Straße

Name ab	vor 1880
Name bis	um 1880
spätere Namen	Ringstraße II (um 1880–1888)
	Rosberitzer Straße (1888–1908)
heutiger Name	Trautenaustraße (1908)
Ortsteil	Wilmersdorf

Namenserläuterung

Danzig: heute Gdánsk (Polen), Hauptstadt der Woiwodschaft Gdánsk, Hafenstadt an der Westküste der Danziger Bucht. Die schon im 6. Jahrhundert als Gyddanzc erwähnte Siedlung erhielt vom Fürsten Swantopolk um 1240 das Stadtrecht. 1301 besetzte der Deutsche Ritterorden die Stadt, die seit 1295 der Hanse angehörte. Im Krieg gegen Polen unterwarf sich Danzig 1410 der polnischen Hoheit. Nach der ersten polnischen Teilung 1772 blieb die Stadt unabhängig, wurde jedoch 1793 in Preußen eingegliedert und 1807 von Napoleon zur „Freien Stadt" unter Oberhoheit Preußens und Sachsens erklärt. 1814–1824 und 1878–1919 war sie Hauptstadt der preußischen Provinz Westpreußen. Durch den Versailler Vertrag wurde Danzig 1920 Freie Stadt unter dem Schutz des Völkerbundes. Mit Beginn des Zweiten Weltkrieges 1939 erfolgte die Angliederung an das Deutsche Reich. Seit 1945 gehört Danzig zu Polen.

Darmstädter Straße

Name ab	1875
Name bis	1876
späterer Name	Grenzstraße (1876–1892)
heutiger Name	Kuppenheimer Straße (1892)
Ortsteil	Wilmersdorf

Namenserläuterung

Darmstadt: kreisfreie Stadt im Land Hessen. Das Dorf Darmstadt hat sich aus einer fränkischen Siedlung an einer alten Römerstraße entwickelt. Es wurde zunächst u. a. Darmundestat und Stat ze Darmstad genannt. Seit Anfang des 11. Jahrhunderts gehörte Darmstadt zum Bistum Würzburg, im 13./14. Jahrhundert erhielten es die Grafen von Katzenelnbogen, 1330 wurde es Stadt. Darmstadt gelangte 1479 als Erbe an die Landgrafen von Hessen. Bei der Spaltung von Hessen 1567 wurde es Residenz der Landgrafen, seit 1806 des Großherzogtums und 1918 Hauptstadt des Freistaates Hessen-Darmstadt. Nach 1945 kam die Stadt zum Land (Groß-)Hessen.

Darmstädter Straße

Name ab	16. Januar 1908
Ortsteil	Wilmersdorf
Detail	Die Darmstädter Straße wurde vor ihrer Benennung seit 1900 als Straße 19 bezeichnet.
Namenserläuterung	*Darmstadt:* vgl. Darmstädter Straße (1875–1876)

Davoser Straße

Name ab	6. März 1891
Ortsteil	Schmargendorf
Detail	Die Davoser Straße liegt in einem Viertel, in dem viele Straßen die Namen von Kur- und Badeorten erhielten. Sie trug vor ihrer Benennung seit 1885 die Bezeichnung Straße S 27 und verlief zwischen dem Flinsberger Platz und der Breiten Straße. Bedingt durch spätere Baumaßnahmen verläuft die Straße seit 1906 zwischen der Forckenbeck- und der Reichenhaller Straße.
Namenserläuterung	*Davos:* rätoromanisch Tavau, Gemeinde in der Schweiz im Kanton Graubünden. Davos liegt 1556 Meter hoch in einem nach Süden offenen, 17 Kilometer langen Hochtal der Landwasser, einem Nebenfluß der Albula. Im 13. Jahrhundert siedelten sich im Davoser Gebiet die Walser an. Die Gemeinde besteht aus dem Hauptort Davos-Platz und dem nördlich gelegenen Davos-Dorf,

in der Nähe befindet sich der Kleine Davoser See. Davos ist insbesondere als mondäner Kur- und Wintersportort bekannt.

Deidesheimer Straße

Name ab	19. August 1909
Ortsteil	Wilmersdorf
weiterer Bezirk	Schöneberg

Detail

Die Deidesheimer Straße liegt im sogenannten Rheingauviertel, in dem die Straßen ihre Namen nach Gemeinden des Rheingaus erhielten.

Namenserläuterung

Deidesheim: Stadt im Kreis Bad Dürkheim im Land Rheinland-Pfalz. Bereits aus der römischen Zeit ist eine Niederlassung mit Weinbau bekannt. Heute bildet Deidesheim, an der Deutschen Weinstraße am östlichen Fuß der Haardt gelegen, das Zentrum des Pfälzer Weinbaus und gilt mit seinen Spitzenlagen Leinhöhle, Grainhübel und Hohenmorgen als bekanntester Weinort der Pfalz. 699 wurde der Ort erstmals als Didineschaime erwähnt, 770 wurde auf den Weinbau hingewiesen. 1395 erhielt Deidesheim Stadtrechte. Seit 1623 wurde für den Namen die Form Deidesheim gebraucht. Der Ort und die Burg waren zunächst im Besitz der Grafen aus dem Kraichgau, um 1100 kam Deidesheim an das Domstift Speyer. Bis zur französischen Besetzung 1798 in französischem Besitz, gehörte es ab 1816 zu Bayern und kam bei der Länderneubildung 1946 zu Rheinland-Pfalz.

Delbrückstraße

Name ab	6. März 1891
Ortsteile	Grunewald, Schmargendorf

Detail

Die Delbrückstraße wurde aus den beiden Straßen G 32 und S 32 gebildet.

80

Delbrück, Martin Friedrich Rudolph von
* 16. 04. 1817 Berlin
† 01. 02. 1903 Berlin
Preußischer Staatsmann. Er studierte von 1833 bis 1837 Jura, Geschichte, Ökonomie und Geographie in Halle, Berlin und Bonn. 1839 trat er in den preußischen Verwaltungsdienst ein. 1842 zunächst im Finanzministerium, war er ab 1844 im Handelsamt und ab 1848 im Handelsministerium tätig. 1849 wurde er Vortragender Rat und 1859 Ministerialdirektor, lehnte jedoch das Amt des Handelsministers 1862 ab. Nach der Gründung des Norddeutschen Bundes, an dessen Verfassung er mitarbeitete, amtierte Delbrück ab 1867 als Präsident des Bundeskanzleramtes (seit 1871 Reichskanzleramt). 1868 wurde er auch zum preußischen Staatsminister ernannt. Als Präsident des Bundeskanzleramtes führte er ab November 1870 Verhandlungen mit den süddeutschen Teilstaaten über den Eintritt in den Norddeutschen Bund. Als er im Zusammenhang mit der Finanzreform in Konflikt mit Bismarck geriet, trat er 1876 von seinen Ämtern zurück. Von 1878 bis 1881 war Delbrück noch Reichstagsabgeordneter und trat als einer der liberalen Kritiker des Bismarckschen Schutzzolltarifs auf. 1896 wurde er geadelt. Er war einer der ersten Siedler der Villenkolonie Grunewald.

Der hohe Weg

Name ab	um 1830
Name bis	um 1856
späterer Name	Spandauer Weg (um 1856–1888)
heutiger Name	Berliner Straße (1888)
Ortsteil	Wilmersdorf
Namenserläuterung	Für die Namensgebung konnte keine Erklärung ermittelt werden.

Detmolder Straße

Name ab	22. Dezember 1911
frühere Namen	Margarethenstraße (um 1876–1888)
	Ringbahnstraße (1888–1911)
Ortsteil	Wilmersdorf

Detail

Die Detmolder Straße verlief zum Zeitpunkt ihrer Benennung 1911 zwischen der Mecklenburgischen Straße und der heutigen Bundesallee. Am 1. Mai 1971 wurde der Abschnitt zwischen der Aachener und der Brabanter Straße herausgelöst und in die Aachener Straße einbezogen.

Namenserläuterung

Detmold: Stadt im Land Nordrhein-Westfalen an der oberen Werre. Die erste Erwähnung als Theotmalli stammt aus dem Jahre 783. Die Edelherren zur Lippe ließen den Ort neu anlegen und verliehen ihm Mitte des 13. Jahrhundert Stadtrecht. Die ursprünglich nur gelegentlich als Residenz dienende Burg wurde 1528–1536 zur stärksten lippeschen Landesfestung ausgebaut. Ab etwa 1470 diente sie als Residenz der (seit 1528) Grafen zur Lippe. Seit 1918 war Detmold Hauptstadt des Freistaates Lippe. 1946 kam es zum Land Nordrhein-Westfalen.

Die Kuhtrift

Name ab	um 1876
Name bis	16. März 1888
späterer Name	Westphälische Straße (1888–1905)
heutiger Name	Westfälische Straße (1905)
Ortsteil	Wilmersdorf

Namenserläuterung

Kuhtrift: ein Weg, auf dem die Kühe zur Tränke geführt werden. Hier handelte es sich um den Weg vom Dorf Wilmersdorf in Richtung Halensee, auf dem die Wilmersdorfer Bauern ihr Vieh zum Tränken trieben.

Die kurze Trift

Name ab	um 1856
Name bis	16. März 1888
späterer Name	Sigmaringener Straße (1888–1908)
heutiger Name	Sigmaringer Straße (1908)
Ortsteil	Wilmersdorf

Namenserläuterung

Trift: ein Weg, auf dem das Vieh zur Weide getrieben wird. Da der Weg zu den Weideplätzen im Hopfenbruch nicht weit war, erfolgte die Bezeichnung mit dem Namen Die kurze Trift. Die kurze Trift führte als Feldweg von der Brandenburgischen Straße aus in nördlicher Richtung zu den Weideplätzen im Hopfenbruch.

Dievenowstraße

Name ab	6. März 1891
Ortsteil	Schmargendorf

Detail

Zum Zeitpunkt ihrer Benennung im März 1891 verlief die Dievenowstraße zwischen der Breiten und der Heiligendammer Straße; sie wurde um 1906 bis zur Borkumer Straße verlängert. In diesem Siedlungsgebiet wurden mehrere Straßen nach Badeorten an der Nord- und Ostseeküste benannt.

Namenserläuterung

Dievenow: heute Dziwnów (Polen), Gemeinde in der Woiwodschaft Szczecin. Der Ort Dievenow ist ein Seebad und Fischereihafen am Ausfluß der Dievenow in die Ostsee. Die Dievenow ist ein östlicher Mündungsarm der Oder.

Dillenburger Straße

Name ab	8. Januar 1892
früherer Name	Steglitzer Weg (um 1856–1892)
Ortsteil	Wilmersdorf
weiterer Bezirk	Zehlendorf

Nachdem bereits am 6. März 1891 der nordwestliche Abschnitt des Steglitzer Weges in Helgolandstraße umbenannt worden war, erhielt der südöstliche Abschnitt am 8. Januar 1892 den Namen Dillenburger Straße.

Namenserläuterung

Dillenburg: Stadt des Lahn-Dill-Kreises an der Dill im Land Hessen, zwischen Westerwald und Gladenbacher Bergland. Vor 1250 errichteten die Grafen von Nassau die Burg, zu deren Füßen sich die Siedlung entwickelte. Sie wurde 1254/55 bereits als Dillenburg genannt und erhielt 1344 Stadtrechte. Die ottonische, Dillenburger Linie der Nassauer Grafen gewann im 14./15. Jahrhundert durch Heirat die Grafschaft Diez und weitere Gebiete, 1530 das Fürstentum Oranien. Wilhelm von Nassau-Dillenburg begründete das Haus Oranien-Nassau, aus dem niederländische und englische Könige hervorgingen. Seine Geburtsstätte, das Schloß in Dillenburg, wurde im Siebenjährigen Krieg 1760 durch die Franzosen zerstört, die Befestigungen geschleift. Nachdem 1806 die Nassauer ihre Gebiete im Herzogtum Nassau vereinigt hatten, kam Dillenburg 1815 zum Herzogtum Nassau, wurde mit diesem 1866 durch Preußen annektiert und 1868 in die preußische Provinz Hessen-Nassau eingegliedert. Seit 1945/46 gehört Dillenburg zum Land Hessen.

Doberaner Straße

Name ab
Ortsteil

6. März 1891
Schmargendorf

Detail

In diesem Siedlungsgebiet wurden mehrere Straßen nach Badeorten an der Nord- und Ostseeküste benannt.

Namenserläuterung

Bad Doberan: Kreisstadt im Land Mecklenburg-Vorpommern. Die Stadt entstand um das älteste und größte mecklenburgische Zisterzienserkloster, das hier 1186 gegründet wurde. Aufgrund eines Privilegs konnten sich Handwerker ansiedeln, die den Grundstein für die sich im späten Mittelalter entwickelnde Marktsiedlung legten. Seit 1793 war Doberan Nebenresidenz der Herzöge von Mecklenburg. 1879 erhielt es Stadtrecht und 1929 die Bezeichnung Bad Doberan. Seit 1952 ist es Kreisstadt. Bekannt wurde Bad Doberan vor allem als See- und Heilbad.

Dorfaue

Name ab	vor 1300
Name bis	1875
späterer Name	Wilhelmstraße (1875–1888)
heutiger Name	Wilhelmsaue (1888)
Ortsteil	Wilmersdorf
Detail	Die Dorfaue bildete seit der Entstehung des Dorfes Wilmersdorf den Dorfkern, zu dessen beiden Seiten die Gehöfte mit den Häusern lagen. Außerdem befanden sich hier zwei Backöfen und das Spritzenhaus, das auch als Kerker benutzt wurde. Die Dorfaue verlief zwischen der Blisse- und der Mehlitzstraße.
Namenserläuterung	*Dorfaue*: Früher wurde in den Angerdörfern die alte Dorfstraße häufig auch Dorfaue genannt.

Dorfstraße

Name ab	1871
Name bis	6. März 1891
späterer Name	Hauptstraße (1891–1904)
heutiger Name	Breite Straße (1904)
Ortsteil	Schmargendorf
Namenserläuterung	*Dorfstraße*: Bei der Straße handelte es sich um die erste im Dorf Schmargendorf angelegte Straße. Mit dem Namen Dorfstraße wurde in vielen Dörfern die erste bzw. Hauptstraße bezeichnet.

Douglasstraße

Name ab	1. April 1898
Ortsteil	Grunewald

Namenserläuterung

Douglas, David
* 1798
† 1834
Schottischer Botaniker. Er importierte verschiedene Arten von Bäumen und Sträuchern aus Nordamerika nach Europa, die noch heute viele Parks und Gärten zieren. Dazu gehört auch die nach ihm benannte Douglasfichte. John Cornelius Booth von der Kurfürstendammgesellschaft benannte die über seinen Grundbesitz führende Straße zum Andenken an den früh verstorbenen Freund in Douglasstraße.

Driburger Straße

Name ab	8. Januar 1892
Name bis	1955
Ortsteil	Wilmersdorf

Detail

Die Driburger Straße sollte entsprechend dem Bebauungsplan zwischen der Forckenbeck- und der Mecklenburgischen Straße angelegt werden. Das Vorhaben wurde jedoch nie verwirklicht, und so wurde mit dem Bebauungsplan IX/55 der Name aufgehoben.

Namenserläuterung

Bad Driburg: Stadt und Heilbad im Kreis Höxter im Land Nordrhein-Westfalen. Die Stadt liegt östlich von Paderborn in einem Talkessel am Eggegebirge. Im 12. Jahrhundert entstand die Burg Iburg, zu ihren Füßen wurde im 13. Jahrhundert die Siedlung angelegt. Driburg wurde erstmals 1290 mit Stadtrechten erwähnt. 1532 erfolgte die Gründung der ersten Glashütte. Bekannt wurde der Ort auch durch die schon im 16. Jahrhundert genutzten Mineralquellen, Schwefelmoor- und Kohlensäurebäder. Ab 1803 gehörte die Stadt zu Preußen, nach 1945 zum Land Nordrhein-Westfalen.

Duisburger Straße

Name ab	30. November 1910
früherer Name	Jülicher Straße (vor 1910–1910)
Ortsteil	Wilmersdorf

Namenserläuterung

Duisburg: kreisfreie Stadt im Land Nordrhein-Westfalen. Duisburg entwickelte sich auf dem Boden einer Mitte des 8. Jahrhunderts nachweisbaren fränkischen Königspfalz im 12. Jahrhundert zu einer Stadt. 781 wurde es als Thusburg, 966 als Diusburg bezeichnet. 1129 ist Duisburg als Stadt bezeugt, 1290 wurde es durch König Rudolf I. von Habsburg an die Grafschaft Kleve verpfändet, mit Kleve kam es 1614 bzw. 1666 an Brandenburg und damit später zum preußischen Staat. Im 14. Jahrhundert gehörte es der Hanse an, erreichte aber keine Anerkennung als freie Reichsstadt. 1655 wurde Duisburg erstmals Universitätsstadt. Mit der Zunahme der Kohleförderung und der industriellen Entwicklung wurde Duisburg seit dem 19. Jahrhundert zum größten Binnenhafen Europas ausgebaut. Im 20. Jahrhundert erfolgten mehrere Eingemeindungen. Seit der Bildung des Landes 1946 gehört Duisburg zu Nordrhein-Westfalen.

Dunckerstraße

Name ab	1898
Name bis	14. April 1936
heutiger Name	Seebergsteig (1936)
Ortsteil	Grunewald

Detail

Als 1936 die Nazis begannen, alle nach Juden benannten Straßen umzubenennen, erhielt die Dunckerstraße den neuen Namen Seebergsteig.

Namenserläuterung

Duncker, Franz Günter
* 04. 06. 1822 Berlin
† 18. 06. 1888 Berlin
Buchhändler, Politiker. Er studierte Philosophie und Geschichte und erwarb 1850 die Bessersche Buchhand-

lung, die er 25 Jahre lang leitete. Duncker nahm an der Gründung des Deutschen Nationalvereins 1859 sowie der Fortschrittspartei 1861 teil und war seit 1867 Reichstagsabgeordneter. Dem Berliner Handwerkerverein stand er ab 1865 vor. Gemeinsam mit Franz Hermann Schulze-Delitzsch und Max Hirsch gründete er 1869 die Hirsch-Dunkerschen Deutschen Gewerkvereine, mit denen von liberalen Positionen aus der Sozialdemokratie entgegen gewirkt werden sollte.

Dünkelbergsteig

Name ab
früherer Name
Ortsteil

17. September 1938
Morgenrothstraße (1931–1938)
Schmargendorf

Detail

Als die Nazis begannen, alle nach Juden benannten Straßen umzubenennen, erhielt die Morgenrothstraße am 17. September 1938 den Namen Dünkelbergsteig.

Namenserläuterung

Dünkelberg, Friedrich Wilhelm
* 04. 05. 1819 Schaumburg an der Lahn
† 11. 08. 1912 Wiesbaden
Landwirt. Er besuchte das landwirtschaftliche Institut Hof Geisberg bei Wiesbaden und die Universität Gießen. Seit 1856 war er als Generalsekretär des Vereins Nassauischer Land- und Forstwirte und ab 1867 als Mitglied des preußischen Landesökonomiekollegiums tätig. Von 1871 bis 1895 hielt Dünkelberg als Professor und Direktor der Landwirtschaftlichen Akademie Poppelsdorf bei Bonn Vorlesungen, u. a. zur Kulturtechnik, Baukunde und landwirtschaftlichen Betriebslehre. 1887 –1896 war er nationalliberales Mitglied im preußischen Abgeordnetenhaus. Dünkelberg sah den Ursprung der landwirtschaftlichen Ertragssteigerung in den ältesten Formen der Melioration und gilt als Begründer der wissenschaftlichen Kulturtechnik.

Durlacher Straße

Name ab	16. März 1888
früherer Name	Jungfernstraße (um 1885–1888)
Ortsteil	Wilmersdorf

Detail

Die Benennung der Durlacher Straße erfolgte wenige Tage nach dem Tode Kaiser Wilhelm I., der als Oberbefehlshaber der Operationsarmee in Baden 1849 die badische Revolution blutig niederschlug. Bei Durlach gab es am 25. Juni 1849 „ein Gefecht zwischen preußischer Landwehr und badischen Insurgenten". Zum Zeitpunkt ihrer Benennung verlief die Durlacher Straße zwischen der heutigen Bundesallee und der Kuppenheimer Straße. Am 16. August 1928 kam ein Abschnitt der Kuppenheimer Straße hinzu, so daß nunmehr die Durlacher Straße bis zur Kufsteiner Straße führt.

Namenserläuterung

Durlach: Stadtteil von Karlsruhe im Land Baden-Württemberg. Kaiser Heinrich VI. gründete Ende des 12. Jahrhunderts die Stadt Durlach, die 1219 an den Markgrafen Hermann V. übergeben wurde. 1274 eroberte sie Rudolf von Habsburg. Seit 1565 war die Stadt Residenz der markgräflichen Linie Baden-Durlach. 1938 wurde Durlach nach Karlsruhe eingemeindet.

Düsseldorfer Straße

Name ab	8. Januar 1892
Ortsteil	Wilmersdorf

Detail

Die Düsseldorfer Straße bestand vor ihrer Benennung am 8. Januar 1892 aus den beiden Straßen 7b und 7c. Sie verlief zu dieser Zeit zwischen der Konstanzer und der Eisenzahnstraße. Am 4. November 1915 kam als östliche Verlängerung die bisherige Marienburger Straße dazu. Am gleichen Tag wurde der westliche Abschnitt der Düsseldorfer Straße zwischen Eisenzahn- und Brandenburgischer Straße abgetrennt und zur eigenständigen Paderborner Straße umbenannt.

Düsseldorf: Hauptstadt des Landes Nordrhein-Westfalen. 1135 bzw. 1159 fand die Ansiedlung bei der Mündung der Düssel in den Rhein als Dusseldorp erste urkundliche Erwähnung. Vorher zum Herzogtum Niederlothringen gehörend, gelangte der Ort 1189 in den Besitz der Grafen von Berg. 1288 erhielt Düsseldorf Stadtrecht. 1521 wurde es ständige Residenz der Herzogtümer Jülich-Berg-Ravensberg und Kleve-Mark. Bei deren Teilung kam Düsseldorf durch den Vertrag von Xanten 1614 an Pfalz-Neuburg. Eine Blütezeit erlebte es, als Johann Wilhelm 1679 die Regentschaft über Jülich-Berg erhielt sowie 1690, als er als Kurfürst von der Pfalz, in Düsseldorf residierte. Die Verlegung der Residenz nach seinem Tod 1716 führte zu einem wirtschaftlichen Niedergang der Stadt. 1806 bis 1815 war Düssseldorf Hauptstadt des Großherzogtums Berg, 1815 kam es an Preußen. 1945 Sitz der britischen Militärregierung, wurde Düsseldorf 1946 Hauptstadt des neugebildeten Landes Nordrhein-Westfalen.

Eberbacher Straße

Name ab
Ortsteil

17. Mai 1930
Wilmersdorf

Detail

Die Eberbacher Straße trug vor ihrer Benennung die Bezeichnung Straße 78 und verlief zwischen der Schlangenbader und der Johannisberger Straße. Am 20. Juli 1938 kam als östliche Verlängerung die bisherige Nekkarstraße dazu. Die Namensgebung der Straße erfolgte vermutlich nach der am Neckar gelegenen Stadt Eberbach im heutigen Land Baden-Württemberg.

Namenserläuterung

Eberbach: Der Ort liegt am Neckar im südlichen Odenwald und gehört zum Rhein-Neckar-Kreis im Land Baden-Württemberg. Er entstand in der Nähe einer durch die Bischöfe von Worms im 11. Jahrhundert errichteten Burg. 1230 erfolgte die Stadtgründung durch die Staufer. Mehrfach verpfändet, gehörte Eberbach bis 1802 meist zur Kurpfalz, 1806 kam es mit Leiningen zu Baden. 1945 gehörte es zur amerikanischen Besatzungszone und Württemberg-Baden, seit 1952 zum Land Baden-Württemberg.

Egerstraße

Name ab	7. April 1904
Ortsteil	Schmargendorf

Detail

Die Egerstraße liegt in einem Viertel, in dem viele Straßen die Namen von Kur- und Badeorten erhielten. Sie trug vor ihrer Benennung die Bezeichnung Straße 33.

Namenserläuterung

Eger: heute Cheb (Tschechien), am Oberlauf der Eger. 1061 wurde der Ort erstmals erwähnt, 1125 errichtete man hier eine Burg. Unter den Staufern wurde Eger Königsstadt sowie Hauptstadt des Egerlandes und erhielt 1242 das Nürnberger Stadtrecht. 1277 wurde die Stadt zum ersten Mal als Reichsstadt bezeichnet und 1322 an König Johann verpfändet. Fortan blieb sie bei Böhmen, nahm aber bis zur vollen Eingliederung 1806 eine Sonderstellung ein. Im Dreißigjährigen Krieg erfolgte ihr Ausbau zur habsburgischen Grenzfestung. 1634 wurde Wallenstein in Eger ermordet. Seit 1806 gehörte die Stadt zu Böhmen.

Ehrenfeldstraße

Name ab	nach 1885
Name bis	1902
heutiger Name	Sodener Straße (1902)
Ortsteil	Wilmersdorf

Detail

Die Ehrenfeldstraße trug vor ihrer Benennung seit 1885 die Bezeichnung Straße 46a. 1902 wurde sie in die Sodener Straße einbezogen.

Namenserläuterung

Ehrenfeld: Das Schloß Ehrenfeld gehört zur Gemeinde Zwiefalten im Land Baden-Württemberg.

Eichhörnchensteig

Name ab	1. Mai 1979
Ortsteil	Grunewald

Namenserläuterung

Eichhörnchen: Gattung vorwiegend baumbewohnender Nagetiere mit zahlreichen Arten. Ihr Körper ist 20 bis 30 Zentimeter lang mit einem meist ebenso langen buschigen Schwanz. Eichhörnchen sind tagaktive Tiere, die sich vor allem von Früchten, Samen und Knospen ernähren und in den Wäldern Europas, Asiens und Amerikas vorkommen.

Eichkampstraße

Name ab	28. August 1936
früherer Name	Königsweg (vor 1900–1936)
Ortsteil	Grunewald
weiterer Bezirk	Charlottenburg

Detail

Die Eichkampstraße wurde aus dem nördlichen Abschnitt des alten Königswegs gebildet.

Namenserläuterung

Eichkamp: Revierförsterei im Forst Grunewald, nach der auch die Siedlung Eichkamp im Bezirk Charlottenburg benannt wurde. Die Straße verläuft am Rande der Siedlung Eichkamp und in der Nähe der gleichnamigen Revierförsterei.

Eilsener Straße

Name ab	um 1895
Name bis	nicht ermittelt
Ortsteil	Wilmersdorf

Detail

Die Straße wurde bereits um 1885 im Bebauungsplan als Straße 44a ausgewiesen. Sie sollte zwischen der Falkensteiner und der Mecklenburgischen Straße angelegt werden; dieses Vorhaben wurde jedoch nicht verwirklicht.

Namenserläuterung	*Bad Eilsen*: Gemeinde und Heilbad im Kreis Schaumburg im Land Niedersachsen. Der Ort liegt am Südwestrand der Bückeberge und ist durch seine Schwefel-Schlammbäder bekannt.

Eisenzahnstraße

Name ab Ortsteil	8. Januar 1892 Wilmersdorf
Detail	Bereits um 1885 trug dieser Straßenzug die Bezeichnungen Straße 22a und Straße 27. Am 8. Januar 1892 erhielt der Abschnitt südlich der Westfälischen Straße den Namen Wohlauer Straße und der Abschnitt nördlich der Westfälischen Straße den Namen Eisenzahnstraße. Am 18. Juni 1911 wurde die Wohlauer Straße in die Eisenzahnstraße einbezogen.
Namenserläuterung	Friedrich II., der Eiserne (auch Eisenzahn) * 19. 11. 1413 Tangermünde † 10. 02. 1471 Plassenburg b. Kulmbach Kurfürst von Brandenburg. Der Sohn von Kürfürst Friedrich I. wurde 1437 Regent in der Mark Brandenburg, nach dem Tode seines Vaters regierte er als Kurfürst von 1440 bis 1470. Er setzte in Brandenburg die landesfürstliche Gewalt gegenüber Adel und Städten durch. So beseitigte er 1442 die Autonomie der Doppelstadt Berlin-Cölln, deren Aufbegehren im Berliner Unwillen 1448 schlug er nieder. Auf seine Herrschaft geht der Baubeginn für das Berliner Schloß zurück. 1455 erlangte Friedrich II. durch Kauf vom Deutschen Orden die Neumark zurück. Die Bierziese 1467 war der erste Versuch, eine indirekte Steuer einzuführen. Nach dem Tode seines letzten Sohnes übergab er die Regierung an seinen Bruder Albrecht Achilles und zog sich in seine fränkischen Besitzungen zurück. Der Beiname „der Eiserne" bzw. „Eisenzahn" leitete sich aus dem ihm nachgesagten eisernen Willen und harten Durchsetzungsvermögen ab.

Eislebener Straße

Name ab	14. Februar 1895
Ortsteil	Wilmersdorf
weiterer Bezirk	Charlottenburg

Detail

Die Eislebener Straße, die vor ihrer Benennung seit 1885 die Bezeichnung Straße 31a trug, verläuft entlang der Bezirksgrenze von Wilmersdorf und Charlottenburg.

Namenserläuterung

Eisleben: Kreisstadt im Land Sachsen-Anhalt. Das um 800 bereits erwähnte Dorf Eslebo erhielt vor 1180 Stadtrecht. 1115 erlangten die Bischöfe von Halberstadt, die bereits Herren des Marktortes waren, auch die Lehnshoheit über die nahegelegene Burg. Vor 1286 wurden die Grafen von Mansfeld mit dem Ort belehnt. Nach zahlreichen Bränden und Pestepidemien erlebte die Stadt durch den Kupferbergbau zu Beginn des 16. Jahrhunderts einen wirtschaftlichen Aufschwung. 1780 fiel die Stadt an Kursachsen, 1815 an Preußen. Eisleben ist vor allem auch als Lutherstadt bekannt, der hier geboren wurde und auch starb.

Elberfelder Straße

Name ab	um 1885
Name bis	1892
früherer Name	Hannöversche Straße (um 1875 – um 1885)
heutiger Name	Babelsberger Straße (1892)
Ortsteil	Wilmersdorf

Namenserläuterung

Elberfeld: Stadtteil der kreisfreien Stadt Wuppertal im Land Nordrhein-Westfalen. Elberfeld gehörte spätestens seit dem 12. Jahrhundert zum Besitz der Kölner Erzbischöfe, im späten Mittelalter größtenteils zur Grafschaft bzw. zum Herzogtum Berg, ab 1815 zu Preußen. Es wurde 1176 erstmals urkundlich erwähnt, im 15. Jahrhundert wurde es bereits als stadtähnliche Siedlung genannt, 1610 erfolgte die Verleihung der Stadtrechte. Die 1929 durch den Zusammenschluß mehrerer Städte und Gemeinden entstandene Stadt Barmen-Elberfeld wurde 1930 in Wuppertal umbenannt. Die Entwicklung Elberfelds und Barmens ist durch die Wupper bedingt, deren kalkarmes Wasser die Grundlage des historischen Garnbleichereigewerbes (Privileg von 1527) und der darauf basierenden Textilindustrie bildete. Ihre Entwicklung und die weiterer Industrien führte zum Zusammenschluß von Elberfeld und Barmen.

Elgersburger Straße

Name ab
Ortsteil

6. März 1891
Schmargensorf

Detail

Die Elgersburger Straße liegt in einem Viertel, in dem viele Straßen die Namen von Kur- und Badeorten erhielten. Sie war vor ihrer Benennung seit 1885 ein Teil der Straße S 32.

Namenserläuterung

Elgersburg: Kurort im Kreis Ilmenau im Land Thüringen. Die Burg aus dem späten 12. Jahrhundert diente der Sicherung der Straßen über den Thüringer Wald. Sie befand sich im Besitz der Grafen von Käfernburg, die sie Ende des 13. Jahrhunderts an die Grafen von Henneberg verpfändeten. 1365 erwarben sie die Landgrafen von Thüringen. 1437 kam die Burg in den Besitz der Herren von Witzleben, die schon im 13. und 14. Jahrhundert mehrfach Pfand- und Lehnsinhaber waren. 1802 kaufte die herzögliche Hofkammer in Gotha das Schloß mit allen Rechten zurück. Nach der Gründung einer Kaltwasserheilanstalt 1837 begann sich das kleine Dorf Elgersburg zum Kurort zu entwickeln.

Elsterplatz

Name ab
Ortsteil

6. März 1891
Schmargendorf

Detail

Der Elsterplatz liegt in einem Viertel, in dem viele Straßen und Plätze die Namen von Kur- und Badeorten erhielten.

95

Bad Elster: Stadt im Vogtland, Kreis Oelsnitz, im Freistaat Sachsen. Sie ist aus einem kleinen, um 1200 entstandenen Dorf mit Rittergut erwachsen. Bedeutung erlangte der Ort vor allem durch die Heilkraft einiger Quellen im Tal der oberen Elster. 1849 übernahm man die Quellen und den Badebetrieb in staatliche Verwaltung. 1935 wurde Bad Elster zur Stadt erhoben. Es ist heute Staatsbad des Freistaates Sachsen.

Eltviller Straße

Name ab

Name bis

Ortsteil

1. März 1912

nicht ermittelt

Wilmersdorf

Detail

Die Eltviller Straße sollte zwischen dem Heidelberger Platz und der Nauheimer Straße, parallel zur Johannisberger Straße, angelegt werden. Dieser Plan wurde jedoch nicht verwirklicht.

Namenserläuterung

Eltville: Stadt im Rheingau-Taunus-Kreis im Land Hessen. Eltville ist die älteste und bis ins 19. Jahrhundert die einzige Stadt des Rheingaues. Sie geht auf eine römische Siedlung und fränkischen Gutshof zurück. Der Name leitete sich vom lateinischen alta villa ab und bedeutete hochgelegener Ort. Eltville wurde erstmals um 1000 urkundlich erwähnt und zeitweise auch als Elfeld bezeichnet. 1332 erhielt Eltville Stadtrecht, auch die kurfürstliche Burg entstand um diese Zeit. Bereits seit dem 10. Jahrhundert zum Erzbistum Mainz gehörend, nahmen die Erzbischöfe im 15./16. Jahrhundert Eltville zur Sommerresidenz. Im 15. Jahrhundert bestand in Eltville eine Druckerei, auch Gutenberg soll sich in der Stadt aufgehalten haben. Seit 1629 saßen die Grafen von Eltz in Eltville. Die Wirtschaft des Ortes gründet sich seit dem Mittelalter auf den Weinbau.

Emser Platz

Name ab	14. November 1901
früherer Name	Hohenzollernplatz (1892–1901)
Ortsteil	Wilmersdorf
Detail	Der Emser Platz trug um 1885 die Bezeichnung Platz b, wurde um 1890 in Platz E umbenannt und erhielt 1892 den Namen Hohenzollernplatz.
Namenserläuterung	*Bad Ems*: Kreisstadt des Rhein-Lahn-Kreises im Land Rheinland-Pfalz. Die heutige Stadt entstand aus zwei frühmittelalterlichen Siedlungen. 1172 wurden die Emser Thermen erwähnt. Der Ort erhielt 1324 erstmals Stadtrechte. Ende des 17. Jahrhunderts gewann er als Kurbad Bedeutung, im letzten Drittel des 19. Jahrhunderts erlebte er als Badeort des deutschen Hochadels und von Persönlichkeiten aus Politik und Wirtschaft seine Blüte. 1866 wurden Ort und Bad zu einer Gemeinde zusammengeschlossen und zur Stadt erhoben. Die Bezeichnung Bad Ems ist seit 1912 gebräuchlich. Ems gehörte um 1000 zum Stift in Koblenz, kam nach 1255 an Nassau und stand dann jahrhundertelang unter der gemeinsamen Herrschaft von Nassau und Hessen-Darmstadt. 1803 bzw. 1806 kam es an Nassau und dadurch 1866 zu Preußen, damit 1868 zu dessen Provinz Hessen-Nassau. Seit Bildung des Landes Rheinland-Pfalz nach 1945 gehört Bad Ems zu Rheinland-Pfalz. Die durch Bismarck verfälschte Emser Depesche bot 1870 den Anlaß für den Deutsch-Französischen Krieg. Bad Ems ist Staatsbad und unterhält eine Spielbank.

Emser Straße

Name ab	8. Januar 1892
Ortsteil	Wilmersdorf
Detail	Vor der Benennung war die Emser Straße ein Abschnitt der Straße 10 a.
Namenserläuterung	*Bad Ems:* vgl. Emser Platz

Erbacher Straße

Name ab	24. Januar 1898
Ortsteil	Grunewald
Detail	Die Erbacher Straße liegt in einem Siedlungsgebiet, in dem einige Straßen nach Weinorten bzw. Weinsorten benannt wurden.
Namenserläuterung	*Erbach*: Stadtteil von Eltville im Land Hessen. Der Ort gehört seit 1977 zu Eltville. Er wurde bereits im 10. Jahrhundert erwähnt, 1119 ist ein Schultheiß nachgewiesen. Bis zum 15. Jahrhundert unterstand Erbach der Gerichtsbarkeit von Eltville. Ende des 18. und Anfang des 19. Jahrhunderts befand sich im Ort ein Sitz der Amtsvögte. Erbach ist – neben dem Schloß Rheinhartshausen – vor allem als Weinort bekannt geworden. Die Weinlagen bei Erbach, Markobrunn und Rheinhell, gehören zu den Spitzenlagen des Rheingaues. Im Mittelalter bestand in Erbach ein Eberbacher Klosterhof. Nicht weit entfernt vom Rheingauort Erbach befindet sich die gleichnamige Kreisstadt des Odenwaldkreises. Sie wurde 1095 erstmals als Ertbach und 1321 mit Stadtrechten erwähnt. Bis sie 1806 zu Hessen kam, war sie seit 1532 im Besitz der Grafen von Erbach.

Erdener Straße

Name ab	24. Januar 1898
früherer Name	Trabener Straße (um 1895–1898)
Ortsteil	Grunewald
Detail	Die Erdener Straße liegt in einem Siedlungsgebiet, in dem einige Straßen nach Weinorten bzw. Weinsorten benannt wurden. Seit um 1895 war die Straße ein Abschnitt der Trabener Straße, bis sie am 24. Januar 1898 herausgelöst und eine selbständige Straße wurde.
Namenserläuterung	*Erden*: Landgemeinde im Kreis Bernkastel-Wittlich im Land Rheinland-Pfalz. Der Weinort liegt rechts der Mosel in einem Tal. Aus dem Weinanbaugebiet stammen bekannte Moselweine.

Erfurter Straße

Name ab	um 1890
Name bis	um 1912
spätere Namen	Am Seepark (um 1912–1922)
	Hindenburgstraße (1922–1955)
	Am Volkspark (1955–1967)
	Apeldoorner Straße (1967–1970)
heutiger Name	Am Volkspark (1970)
Ortsteil	Wilmersdorf
Detail	Die seit 1885 bestehende Straße 23a erhielt um 1890 den Namen Erfurter Straße. Um 1912 wurde sie in die Straße Am Seepark einbezogen.
Namenserläuterung	*Erfurt:* Hauptstadt des Freistaates Thüringen. Bereits um 706 wurde ein Kloster und vor 729 eine Wallburg angelegt. 741 war durch Bonifatius das Bistum Erfurt errichtet worden. Durch dessen Vereinigung mit dem Erzbistum Mainz entstanden 755 die Mainzer Rechte an der Stadt und deren Territorium, die bis 1802 erhalten blieben. 1379 wurde die Universität gegründet, an der u. a. auch Martin Luther studierte. 1802 kam Erfurt zu Preußen, bildete jedoch von 1806 bis 1813 eine Napoleon I. reservierte Domäne. Von 1815 bis 1944 gehörte Erfurt zur preußischen Provinz Sachsen, kam dann an Thüringen und wurde 1952 Bezirksstadt des gleichnamigen DDR-Bezirks. Mit Bildung des Landes Thüringen 1990 und späteren Freistaates wurde Erfurt dessen Hauptstadt.

Ermslebener Straße

Name ab	17. Mai 1930
Ortsteil	Wilmersdorf
Detail	Bereits um 1885 trug die Straße im Bebauungsplan die Bezeichnung Straße 32a, und ab 1912 war sie ein Teil der Straße 39.

Namenserläuterung	*Ermsleben:* Stadt im Landkreis Aschersleben im Land Sachsen-Anhalt. Das im Schutz einer um 1200 erbauten Burg entstandene Dorf erhielt um 1300 Stadtrecht. 1332 kam der Ort an das Bistum Halberstadt und fiel mit diesem 1648 an Brandenburg. 1712 wurde die Stadt durch König Friedrich I. in Preußen zur königlichen Domäne gemacht. Ermsleben ist auch bekannt als Geburtsort des Dichters Ludwig Gleim (1719).

Ettaler Straße

Name ab	20. März 1957
früherer Name	Passauer Straße (1892–1957)
Ortsteil	Wilmersdorf
weiterer Bezirk	Schöneberg
Detail	Die Ettaler Straße bildete von 1892 bis 1957 den südlichen Abschnitt der Passauer Straße, deren nördlicher im Bezirk Schöneberg liegender Abschnitt, noch heute diesen Namen trägt.
Namenserläuterung	*Ettal:* Landgemeinde im Kreis Garmisch-Partenkirchen im Freistaat Bayern. Die Stadt liegt am Fuße des 1633 Meter hohen Ettaler Mandls. Sie ist 1085 als Etal erstmals erwähnt. Nachgewiesen ist ein 1330 von Ludwig dem Bayern gestiftetes Bendediktinerkloster. Zu Beginn des 19. Jahrhunderts erfolgte die Säkularisation. Im Ortsteil Linderhof befindet sich das durch Ludwig II. von Bayern 1874–1878 erbaute Neurokoko-Schloß. 1906 erhielt Ettal wieder eine Abtei.

Falkensteiner Straße

Name ab	um 1906
früherer Name	Hildesheimer Straße (um 1900 – um 1906)
Ortsteil	Wilmersdorf
Namenserläuterung	*Falkenstein:* Stadt im Landkreis Auerbach/Vogtland, im Freistaat Sachsen. Sie liegt an der Göltsch und entstand

im 14. Jahrhundert als Burgweiler der um 1200 erbauten Stammburg des Ministerialengeschlechts Falkenstein. 1389 kam es in den Besitz der Wettiner (seit 1485 albertinische Linie) und wurde vor 1463 zur Stadt erhoben. Land- und Forstwirtschaft waren trotz des 1469 belegten Bergbaus die wirtschaftlichen Grundlagen, traten aber seit dem 17. Jahrhundert hinter der Textilindustrie zurück. Heute lebt die Stadt vor allem von der Gardinen-, Wäsche- und Spitzenherstellung.

Fasanenplatz

Name ab	14. November 1901
Ortsteil	Wilmersdorf
Detail	Der Fasanenplatz ist der nordwestliche von vier Plätzen, die die Eckpunkte der sogenannten Carstenn-Figur bilden.
Namenserläuterung	*Fasan:* zur Familie der Hühnervögel gehörender Vogel. Viele Arten sind als Jagdwild und Hausgeflügel von Bedeutung. Der Name leitet sich vom altfranzösischen Wort faisan bzw. griechischen Phasianos ab, der den in der Gegend des Flusses Phanis am Schwarzen Meer heimischen Vogel bezeichnete. Der einheimische Jagdfasan stammt aus Asien und ist seit dem Altertum in Europa angesiedelt worden. Die gleichnamige Straße führte zu einer Fasanerie, dem heutigen Zoologischen Garten.

Fasanenstraße

Name ab	14. November 1901
frühere Namen	Ringstraße II (um 1880 – um 1885) Wolfenbütteler Straße (um 1885 – 1892) Gravelotter Straße (1892–1901)
Ortsteil	Wilmersdorf
weiterer Bezirk	Charlottenburg

Detail	Der Abschnitt von der Schaperstraße bis zum Hohenzollerndamm gehört als westliche Begrenzung zur sogenannten Carstenn-Figur. Die Fasanenstraße führte zu einer Fasanerie, dem heutigen Zoologischen Garten.
Namenserläuterung	*Fasan:* vgl. Fasanenplatz

Fechnerstraße

Name ab	31. Juli 1947
frühere Namen	An der Trift (um 1856 – um 1890)
	Lauenburger Straße (um 1890–1937)
	Walter-Fischer-Straße (1937–1947)
Ortsteil	Wilmersdorf

Namenserläuterung	*Fechner, Hanns (Johannes)*
	* 07. 06. 1860 Berlin
	† 30. 11. 1931
	Maler, Graphiker, Schriftsteller. Er besuchte 1877–1883 die Berliner Akademie und wurde 1892 Professor und Konservator des Herzoglichen Anhaltischen Kupferstichkabinetts. Nach anfänglicher Betätigung auf dem Gebiet der anekdotischen Genremalerei widmete er sich nach 1880 vor allem der Portraitkunst. Am bekanntesten wurden seine Bildnisse von Theodor Fontane, Rudolf Virchow und Gerhart Hauptmann. Von 1883 bis 1892 war er häufig in den Ausstellungen der Berliner Akademie vertreten, von 1894 bis 1903 in der Großen Berliner Kunstausstellung. Aufgrund eines Augenleidens wandte er sich dem literarischen Schaffen zu und wurde vor allem durch sein Buch „Spreehannes" auch als Schriftsteller bekannt.

Fehrbelliner Platz

Name ab	8. Januar 1892
Ortsteil	Wilmersdorf

Detail	Der Fehrbelliner Platz trug zwischen 1885 und 1892 die Bezeichnung Platz C.

Namenserläuterung	*Fehrbellin*: Stadt im Landkreis Ostprignitz-Ruppin am Rande des Rhinluches, Land Brandenburg. Der Ort Bellin wurde 1216 erstmals als Hauptort des Ländchens Bellin erwähnt. Der Ortsnamen Fehrbellin bürgerte sich aber erst in der zweiten Hälfte des 16. Jahrhunderts nach dem Bau der Neustadt bei der Fähre ein. In der Schlacht bei Fehrbellin besiegte am 28. Juni 1675 Kurfürst Friedrich Wilhelm mit seiner brandenburgischen Reiterei die ohne Kriegserklärung aus Vorpommern eingefallene schwedische Armee unter Feldmarschall Wrangel. Dadurch wurde die Mark Brandenburg von der schwedischen Besatzung befreit. Friedrich Wilhelm erhielt nach dieser Schlacht den Beinamen „Großer Kurfürst".

Fischottersteig

Name ab	29. März 1939
Ortsteil	Schmargendorf
Detail	Der Fischottersteig trug bis zu seiner Benennung die Bezeichnung Straße G 28. Er liegt in einer Wohnsiedlung, in der die Straßen ihre Namen nach Wildtieren erhielten. Die Siedlung gehörte bis 1939 zum Ortsteil Dahlem im Bezirk Zehlendorf, kam dann zum Wilmersdorfer Ortsteil Grunewald und 1952 zum Ortsteil Schmargendorf.
Namenserläuterung	*Fischotter*: marderartiges Raubtier, das an und in Binnengewässern Europas und Asiens lebt. Er bewohnt meist einen selbstgegrabenen Bau mit unter dem Wasserspiegel liegendem Eingang an Uferböschungen. In Deutschland steht der Fischotter unter Naturschutz.

Flensburger Straße

Name ab	um 1875
Name bis	1890
spätere Namen	Hessische Straße (1890–1895)
	Lieckstraße (1895–1905)

	Landhausstraße (1905–1920)
	Gerdauener Straße (1920–1929)
heutiger Name	Gerdauer Straße (1929)
Ortsteil	Wilmersdorf

Namenserläuterung

Flensburg: kreisfreie Stadt im Land Schleswig-Holstein. Sie liegt als nördlichste deutsche Stadt an der deutsch-dänischen Grenze, zu beiden Seiten der Flensburger Förde, an der westlichen Ostsee. Gründungsjahr der Stadt ist vermutlich 1169. 1240 erfolgte die erste urkundliche Erwähnung und 1284 die Verleihung des Stadtrechts. Bei der Stadtgründung zu Schleswig gehörend, begannen bald Auseinandersetzungen über die Zugehörigkeit der Stadt. Seit 1460 waren Schleswig und Holstein in Personalunion mit Dänemark verbunden, Flensburg wurde daher von Kopenhagen aus verwaltet. Durch den Deutsch-Dänischen Krieg 1864 kam es zunächst unter preußische Verwaltung, nach dem Preußisch-Österreichischen Krieg 1866 mit Schleswig-Holstein zu Preußen, dadurch 1946 zum Land Schleswig-Holstein.

Flinsberger Platz

Name ab   1891
Ortsteil   Schmargendorf

Detail

Der Flinsberger Platz liegt in einem Viertel, in dem viele Straßen die Namen von Kur- und Badeorten erhielten.

Namenserläuterung

Bad Flinsberg: heute Swieradów Zdrój (Polen), Ort am Queis in Niederschlesien, Woiwodschaft Wroclaw. Er wurde urkundlich erstmals 1337 erwähnt. Seit dem 16. Jahrhundert sind die Heilquellen bekannt. 1763 wurde Flinsberg Kur- und Badeort. Im 19. Jahrhundert erfolgte der Ausbau des Badebetriebs. Das Kurhaus wurde 1899 eingeweiht, das Radiumbad 1934. Seit 1945 ist Bad Flinsberg Stadt und gehört zu Polen.

Fontanestraße

Name ab
Ortsteil

1. April 1898
Grunewald

Namenserläuterung

Fontane, Theodor
* 30. 12. 1819 Neuruppin
† 20. 09. 1898 Berlin
Schriftsteller. Fontane entstammte einer Hugenottenfamilie, er besuchte das Ruppiner Gymnasium und die Klödensche Gewerbeschule in Berlin. Von 1836 bis 1849 arbeitete er als Apotheker in verschiedenen deutschen Städten. Seit 1844 gehörte er in Berlin der literarischen Vereinigung „Tunnel über die Spree" an. 1852 ging Fontane als Journalist für verschiedene preußische Zeitungen nach England. 1860–1870 war er Schriftleiter der konservativen Berliner „Kreuzzeitung" und anschließend bis 1889 Theaterkritiker der „Vossischen Zeitung". In jener Zeit entstand u. a. sein fünfbändiges Meisterwerk „Wanderungen durch die Mark Brandenburg" (1862–1889). 1894 wurde er Ehrendoktor der Berliner Universität. Zu seinem epischen Spätwerk gehören bedeutende Romane wie u. a. „Effi Briest" (1896) und „Der Stechlin" (veröffentlicht 1899). Fontane wohnte 1872 in der Potsdamer Straße 134c und ist auf dem Friedhof Liesenstraße bestattet.

Forckenbeckstraße

Name ab
Ortsteil

8. Januar 1892
Schmargendorf

Detail

Die Forckenbeckstraße entstand aus den beiden Straßen S 31 und 37a, die im Bebauungsplan von um 1885 aufgeführt waren.

Namenserläuterung

Forckenbeck, Maximilian (Max) Franz August von
* 23. 10. 1821 Münster
† 26. 05. 1892 Berlin
Politiker. Er studierte Rechtswissenschaften in Gießen

105

und Berlin und war ab 1847 Assessor am Glogauer Stadt-
gericht, dann Rechtsanwalt u. a. in Elbing. 1858 erfolgte seine Wahl ins preußische Abgeordnetenhaus. Seit
1861 war er Mitglied des Ausschusses des Deutschen
Nationalvereins. Er zählte zu den Mitbegründern der
Deutschen Fortschrittspartei (1860/61) und der Nationalliberalen Partei (1866). Von 1866 bis 1873 war er
Präsident des Preußischen Abgeordnetenhauses und von
1874 bis 1879 Präsident des Deutschen Reichstages, dem
er von 1867 bis zu seinem Tode angehörte. 1872 wurde
Forckenbeck Oberbürgermeister von Breslau. Seit 1873
gehörte er dem preußischen Herrenhaus an. Von 1878
bis 1892 war er Oberbürgermeister von Berlin. In dieser Funktion leistete er Bedeutendes für die Stadt. So
wurde u. a. die Kanalisation fertiggestellt, das Schulwesen entwickelt, Markthallen und der städtische Zen-
tral-Viehhof gebaut. Forckenbeck wohnte zuletzt in der
Voßstraße 15 und wurde auf dem evangelischen Nico-
laikirchhof bestattet.

Försterweg

Name ab	um 1895
Name bis	24. Januar 1898
heutiger Name	Trabener Straße (1898)
Ortsteil	Grunewald
Detail	Der Försterweg wurde am 24. Januar 1898 ein Abschnitt der um 1895 benannten Trabener Straße.
Namenserläuterung	Für die Namensgebung konnte keine Erklärung ermittelt werden. Möglicherweise bezog sie sich auf Oberlandforstmeister Otto von Hagen (1817–1880), nach dem eine benachbarte Straße benannt wurde.

Franzensbader Straße

Name ab	6. März 1891
Ortsteile	Grunewald, Schmargendorf
Detail	Die Franzensbader Straße trug vor ihrer Benennung die Bezeichnung Straße S 6. Sie liegt in einem Viertel, in dem viele Straßen die Namen von Kur- und Badeorten erhielten.
Namenserläuterung	*Franzensbad:* heute Frantiskovy Lázne (Tschechien), Heilbad in Westböhmen, nördlich von Eger. Der nach Kaiser Franz II. benannte Kurort entstand 1791. Bis 1848 entwickelte er sich zu einer Gemeinde, die 1865 zur Stadt erhoben wurde. Die am Rande des Egergrabens entspringenden Mineralquellen dienen zu Mooranwendungen und zur Heilung verschiedener Krankheiten.

Freiburger Straße

Name ab	1892
Name bis	26. November 1917
heutiger Name	Lentzeallee (1917)
Ortsteile	Schmargendorf, Wilmersdorf
Namenserläuterung	*Freiburg im Breisgau:* Stadtkreis und Verwaltungssitz des Regierungsbezirks Breisgau im Land Baden-Württemberg. Die Gründung der Stadt erfolgte vermutlich 1120 von den Zähringer-Herzögen Berthold III. oder Konrad. Eine erste urkundliche Erwähnung von 1091 ist umstritten. 1218 kam die Stadt an die Grafen von Urach-Freiburg, 1368 an die Habsburger Herzöge. 1457 erfolgte die Gründung der Universität. Die Stadt gehörte mit kurzen Unterbrechungen zu Vorderösterreich und war längere Zeit dessen Regierungssitz. Nach dem Frieden von Preßburg im Dezember 1805 kam Freiburg an Baden. Nach dem Zweiten Weltkrieg war es zunächst Sitz der Regierung des Landes Baden, 1952 wurde es Verwaltungssitz eines Regierungsbezirks im neugebildeten Land Baden-Württemberg.

Friedenthalstraße

Name ab	um 1908
Name bis	16. Mai 1938
heutiger Name	Schellendorffstraße (1938)
Ortsteil	Schmargendorf

Detail   Als die Nazis alle nach Juden benannten Straßen umbenannten, erhielt die Friedenthalstraße am 16. Mai 1938 den Namen Schellendorffstraße.

Namenserläuterung   *Friedenthal, Karl Rudolf*
* 15. 09. 1827 Breslau
† 07. 03. 1890 Giesmannsdorf b. Neiße
Preußischer Politiker. Er trat nach dem Studium der Rechte in Breslau, Heidelberg und Berlin in den Staatsdienst ein, mußte nach dem Tod des Vaters 1854 aber wieder ausscheiden, um den väterlichen Großgrundbesitz zu bewirtschaften. 1857 wurde er Landrat in Grottkau. Obgleich Liberaler, trat Friedenthal im Konflikt 1862 für die Regierung ein und gehörte 1867 zu den Gründern der Freikonservativen Partei. 1867–1871 war er Abgeordneter des Norddeutschen Reichstages und des Zollparlaments, 1870–1879 des preußischen Abgeordnetenhauses und 1871–1881 des Deutschen Reichstags. Friedenthal wirkte im Landtag aktiv an der Kreisreform von 1872 mit und wurde 1874 Landwirtschaftsminister, trat aber nach Bismarcks innenpolitischer Wendung 1879 zurück.

Friedrichshaller Straße

Name ab	6. März 1891
Ortsteil	Schmargendorf

Detail   Vor ihrer Benennung trug die Friedrichshaller Straße die Bezeichnung Straße S 8. Sie liegt in einem Viertel, in dem viele Straßen die Namen von Kur- und Badeorten erhielten.

Bad Friedrichshall: Stadt und Solbad im Kreis Heilbronn im Land Baden-Württemberg. Sie liegt da, wo Kocher und Jagst in den Neckar münden. Die Orte Kochendorf und Jagstfeld bildeten 1933 die Gemeinde Jagstfeld-Kochendorf, 1935 wurde diese mit dem Dorf Hagenbach zur Gemeinde Bad Friedrichshall zusammengeschlossen. Der Name ging auf das einstige Salzbergwerk Friedrichshall zurück. 1945 gehörte der Ort zunächst zu Württemberg-Baden, seit der Bildung des Landes 1952 zu Baden-Württemberg. Seit 1951 ist Bad Friedrichshall Stadt. Kochendorf war im 9. Jahrhundert (Kocheren), Jagstfelden 767 (Jagesfelden) und Hagenbach 1296 (Hagenbuoch) erstmals erwähnt worden.

Friedrichsruher Straße

Name ab
Ortsteile

8. Januar 1892
Grunewald, Schmargendorf

Detail

Die Friedrichsruher Straße, trug vor ihrer Benennung seit 1885 die Bezeichnung Straße S 8. Im Zusammenhang mit dem Bau der Stadtautobahn wurde am 19. November 1958 der nördliche Abschnitt herausgelöst und zur selbständigen Schwarzbacher Straße.

Namenserläuterung

Friedrichsruh: Ortsteil der Gemeinde Aumühle im Kreis Herzogtum Lauenburg, Land Schleswig-Holstein. Der Ort liegt im Sachsenwald westlich von Hamburg. 1763 erbaute Graf Friedrich zur Lippe das Jagdschloß Friedrichsruh. Friedrichsruh war seit 1871 eines der Güter im Besitz Bismarcks. Nach seiner Entlassung als Reichskanzler lebte er seit 1890 vorwiegend hier. Heute befinden sich in Friedrichsruh das wiederaufgebaute Schloß, das Bismarck-Mausoleum und das Bismarck-Museum.

Frischlingssteig

Name ab	29. März 1939
Ortsteil	Schmargendorf

Detail

Der Frischlingssteig trug bis zu seiner Benennung die Bezeichnung Straße G 26. Er liegt in einer Wohnsiedlung, in der die Straßen ihre Namen nach Wildtieren erhielten. Die Siedlung gehörte bis 1939 zum Ortsteil Dahlem im Bezirk Zehlendorf, kam dann zum Wilmersdorfer Ortsteil Grunewald und 1952 zum Ortsteil Schmargendorf.

Namenserläuterung

Frischling: einjähriges Wildschwein (Schwarzwild). Frischlinge sind braun und gelblich längstgestreifte Jungtiere, die nach acht bis zehn Monaten geschlechtsreif werden.

Fritz-Wildung-Straße

Name ab	19. Dezember 1968
früherer Name	Lochowdamm (1937–1968)
Ortsteil	Schmargendorf

Detail

Die Straße verläuft durch ein Gebiet, in dem sich viele Sportanlagen befinden.

Namenserläuterung

Wildung, Fritz
* 19. 12. 1872 Tewel
† 23. 09. 1954 Berlin
Tischler, Arbeitersportfunktionär. Er schloß sich früh der Sozialdemokratie an und besuchte 1893 in Berlin die Abendkurse der Arbeiterbildungsschule, deren zweiter Vorsitzender er wurde. 1907 wurde er Presseleiter der „Arbeiter-Turn-Zeitung" in Leipzig. 1912 übernahm er die Geschäftsführung der Zentralkommission für Arbeitersport und Körperpflege. Wildung setzte sich engagiert für den Arbeitersport ein und bekämpfte das Reichsvereinsgesetz von 1908. Sein Artikel „Aufforderung zum Ungehorsam" im „Vorwärts" führte zur Anklage gegen ihn, endete jedoch 1910 mit dem Freispruch

des Reichsgerichtes Leipzig. Auf Wildungs Initiative erfolgte 1926 die Einrichtung eines Reichstagsausschusses zur Förderung der Leibesübungen. 1933 wurden alle Organisationen der Zentralkommission aufgelöst und Wildung verlor sein Amt. Nach dem Zweiten Weltkrieg war er ab 1946 Sportreferent der SPD und seit 1949 Mitglied des Nationalen Olympischen Komitees.

Fürther Straße

Name ab	6. Dezember 1898
Ortsteil	Wilmersdorf

Detail

Die Fürther Straße trug vor ihrer Bennenung seit 1890 die Bezeichnung Straße L. Im Zusammenhang mit der östlichen Verlängerung der Lietzenburger Straße entfiel nach 1960 der nördliche Straßenabschnitt.

Namenserläuterung

Fürth: kreisfreie Stadt in Mittelfranken am Zusammenfluß von Rednitz und Pegnitz, Freistaat Bayern. Sie ist vermutlich aus einem karolingischen Königshof Furthum (Furt) entstanden. Die erste urkundliche Erwähnung erfolgte 1007, als der Ort an die Dompröpste von Bamberg gelangte. Vom 12. bis 17. Jahrhundert übten die Bischöfe von Bamberg, die Burggrafen von Nürnberg bzw. die Reichsstadt Nürnberg gemeinsam die Herrschaft aus. 1792 kam Fürth zu Preußen, 1806 an Bayern, 1808 wurde es Stadt. 1835 fuhr auf der Strecke Nürnberg-Fürth die erste deutsche Eisenbahn. Die Stadt ist heute völlig mit Nürnberg zusammengewachsen.

Furtwänglerstraße

Name ab	24. Februar 1955
früherer Name	Beymestraße (1898–1955)
Ortsteil	Grunewald

Namenserläuterung

Furtwängler, Friedrich Wilhelm
* 25. 01. 1886 Berlin
† 30. 11. 1954 Baden-Baden

Komponist, Dirigent. Er studierte Musik und begann seine Dirigentenlaufbahn in Zürich als Chordirigent. Seit 1908 in München, ging Furtwängler als Kapellmeister nach Straßburg und Lübeck und war von 1915 bis 1920 Operndirektor in Mannheim. 1920 übernahm er die Leitung der Staatsoper Berlin. 1922 wurde er Arthur Nikischs Nachfolger beim Gewandhausorchester Leipzig und gleichzeitig Dirigent der Berliner Philharmonie. Daneben leitete er die Wiener Philharmoniker und 1931 die Bayreuther Festspiele. Sein Verbleiben im nationalsozialistischen Deutschland und seine Position als Vizepräsident der Reichsmusikkammer wurden von vielen Emigranten kritisiert. 1947 dirigierte Furtwängler wieder die Berliner Philharmoniker und wurde 1952 vom Orchester zum „Dirigenten auf Lebenszeit" gewählt. Als Komponist folgte er den Spätromantikern.

Gartenstraße

Name ab	um 1885
Name bis	um 1890
früherer Name	Königsberger Straße (um 1872 – um 1885)
späterer Name	Hannoversche Straße (um 1890–1893)
heutiger Name	Güntzelstraße (1893)
Ortsteil	Wilmersdorf
Detail	Die Gartenstraße wurde um 1890 mit der Straße 13 a zur neu benannten Hannoverschen Straße zusammengeführt.
Namenserläuterung	Für die Namensgebung konnte keine Erklärung ermittelt werden.

Gasteiner Straße

Name ab	16. März 1888
frühere Namen	Buchhofstraße (um 1875 – um 1880) Kirchhofstraße (um 1880–1888)
Ortsteil	Wilmersdorf

Die Gasteiner Straße wurde 1888 aus der Kirchhofstraße und der Straße 19a gebildet; letztere lag seit 1885 zwischen der Nassauischen und der Uhlandstraße.

Namenserläuterung

Badgastein: Gemeinde in Österreich im Bundesland Salzburg. Sie liegt in den Hohen Tauern im Tal der Gast, eines rechtes Nebenflusses der Salzach. Den Kern des Ortes bildet das eigentliche Badgastein, dazu kommen weitere Ortsteile. Der Ort ist erstmalig um 700 belegt. 1436 kam er an Herzog Friedrich, den späteren Kaiser Friedrich. Bekannt wurde Badgastein als Heilbad mit radonhaltigen Quellen, der Badebetrieb ist seit dem 14. Jahrhundert belegt. 1828–1830 erfolgte der Bau der Thermalwasserleitung nach Hofgastein, wo im 15./16. Jahrhundert intensiv Goldbergbau betrieben wurde. In der Gasteiner Konvention vom 14. August 1865 regelten Österreich und Preußen die seit 1864 gemeinsame Verwaltung von Schleswig-Holstein. Im 19. Jahrhundert wurde das Bad von verschiedenen Monarchen besucht.

Geisbergstraße

Name ab
früherer Name
Ortsteil
weiterer Bezirk

17. Mai 1902
Georgstraße (1875–1902)
Wilmersdorf
Schöneberg

Detail

Im Bezirk Schöneberg wurde die Geisbergstraße bereits im Verwaltungsbericht von 1899 ausgewiesen.

Namenserläuterung

Geisberg: Höhe südlich der Stadt Weißenburg (Wissembourg) im Elsaß, Frankreich. Im Deutsch-Französischen Krieg 1870/1871 wurde am 4. August 1870 Weißenburg durch preußische Truppen unter dem Kronprinzen, dem späteren Kaiser Friedrich III., erstürmt. Mit dem Überschreiten der französischen Grenze am 4. August, dem Angriff auf Weißenburg und der Erstürmung des Geisbergs begann faktisch der Krieg, den Frankreich nach der provokatorischen Emser Depesche Bismarcks dem Norddeutschen Bund am 19. Juli 1870 erklärt hatte. Das

Gebiet um Weißenburg, seit 1673 zu Frankreich gehörend, kam nach dem Krieg von 1871 bis 1918 zeitweilig zu Deutschland.

Geisenheimer Straße

Name ab	1. März 1912
frühere Namen	Heidelberger Straße (1905–1908)
	Schwarzwaldstraße (1908–1912)
Ortsteil	Wilmersdorf

Detail

Die Geisenheimer Straße liegt im sogenannten Rheingauviertel, in dem die Straßen nach Orten des Rheingaus benannt wurden.

Namenserläuterung

Geisenheim: Stadt im Rheingau-Taunus-Kreis im Land Hessen. Der Ort wurde auf dem Boden einer keltischen Siedlung errichtet. Erstmals 772 erwähnt, ist er der älteste bezeugte Ort des Rheingaues. Mit dem Ort wurde 817 auch erstmals der Weinbau im Rheingau urkundlich genannt. Geisenheim wurde mit dem Rheingau zu Beginn des 11. Jahrhunderts durch die Erzbischöfe von Mainz unterworfen. 1803 kam es zu Nassau. 1864 erhielt Geisenheim Stadtrecht. Zu Geisenheim gehört das Weingebiet Schloß Johannisberg. In Geisenheim entstand 1872 eine Lehr- und Forschungsanstalt für Wein, Obst- und Gartenbau.

Georgstraße

Name ab	1875
Name bis	17. Mai 1902
heutiger Name	Geisbergstraße (1902)
Ortsteil	Wilmersdorf
weiterer Bezirk	Schöneberg

Namenserläuterung

Für die Namensgebung konnte keine Erklärung ermittelt werden.

114

Georg-Wilhelm-Straße

Name ab	8. Januar 1892
Ortsteil	Wilmersdorf
Detail	Die Georg-Wilhelm-Straße wurde aus den beiden Straßen 2a und 3 gebildet, die seit 1885 im Bebauungsplan ausgewiesen wurden.

Namenserläuterung

Georg Wilhelm
* 13. 11. 1595 Cölln
† 01. 12. 1640 Königsberg
Kurfürst von Brandenburg. Der Sohn des Kurfürsten Johann Sigismund regierte seit 1617 als Statthalter, 1619 übernahm der Markgraf als Kurfürst die Regierung in Brandenburg. Er stellte sich im Dreißigjährigen Krieg 1627 auf kaiserliche Seite, kämpfte dann jedoch 1631–1635 auf Seiten des schwedischen Königs Gustav II. Adolf. Als er sich 1635 dem Prager Frieden anschloß, besetzten die Schweden Brandenburg. Während des Krieges war er nach Königsberg ausgewichen, Berlin verlor in dieser Zeit seine Funktion als Residenz. 1640 übernahm sein Sohn Friedrich Wilhelm (später auch Großer Kurfürst genannt) in Königsberg die Regierung.

Gerdauener Straße

Name ab	11. Dezember 1920
Name bis	4. Juli 1929
frühere Namen	Flensburger Straße (um 1875–1890)
	Hessische Straße (1890–1895)
	Lieckstraße (1895–1905)
	Landhausstraße (1905–1920)
heutiger Name	Gerdauer Straße (1929)
Ortsteil	Wilmersdorf
Detail	Die Straße entstand aus dem südlichen Abschnitt der Landhausstraße, der am 11. Dezember 1920 abgetrennt und Gerdauener Straße benannt wurde.

Gerdauen: heute Schelesnodoroschny (Rußland), Ort im Gebiet Kaliningrad; ehemalige Kreisstadt am Ometfluß in Ostpreußen. Die Pruzzenburg kam nach 1273 in den Besitz des Deutschen Ordens. Westlich der Burg bildete sich eine Siedlung, die 1398 zur Stadt erhoben wurde. 1469 wurde sie an Georg von Schlieben verpfändet. Im 18. Jahrhundert lag die Stadt im Kreis Rastenburg und ab 1818 im Kreis Gerdauen. Während des Ersten Weltkriegs kam es am 9. September 1914 zu einem Gefecht, bei dem die Stadt zum großen Teil zerstört wurde. Danach wurde Gerdauen zur Patenstadt von Wilmersdorf. Nach 1945 gehörte die Stadt zur UdSSR, nach deren Auflösung jetzt zu Rußland.

Gerdauer Straße

Name ab | 4. Juli 1929
frühere Namen | Flensburger Straße (um 1875–1890)
Hessische Straße (1890–1895)
Lieckstraße (1895–1905)
Landhausstraße (1905–1920)
Gerdauener Straße (1920–1929)

Ortsteil | Wilmersdorf

Namenserläuterung | *Gerdauen:* vgl. Gerdauener Straße

Gerolsteiner Straße

Name ab | 3. März 1919
Ortsteil | Wilmersdorf

Detail | Die Gerolsteiner Straße liegt im sogenannten Rheingauviertel, in dem die Straßen ihre Namen nach Gemeinden im Rheingau erhielten.

Namenserläuterung | *Gerolstein:* Stadt im Kreis Daun in der Eifel im Land Rheinland-Pfalz. Zur römischen Zeit bestand eine Siedlung. Der heutige Stadtteil Sarresdorf war 762 genannt worden. 1115 wurde die Burg Gerhardstein, die heutige

Löwenburg, erbaut. 1330 gründete Gerhard von Blankenheim den Ort als Gerarzstein neu, seit 1611 wurde er als Gerolstein bezeichnet. 1336 bekam er als Gerhardtstein Stadtrecht, das er 1856 wieder verlor. Stadtherren waren die auf der Burg regierenden Herrschaften, zunächst die Grafen von Blankenheim, dann von 1469 bis 1794 die Grafen von Manderscheid in ihrer Gerolsteiner Linie. Nach der französischen Besetzung kam Gerolstein 1815 zu Preußen, 1945 zur französischen Besatzungszone und dadurch dann zum Land Rheinland-Pfalz. Die bereits in der römischen Zeit bekannten Mineralquellen werden seit Anfang des 18. Jahrhunderts genutzt. 1952 wurde Gerolstein erneut Stadt.

Gieselerstraße

Name ab	24. August 1893
Ortsteil	Wilmersdorf

Detail

Zum Zeitpunkt ihrer Benennung führte die Gieselerstraße vom Hohenzollerndamm bis zur Wegenerstraße. Am 18. Dezember 1906 wurde sie im Süden bis zur Brandenburgischen Straße erweitert.

Namenserläuterung

Gieseler, Johann
* 20. 09. 1842 Wilmersdorf
† 21. 05. 1891 Wilmersdorf
Bauer aus Wilmersdorf, dessen Familie seit dem Anfang des 18. Jahrhunderts in diesem Dorf ansässig war. Gieseler besaß seit 1865 das Grundstück, auf dem um 1890 die Straße angelegt wurde.

Gillstraße

Name ab	1. Januar 1898
Name bis	4. März 1960
heutiger Name	Gillweg (1960)
Ortsteil	Grunewald

Namenserläuterung	*Gill, Henry* * 10. 03.1824 Ryl-Susse † 18. 06. 1893 Gill stand viele Jahre als Direktor an der Spitze der Städtischen Wasserwerke zu Berlin.

Gillweg

Name ab früherer Name Ortsteil	4. März 1960 Gillstraße (1898–1960) Grunewald
Namenserläuterung	*Gill, Henry:* vgl. Gillstraße

Gneiststraße

Name ab Ortsteil	1. April 1898 Grunewald
Namenserläuterung	*Gneist, Heinrich Rudolf Hermann Friedrich von* * 13. 08. 1816 Berlin † 22. 07. 1895 Berlin Jurist und Politiker. Er arbeitete seit 1836 in verschiedenen juristischen Ämtern, u. a. am Oberverwaltungsgericht Berlin. Als Mitglied des linken Zentrums bzw. dann der Nationalliberalen Partei gehörte er, nur 1862 kurz unterbrochen, von 1858 bis 1893 dem preußischen Abgeordnetenhaus und von 1867 bis 1884 auch dem Norddeutschen bzw. Deutschen Reichstag an. Er war auch Mitglied des Staatsrates und Berliner Stadtverordneter. Der promovierte und seit 1844 in Berlin als Professor für öffentliches Recht lehrende Gneist befürwortete eine preußische Verfassungsreform und galt als einer der führenden Vertreter einer selbständigen Gerichtsbarkeit und der Selbstverwaltung. Mit seinen zahlreichen Fachveröffentlichungen, insbesondere zur Verfassungsgeschichte, zum englischen Verwaltungsrecht und zur deutschen Gesetzgebung sowie mit seiner parlamentarischen Tätigkeit beeinflußte er das deutsche

Verwaltungsrecht. 1888 wurde er geadelt. Er erhielt ein
Ehrengrab auf dem Alten Kirchhof der St. Matthäusge-
meinde in der Großgörschenstraße.

Goldfinkweg

Name ab	29. März 1939
Ortsteil	Schmargendorf

Detail

Der Goldfinkweg trug bis zu seiner Benennung die
Bezeichnung Straße D 97. Er liegt in einer Wohnsiedlung, in der die Straßen ihre Namen nach Wildtieren
erhielten. Die Siedlung gehörte bis 1939 zum Ortsteil
Dahlem im Bezirk Zehlendorf, kam dann zum Wilmersdorfer Ortsteil Grunewald und 1952 zum Ortsteil
Schmargendorf.

Namenserläuterung

Goldfink: in der artenreichen Familie der Finkenvögel
vorkommende Goldammer. Der körnerfressende, dick-
schnäblige Vogel ist in offenen Landschaften und Wäldern in Europa, Asien und Afrika anzutreffen.

Gottfried-von-Cramm-Weg

Name ab	1. Dezember 1983
frühere Namen	Auerbachstraße (1898–1909)
	Joseph-Joachim-Straße (1909–1939)
	Oberhaardter Weg (1939–1983)
Ortsteil	Grunewald

Detail

Der westlich der Koenigsallee gelegene Abschnitt des
Oberhaardter Weges, der zu den Tennisplätzen führt,
wurde am 1. Dezember 1983 herausgelöst und nach dem
Tennisspieler in Gottfried-von-Cramm-Weg umbenannt.

Namenserläuterung

Cramm, Gottfried Freiherr von
* 07. 07. 1909 Nettlingen b. Hannover
† 09. 11. 1976 Gizeh b. Kairo
Tennisspieler. In den Jahren 1931–1950 war er der füh-

rende deutsche Tennisspieler, der mehrfach die deutsche Meisterschaft errang. In Wimbledon erreichte er 1935–1937 das Herren-Finale, bereits 1933 hatte er mit Hilde Krahwinkel das Mixed gewonnen. Außerdem nahm er einige Male am Davis Cup teil. 1976 kam er bei einem Verkehrsunfall in Ägypten ums Leben.

Grainauer Straße

Name ab	28. Januar 1959
frühere Namen	Prinzenstraße (um 1875 – um 1880)
	Ringstraße II (um 1880 – um 1885)
	Brandenburger Straße (um 1885–1888)
	Prager Straße (1888–1959)
Ortsteil	Wilmersdorf
Detail	Der nördliche Abschnitt der Prager Straße, der 1888 durch die Eingliederung der Brandenburger Straße zu dieser Straße kam, wurde am 28. Januar 1959 aus der Prager Straße wieder herausgelöst und in Grainauer Straße umbenannt. Sie gehört als östliche Begrenzung zur sogenannten Carstenn-Figur.
Namenserläuterung	*Grainau*: Gemeinde im Kreis Garmisch-Patenkirchen im Freistaat Bayern. Sie liegt zwischen Garmisch-Patenkirchen und Griesen, nordöstlich vom Eibsee. Das Dorf unterhalb der Zugspitze ist sowohl ein Sommer- als auch Winterkurort. Von Grainau fährt eine Zahnradbahn durch einen fast einen Kilometer langen Tunnel zum Gletscherbahnhof Zugspitzblatt in 2588 Meter Höhe.

Gravelotter Straße

Name ab	8. Januar 1892
Name bis	14. November 1901
frühere Namen	Ringstraße II (um 1880 – um 1885)
	Wolfenbütteler Straße (um 1885–1892)
heutiger Name	Fasanenstraße (1901)
Ortsteil	Wilmersdorf
weiterer Bezirk	Charlottenburg

Namenserläuterung	*Gravelotte*: Gemeinde in Frankreich, westlich von Metz, Département Moselle, Lothringen. Vom 16. bis 18. August 1870 fand die Schlacht von Gravelotte und Saint-Privat-la-Montagne statt, eine der ersten und für beide Seiten verlustreichen Schlachten des Deutsch-Französischen Krieges von 1870/71. Sie führte zum Rückzug und zur Einschließung der französischen Armee unter Marschall Bazaine in der Festung Metz, die am 27. Oktober 1870 mit fast 200 000 Mann kapitulierte.

Grenzstraße

Name ab	1876
Name bis	1892
früherer Name	Darmstädter Straße (1875–1876)
heutiger Name	Kuppenheimer Straße (1892)
Ortsteil	Wilmersdorf
Namenserläuterung	*Grenzstraße*: Der Name bezog sich auf den Verlauf der Straße in Richtung Ortsgrenze Wilmersdorf-Friedenau.

Griegstraße

Name ab	vor 1929
Ortsteil	Grunewald
Detail	Die Griegstraße trug vor ihrer Benennung seit 1922 die Bezeichnung Straße G 84.
Namenserläuterung	*Grieg, Edvard Hagerup* * 15. 06. 1843 Bergen (Norwegen) † 04. 09. 1907 Bergen (Norwegen) Komponist. Er studierte von 1858 bis 1862 Musik am Konservatorium in Leipzig. Nach seinen ersten Erfolgen als Pianist und Komponist ging er 1863 nach Kopenhagen. 1867 zählte er zu den Mitbegründern der Norwegischen Akademie für Musik in Christiania. In der Folgezeit unternahm Grieg zahlreiche Konzertreisen, die ihn u. a. nach Warschau, Prag und Amsterdam führten. 1889 dirigierte er das Berliner Philharmonische Orche-

ster und gastierte mit seinem Klavierkonzert in der Berliner Philharmonie. Seine „Peer Gynt"-Suiten (opus 46, 55) 1876 machten ihn weltbekannt.

Grieser Platz

Name ab	22. Juli 1908
Ortsteil	Schmargendorf
Detail	Der Grieser Platz trug vor seiner Benennung die Bezeichnung Platz A.
Namenserläuterung	*Gries am Brenner*: Gemeinde am Brennerpaß in Tirol, Österreich. Gries ist die oberdeutsche Bezeichnung für sand- und kiesgefüllte Talauen und ein häufiger Ortsname in Österreich. Als Ortsbezeichnung weist Gries auf die Lage am Ufer eines Flusses hin. Solche Namen tragen zum Beispiel auch das Südtiroler Bozen (Gries de Bolzano) und Lenggries. Gries ist Winterkurort.

Grüner Weg

Name ab	um 1880
Name bis	16. März 1888
früherer Name	Steglitzer Weg (um 1856 – um 1880)
spätere Namen	Augustastraße (1888–1937)
	Stenzelstraße (1937–1947)
heutige Namen	Laubacher Straße (1888)
	Blissestraße (1947)
Ortsteil	Wilmersdorf
weiterer Bezirk	Schöneberg
Detail	1888 wurde die Straße Grüner Weg geteilt: Der nördliche Abschnitt erhielt zusammen mit der Steglitzer Straße den Namen Augustastraße und der südliche Abschnitt den Namen Laubacher Straße.
Namenserläuterung	*Grüner Weg*: Der Name rührt wahrscheinlich vom Verlauf der Straße im vorigen Jahrhundert her, denn er führte vom Dorf Wilmersdorf in südlicher Richtung „ins Grüne".

Grunewaldstraße

Name ab	um 1875
Name bis	8. Januar 1892
heutiger Name	Nachodstraße (1892)
	Hohenzollerndamm (1908)
Ortsteil	Wilmersdorf
Detail	Im Jahre 1885 wurde der Abschnitt westlich der heutigen Bundesallee aus der Grunewaldstraße herausgelöst und in Schöneberger Straße benannt. Am 8. Januar 1892 erfolgte erneut die Zusammenführung der Grunewald- und der Schöneberger Straße unter dem neuen gemeinsamen Namen Nachodstraße.
Namenserläuterung	*Grunewald*: abgeleitet von „grüner Wald". Es handelt sich um ein großes Waldgebiet im Südwesten von Berlin. Seit den 90er Jahren des 19. Jahrhunderts entstand am Ostrand des Grunewalds eine Villenkolonie, die am 1. April 1899 gemäß eines Königlichen Erlasses zur Landgemeinde erhoben wurde, die wegen ihrer Lage den Namen Grunewald erhielt. Den gleichen Namen trägt auch ein Ortsteil im Bezirk Wilmersdorf, der 1920 bei der Bildung der Stadtgemeinde Berlin aus der Gemeinde Grunewald hervorging. Der Name Grunewaldstraße wurde gewählt, weil es sich um den alten Weg von Schöneberg in Richtung Grunewald handelte, der damals nördlich am Dorf Wilmersdorf vorbeiführte.

Güntzelstraße

Name ab	24. August 1893
frühere Namen	Königsberger Straße (um 1872 – um 1885)
	Gartenstraße (um 1885 – um 1890)
	Hannoversche Straße (um 1890–1893)
Ortsteil	Wilmersdorf
Namenserläuterung	*Güntzel, Bernhard*
	* 22. 03. 1833
	† 21. 12. 1892

Amts- und Gemeindevorsteher von Wilmersdorf vom 1. Januar 1887 bis zu seinem Tode am 21. Dezember 1892.

Gustav-Freytag-Straße

Name ab

17. März 1909

Ortsteil

Grunewald

Namenserläuterung

Freytag, Gustav
* 13. 07. 1816 Kreuzburg (Schlesien)
† 30. 04. 1895 Wiesbaden
Schriftsteller, Kulturhistoriker, Journalist. Er studierte deutsche Philologie in Breslau bei Hoffmann von Fallersleben und ab 1836 in Berlin. Nach der Promotion 1838 war er bis 1844 Privatdozent für deutsche Literatur in Breslau und widmete sich zunehmend der schriftstellerischen Tätigkeit. 1847 siedelte Freytag nach Dresden, 1848 nach Leipzig um, wo er u. a. mit Julian Schmidt die Wochenschrift „Die Grenzboten" herausgab. 1854 wurde er Hofrat bei Herzog Ernst von Coburg, mit dem ihn eine enge Freundschaft verband. Von 1867 bis 1870 gehörte er als nationalliberaler Abgeordneter dem Norddeutschen Reichstag an. 1870/71 wurde er in das Hauptquartier des Kronprinzen Friedrich von Preußen berufen. Als Romanschriftsteller schrieb er u. a. „Soll und Haben" (1855) und den Zyklus „Die Ahnen" (1872–1881). Sein kulturgeschichtliches Hauptwerk „Bilder aus der deutschen Vergangenheit" schuf er von 1859 bis 1867.

Habermannplatz

Name ab

14. Februar 1964

frühere Namen

Alter Begräbnisplatz (um 1856 – um 1935)
Platz K (um 1935–1964)

Ortsteil

Wilmersdorf

Namenserläuterung

Habermann, Ernst
* 08. 06. 1866 Nordhausen
† 06. 06. 1958 Nordhausen

Jurist. Er war seit dem 12. November 1896 als juristischer Assistent in der Wilmersdorfer Gemeindeverwaltung tätig. Bereits am 16. August 1897 übernahm er die Ämter des Amts- und Gemeindevorstehers in Wilmersdorf. Nach der Verleihung der Stadtrechte wurde er am 1. Juli 1907 zum ersten Bürgermeister gewählt. Ab 5. Oktober 1909 bis zur Eingemeindung nach Berlin 1920 fungierte er als erster und einziger Wilmersdorfer Oberbürgermeister; dieser Titel war ihm von Kaiser Wilhelm II. verliehen worden. 1956 erhielt er von der Stadt Berlin anläßlich seines 90. Geburtstages den Ehrentitel „Stadtältester von Berlin".

Hagenauer Straße

Name ab	um 1890
Name bis	1. Oktober 1900
früherer Name	Carlstraße (um 1885 – um 1890)
heutiger Name	Ludwigkirchstraße (1900)
Ortsteil	Wilmersdorf

Namenserläuterung

Hagenau: heute Haguenau (Frankreich), Stadt im Unterelsaß im Département Bas-Rhin. Der Ort entstand nach 1035 um ein Schloß der Grafen des Nordgaus. 1164 erhielt Hagenau von Friedrich I. Barbarossa Stadtrecht. 1260 wurde es Reichsstadt und im 14. Jahrhundert Hauptort des elsässischen Zehnstädtebundes sowie Sitz der kaiserlichen Landvogtei Hagenau im Unterelsaß. 1648 und wieder 1918 kam die Stadt an Frankreich.

Hagenplatz

Name ab	18. September 1934
frühere Namen	Kurmärker Platz (1912–1934)
	Kurmärker Straße (1898–1934)
Ortsteil	Grunewald

Detail

Der Hagenplatz entstand 1934 aus dem Kurmärker Platz unter Einbeziehung eines Abschnitts der Kurmärker Straße.

| Namenserläuterung | *Hagen, Otto von*
* 15. 02. 1817 Ilsenburg
† 10. 09. 1880 Berlin
Forstmann. Seit 1863 war er als Oberlandforstmeister in der preußischen Staatsforstverwaltung tätig. Nach 1866 machte er sich um die Organisation der Forstverwaltung in Schleswig-Holstein, Hannover, Hessen und ab 1871 auch in Elsaß-Lothringen verdient. |

Hagenstraße

Name ab	1. April 1898
Ortsteil	Grunewald
Detail	Am 18. September 1934 kam am westlichen Straßenende ein Teil der bisherigen Kurmärker Straße zur Hagenstraße hinzu.
Namenserläuterung	*Hagen, Otto von:* vgl. Hagenplatz

Halberstädter Platz

Name ab	1876
Name bis	16. März 1888
heutiger Name	Prager Platz (1888)
Ortsteil	Wilmersdorf
Detail	Der Halberstädter Platz war der südöstliche von vier Plätzen, die die Eckpunkte der sogenannten Carstenn-Figur bilden.
Namenserläuterung	*Halberstadt:* Kreisstadt des gleichnamigen Landkreises im Land Sachsen-Anhalt. Sie entstand an einem Kreuzungspunkt wichtiger Handelsstraßen aus mehreren Siedlungskernen. Seit 827 war der Ort Bischofssitz, 989 erhielt er Markt-, Münz- und Zollrecht. Bis 1662 verblieb Halberstadt, das seit 1648 zu Brandenburg-Preußen gehörte, unter bischöflicher Herrschaft. Das Fürstentum Halberstadt wurde im Tilsiter Frieden 1807 von

Preußen abgetreten und nach dem Wiener Kongreß 1815 wieder in Besitz genommen. Wirtschaftliche Bedeutung erlangten im 18. Jahrhundert die Tuch- und Hutmacherei. 1945 wurde die Altstadt durch einen Bombenangriff stark zerstört.

Halberstädter Straße

Name ab	um 1872
Name bis	um 1880
spätere Namen	Oberfeldstraße (um 1880–1888)
	Promenade I (um 1880–1888)
heutige Namen	Prinzregentenstraße (1888)
	Handjerystraße (1888) – Bezirk Schöneberg
Ortsteil	Wilmersdorf
weiterer Bezirk	Schöneberg
Detail	Die Halberstädter Straße führte vom Halberstädter Platz – dem heutigen Prager Platz – im Bezirk Wilmersdorf bis zum Perelplatz im Bezirk Schöneberg. Sie wurde um 1880 in zwei Abschnitte geteilt, von denen der nördliche den Namen Oberfeldstraße und der südliche den Namen Promenade I erhielten.
Namenserläuterung	*Halberstadt:* vgl. Halberstädter Platz

Halberstädter Straße

Name ab	24. Januar 1905
Ortsteil	Wilmersdorf
Detail	Die Halberstädter Straße trug vor ihrer Benennung ab 1900 die Bezeichnung Straße 15.
Namenserläuterung	*Halberstadt:* vgl. Halberstädter Platz

Halenseestraße

Name ab	26. Juni 1936
Ortsteil	Grunewald
weiterer Bezirk	Charlottenburg

Detail

Die Halenseestraße trug vor ihrer Benennung die Bezeichnung G 92.

Namenserläuterung

Halensee: Name eines Sees im Ortsteil Grunewald des Bezirkes Wilmersdorf. Er wurde früher der „hohle See" genannt. Nach diesem Gewässer erhielt das dortige Gebiet die Bezeichnung Halensee, ebenso wie 1936 auch die nordöstlich vorbeiführende Straße.

Hamburger Straße

Name ab	vor 1880
Name bis	um 1890
früherer Name	Mecklenburger Straße (um 1875 – vor 1880)
späterer Name	Lipaer Straße (um 1890–1908)
heutiger Name	Trautenaustraße (1908)
Ortsteil	Wilmersdorf

Namenserläuterung

Hamburg: Freie und Hansestadt. Zweitgrößte deutsche Stadt, gelegen an der Elbmündung. Sie bildet seit 1949 ein eigenes Bundesland. Hamburg ist der größte deutsche Seehafen und einer der wichtigsten Industriestandorte in der Bundesrepublik Deutschland. Im Raum Hamburg gab es um 700 ein kleines sächsisches Dorf. Zu Beginn des 9. Jahrhunderts wurde die Hammaburg errichtet. Seit 1188 entstand neben der Altstadt eine Neustadt, beide wurden 1216 vereinigt. Bereits am 7. Mai 1189 wurden der Stadt durch Kaiser Friedrich I. Barbarossa wichtige Handels-, Zoll- und Schiffahrtsprivilegien bestätigt – der Ausstellungstag dieser Urkunde wird noch heute als „Überseetag" gefeiert. Im 14. Jahrhundert trat Hamburg der Hanse bei, 1510 wurde sie Reichsstadt, 1806 gewann es volle Souveränität und nannte sich freie Reichsstadt. 1815 trat Hamburg dem Deutschen Bund,

1867 dem Norddeutschen Bund und 1871 dem Deutschen Reich bei. 1937 wurde durch den Zusammenschluß mit mehreren preußischen Städten und 27 Landgemeinden Groß-Hamburg geschaffen. 1945 kam Hamburg zur britischen Besatzungszone und konstituierte sich 1946 als Land, 1952 trat die Verfassung der Freien und Hansestadt Hamburg in Kraft.

Hammersteinstraße

Name ab	Mai 1905
Ortsteil	Schmargendorf

Detail

Die Hammersteinstraße trug vor ihrer Benennung ab 1900 die Bezeichnung Straße S 51.

Namenserläuterung

Hammerstein-Loxten, Hans Freiherr von
* 27. 04. 1843 Lüneburg
† 20. 03. 1905 Berlin
Politiker, preußischer Minister. Er entstammte einem alten, weitverzweigten Adelsgeschlecht. Der Sitz der Familie von Hammerstein-Loxten war seit 1682 Loxten bei Bersenbrück. Aus ihr kamen im 19. Jahrhundert mehrere Generale und Politiker. Hammerstein-Loxten trat zunächst in die Dienste Hannovers, 1866 dann in den preußischen Staatsdienst. Ab 1871 war er in der Verwaltung von Elsaß-Lothringen tätig, ab 1883 als Bezirkspräsident in Metz. Von Mai 1901 bis zu seinem Tode war er preußischer Innenminister.

Hanauer Straße

Name ab	8. Januar 1892
Ortsteil	Wilmersdorf

Detail

Die Hanauer Straße trug vor ihrer Benennung ab 1885 die Bezeichnung Straße 45a. Sie liegt im sogenannten Rheingauviertel, in dem viele Straßen nach Orten im Rheingau benannt wurden.

Hanau: Kreisstadt des Main-Kinzig-Kreises im Land Hessen. Vor 1143 entstand an der Mündung der Kinzig in den Main die Inselburg Hanau und im 13. Jahrhundert vor der Burg eine Siedlung. 1151 wurde der Name Hagenowa erwähnt, seit Mitte des 17. Jahrhunderts ist Hanau gebräuchlich. Der Ort erhielt 1303 Stadtrechte. Den Besitz der Herren von Buchen übernahmen 1168 die Herren von Dorfelden, die späteren Grafen von Hanau. In einer 1597 gegründeten Neustadt siedelten sich Wallonen und Flamen an. Mit dem Aussterben der Grafen von Hanau kam die Stadt 1736 an Hessen-Kassel, behielt aber bis 1803 seine gesonderte Verwaltung als Fürstentum. 1817 erfolgte die Vereinigung des Fürstentums mit Kurhessen. 1866 kam Hanau an Preußen, nach 1945 zum neugebildeten Land Hessen.

Hannoversche Straße

Name ab	um 1890
Name bis	24. August 1893
frühere Namen	Königsberger Straße (um 1872 – um 1885)
	Gartenstraße (um 1885 – um 1890)
heutiger Name	Güntzelstraße (1893)
Ortsteil	Wilmersdorf
Detail	Die ehemalige Hannoversche Straße bildet heute den östlichen Abschnitt der Güntzelstraße.
Namenserläuterung	*Hannover*: Hauptstadt des Regierungsbezirks Hannover und des Landes Niedersachsen. Urkundlich wurde erstmals im 12. Jahrhundert eine Siedlung als Honovere erwähnt. 1241 erhielt sie die Stadtrechte bestätigt. Hannover trat 1367 der Hanse bei. Im 17. Jahrhundert wurde es Residenz, zunächst der welfischen Herzöge von Calenberg. Seit 1692 war Hannover unter Ernst August Kurfürstentum, seit 1814 Residenz des Königreiches Hannover. In den Jahren 1714–1837 bestand Personalunion des Königreiches mit Großbritannien. 1866 verlor das Königreich, das im Preußisch-Österreichischen Krieg auf Seiten Österreichs stand, seine Selb-

ständigkeit, kam zu Preußen und wurde zu dessen
Provinz. 1946 kam Hannover zum neugebildeten Land
Niedersachsen.

Hannöversche Straße

Name ab	um 1875
Name bis	um 1885
späterer Name	Elberfelder Straße (um 1885–1892)
heutiger Name	Babelsberger Straße (1892)
Ortsteil	Wilmersdorf
Namenserläuterung	*Hannover:* vgl. Hannoversche Straße

Hans-Rosenthal-Platz

Name ab	2. April 1993
früherer Name	Kufsteiner Straße 69 (1906–1993)
Ortsteil	Wilmersdorf
Detail	Die Benennung des Platzes erfolgte am 68. Geburtstag von Hans Rosenthal. Die Adresse Kufsteiner Straße 69 trug das RIAS-Gebäude.
Namenserläuterung	*Rosenthal, Hans*

Rosenthal, Hans
* 02. 04. 1925 Berlin
+ 10. 02. 1987 Berlin
Schauspieler, Regisseur, Quizmaster. Der aus einer jüdischen Familie stammende Hans Rosenthal überlebte trotz
Unterdrückung und Verfolgung den nationalsozialistischen
Holocaust. 1958 kam er zum Sender RIAS Berlin und wurde
in den folgenden Jahren vor allem durch seine Sendungen
„Allein gegen alle" (ab 1963) und „Dalli Dalli" (ab 1971)
zum beliebtesten Quizmaster in Deutschland. Von 1962
bis 1980 war er bei RIAS Berlin auch Leiter der Unterhal-
tungsabteilung. Zur Unterstützung seiner jüdischen Mit-
bürger wirkte er bis 1980 als Direktoriumsmitglied im Zen-
tralrat der Juden in Deutschland und als Vorsitzender der
Repräsentantenversammlung der Jüdischen Gemeinde zu
Berlin. 1980 erschien seine Autobiographie „Zwei Leben
in Deutschland".

Harlinger Straße

Name ab
Ortsteil

15. Dezember 1930
Schmargendorf

Detail

Die Harlinger Straße trug vor ihrer Benennung die Bezeichnung Straße S 5.

Namenserläuterung

Harlinger Land: Marschlandschaft an der Nordseeküste von Ostfriesland im Land Niedersachsen. Der Name leitete sich vom Fluß Harle ab. Das Harlinger Land mit seinen Hauptorten Esens und Wittmund war seit dem 13. Jahrhundert selbständig, im 14./15. Jahrhundert erfolgte durch Vereinigung mehrerer Herrschaften die Erweiterung des Gebietes. Das Harlinger Land bewahrte bis 1600, als es durch den Vertrag von Berum endgültig mit Ostfriesland vereinigt wurde, seine Selbständigkeit. Mit dem Fürstentum Ostfriesland gehörte es seit 1744 zu Preußen, zwischenzeitlich gelangte es zu Beginn des 19. Jahrhunderts einige Jahre in holländischen und französischen Besitz, gehörte dann bis 1866 zum Königreich Hannover. 1946 kam es zum Land Niedersachsen.

Hasensprung

Name ab
Ortsteil

1. April 1898
Grunewald

Detail

Es handelt sich bei ihr um einen Fußgängerweg zwischen der Winkler Straße und der Koenigsallee. Er liegt in einem Siedlungsgebiet, in dem einige Straßen nach Weinorten bzw. Weinsorten benannt wurden.

Namenserläuterung

Hasensprung: Weinlage bei Oestrich-Winkel im Land Hessen. Sie liegt westlich von Winkel im Rheingau. Die Weinlage umfaßt etwa ein Anbaugebiet von 100 Hektar, auf der die Rebsorte Riesling dominiert.

Hauptstraße

Name ab	6. März 1891
Name bis	13. April 1904
früherer Name	Dorfstraße (1871–1891)
heutiger Name	Breite Straße (1904)
Ortsteil	Schmargendorf

Namenserläuterung

Hauptstraße: Nachdem es im Dorf Schmargendorf bereits mehrere Straßen gab, wurde die ehemalige Dorfstraße in Hauptstraße umbenannt, um damit ihre Bedeutung hervorzuheben.

Havelchaussee

Name ab	um 1925
Ortsteil	Grunewald
weitere Bezirke	Spandau, Charlottenburg, Zehlendorf

Detail

Die Havelchaussee verläuft durch drei Bezirke. Der Name Havelchaussee wurde erstmals im Amtlichen Straßenverzeichnis von 1925 genannt.

Namenserläuterung

Havel: rechter Nebenfluß der Elbe. Die Havel ist 343 Kilometer lang, davon sind 243 Kilometer schiffbar. Ihre Quelle liegt nordwestlich von Neustrelitz im Gebiet der Mecklenburger Seenplatte und mündet unterhalb von Havelberg in die Elbe. Die Havel ist zum Teil kanalisiert und hat Kanalverbindung zur Oder und Elbe.

Heidelberger Platz

Name ab	8. Januar 1892
Ortsteil	Wilmersdorf

Detail

Der Heidelberger Platz liegt im sogenannten Rheingauviertel, in dem die Straßen und Plätze nach Gemeinden im Rheingau benannt wurden.

Heidelberg: Stadtkreis am Neckar im Land Baden-Württemberg. Als Heidelberch zuerst 1196 erwähnt und 1203 erstmals Heidelberg genannt. Als Gründer gilt Pfalzgraf Konrad von Hohenstaufen. 1225 wurde Heidelberg als Stadt bzw. Burg erwähnt, es gelangte als Lehen des Bischofs von Worms an Pfalzgraf Ludwig, Herzog von Bayern. Seit dem 13. Jahrhundert Basis des Gebiets der Grafen bzw. Kurfürsten der Pfalz, war Heidelberg ab 1329 bis 1720 Residenz Wittelsbacher Fürsten. Die Universität wurde 1386 gegründet. In Kriegen war Heidelberg mehrfach besetzt oder teilweise zerstört worden, u. a. im Dreißigjährigen Krieg 1633 durch Schweden und 1689 bzw. 1693 durch Frankreich. Seit dem Reichsdeputationshauptschluß 1803 gehörte es zu Baden, dadurch nach 1945 zu Württemberg-Baden und 1952 zum Land Baden-Württemberg.

Heidelberger Straße

Name ab
Name bis
heutiger Name
Ortsteil

6. Oktober 1905
1. März 1912
Aßmannshauser Straße (1912)
Wilmersdorf

Detail

Die Heidelberger Straße verlief zwischen dem Heidelberger Platz und der Ecke Kreuznacher/Laubacher Straße. Am 24. Oktober 1908 erfolgte die Herauslösung des Abschnitts südlich des Rüdesheimer Platzes und seine Umbenennung in Schwarzwaldstraße. Am 1. März 1912 wurde der verbliebene nördliche Abschnitt in Aßmannshauser Straße umbenannt.

Namenserläuterung

Heidelberg: vgl. Heidelberger Platz

Heideweg

Name ab	vor 1856
Name bis	um 1856
spätere Namen	Schmargendorfer Weg (um 1856 – um 1885)
	Straße 31a (um 1885–1888)
heutiger Name	Mecklenburgische Straße (1888)
Ortsteil	Wilmersdorf
Namenserläuterung	*Heideweg*: Dieser alte Weg führte vom Dorf Wilmersdorf in südwestlicher Richtung in das dort liegende Heidegebiet.

Heilbronner Straße

Name ab	6. Oktober 1905
früherer Name	Ansbacher Straße (1901–1905)
Ortsteil	Wilmersdorf
Namenserläuterung	*Heilbronn*: Stadtkreis am Neckar im Land Baden-Württemberg. 822 wurde Helibrunna erstmals als Könighof erwähnt. Durch Kaiser Friedrich II. erfolgte die Gründung Heilbronns als Stadt um 1220, 1225 und später wurden Stadtrechte urkundlich bestätigt. Die 1281 erlangte weitgehende Selbstverwaltung als königliche Stadt, sie wurde gegen die Grafen von Württemberg durch Anschluß an den schwäbischen Städtebund 1331 verteidigt und am Ende des Jahrhunderts die Umwandlung von einer königlichen Stadt in eine Reichsstadt erreicht. Der „Heilbronner Bund" vereinte im Dreißigjährigen Krieg die protestantischen Stände Frankens, Schwaben, des Ober- und Niederrheins. 1803 verlor Heilbronn seine Selbständigkeit an Württemberg. Bekannt wurde der Ort auch durch Heinrich von Kleists „Käthchen von Heilbronn".

Heiligendammer Straße

Name ab	6. März 1891
Ortsteil	Schmargendorf
Detail	In diesem Siedlungsgebiet wurden mehrere Straßen nach Badeorten an der Nord- und Ostseeküste benannt.
Namenserläuterung	*Heiligendamm:* Stadtteil von Bad Doberan im Land Mecklenburg-Vorpommern. Herzog Friedrich Franz I. gründete 1793 am Heiligen Damm das erste Seebad Deutschlands. Das 1816–1818 gebaute Kurhaus sowie die Cottages, die Prototypen der eleganten Seebädervillen, sind bis in die Gegenwart erhalten geblieben.

Hektorstraße

Name ab	8. Januar 1892
Ortsteil	Wilmersdorf
Detail	Die Hektorstraße trug vor ihrer Benennung seit 1885 die Bezeichnung Straße 6. Sie wurde nach dem Kurfürsten von Brandenburg, Joachim II. benannt, der den Beinamen „Hektor" trug.
Namenserläuterung	*Joachim II. Hektor* * 13. 01. 1505 Cölln † 03. 01. 1571 Köpenick Kurfürst von Brandenburg, Herzog von Preußen. Der Sohn Joachims I. wurde 1535 Kurfürst. Politisch nahm er Kurs auf ein festes Bündnis mit den Habsburgern. 1535 heiratete er Hedwig, die Tochter des Königs Sigismund von Polen. Durch Erbverträge 1537 erhob er brandenburger Ansprüche auf Schlesien. Im November 1539 trat er zur Reformation über und zog die Klostergüter ein, Brandenburg wurde lutherisch, allerdings erfolgte die endgültige Abkehr von der römisch-katholischen Kirche erst 1563. Joachim II. trug maßgeblich zum Abschluß des Augsburger Religionsfriedens 1555 teil. Während seiner Regentschaft begann im Jahre 1557 der

Bau der Zitadelle Spandau. Sein Hofrat und späterer Kanzler Lamprecht Diestelmeyer erreichte, daß die brandenburgischen Hohenzollern 1569 durch den polnischen König mit dem Herzogtum Preußen mitbelehnt wurden. Mit dieser Belehnung war die Grundlage für die Bildung des brandenburgisch-preußischen Staates gelegt worden. Berlin-Cölln wurde unter ihm ständige Residenzstadt, kurz nach Beginn seiner Regierungszeit fand der erste größere Um- und Erweiterungsbau des Berliner Stadtschlosses statt. Der Beiname Hektor leitete sich vom Helden Hector aus der Trojasage ab. Nach seinem Tode wurde er im Berliner Dom beigesetzt.

Helfferichstraße

Name ab	13. Juli 1934
Name bis	6. Februar 1958
früherer Name	Parkstraße (1905–1934)
heutiger Name	Bernadottestraße (1958)
Ortsteile	Grunewald, Schmargendorf
weiterer Bezirk	Zehlendorf
Namenserläuterung	Helfferich, Karl

Helfferich, Karl
* 22. 07. 1872 Neustadt (Haardt)
† 23. 04. 1924 Bellinzona (Italien)
Bankier, Politiker. Nach dem Studium der Rechts- und Staatswissenschaften und der Promotion 1894 war er zunächst publizistisch tätig. 1899 wurde Helfferich habilitiert und Dozent in Berlin, 1901 Professor. 1901 – 1906 arbeitete er in der Kolonialabteilung des Auswärtigen Amtes. Als Direktor der Anatolischen Eisenbahngesellschaft 1906–1915 forcierte er den Bau der Bagdadbahn, 1908–1915 gehörte er dem Direktorium der Deutschen Bank an. 1915–1917 wirkte Helfferich als Staatssekretär im Reichsschatzamt und Innenministerium bzw. als Vizekanzler. Nach dem Ersten Weltkrieg war er 1920–1924 Mitglied des Reichstags. Als Führer der Deutschnationalen Volkspartei zählte er zu derem militanten, konservativen Flügel und zu den Wortführern der Gegner der Erfüllungspolitik. Seine antirepu-

blikanischen Angriffe, die sich persönlich insbesondere gegen Erzberger, Wirth und Rathenau richteten, verschärften die politische Atmosphäre dieser Jahre. Helfferich verstarb infolge eines Eisenbahnunglücks. Er hatte verschiedene Fachpublikationen zu Finanz-, Bank- und Währungsfragen verfaßt.

Helgolandstraße

Name ab	6. März 1891
früherer Name	Steglitzer Weg (um 1856–1891)
Ortsteil	Wilmersdorf

Detail

In diesem Siedlungsgebiet wurden mehrere Straßen nach Badeorten an der Nord- und Ostseeküste benannt. Nachdem am 6. März 1891 der nordwestliche Abschnitt des Steglitzer Weges in Helgolandstraße umbenannt worden war, erhielt der verbliebene südöstliche Abschnitt am 8. Januar 1892 den Namen Dillenburger Straße.

Namenserläuterung

Helgoland: Nordseeinsel in der Helgoländer Bucht. Die nur 2,1 Quadratkilometer große Insel mit der ursprünglich zusammenhängenden Düne gehört zum Kreis Pinneberg im Land Schleswig-Holstein. Sie liegt 45 Kilometer von der Küste entfernt. Ihr Name soll von „Heilig Land" abgeleitet sein. Ab 1402 gehörte sie zum Herzogtum Schleswig, 1714 zu Dänemark und 1814 zu Großbritannien. Durch deutsch-britischen Vertrag 1890 kam Helgoland im Austausch gegen die Überlassung der Schulzherrschaft über Wituland, Somaliland und den größten Teil von Sansibar an Deutschland. Nach beiden Weltkriegen wurde die (1935 erneut ausgebaute) Befestigung zerstört. Im April 1945 wurde der Ort Helgoland bei einem Bombenangriff vernichtet, nach Kriegsende wurde die Bevölkerung von der Insel ausgewiesen und Helgoland durch Großbritannien 1947–1952 als Übungsziel für Bombenabwürfe benutzt. 1952 wurde Helgoland an die Bundesrepublik zurückgegeben.

Helmstedter Straße

Name ab	4. August 1906
Ortsteil	Wilmersdorf
Detail	Vor ihrer Benennung trug die Helmstedter Straße die Bezeichnung Straße 23.
Namenserläuterung	*Helmstedt*: Kreisstadt im Land Niedersachsen. Bereits im 9. Jahrhundert bestand in der Umgebung ein Kloster. Erstmals wurde 952 ein Dorf Helmonsted erwähnt, 1441 wurde Helmestede genannt. Die Siedlung erhielt 1228 und 1247 Stadtrecht bestätigt. Im 14. Jahrhundert gehörte Helmstedt dem Bund der Sachsenstädte an, 1426–1518 war Helmstedt Hansestadt. Stadtherr war bis 1490 der Abt des Liudgerklosters, der dann seine bereits stark zurückgegangenen Rechte an die Herzöge von Braunschweig und Lüneburg übertrug. Bei der Teilung des Herzogtums kam Helmstedt 1635 an die Linie Braunschweig-Wolfenbüttel, den Herrschern des späteren Herzogtums Braunschweig. Von 1576 bis 1810 hatte Helmstedt zeitweilig eine eigene Universität. Helmstedt kam 1946 mit Braunschweig, das 1918 vom Herzogtum zum Freistaat geworden war, zum Land Niedersachsen.

Henriettenplatz

Name ab	8. Januar 1892
Ortsteil	Wilmersdorf
Namenserläuterung	*Luise Henriette von Oranien-Nassau* * 17. 11. 1627 Den Haag † 08. 06. 1667 Berlin Kurfürstin von Brandenburg, erste Gemahlin von Friedrich Wilhelm, dem Großen Kurfürsten. Mit der Heirat der Tochter des Prinzen Friedrich Heinrich von Nassau-Oranien 1646 suchte Friedrich Wilhelm Anschluß an Frankreich und die Niederlande, als Widersacher der Habsburger, zu finden. Ihr gemeinsamer Sohn war der spätere Kurfürst Friedrich III. von Brandenburg und

– als Friedrich I. – König in Preußen. Luise Henriette erhielt 1650 das Amt Bötzow, das zu ihren Ehren 1652 in Oranienburg umbenannt wurde. Sie ließ mit dem Bau einer Schloßanlage die erste Nebenresidenz in der Berliner Umgebung errichten, die sie 1655 bezog.

Herbertstraße

Name ab	1. April 1898
Ortsteil	Grunewald

Detail Vor ihrer Benennung trug die Herbertstraße seit 1890 die Bezeichnung Straße G 6.

Namenserläuterung *Bismarck, Nikolaus Heinrich Ferdinand Herbert von, Fürst von Schönhausen*
* 28. 12. 1849 Berlin
† 18. 09. 1904 Friedrichsruh
Politiker. Der älteste Sohn Otto von Bismarcks studierte nach dem Abitur Jura in Bonn und Berlin, unterbrochen vom Deutsch-Französischen Krieg 1870/71. Seit 1874 im diplomatischen Dienst und von 1884 bis 1886 Reichstagsabgeordneter, war Herbert von Bismarck von 1886 bis 1890 Staatssekretär im Auswärtigen Amt und seit 1888 zugleich preußischer Staatsminister. Er zählte schon 1877–1881 als persönlicher Sekretär zu den vertrautesten politischen Mitarbeitern seines Vaters. Zusammen mit ihm trat er 1890 zurück. 1893–1904 ließ er sich dennoch erneut in den Reichstag wählen. Er lebte auf dem Gut in Schönhausen und ab 1898 in Friedrichsruh.

Herthastraße

Name ab	1. April 1898
Ortsteil	Grunewald

Detail Die Herthastraße entstand durch die Zusammenführung der Straßen G 8 und G 9.

Namenserläuterung	*Hertha, auch Herta:* Dieser weibliche Vorname wurde in falscher Lesart des Namens der germanischen Göttin Nerthus gebildet. Tacitus berichtete in seinem Werk „Germania" von einer Göttin Hertha, die – später korrigiert – die Göttin Nerthus war. Die Nerthus galt als die Mutter der Erde. Sie wurde von den Germanen verehrt, da diese glaubten, sie würde in die menschlichen Belange eingreifen können.

Hessische Straße

Name ab	1890
Name bis	1895
frühere Namen	Magdeburger Straße (vor 1876–1876)
	Hopfenbruchstraße (1876–1890)
	Flensburger Straße (um 1875–1890)
spätere Namen	Lieckstraße (1895–1905)
	Gerdauener Straße (1920–1929)
heutige Namen	Landhausstraße (1905)
	Gerdauer Straße (1929)
Ortsteil	Wilmersdorf
Detail	Die Hessische Straße entstand 1890 durch die Zusammenlegung der Flensburger und der Hopfenbruchstraße.
Namenserläuterung	*Hessen:* Bundesland der Bundesrepublik Deutschland. Spätestens seit dem 8. Jahrhundert trat im früheren Siedlungsgebiet der Chatten der germanische Stamm der Hessen auf, das Gebiet geriet in den fränkischen Herrschaftsbereich. Auch die führenden Grafenhäuser befanden sich in Reichsabhängigkeit. Erben der seit dem 11. Jahrhundert herrschenden Geschlechter in der Grafschaft Hessen wurden 1122 die Thüringer Grafen. Im thüringisch-hessischen Erbfolgekrieg 1247–1264 löste sich Hessen von den Thüringer Landgrafen und wurde selbst Landgrafschaft. Seit 1292 Reichsfürstentum, dehnte Hessen in der Folge sein Gebiet weiter aus. Wiederholt fanden Landesteilungen statt. 1567 wurde Hessen in vier Linien geteilt. Aus den beiden Hauptlinien

Hessen-Kassel und Hessen-Darmstadt gingen 1803 das Kurfürstentum Hessen (Kurhessen) bzw. 1806 das Großherzogtum Hessen-Darmstadt hervor. Preußen annektierte 1866 Kurhessen und gliederte es 1868 zusammen mit Hessen-Homburg, Nassau und weiteren Gebieten in die Provinz Hessen-Nassau ein, die 1944 in die Provinzen Nassau und Kur-Hessen getrennt wurde. Das Großherzogtum Hessen-Darmstadt wurde 1918 Volksstaat. Im September 1945 schloß die amerikanische Militärregierung Nassau, Teile Kurhessens und Hessen-Darmstadts zum Land Großhessen zusammen, aus ihm entstand das spätere Land Hessen.

Heydenstraße

Name ab | Mai 1905
Ortsteil | Schmargendorf

Detail

Vor ihrer Benennung trug die Heydenstraße seit 1900 die Bezeichnung Straße S 52.

Namenserläuterung

Heyden-Cadow, Wilhelm Carl Heinrich von
* 16. 03. 1839 Stettin
† 20. 06. 1920 Plötz bei Demmin
Politiker, preußischer Minister. Nach einem Studium der Rechtswissenschaft in Heidelberg und Berlin trat er in den preußischen Justizdienst ein. Ein Jahrzehnt war er dann Landrat im Kreis Demmin. Seit 1875 stellvertretender Vorsitzender des Provinzialausschusses von Pommern, wirkte er 1877–1881 als Landesdirektor von Pommern, anschließend als Mitglied des preußischen Abgeordnetenhauses. 1881–1890 Regierungspräsident in Frankfurt (Oder), amtierte er 1890–1894 als preußischer Landwirtschaftsminister.

Hildegardstraße

Name ab	2. November 1895
früherer Name	Seestraße (um 1872–1895)
Ortsteil	Wilmersdorf

Namenserläuterung

Für die Namensgebung werden zwei Erklärungen gegeben:

Schramm, Hildegard
Tocher des Grundbesitzers Otto Schramm, über dessen Gelände die Straße führte.

Hildegard von Bingen
* 1098
+ 1179
Äbtissin des von ihr gegründeten Benediktinerinnen-Klosters auf dem Rupertsberg bei Bingen. Hildegard wird bis in die Gegenwart, obwohl keine Kanonisation erfolgte, von den katholischen Gläubigen als Heilige verehrt.

Die erste Erklärung ist wahrscheinlicher, weil von der Hildegardstraße auch eine Schrammstraße abzweigt.

Hildesheimer Straße

Name ab	um 1900
Name bis	um 1906
heutiger Name	Falkensteiner Straße (um 1906)
Ortsteil	Wilmersdorf

Detail

Die Hildesheimer Straße trug seit 1885 bis zu ihrer Benennung die Bezeichnung Straße 45b.

Namenserläuterung

Hildesheim: Kreisstadt des gleichnamigen Landkreises im Land Niedersachsen, an der Innerste. Hildesheim entstand aus einer im 8. Jahrhundert nachgewiesenen Siedlung und einer Bistumsgründung von 815. Der Name geht wahrscheinlich auf einen fränkischen Hofbesitzer Hiltwin zurück, wovon sich Hilwineshem, Hildensem und dann Hildesheim ableitete. Um 1000 erhielt der Ort

143

Stadtrechte. Bis 1803 war Hildesheim Sitz und Zentrum des Bistums Hildesheim, kam dann mit der Säkularisation 1803 zunächst an Preußen und dann an das Königreich Westphalen. Ab 1815 zum Königreich Hannover gehörend, gelangte Hildesheim 1866 wieder an Preußen, 1946 zum neugebildeten Land Niedersachsen.

Hindenburgstraße

Name ab	6. Dezember 1917
Name bis	18. November 1955
heutige Namen	Am Volkspark (1955)
	Blissestraße (1967)
	Mannheimer Straße (1967)
	Straße am Schoelerpark (1967)
	Wallenbergstraße (1967)
Ortsteil	Wilmersdorf
Detail	1922 wurde die Straße Am Seepark in die Hindenburgstraße eingegliedert.
Namenserläuterung	*Hindenburg, Paul von Beneckendorff und von*

Hindenburg, Paul von Beneckendorff und von
* 02. 10. 1847 Posen
† 02. 08. 1934 Neudeck bei Freystadt (Westpreußen)
Deutscher General und Politiker, Reichspräsident. Nach einer Kadettenausbildung nahm er als Offizier an den Kriegen 1866 und 1870/71 teil. Seit 1877 im Generalstab und in leitenden Kommandos tätig, wurde er 1897 zum Generalmajor befördert. 1911 altersbedingt entlassen, wurde Hindenburg mit Beginn des Ersten Weltkriegs 1914 reaktiviert, Oberbefehlshaber der 8. Armee und bald zum Generalfeldmarschall befördert; von August 1916 bis Kriegsende führte er – mit Ludendorff als Generalquartiermeister – die Oberste Heeresleitung. Auch in und nach der Novemberrevolution 1918 Chef der Heeresleitung, trat er im Juni 1919 in den Ruhestand. Von 1925 bis zu seinem Tode war er Reichspräsident, die von ihm seit 1930 berufenen Präsidialregierungen bereiteten dem Machtantritt des Faschismus den Boden. Hindenburg berief am 30. Januar 1933 Adolf

Hitler zum Reichskanzler, identifizierte sich mit der nazistischen Diktatur und festigte sie durch die „Verordnung zum Schutz von Volk und Staat" vom 28. Februar 1933, dem „Tag von Potsdam" am 21. März 1933 sowie das Ermächtigungsgesetz vom 24. März 1933. Hindenburg wurde 1933 der 58. Ehrenbürger von Berlin.

Hintere Straße

Name ab	um 1856
Name bis	1888
heutiger Name	Berliner Straße (1888)
Ortsteil	Wilmersdorf
Namenserläuterung	Der Name entstand im Volksmund, weil die Straße hinter dem Dorf Wilmersdorf lag.

Hobrechtstraße

Name ab	um 1890
Name bis	21. März 1960
heutiger Name	Storkwinkel (1960)
Ortsteil	Grunewald
Detail	Bedingt durch den Bau der Stadtautobahn wurde die Hobrechtstraße ein Teil der Straße Storkwinkel.
Namenserläuterung	*Hobrecht, James Friedrich Ludolf*

Hobrecht, James Friedrich Ludolf
* 31. 12. 1815 Memel
† 08. 09. 1902 Berlin
Ingenieur, Architekt, Baubeamter. Er wurde nach dem Studium an der Bauakademie 1859–1861 zum Leiter des „Kommissariums zur Ausarbeitung der Bebauungspläne für die Umgebung Berlins" berufen. Nach dem er von 1861 bis 1869 den Ausbau der Kanalisation in Stettin geleitet hatte, wurde er 1869 zum Chefingenieur der Berliner Kanalisation ernannt. Auf der Grundlage eines wissenschaftlichen Gutachtens von Virchow entwickelte Hobrecht ein System von radialen Entwässerungslei-

tungen, womit die Berliner Abwässer auf den umliegenden Feldern verrieselt werden konnten. Außerdem regulierte er durch Kanäle und Brückenbauten den Spreelauf, um Hochwasser und Überschwemmungen in der Stadt zu vermeiden. 1884 erfolgte seine Berufung zum Stadtbaurat für Straßen- und Brückenbau in Berlin. Neben dem Bau der Kanalisation zählt der Generalbebauungsplan Berlins (1859–1861) zu seinen bedeutendsten Leistungen.

Hochheimer Straße

Name ab	19. August 1909
Name bis	nicht ermittelt
Ortsteil	Wilmersdorf

Detail

Die am 19. August 1909 benannte Straße sollte zwischen der Nauheimer und der Wiesbadener Straße parallel zur Johannisberger Straße angelegt werden. Dieser Plan wurde jedoch nicht verwirklicht.

Namenserläuterung

Hochheim am Main: Stadt im Main-Taunus-Kreis im Land Hessen. Hochheim wurde erstmals 754 urkundlich erwähnt, 1484 erhielt es Marktprivilegien. Anfang des 19. Jahrhunderts entwickelte es sich zur Stadt und wurde seit 1820 amtlich als Stadt bezeichnet. Das Gebiet stand zunächst unter verschiedener Herrschaft, seit 1273 gehörte Hochheim zum Mainzer Domkapitel, im 19. Jahrhundert zum Herzogtum Nassau und nach 1945 zum Land Hessen. Die Stadt im Rheingau wurde durch Weinbau, der seit 1239 bezeugt ist, und seit dem 19. Jahrhundert auch durch die Sektkellereien bekannt. Hock war ursprünglich die englische Bezeichnung für den Rheinwein, der aus Hochheim stammt und später auf Rhein- und Rheingauweine übertragen wurde.

Hochmeisterplatz

Name ab	8. Januar 1892
frühere Namen	Buchwaldplatz (um 1876–1885)
	Platz D (1885–1892)
Ortsteil	Wilmersdorf

Namenserläuterung

Hochmeister: Oberhaupt des Deutschen Ritterordens. In der Frühzeit des Ordens nur vereinzelt verwendet, war der Titel seit dem frühen 15. Jahrhundert stärker gebräuchlich. Der Hochmeister war mit verschiedenen Vorrechten und Befugnissen ausgestattet wie u. a. Insignien, eigenem Wappen, Gefolge und Marstall. Gegen Ende des 15. Jahrhunderts wurde er an einen Rat und Landstände gebunden und verlor dadurch seine Autorität und Bedeutung.

Hoffmann-von-Fallersleben-Platz

Name ab	1. September 1926
Ortsteil	Wilmersdorf

Namenserläuterung

Hoffmann von Fallersleben, August Heinrich
* 02. 04. 1798 Fallersleben
† 19. 01. 1874 Corvey
Schriftsteller, Literaturhistoriker. Er studierte klassische Philologie und arbeitete ab 1821 als Bibliotheksassistent. 1823 wurde er Kustos der Universitäts-Bibliothek in Breslau und 1830 gegen den Willen der Fakultät Professor. Wegen seiner „Unpolitischen Lieder" (1840/41) wurde er seines Amtes enthoben und erst 1848 wieder rehabilitiert. Seit 1860 war er als Bibliothekar des Herzogs von Ratibor auf Schloß Corvey tätig. 1841 schrieb der von Preußen verfolgte Liberale Hoffmann von Fallersleben auf dem damals britischen Helgoland den Text zu dem Lied „Deutschland, Deutschland, über alles". Das dreistophige Lied wurde rasch bekannt und während des Ersten Weltkriegs von deutschen Soldaten häufig gesungen. 1922 wurde es zur offiziellen Nationalhymne. 1945 von den Alliierten verboten, wurde 1952 die dritte Strophe zur Hymne der Bundesrepublik.

Hohensteiner Straße

Name ab	19. August 1909
Ortsteil	Wilmersdorf

Namenserläuterung

Hohenstein: heute Hohenstein-Ernstthal, Stadt im Landkreis Chemnitzer Land, Freistaat Sachsen. Als Silberbergbausiedlung Anfang des 16. Jahrhunderts angelegt, erhielt Hohenstein 1521 Stadtrechte. An die Stelle des Bergbaus trat später die Textilindustrie. Ernstthal wurde 1698 als Weberstadt gegründet. 1898 erfolgte die Vereinigung beider Orte zur Stadt Hohenstein-Ernstthal.

Hohenzollerndamm

Name ab	um 1900
frühere Namen	Grunewaldstraße (um 1875–1892)
	Reissnerstraße (1892 – um 1900)
Ortsteile	Wilmersdorf, Schmargendorf, Grunewald

Detail

Bei der Namensgebung um 1900 verlief der Hohenzollerndamm zwischen der heutigen Clayallee und der S-Bahn. Am 25. Juli 1908 erfolgte in nordöstlicher Richtung die Verlängerung durch die Einbeziehung weiterer Straßen bis zur heutigen Bundesallee, so eines Teils der Nachodstraße, der Preußischen Straße und des Berliner Platzes.

Namenserläuterung

Hohenzollern: ein nach der Stammburg Hohenzollern benanntes deutsches Herrschergeschlecht. Die Dynastie ist seit 1061 als Zollern nachgewiesen, später nannte sie sich Hohenzollern. 1191 erhielten sie die Burggrafschaft Nürnberg. Seit 1227 gab es bei den Hohenzollern zwei Linien: die fränkische und die schwäbische. Die fränkische (später brandenburgisch-preußische) Linie wurde 1415 bzw. 1417 mit Brandenburg belehnt. Die brandenburgischen Hohenzollern wurden zu den schärfsten Konkurrenten der Habsburger. Im Jahre 1701 erhielten sie mit Friedrich I. die preußische Königswürde, ab 1871 beginnend mit Wilhelm I. stellten sie die deutschen Kaiser.

Nach der Abdankung in der Novemberrevolution 1918 verzichteten Wilhelm II. und Kronprinz Wilhelm auf alle Herrscherrechte in Preußen und Deutschland.

Hohenzollernplatz

Name ab	8. Januar 1892
Name bis	14. November 1901
heutiger Name	Emser Platz (1901)
Ortsteil	Wilmersdorf

Detail

Um 1885 trug der Platz die Bezeichnung Platz b, er wurde danach um 1890 in Platz E umbenannt, am 8. Januar 1892 erhielt er den Namen Hohenzollernplatz. Am 14. November 1901 erfolgte die Umbenennung in Emser Platz, weil am gleichen Tage ein anderer Platz am Hohenzollerndamm den Namen Hohenzollernplatz erhielt.

Namenserläuterung

Hohenzollern: vgl. Hohenzollerndamm

Hohenzollernplatz

Name ab	14. November 1901
Ortsteil	Wilmersdorf

Namenserläuterung

Hohenzollern: vgl. Hohenzollerndamm

Hohmannstraße

Name ab	23. März 1909
Ortsteil	Schmargendorf

Namenserläuterung

Hohmann, Erich
* 1860
† 28. November 1905
Zolldirektor. Nach seinem Ausscheiden aus dem Zolldienst war er von 1899 bis zu seinem Tode in Schmargendorf Amts- und Gemeindevorsteher.

Höhmannstraße

Name ab	17. März 1909
Ortsteil	Grunewald

Namenserläuterung

Höhmann, Heinrich
Regierungsbaumeister und späterer Direktor der Kurfürstendammgesellschaft. Höhmann war Mitbegründer der Villenkolonie Grunewald. Durch ihn erfolgte 1889 die Anlegung dieser Straße, die 20 Jahre später seinen Namen erhielt.

Holsteiner Straße

Name ab	um 1875
Name bis	16. März 1888
früherer Name	Berliner Weg (um 1856 – um 1875)
heutiger Name	Berliner Straße (1888)
Ortsteil	Wilmersdorf

Namenserläuterung

Holstein: südlicher Teil des Landes Schleswig-Holstein. Holstein erschien um 800 als nördlicher Teil des sächsischen Stammesherzogtums. Seit 1110 regierten in Holstein die Schauenburger (Schaumburger) Grafen (seit 1474 Herzöge), sie vereinigten das 1386 als dänisches Lehen erlangte Herzogtum Schleswig mit Holstein. Seit 1460 waren beide in Personalunion mit Dänemark verbunden. Wiederholt kam es zu Teilungen und zur Vereinigung. Auseinandersetzungen nach dem Wiener Kongreß 1815 über Einheit und Zugehörigkeit Schleswig-Holsteins mündeten in die Deutsch-Dänischen Kriege 1848–1850 und 1864. Dänemark mußte 1864 auf die Herzogtümer, mit dem Österreich-Preußischen Krieg 1866 auch Österreich, auf Holstein verzichten. Schleswig- Holstein, 1876 auch Lauenburg, kam als Provinz zu Preußen. 1920 gelangte durch den Versailler Vertrag und Volksabstimmung das dänisch besiedelte Nordschleswig zu Dänemark. Nach der Auflösung Preußens entstand aus der preußischen Provinz 1946 das Land Schleswig-Holstein.

Holsteiner Straße

Name ab	um 1890
Name bis	24. August 1893
heutiger Name	Wegenerstraße (1893)
Ortsteil	Wilmersdorf
Detail	Vor ihrer Benennung trug die Holsteiner Straße seit 1885 die Bezeichnung Straße 17 a.
Namenserläuterung	*Holstein:* vgl. Holsteiner Straße (um 1875–1888)

Holsteinische Straße

Name ab	8. Januar 1892
Ortsteil	Wilmersdorf
Detail	Vor ihrer Benennung trug die Holsteinische Straße seit 1890 die Bezeichnung Straße 8 b.
Namenserläuterung	*Holstein*: vgl. Holsteiner Straße (um 1875–1888)

Homburger Platz

Name ab	um 1900
Name bis	um 1934
Ortsteil	Wilmersdorf
Detail	Der Homburger Platz lag nördlich der Homburger Straße. Er ist nicht mehr vorhanden, auf ihm wurde 1936 die Lindenkirche erbaut wurde.
Namenserläuterung	*Bad Homburg vor der Höhe*: Kreisstadt des Hochtaunuskreises im Land Hessen. Der Kurort liegt am Südostrand des Taunus. Eine ausgedehnte Besiedlung läßt sich bis in die römische Zeit nachweisen. 769 wurde eine dörfliche Siedlung Tidenheim erwähnt, seit dem 13. Jahrhundert sind Burg und Stadt Hoenberch und ähnliche Namensformen, seit 1268 Hoemburg nachgewiesen. Hom-

burg erhielt vermutlich vor dem 13. Jahrhundert Stadtrecht, als Stadt wurde es erstmals 1361 bezeichnet. Die Stadt unterstand den Besitzern der Burg, u. a. den Herren von Hohenberg, den Grafen von Hanau und den Pfalzgrafen. 1622–1866 war Homburg Sitz der Landgrafschaft Hessen-Homburg und kam dann zu Preußen, nach 1945 zu Hessen. Die Entwicklung des Badebetriebes begann 1834, seit 1912 hat die Stadt ihren heutigen Namen.

Homburger Platz

Name ab	13. Juli 1934
Name bis	15. Dezember 1958
heutiger Name	Rudolf-Mosse-Platz (1958)
Ortsteil	Wilmersdorf

Detail

Der frühere Platz H erhielt am 13. Juli 1934 den Namen Homburger Platz, weil auf einem in der Nähe liegenden Platz, der bis zu dieser Zeit diesen Namen trug, die Lindenkirche erbaut wurde.

Namenserläuterung

Bad Homburg: vgl. Homburger Platz (um 1900–1934)

Homburger Straße

Name ab	um 1902
Ortsteil	Wilmersdorf

Detail

Bei ihrer Benennung um 1902 verlief die Homburger Straße zwischen der Sodener und der Laubacher Straße. Um 1906 wurde der östlich des Rüdesheimer Platzes gelegene Abschnitt abgetrennt und Teil der Taunusstraße. Am 13. Juli 1934 kam die bisherige Mossestraße als westlicher Abschnitt und ein Teil der Taunusstraße als östlicher Abschnitt zur Homburger Straße hinzu. Am 1. Mai 1972 wurde der westlich der Stadtautobahn liegende Abschnitt aus der Homburger Straße herausgenommen und in Rudolf-Mosse-Straße umbenannt.

Namenserläuterung

Bad Homburg: vgl. Homburger Platz (um 1900–1934)

Honnefstraße

Name ab	um 1900
Name bis	nicht ermittelt
Ortsteil	Wilmersdorf
Detail	Bereits bei der Planung des Rheingauviertels erhielt diese vorgesehene Straße den Namen Honnefstraße. Sie wurde jedoch nicht angelegt.
Namenserläuterung	*Bad Honnef*: Stadt im Rhein-Sieg-Kreis im Land Nordrhein-Westfalen. Sie liegt am Fuß des Siebengebirges am rechten Rheinufer; nördlich befinden sich die Löwenburg und der Drachenfels. Der Ort wurde um 800 erstmals urkundlich erwähnt und seit dem 16. Jahrhundert als Honnef bezeichnet. Vom fränkischen Auelgau gelangte Honnef an die Herrschaft von Löwenburg und wurde deren Hauptort. Ab 1803 gehörte Honnef kurzzeitig zu Nassau-Usingen und 1806–1815 zum Großherzogtum Berg. Mit Berg gelangte Honnef 1815 an Preußen und wurde in die Rheinprovinz eingegliedert; nach dem Zweiten Weltkrieg kam es zu dem neugebildeten Land Nordrhein-Westfalen. Honnef entwickelte sich im 19. Jahrhundert zu einem Ferien- und Kurort, 1863 wurde es Stadt und 1938 als Kurort und Bad anerkannt.

Hopfenbruchstraße

Name ab	1876
Name bis	1890
früherer Name	Magdeburger Straße (vor 1876–1876)
spätere Namen	Hessische Straße (1890–1895)
	Lieckstraße (1895–1905)
heutiger Name	Landhausstraße (1905)
Ortsteil	Wilmersdorf
Detail	Die Hopfenbruchstraße führte vom Dorfkern Wilmersdorf in das Gebiet des Hopfenbruchs.

153

Hopfenbruch: vgl. Buschstraße
(Die Bezeichnung Busch wurde hier für Hopfenbruch verwendet, bei dem es sich um ein bereits 1774 erwähntes Gelände zwischen Charlottenburg und Wilmersdorf handelte, das um diese Zeit zum größten Teil Wald und Weideland war.)

Hopfenbruchstraße

Name ab	um 1880
Name bis	um 1885
späterer Name	Straße 5a (um 1885–1895)
heutige Namen	Pariser Straße (1895)
	Regensburger Straße (1902)
Ortsteil	Wilmersdorf

Detail   Die Hopfenbruchstraße führte südlich des Hopfenbruchs entlang.

Namenserläuterung   *Hopfenbruch:* vgl. oben und Buschstraße

Hubertusallee

Name ab	24. Januar 1898
Ortsteil	Grunewald, Schmargendorf

Detail   Vor ihrer Benennung trug die Hubertusallee seit 1890 die Bezeichnung Straße G 4. Am 1. Juli 1967 kamen im Süden ehemalige Abschnitte der Hubertusbader und der Teplitzer Straße zur Hubertusallee hinzu.

Namenserläuterung

Hubertus
* um 656
† 30. 05. 727 Tervueren (Belgien)
Hubertus war zuerst Bischof in Tongern-Maastrich (später Lüttich). Er unternahm mehrere Missionsreisen in die Ardennen. Dabei wandte er sich gegen die dort üblichen „heidnischen" Jagdbräuche. Nach der Legende soll dem Bischof von Lüttich bei einer Jagd am Feiertag

ein Hirsch mit einem goldenen Kreuz zwischen dem Geweih begegnet sein, was ihn zur Buße führte. Der 3. November eines jeden Jahres ist der Hubertustag, an welchem im Gedenken an den Schutzpatron der Jagd, Hubertus, Jagden veranstaltet werden.

Hubertusbader Straße

Name ab   6. März 1891
Ortsteil   Grunewald

Detail

Vor ihrer Benennung trug die Hubertusbader Straße seit 1885 die Bezeichnung Straße G 12. Am 1. Juli 1967 wurde der zwischen der Franzensbader Straße und dem Joseph-Joachim-Platz gelegene Abschnitt Teil der Hubertusallee.

Namenserläuterung

Hubertusbad: Sanatorium in Thale/Harz, Land Sachsen-Anhalt. Im Jahre 1836 gründete der Oberförster Karl Daude das Hubertusbad (Chlor-Natrium-Quelle). Im Verlauf der weiteren Entwicklung des Bades und aufgrund der Reichhaltigkeit an Mineralsalz konnte ein Quellsalz hergestellt werden. Die Herstellung wurde später eingestellt.

Humboldtstraße

Name ab   23. Februar 1900
früherer Name   Boothstraße (1892–1900)
Ortsteil   Grunewald

Detail

Ursprünglich verlief die Humboldtstraße zwischen dem Kurfürstendamm und der Paulsborner Straße. Bedingt durch den Bau der Stadtautobahn kam 1960 der nördliche Abschnitt zur neuen Straße Storkwinkel.

Namenserläuterung

Humboldt, Friedrich Wilhelm Heinrich Alexander von
* 14. 09. 1769 Berlin
† 06. 05. 1859 Berlin

Naturforscher. Er studierte u. a. in Frankfurt (Oder), Göttingen und Hamburg und absolvierte von 1799 bis 1804 seine berühmte amerikanische Forschungsreise. Deren Auswertung in Paris (34 Bde.) machte ihn zu einem der populärsten Naturwissenschaftler seiner Zeit. 1827 kehrte Humboldt nach Berlin zurück und hielt Vorlesungen über physische Weltbeschreibung sowie Vorträge in der Singakademie. Er initiierte Forschungen zur Verteilung des Erdmagnetismus und gilt als Begründer der Orographie, der Hochgebirgsforschung, und der thematischen Kartographie. Die Wissenschaftsentwicklung in Berlin wurde von ihm nachhaltig geprägt. So setzte er sich u. a. für den Neubau der Sternwarte ein und regte die Gründung des Meteorologischen Instituts an. 1856 wurde er 32. Ehrenbürger von Berlin. 1949 erhielt die Berliner Universität den Namen der Brüder Humboldt. Die Grabanlage der Familie Humboldt befindet sich in der Gabrielenstraße, Tegel.

Hundekehlestraße

Name ab	1891
früherer Name	Hundequeleweg (um 1880–1891)
Ortsteil	Schmargendorf

Detail

Die Hundekehlestraße verlief zum Zeitpunkt ihrer Benennung zwischen dem Hohenzollerndamm und der Warnemünder Straße. Am 23. Dezember 1957 kam der Abschnitt der Luciusstraße zwischen der Rheinbabenallee und der Hundekehlestraße noch hinzu.

Namenserläuterung

Hundekehle: auch Hundequele, alte Bezeichnung für die Sammelstelle der Hundemeute bei einer Treibjagd. Davon abgeleitet liegen in der Nähe der Straße das Naturschutzgebiet Hundekehlefenn und die Försterei Hundekehle.

Hundequeleweg

Name ab	um 1880
Name bis	1891
heutiger Name	Hundekehlestraße (1891)
Ortsteil	Schmargendorf
Namenserläuterung	*Hundequele*: vgl. Hundekehlestraße

Ilmenauer Straße

Name ab	6. März 1891
Ortsteil	Schmargendorf

Detail   Die Ilmenauer Straße trug vor ihrer Benennung seit 1885 die Bezeichnung Straße S 3.

Namenserläuterung   *Ilmenau:* Stadt im Ilmkreis, Freistaat Thüringen. Das 1273 erstmals erwähnte Dorf gehörte zum Besitz der Grafen von Käfernburg, wie vermutlich auch die gleichnamige Wasserburg, die um 1290 zerstört wurde. An anderer Stelle erhob sich bald eine neue Burg, die den Grafen von Schwarzburg gehörte. In unmittelbarer Nähe entstand die Stadt Ilmenau, die 1341 erstmals genannt wird. Nach mehreren Besitzerwechseln gelangte der Ort 1661 an Sachsen-Weimar und blieb seitdem Teil des weimarischen Staates bis zu dessen Aufgehen im Land Thüringen. Der wirtschaftliche Aufschwung im 16. Jahrhundert war verbunden mit dem in der Nähe der Stadt entstandenen Silber- und Kupferbergbau. 1777 kam es zur Gründung einer Porzellanfabrik. 1838 begann mit der Einrichtung des Badebetriebs auch der Aufstieg Ilmenaus zum vielbesuchten Luftkurort. Im 20. Jahrhundert erfolgte der Ausbau des in seinen Anfängen bis 1835 zurückreichenden gewerblich-technischen Schulwesens, vor allem durch die Bildung der Hochschule für Elektrotechnik. Wirtschaftliche Grundlagen sind Porzellan- und elektrotechnische Industrie.

Issumer Straße

Name ab	17. Mai 1930
Name bis	8. Mai 1964
Ortsteil	Wilmersdorf
Detail	Die Issumer Straße wurde vor ihrer Benennung als Straße 29 bezeichnet. Durch den Bebauungsplan IX/8 fiel die Straße wieder weg, in diesem Gebiet verläuft heute die Stadtautobahn.
Namenserläuterung	*Issum*: Gemeinde im Landkreis Kleve im Land Nordrhein-Westfalen. Sie liegt am Kendelbach rechts zur Niers. Der Ort wurde 1338 erstmals urkundlich erwähnt. Bis 1403 gehörte er zum Besitz der Grafen von Geldern, danach bis zur Säkularisation zum Kurerzstift Köln. Im 17. und 18. Jahrhundert war Issum durch die Töpferindustrie bekannt geworden. Anfang des 19. Jahrhunderts zur preußischen Rheinprovinz gekommen, gehört es seit der Auflösung Preußens zum damals neugebildeten Land Nordrhein-Westfalen.

Jagowstraße

Name ab	1902
Name bis	22. August 1953
heutiger Name	Richard-Strauss-Straße (1953)
Ortsteil	Grunewald
Namenserläuterung	*Jagow, Traugott Achatz von*
	* 18. 05. 1865 Perleberg
	† 15. 06. 1941 Berlin
	Preußischer Politiker. Er war von 1909 bis 1916 Polizeipräsident von Berlin und von 1916 bis 1919 Regierungspräsident in Breslau. Jagow gehörte zu den Initiatoren und Anführern des Kapp-Putsches 1920, in dessen Verlauf er für wenige Tage das Innenministerium übernahm. Als einziger der führenden Putschisten wurde er 1921 vom Reichsgericht wegen Beihilfe zum Hochverat zu fünf Jahren Festungshaft verurteilt, aber bereits 1924 wieder begnadigt.

Jenaer Straße

Name ab	4. August 1906
frühere Namen	Buschstraße (um 1876 – um 1890) Straße 48 (um 1890–1906)
Ortsteil	Wilmersdorf
Detail	Seit 1908 gehört auch die damalige Rheinische Straße als südliche Verlängerung zur Jenaer Straße.
Namenserläuterung	*Jena:* Kreisfreie Stadt an der Saale, Freistaat Thüringen. Um 830–850 wurde erstmals die Siedlung Jani erwähnt. Die Herren von Lobdeburg, seit dem 12. Jahrhundert im Besitz des nunmehr als Jene bezeichneten Dorfes, erhoben es um 1230 zur Stadt. 1331 fiel die Stadt an die Wettiner, die ihr 1332 Gothaer Stadtrecht verliehen. Im Gebäude des Dominikanerordens wurde 1557 die Universität gegründet. 1640 fiel Jena dem Territorium der Herzöge von Sachsen-Weimar zu und wurde Residenzstadt. 1690 kam es zu Sachsen-Eisenach, 1741 wieder zu Sachsen-Weimar. In der Doppelschlacht von Jena und Auerstedt besiegten am 14. Oktober 1806 die Franzosen unter Napoleon I. die preußischen Truppen. Erst Mitte des 19. Jahrhunderts wurde in Jena Industrie heimisch. Vor allem die 1846 von Carl Zeiss gegründeten Optischen Werke brachten der Stadt neben dem wirtschaftlichen Aufschwung auch großes internationales Ansehen. Die wirtschaftliche Struktur der Stadt wird geprägt von der feinmeschanisch-optischen Industrie, der Arzneimittelindustrie und der Herstellung technischen Glases. Neben der Friedrich-Schiller-Universität befinden sich in Jena die Goethe-, Schiller- und Romantikergedenkstätte.

Joachim-Friedrich-Straße

Name ab	8. Januar 1892
Ortsteil	Wilmersdorf
Detail	Vor ihrer Benennung trug die Joachim-Friedrich-Straße die Bezeichnung Straße 5.

Joachim Friedrich
* 27. 01. 1546 Berlin
† 28. (18.) 07. 1608 Cölln
Kurfürst von Brandenburg. Der Sohn des Kurfürsten Johann Georg verwaltete zunächst die Bistümer von Havelberg, Lebus und Brandenburg und führte dann auch als Administrator bis 1598 das Erzbistum Magdeburg. Im Januar 1598 trat er die Regierung als Kurfürst an. Mit dem Geraer Hausvertrag 1598/99 legte Joachim Friedrich mit seinen Brüdern und dem Markgrafen Georg Friedrich von Ansbach die Unteilbarkeit des Hausbesitzes der Hohenzollern fest. Die Einheit der Mark Brandenburg sollte erhalten bleiben. Für die Neumark und Kurmark galt die Primogenitur – das heißt das Erbe ging an den Erstgeborenen, während die jüngeren Linien von der Erbfolge ausgeschlossen waren – und im fränkischen Gebiet sollten durch die Sekundogenitur nie mehr als zwei Markgrafen regieren. In der Regierungszeit von Joachim Friedrich dehnte Brandenburg seinen Besitz weiter aus. 1605 übernahm er die Vormundschaft über den geisteskranken Herzog Albrecht Friedrich von Preußen. 1607 eröffnete er das Joachimsthalsche Gymnasium in dem von ihm gegründeten Ort Joachimsthal. Das Grab des Kurfürsten befindet sich in der Fürstengruft im Berliner Dom.

Joachimplatz

Name ab   um 1891
Name bis   24. Januar 1898
heutiger Name   Bismarckplatz (1898)
Ortsteil   Grunewald

Namenserläuterung

Joachim, Joseph
* 28. 06. 1831 Kittsee b. Preßburg
† 15. 08. 1907 Berlin
Violinvirtuose und Komponist. Er wurde am Wiener Konservatorium ausgebildet, studierte ab 1843 in Leipzig und wurde 1850 als Konzertmeister in Weimar angestellt. 1854–1866 wirkte er in gleicher Eigenschaft in

Hannover. Nach 1866 ließ Joachim sich in Berlin nieder, wurde Professor, Direktor der Musikhochschule und Mitglied der Akademie der Künste. Als Primarius des nach ihm benannten Streichquartetts wurde er ebenso gerühmt wie als Solist. Sein Grab befindet sich auf dem Friedhof der Kaiser-Wilhelm-Gedächtnis-Gemeinde am Fürstenbrunner Weg.

Joachimstaler Straße

Name ab	11. März 1887
Ortsteil	Wilmersdorf
weiterer Bezirk	Charlottenburg

Detail

Vor ihrer Benennung trug die Joachimstaler Straße seit 1880 die Bezeichnung S 20. In Charlottenburg wurde sie bereits am 23. Februar 1887 benannt.

Namenserläuterung

Joachimstal: Landkreis Barnim im Land Brandenburg. Die Straßenbenennung erfolgte nach dem Joachimsthalschen Gymnasium, das durch den Kurfürsten Joachim Friedrich 1604 in Joachimstal gegründet wurde. Die nach sächsischem Vorbild errichtete Fürstenschule befand sich im kurfürstlichen Schloß und diente nach ihrer Eröffnung 1607 der „ausschließlichen Pflege des reformierten Glaubens". Der Dreißigjährige Krieg führte 1636 zur Schließung der Anstalt und später zu ihrer Verlegung nach Berlin. Das Gymnasium, zunächst in einem Teil des Berliner Schlosses und dann in einem angekauften Haus gegenüber der Spree untergebracht, wurde 1880 nach Wilmersdorf verlegt. Hier fand die Einweihung des unter der Leitung von Direktor Karl Schaper stehenden Gymnasium am 22. Oktober 1880 statt.

Johannaplatz

Name ab	1. April 1898
Ortsteil	Grunewald

Detail

Der Platz erhielt seinen Namen nach dem Vornamen der Ehefrau des Fürsten Otto von Bismarcks, Johanna von Bismarck. Vor seiner Benennung trug der Johannaplatz seit 1891 die Bezeichnung Platz A(g).

Namenserläuterung

Bismarck, Johanna von
* 11. 04. 1824 Viartlum (Pommern)
† 27. 11. 1894 Varzin
Ehefrau Bismarcks, geborene von Puttkamer. Sie entstammte pommerschen Pietistenkreisen. Im Oktober 1844 traf sie mit Otto von Bismarck bei der Hochzeit eines befreundeten Paares erstmals zusammen. Im Sommer 1846 lernten sich beide auf einer Harzreise näher kennen. Kurz vor Weihnachten 1846 hielt Bismarck in einem berühmt gewordenen Werbebrief um die Hand Johannas an. Nach der Verlobung im Januar 1847 heirateten sie im 28. Juli 1847 in der Kirche von Alt-Kolziglow, dem Kirchort des Puttkamerschen Gutes Reinfeld in Pommern. Der Ehe entstammten drei Kinder, noch in Schönhausen wurde 1848 Marie geboren, in Berlin 1849 Herbert und in Frankfurt am Main 1852 Wilhelm. Fast fünfzig Jahre verheiratet, verstarb Johanna noch vor ihrem Gatten.

Johann-Georg-Straße

Name ab	8. Januar 1892
Ortsteil	Wilmersdorf

Detail

Die Johann-Georg-Straße trug vor ihrer Benennung seit 1885 die Bezeichnung Straße 13.

Namenserläuterung

Johann Georg
* 11. 09. 1525 Cölln
† 08. 01. 1598 Cölln

162

Kurfürst von Brandenburg. Er wurde 1571 Kurfürst. Durch den fast gleichzeitigen Tod seines Vaters, des Kurfürsten Joachim II., und dessen Bruders, Markgraf Johann von Brandenburg-Küstrin, konnte er die Kurmark und Neumark wieder vereinigen. 1545 heiratete er Sophie, die Tochter des schlesischen Herzogs Friedrich II. von Liegnitz, Brieg und Wohlau. Seit 1552 verwaltete er die Bistümer Havelberg, Lebus und seit 1560 auch Brandenburg. Er galt als sittenstrenger, sparsamer und pflichtbewußter Landesherr. 1572 wies er die Juden aus der Mark Brandenburg aus. 1573 ließ er in Berlin den Lustgarten anlegen, 1574 gründete er das Berlinische Gymnasium zum Grauen Kloster, die älteste gelehrte Schule der Stadt. Durch die Vermählung seines Enkels und späteren Kurfürsten Johann Sigismund mit der ältesten Tochter des Herzogs von Preußen im Jahre 1594 gewann Brandenburg neue Ansprüche auf Preußen und Kleve. Johann Georg wurde in der Domgruft beigesetzt.

Johannisberger Straße

Name ab
Ortsteil

8. Januar 1892
Wilmersdorf

Detail

Die Johannisberger Straße trug vor ihrer Benennung seit 1885 die Bezeichnung Straße 42a. Sie liegt im sogenannten Rheingauviertel, in dem die Straßen nach Gemeinden im Rheingau benannt wurden.

Namenserläuterung

Johannisberg: Stadtteil von Geisenheim im Rheingau-Taunus-Kreis, Land Hessen. Der Ort war durch seine Weinlagen (Schloß Johannisberg, Schloßberg, Hölle u. a.) bekannt geworden. Der ursprüngliche Name Bischofsberg leitete sich von dem durch den Mainzer Erzbischof gegründeten Kloster ab, wurde aber seit Ende des 12. Jahrhunderts verdrängt. Das Benediktinerkloster kam 1716 an die Abtei Fulda, deren Abt in den folgenden Jahren das Schloß erbauen ließ. Bei der Säkularisation 1803 fiel es an Nassau-Oranien, 1815 kam es in Besitz der Fürsten Metternich. Das Dorf Johannisberg war zunächst unter der Grundherrschaft des Erzstiftes Mainz, dann des Benediktinerklosters, verfügte aber seit dem 16. Jahrhundert über gerichtliche und kirchliche Selbständigkeit. Johannisberg gehört seit 1971 zu Geisenheim.

Johann-Sigismund-Straße

Name ab	8. Januar 1892
früherer Name	Sigismundstraße (1888–1892)
Ortsteil	Wilmersdorf

Namenserläuterung

Johann Sigismund
* 08. 11. 1572 Halle
† 23. 12. 1619 Berlin
Kurfürst von Brandenburg, Herzog von Preußen. Der Sohn Joachim Friedrichs wurde 1608 Kurfürst, vorher hatte er u. a. in Straßburg und Heidelberg studiert. Durch seine Heirat 1594 mit Anna, der Tochter des Herzogs von Preußen, gewann Brandenburg neue Ansprüche auf Preußen und Kleve. 1613 trat er vom lutherischen zum calvinistischen Glauben über, wodurch das Haus Hohenzollern in religiösen Gegensatz zur lutherischen Bevölkerung der Mark Brandenburg geriet. Die religiösen und politischen Spannungen führten 1615 zum „Berliner Tumult". Das Prinzip des Augsburger Religionsfriedens von 1555, wonach die Religion des Volkes sich nach der des Herrschers richtet, wurde daraufhin nicht durchgesetzt. Im Jülich-Kleveschen Erbfolgestreit sicherte sich Johann Sigismund die niederländische und pfälzische Unterstützung, so daß Brandenburg aufgrund des Vertrages von Xanten im November 1614 Kleve, die Mark und Ravensberg erwerben konnte. Nachdem ihm 1611 Polen die Vormundschaft und Nachfolge im Herzogtum Preußen zuerkannt hatte, fiel dieses 1618 an ihn. Kurz vor seinem Tode gab er die Regierung an seinen Sohn Georg Wilhelm ab.

Joseph-Joachim-Platz

Name ab	1. Juli 1967
Ortsteil	Grunewald
Namenserläuterung	*Joachim, Joseph:* vgl. Joachimplatz

Joseph-Joachim-Straße

Name ab	17. März 1909
Name bis	20. März 1939
früherer Name	Auerbachstraße (1898–1909)
heutige Namen	Oberhaardter Weg (1939)
	Gottfried-von-Cramm-Straße (1983)
Ortsteil	Grunewald

Detail

Am 17. März 1909 wurde ein Abschnitt der Auerbachstraße herausgelöst und in Joseph-Joachim-Straße umbenannt. Als die Nazis alle jüdischen Straßennamen beseitigten, erhielt die Straße am 20. März 1939 den Namen Oberhaardter Weg.

Namenserläuterung

Joachim, Joseph: vgl. Joachimplatz

Jülicher Straße

Name ab	vor 1910
Name bis	30. November 1910
heutiger Name	Duisburger Straße (1910)
Ortsteil	Wilmersdorf

Detail

Die Jülicher Straße trug vor ihrer Benennung seit 1900 die Bezeichnung Straße 11.

Namenserläuterung

Jülich: Stadt im Kreis Düren im Land Nordrhein-Westfalen. Das römische Iuliacum bestand vermutlich schon im 1. Jahrhundert und kam im 5. Jahrhundert unter fränkische Herrschaft. Die Siedlung wurde 945 als Julicha erwähnt, 1238 wurde Jülich Stadt. Zunächst Lehen der

Grafen des Jülich-Gaues und im Besitz des Erzstiftes Köln, gehörte Jülich seit dem 13. Jahrhundert zur Grafschaft bzw. Markgrafschaft, seit 1356 zum Herzogtum Jülich. Durch Erbe entstand das Herzogtum Jülich-Berg-Ravensberg, das 1511 durch Heirat mit dem Herzogtum Kleve-Mark in Personalunion vereinigt wurde. Im Jülich-Kleveschen Erbfolgestreit 1609–1614 erhielten die Grafen von Pfalz-Neuburg im Vertrag von Xanten 1614 Berg und Jülich zugesprochen und im Vertrag von Kleve 1666 bestätigt. 1777 kam dieses Gebiet an Bayern, 1815 zusammen mit Kleve an Preußen, 1946 zum Land Nordrhein-Westfalen.

Jungfernstraße

Name ab	um 1885
Name bis	16. März 1888
heutiger Name	Durlacher Straße (1888)
Ortsteil	Wilmersdorf

Namenserläuterung

Der Grund für die Benennung dieser Straße konnte nicht ermittelt werden.

Kahlstraße

Name ab	9. August 1929
Ortsteil	Wilmersdorf

Detail

Die Benennung der Straße erfolgte zu Lebzeiten und aus Anlaß des 80. Geburtstages des Politikers und Rechtsgelehrten Professor Dr. Wilhelm Kahl. Vor ihrer Benennung trug die Kahlstraße seit 1909 die Bezeichnung Straße 38.

Namenserläuterung

Kahl, Wilhelm
* 17. 06. 1849 Kleinheubach am Main
† 14. 05. 1932 Berlin
Jurist. Er studierte seit 1867 Rechtswissenschaft, promovierte 1873 und habilitierte sich 1876 an der Uni-

166

versität in München. 1895 kam Kahl an die Berliner Universität, wo er Vorlesungen zum Kirchen-, Staats-, und Verwaltungsrecht hielt. 1927 wurde er Vorsitzender des Strafrechtsausschusses des Reichstages, der sich in diesem Jahr der Strafrechtsreform annahm. Seit etwa 1874 gehörte Kahl der Nationalliberalen Partei an, nach dem Ersten Weltkrieg dann der Deutschen Volkspartei. Von 1920 bis zu seinem Tod war er Mitglied des Reichstages. Er veröffentlichte mehrere Publikationen zum Kirchen- und Staatsrecht, so u. a. 1894 sein „Lehrsystem des Kirchenrechts und der Kirchenpolitik".

Kaiserallee

Name ab	16. März 1888
Name bis	18. Juli 1950
früherer Name	Kaiserstraße (1874–1888)
heutiger Name	Bundesallee (1950)
Ortsteil	Wilmersdorf
weiterer Bezirk	Schöneberg

Detail

Die Benennung der Kaiserallee erfolgte wenige Tage nach dem Tod von Kaiser Wilhelm I. Sie bildete teilweise die Nord-Süd-Achse der sogenannten Carstenn-Figur.

Namenserläuterung

Wilhelm I. (Friedrich Ludwig Wilhelm)
* 22. 03. 1797 Berlin
† 09. 03. 1888 Berlin
Preußischer König, deutscher Kaiser. Er wurde als zweiter Sohn des preußischen Königs Friedrich Wilhelm III. und der Königin Luise geboren. Als Kommandeur des Gardekorps erwarb er sich während der Revolution von 1848/1849 wegen seines harten Vorgehens die Bezeichnung „Kartätschenprinz". 1849 führte er die Truppen, die die Aufstände in Baden und in der Pfalz niederschlugen. Seit 1857 die Stellvertretung des Königs übernehmend, wurde er nach dem Tode seines Bruders Friedrich Wilhelm IV. am 2. Januar 1861 als Wilhelm I. zum preußischen König gekrönt. Nach dem Sieg über Frank-

reich und der Bildung des Deutschen Reiches erhielt er am 18. Januar 1871 die deutsche Kaiserkrone. Seine Grabstätte befindet sich im Mausoleum im Charlottenburger Schloßpark.

Kaiserplatz

Name ab	16. März 1888
Name bis	18. Juli 1950
früherer Name	Straßburger Platz (1875–1888)
heutiger Name	Bundesplatz (1950)
Ortsteil	Wilmersdorf
Detail	Die Benennung des Kaiserplatzes erfolgte wenige Tage nach dem Tod von Kaiser Wilhelm I.
Namenserläuterung	*Wilhelm I.*: vgl. Kaiserallee

Kaiserstraße

Name ab	1874
Name bis	16. März 1888
späterer Name	Kaiserallee (1888–1950)
heutiger Name	Bundesallee (1950)
Ortsteil	Wilmersdorf
weiterer Bezirk	Schöneberg
Detail	Bei der Umbenennung der Kaiserstraße in Kaiserallee am 16. März 1888 wurde der nördliche Abschnitt abgetrennt und in Rankestraße umbenannt.
Namenserläuterung	*Wilhelm I.*: vgl. Kaiserallee

Kalischer Straße

Name ab 8. Januar 1892

Ortsteil Wilmersdorf

Detail Vor ihrer Benennung trug die Kalischer Straße seit 1885 die Bezeichnung Straße 31. Um 1906 entfiel der nördliche Abschnitt zwischen der Westfälischen und der Berliner Straße.

Namenserläuterung *Kalisch:* heute Kalisz (Polen), Hauptstadt der Woiwodschaft Kalisz, an der Prosna gelegen. Der als Kalisia im 2. Jahrhundert erstmals erwähnte Ort erhielt zwischen 1253 und 1260 Stadtrecht. Im 13. Jahrhundert war die Stadt Hauptsitz eines Fürstentums. Im Frieden von Kalisch 1343 verzichtete Polen zugunsten des Deutschen Ordens auf Pommerellen. 1813 schlossen Rußland und Preußen in Kalisch ein Bündnis gegen Napoleon I. Wirtschaftlich erlebte die Stadt seit dem 14./15. Jahrhundert durch die Tuchmacherei einen Aufschwung.

Kalkhorster Straße

Name ab 17. Mai 1930

Ortsteil Wilmersdorf

Detail Vor ihrer Benennung trug die Kalkhorster Straße die Bezeichnung Straße 87.

Namenserläuterung *Kalkhorst:* Ort nördlich von Grevesmühlen im Landkreis Nordwestmecklenburg, Land Mecklenburg-Vorpommern. 1995 hatte er 1388 Einwohner.

Karlsbader Straße

Name ab	6. März 1891
Ortsteil	Schmargendorf

Detail

Vor ihrer Benennung trug die Karlsbader Straße seit 1885 die Bezeichnung Straße S 10. Die Straße liegt in einem Viertel, in dem viele Straßen die Namen von Kur- und Badeorten erhielten.

Namenserläuterung

Karlsbad: heute Karlovy Vary (Tschechien), Stadt und Kurort in Westböhmen an der Mündung der Teplá in die Eger. Der Ort, der im 14. Jahrhundert Warmbad hieß, erhielt 1370 Stadtrecht und wurde dann nach Kaiser Karl IV. benannt. Die wohl schon zur römischen Zeit bekannten Heilquellen wurden seit dem frühen 16. Jahrhundert auch zu Trinkkuren genutzt. Ab 1711 setzte der planmäßige Ausbau zum Bade- und Kurort ein. Weltruf erlangte Karlsbad durch die Oblatenbäckerei und das Karlsbader Salz.

Karlsruher Straße

Name ab	6. Oktober 1905
Ortsteil	Wilmersdorf

Detail

Vor ihrer Benennung trug die Karlsruher Straße seit 1885 die Bezeichnung Straße 20 b.

Namenserläuterung

Karlsruhe: Stadtkreis und Sitz des gleichnamigen Regierungsbezirks im Land Baden-Württemberg. Schloß und Stadt Karlsruhe entstanden 1715 durch Markgraf Karl Wilhelm von Baden-Durlach. Ende des 18. Jahrhunderts, mit der Erweiterung der Stadt nach Süden, setzte eine starke städtische Entwicklung ein. Von 1717 bis 1918 war Karlsruhe Residenzstadt der Markgrafen Baden-Durlach und Großherzöge von Baden, nach 1918 Landeshauptstadt Badens. Nach 1945 verlor es die Funktion als Hauptstadt. Karlsruhe gehörte zunächst als Teil der amerikanischen Besatzungszone zu Württemberg-

Baden, seit 1952 zum neugebildeten Land Baden-Württemberg. Durch Eingemeindungen hat sich die Stadt wiederholt vergrößert, darunter Mühlburg 1886, Durlach 1938 und Neureut 1975. Karlsruhe ist heute Sitz des Bundesverfassungsgerichts und des Bundesgerichtshofes sowie vieler Bundes- und Landesbehörden.

Katharinenstraße

Name ab	8. Januar 1892
Ortsteil	Wilmersdorf
Detail	Die Straße trug vor ihrer Benennung seit 1885 die Bezeichnung Straße 20 a.
Namenserläuterung	*Katharina von Küstrin*

Katharina von Küstrin
† 1574
Markgräfin von Brandenburg-Küstrin. Katharina von Braunschweig heiratete 1537 Markgraf Johann von Küstrin. Nach seinem Tode 1571 diente ihr das Schloß in Crossen als Witwensitz. Der Ehe entstammten die Töchter Elisabeth und Katharina. Katharina von Brandenburg-Küstrin (* 1549, † 1602) heiratete 1570 Joachim Friedrich, der 1598 Kurfürst von Brandenburg wurde.

Kaubstraße

Name ab	8. Januar 1892
Ortsteil	Wilmersdorf
Namenserläuterung	*Kaub*: Stadt im Rhein-Lahn-Kreis im Land Rheinland-Pfalz.

Kaub: Stadt im Rhein-Lahn-Kreis im Land Rheinland-Pfalz. Das am rechten Rheinufer am Fuße der Burg Gutenfels gelegene Kaub ist als Weinbauort bekannt. Es wurde seit 983 wiederholt als Cuba bzw. Kube erwähnt, seit dem 16. Jahrhundert setzte sich der Name Caub (Kaub) durch. 1275 und 1324 erhielt Kaub Stadtrechte. Die Burg und Stadt gehörten vom 13. Jahrhundert bis zu deren Auflösung zur Pfalz, sie kamen 1806 zum Herzog-

171

tum Nassau und 1866 zu Preußen. Während der Befrei-
ungskriege begann in der Neujahrsnacht 1813/14 die
Schlesische Armee unter Blücher mit Hilfe einheimischer
Schiffer bei Kaub den Übergang über den Rhein. Seit
der Bildung des Landes 1946 gehört Kaub zu Rheinland-
Pfalz.

Kelheimer Straße

Name ab	20. März 1957
früherer Name	Würzburger Straße (um 1900–1957)
Ortsteil	Wilmersdorf

Detail

Der südlich der Lietzenburger Straße liegende Abschnitt
der Würzburger Straße wurde am 20. März 1957 in
Kelheimer Straße umbenannt.

Namenserläuterung

Kelheim: Kreisstadt im Freistaat Bayern, an der Mündung der Altmühl in die Donau. Sie wurde erstmals 866
urkundlich genannt. An ihrer Stelle lag früher die
keltische Siedlung Alkimoennis. Kelheim war Sitz der
Kelsgaugrafen und Residenz bayerischer Herzöge. Vermutlich 1181 erfolgte die Stadtgründung. Auf dem Mi-
chelsberg westlich der Stadt ließ der bayerische König
Ludwig I. (1842–1863) zum Gedenken an die Befreiungskriege die Befreiungshalle errichten.

Kempenicher Straße

Name ab	um 1935
Name bis	17. Oktober 1960
heutiger Name	Paretzer Straße (1960)
Ortsteil	Wilmersdorf

Detail

Vor ihrer Benennung trug die Kempenicher Straße seit
1910 die Bezeichnung Straße 27. Am 17. Oktober 1960
wurden die Kempenicher und die Linnicher Straße in
die Paretzer Straße einbezogen.

Namenserläuterung	*Kempenich:* Gemeinde im Landkreis Ahrweiler im Land Rheinland-Pfalz. Der Ort in der Hohen Eifel liegt an der Grünen Straße zwischen Ahrweiler-Bad Neuenahr und Mayen in der Nähe von Koblenz.

Kirchhofstraße

Name ab	um 1880
Name bis	16. März 1888
früherer Name	Buchhofstraße (um 1875 – um 1880)
heutiger Name	Gasteiner Straße (1888)
Ortsteil	Wilmersdorf
Namenserläuterung	*Kirchhof:* An der Stelle des heutigen Habermannplatzes befand sich früher ein Friedhof, an dem die Straße vorbeiführte.

Kirchstraße

Name ab	6. März 1891
Ortsteil	Schmargendorf
Namenserläuterung	*Kirchstraße:* Die Straße erhielt ihren Namen nach der an ihr liegenden historischen Dorfkirche der früheren Gemeinde Schmargendorf, die um 1250 erbaut wurde. In der Kirche fand man die Begräbnisstätte mehrerer Grafen von Wilmersdorf.

Kissinger Platz

Name ab	6. März 1891
Ortsteil	Schmargendorf
Detail	Der Kissinger Platz liegt in einem Viertel, in dem viele Straßen und Plätze die Namen von Kur- und Badeorten erhielten.
Namenserläuterung	*Bad Kissingen:* Große Kreisstadt an der Fränkischen Saale und am Naturpark Bayrische Rhön gelegen, im

173

Freistaat Bayern. Bad Kissingen ist Mineral- und Moorheilbad. Erstmals wurde es 801 als Chizziche erwähnt, im 13. Jahrhundert erfolgte die Entwicklung zur Stadt. Bereits im 9. Jahrhundert wurden Salinen erwähnt, es ist seit 1520 als Kurort bezeugt. Seit 1297 württembergisch, fiel die Stadt 1803 an Bayern. Seit 1830 nahm der Ort durch die rasche Entwicklung des Badebetriebes einen Aufschwung. Bismarck weilte mehrmals zur Kur in Bad Kissingen und verfaßte hier am 15. Juni 1877 das sogenannte Kissinger Diktat.

Kissinger Straße

Name ab	8. Januar 1892
Ortsteil	Schmargendorf

Detail

Am 8. Januar 1892 wurden die beiden Straßen S 33 und 37b zusammengelegt, und sie erhielten den Namen Kissinger Straße. Die Straße liegt in einem Viertel, in dem viele Straßen die Namen von Kur- und Badeorten erhielten.

Namenserläuterung

Bad Kissingen: vgl. Kissinger Platz.

Klindworthsteig

Name ab	16. Mai 1938
früherer Name	Sternstraße (1906–1938)
Ortsteil	Grunewald

Detail

Als die Nazis alle nach Juden benannten Straßen umbenannten, erhielt am 16. Mai 1938 die Sternstraße den Namen Klindworthsteig.

Namenserläuterung

Klindworth, Karl
* 25. 09. 1830 Hannover
† 27. 07. 1916 Stolpe
Pianist, Musikpädagoge. Er war Schüler von Franz Liszt und lehrte bis 1884 in London und Moskau. Daneben

komponierte er Klaviermusik und Lieder. Seit Mitte der 80er Jahre des 19. Jahrhunderts dirigierte Klindworth die Berliner Philharmonie. Er gründete eine Klavierschule, die 1893 mit dem von Franz Xaver Scharwenka gegründeten Institut zum Klindworth-Scharwenka-Konservatorium vereinigt wurde.

Knausstraße

Name ab	1. April 1898
Ortsteil	Grunewald

Detail

Aus Anlaß des 70. Geburtstages des Genremalers Professor Ludwig Knaus erhielt die Straße seinen Namen.

Namenserläuterung

Knaus, Ludwig
* 05. 10. 1829 Wiesbaden
† 07. 12. 1910 Berlin
Genremaler. Nach einer Lehre als Lackierer besuchte er von 1846 bis 1848 die Düsseldorfer Akademie, ging 1852 für neun Jahre nach Paris und unternahm danach zahlreiche Studienreisen. 1874 siedelte Knaus nach Berlin über und übernahm dort eine Meisterklasse der Akademie. Neben zahlreichen Porträts bearbeitete er Alltagsmotive und Arbeitsszenen in naturalistischer Manier. Im Alter zur Sentimentalisierung neigend, ist heute sein Werk fast vergessen. Seine Grabstätte ist der St.-Annen-Kirchhof Dahlem, Königin-Luise-Straße.

Koblenzer Straße

Name ab	14. Mai 1926
frühere Namen	Lauenburger Straße (um 1875 – um 1888)
	Parallelstraße (um 1888–1892)
	Coblenzer Straße (1892–1926)
Ortsteil	Wilmersdorf

Namenserläuterung

Koblenz: kreisfreie Stadt und Sitz des Regierungsbezirks Koblenz im Land Rheinland-Pfalz. Die Stadt liegt an der Mündung der Mosel in den Rhein. Koblenz wurde als Römerkastell im Jahre 9 v. u. Z. gegründet und später als apud Confluentes (am Zusammenfluß) bezeichnet. Davon abgeleitet waren seit dem 13. Jahrhundert verschiedene Formen gebräuchlich, bis sich der Name Coblenz und ab 1926 Koblenz durchsetzte. Nach der Zerstörung der römischen Anlage war im 6. Jahrhundert eine Siedlung und ein Königshof entstanden. Sie gelangten 1018 an das Erzbistum Trier, zu dem Koblenz bis zur französischen Besetzung 1794 gehörte. Die bereits bestehenden Stadtrechte wurden Koblenz 1332 urkundlich bestätigt. Nach mehrjähriger französischer Besetzung kam die Stadt 1815 zu Preußen, nach dessen Auflösung zu Rheinland-Hessen-Nassau und im August 1946 zum Land Rheinland-Pfalz. Bereits seit 1822 Hauptstadt der Rheinprovinz(en), war Koblenz bis 1950 Landeshauptstadt von Rheinland-Pfalz.

Koenigsallee

Name ab	1. April 1895
Ortsteil	Grunewald

Namenserläuterung

Koenigs, Felix
* 18. 05. 1846
† 24. 09. 1900
Bankier. Er war Mitbegründer der Villenkolonie Grunewald und besaß an der Koenigsallee einige Grundstücke.

Kolberger Platz

Name ab	22. Juli 1908
Ortsteil	Schmargendorf

Detail

Der Platz liegt in einem Viertel, in dem viele Straßen und Plätze die Namen von Kur- und Badeorten erhielten.

Namenserläuterung	*Kolberg:* heute Kolobrzeg (Polen), Hafenstadt und See- bad in Pommern in der Woiwodschaft Koszalin, an der Mündung der Persante in die Ostsee. Die slawisch städt- ische Gründung des 9. Jahrhunderts entwickelte sich zum Mittelpunkt eines Herzogtums, das erstmals um 1000 seine urkundliche Erwähnung fand. Kolberg wurde im 12. Jahrhundert nördlich der ehemaligen slawischen Siedlung angelegt und erhielt 1255 Stadtrecht. Bereits 1304 war die Stadt auf Hansetagen vertreten. Im Jahre 1648 fiel sie an Brandenburg. 1807 verteidigten die preu- ßischen Truppen Kolberg nahezu sechs Monate erfolg- reich gegen die französischen Belagerungstruppen. 1945 kam Kolberg zu Polen.

Köllnischer Platz

Name ab	um 1897
Name bis	nicht ermittelt
Ortsteil	Wilmersdorf
Detail	Der Köllnische Platz lag am Hohenzollerndamm, Ecke Berliner Straße, und trug vor seiner Benennung seit 1885 die Bezeichnung Platz c. Heute befindet sich dort eine Verkehrsinsel, die keine Bezeichnung trägt.
Namenserläuterung	*Kölln:* ehemalige Stadt am linken Spreeufer auf einer langgestreckten Talsandinsel gelegen. Ebenso wie die Schwesterstadt Berlin entstand Kölln (Cölln) Ende des 12. Jahrhunderts durch die Niederlassung von Kaufleu- ten an den hier entlang führenden Handelsstraßen. Durch seine Insellage war Kölln besonders als Rastort und Umschlagplatz geeignet. 1237 wurde die Stadt erstmals als Colonia erwähnt, das Stadtrecht erhielt sie wahr- scheinlich schon früher. Der Name Kölln ist vermutlich von der Stadt Köln am Rhein übertragen worden. Bis zum Anfang des 18. Jahrhunderts bildeten Kölln und Berlin eine Doppelstadt. 1709 wurden beide Teile un- ter Einschluß der Vorstädte zur Residenzstadt Berlin vereinigt.

Königsberger Straße

Name ab	um 1872
Name bis	um 1885
spätere Namen	Gartenstraße (um 1885 – um 1890)
	Hannoversche Straße (um 1890–1893)
heutiger Name	Güntzelstraße (1893)
Ortsteil	Wilmersdorf

Namenserläuterung

Königsberg: heute Kaliningrad (Rußland), Hauptstadt des Gebietes Kaliningrad; Hafenstadt beiderseits des Pregels, nahe seiner Mündung ins Frische Haff. Königsberg wurde 1368 erstmals erwähnt, später wurde es Mitglied der Hanse. Die Königsberger Burg war ab 1437 auch Sitz des Hochmeisters des Deutschen Ritterordens. 1525 wandelte sich die Stadt mit der Säkularisation des Ordensstaates zur Residenz des Herzogtums Preußen. 1701 krönte sich Friedrich I. im Königsberger Dom zum König in Preußen. Während der Napoleonischen Kriege 1808/09 war Königsberg Hauptstadt des Königreiches, in der die preußischen Reformen geplant und verwirklicht wurden. Neben den Funktionen eines Handels- und Verwaltungszentrums hatte die Stadt von ihrer Gründung bis 1945 die Funktion einer Festung. Nach dem Zweiten Weltkrieg gehörte sie zur UdSSR und jetzt zu Rußland.

Königsberger Straße

Name ab	1895
Name bis	1902
heutiger Name	Pariser Straße (1902)
Ortsteil	Wilmersdorf

Namenserläuterung

Königsberg: vgl. Königsberger Straße

Königshofer Straße

Name ab	um 1890
Name bis	21. Oktober 1901
frühere Namen	Westphälische Straße (um 1875 – um 1880)
	Auguststraße (um 1880 – um 1890)
heutiger Name	Motzstraße (1901)
Ortsteil	Wilmersdorf
Namenserläuterung	*Bad Königshofen im Grabfeld:* Stadt im Landkreis Rhön-Grabfeld, Freistaat Bayern. Die unterfränkische Stadt liegt zwischen den Haßbergen und der Fränkischen Saale. Königshofen ist als Königsgut seit dem 9. Jahrhundert nachgewiesen. Es gehörte im 11. Jahrhundert dem Erzstift Mainz, dann dem Hochstift Eichstädt und den Grafen von Henneberg. Seit dem 15. Jahrhundert bis zur Säkularisation 1803, als es an Bayern kam, war es dem Bistum Würzburg unterstellt.

Königsmarckstraße

Name ab	1898
Ortsteil	Grunewald
Detail	Die Königsmarckstraße trug vor ihrer Benennung die Bezeichnung Straße G 55.
Namenserläuterung	Königsmarck, Otto Graf von
	* 02. 03. 1815
	† 02. 05. 1889
	Politiker. Königsmarck war preußischer Landwirtschaftsminister.

Königsweg

Name ab	vor 1900
Ortsteil	Grunewald
Detail	Der Verlauf des Königswegs veränderte sich im Laufe der Jahrzehnte mehrere Male, vor allem bedingt durch

den Bau der Ringbahn und der AVUS. 1936 wurde der nördliche Abschnitt im Bezirk Charlottenburg und im Ortsteil Grunewald herausgelöst und in Eichkampstraße umbenannt.

<table>
<tr><td>Namenserläuterung</td><td>Königsweg: Der Name charakterisiert, daß früher die preußischen Könige diesen Weg als Verbindung zwischen Berlin und Potsdam benutzten. Der Weg begann ursprünglich am Schloß Charlottenburg, führte an der Nordseite des Lietzensees entlang und durchquerte dann den Grunewald.</td></tr>
</table>

Konstanzer Straße

Name ab	19. Mai 1908
frühere Namen	Kurfürstendamm (um 1830 – um 1850)
	Priester Weg (um 1850 – um 1885)
	Straße 18a (um 1885–1895)
	Straße 18b (um 1885–1895)
	Kostnitzer Straße (1895–1908)
Ortsteil	Wilmersdorf
Detail	Die Umbenennung in Konstanzer Straße erfolgte, weil die Bezeichnung Kostnitz für Konstanz völlig veraltet war.
Namenserläuterung	*Konstanz*: Kreisstadt des gleichnamigen Landkreises im Land Baden-Württemberg, an der Einmündung des Rheins in den Bodensee. Die Römer legten um 250 ein Kastell an, das später, vermutlich um 355, Constantia nach dem römischen Kaiser Constantius benannt wurde. Ende des 6. Jahrhunderts wurde Konstanz Sitz des damals größten deutschen Bistums. Die Stadt ist aus einer Siedlung entstanden, die um ein 900 Marktprivileg erhielt. Unter den Staufern wurde Konstanz 1192 in Schutz des Reiches genommen und erreichte die Abwehr der bischöflichen Ansprüche. 1237 wurde Konstanz erstmals als Reichsstadt erwähnt. Das 1414–1418 tagende 16. Ökumenische Konzil, das Konstanzer Konzil, beendete mit der Wahl von Papst Martin V. das vier-

zigjährige Schisma und fällte das Todesurteil über Jan Hus. Der Bischofssitz wurde 1526 nach Meersburg verlegt, da sich Konstanz der Reformation angeschlossen hatte. 1548 mußte Konstanz auf die Reichsfreiheit verzichten und die österreichischen Landeshoheit anerkennen. Nach dem Preßburger Frieden 1805 kam Konstanz zu Baden, seit 1952 gehört es zum Land Baden-Württemberg.

Kösener Straße

Name ab

Ortsteil

1902

Schmargendorf

Detail

Vor der Benennung trug die Kösener Straße seit 1885 die Bezeichnung Straße S 1. Die Straße liegt in einem Viertel, in dem viele Straßen die Namen von Kur- und Badeorten erhielten.

Namenserläuterung

Bad Kösen: Stadt im Burgenlandkreis, Land Sachsen-Anhalt. Aus einem im 12. Jahrhundert zum Kloster Schulpforta gehörenden bischöflichen Wirtschaftshof entstand eine Siedlung, deren weitere Entwicklung durch die seit dem 13. Jahrhundert bezeugte Flößerei gefördert wurde. Diese nahm vor allem im 17. Jahrhundert einen besonderen Umfang an. Einen weiteren Aufschwung erhielt Kösen 1730, als man nach Bohrversuchen auf eine starke Salzquelle stieß. Die Produktion von Salz wurde bis 1859 betrieben und zeitgleich mit der Entdeckung der Salzlager bei Staßfurt eingestellt. Um diese Zeit hatte sich Kösen bereits zu einem vielbesuchten Badeort entwickelt. Schon 1725 waren mehrere Heilquellen entdeckt worden. 1868 erhielt der Ort Stadtrecht.

Kostnitzer Straße

Name ab	1895
Name bis	19. Mai 1908
frühere Namen	Kurfürstendamm (um 1830 – um 1850)
	Priester Weg (um 1850 – um 1885)
	Straße 18a (um 1885–1895)
	Straße 18b (um 1885–1895)
heutiger Name	Konstanzer Straße (1908)
Ortsteil	Wilmersdorf

Detail

Die Straße Kostnitzer Straße entstand durch die Zusammenlegung der beiden Straßen 18a und 18b. Die Umbenennung in Konstanzer Straße erfolgte, weil die Bezeichnung Kostnitz für Konstanz inzwischen veraltet war.

Namenserläuterung

Kostnitz: vermeintlich früherer Name von Konstanz. Konstanz hieß seit dem 13. Jahrhundert wechselnd Chostinze, Costenze, Kostinz, Kostenz und seit dem 15. Jahrhundert Constanz bzw. Konstanz. Der Stadtname lautete niemals Kostnitz. Er beruhte auf einem Lesefehler, war aber in der nord- und ostdeutschen Literatur des 15. Jahrhunderts und später weit verbreitet.

Krampasplatz

Name ab	4. Juli 1929
früherer Name	Crampasplatz (1891–1929)
Ortsteil	Schmargendorf

Detail

Der Krampasplatz liegt in einem Siedlungsgebiet, in dem für die Benennung von Straßen und Plätzen die Namen von Badeorten an der Nord- und Ostseeküste gewählt wurden.

Namenserläuterung

Krampas: früher Crampas, Ostseebad im Land Mecklenburg-Vorpommern auf der Insel Rügen, zur Stadt Saßnitz gehörend. Krampas war ein Bauerndorf, das seit dem 15. Jahrhundert bis 1576 dem Hause Putbus gehörte. Ab 1824 entwickelte es sich zum Seebad. 1906 entstand aus dem Bauerndorf Crampas und dem Fischerdorf Saßnitz der Ort Saßnitz, der 1957 zur Stadt erhoben wurde.

Kranzer Straße

Name ab	4. Juli 1929
früherer Name	Cranzer Straße (um 1905–1929)
Ortsteil	Schmargendorf

Detail

Am 22. Juli 1908 wurde der südliche Abschnitt zwischen der Forckenbeck- und der Reichenhaller Straße abgetrennt und zur Weinheimer Straße umbenannt. Der verbliebene Abschnitt zwischen dem Hohenzollerndamm und der Cunostraße erhielt am 4. Juli 1929 den Namen Kranzer Straße. Die Straße liegt in einem Siedlungsgebiet, in dem für die Benennung von Straßen die Namen von Badeorten an der Nord- und Ostseeküste gewählt wurden.

Namenserläuterung

Kranz: vgl. Cranzer Straße

Kreuznacher Straße

Name ab	1903
Ortsteil	Wilmersdorf
weitere Bezirke	Schöneberg, Steglitz

Detail

Vor ihrer Benennung trug die Kreuznacher Straße die Bezeichnung Straße 12. Sie liegt im sogenannten Rheingauviertel, in dem die Straßen nach Orten des Rheingaus benannt wurden.

Namenserläuterung

Bad Kreuznach: Kreisstadt des gleichnamigen Landkreises im Land Rheinland-Pfalz, an der Nahe. Bei einer früheren römischen Siedlung entstand im 4. Jahrhundert ein Kastell und nach 500 ein fränkischer Königshof. Der Ort wurde 819 als Cruciniacum und 1065 bereits als Cruzenachen erwähnt. Mitte des 13. Jahrhunderts erhielt er

Stadtfreiheiten, 1290 bestätigte König Rudolf von Habsburg Kreuznach Stadtrechte. Stadtherren waren zunächst die Grafen von Sponheim bzw. das Hochstift Speyer. Kreuznach kam 1437 teilweise, 1708 vollständig zur Kurpfalz, 1815 an Preußen, nach dem Zweiten Weltkrieg zum Land Rheinland-Pfalz. Im Mittelalter wurde die Salzgewinnung betrieben, im 18. Jahrhundert erfolgte der Bau von Salinen, Anfang des 19. Jahrhunderts begann mit der Entdeckung der Heilkraft der Solquellen der Kur- und Badebetrieb.

Kronberger Straße

Name ab	4. Juli 1929
früherer Name	Cronberger Straße (1898–1929)
Ortsteil	Grunewald
Detail	Die Straße wurde nach dem Heilbad Kronberg im Taunus benannt. Sie liegt in einem Viertel, in dem viele Straßen die Namen von Kur- und Badeorten erhielten.
Namenserläuterung	*Kronberg im Taunus*: Stadt und Kurort im Hochtaunuskreis im Land Hessen. Der Ort entstand am Fuße der gleichnamigen vor 1230 angelegten Burg. 1330 erhielt Kronberg Stadtrechte. Burg und Stadt waren als Reichslehen im Besitz der Herren von Cronberg. Als diese 1704 ausstarben, kam Kronberg an Mainz, 1802/03 dann an Nassau und 1866 an Preußen. Die Mineralquellen sind seit 1568 bezeugt. 1821 wurde die Stadt Heilbad. Das Schloß Friedrichshof wurde 1889–1893 für Kaiserin Viktoria gebaut, die um die Jahrhundertwende hier ihren Witwensitz nahm.

Kronprinzenallee

Name ab	um 1912
Name bis	1. Juni 1949
heutiger Name	Clayallee (1949)
Ortsteil	Schmargendorf
weiterer Bezirk	Zehlendorf

Namenserläuterung

Friedrich Wilhelm Victor August Ernst
* 06. 05. 1882 Potsdam
† 20. 07. 1951 Hechingen
Kronprinz des Deutschen Reiches und von Preußen. Wilhelm war der älteste Sohn des letzten deutschen Kaisers Wilhelm II. und Auguste Viktorias. 1888 wurde er Kronprinz des Deutschen Reiches und von Preußen. Nach dem Besuch der Kadettenschule in Plön kam er 1900 als Oberleutnant ins 1. Garderegiment, danach war er in verschiedenen Behörden, Ministerien und Armeedienststellungen. 1905 heiratete er Cecile Auguste Marie von Mecklenburg-Schwerin. Politisch unterstützte er eine aggressive Außenpolitik und im Ersten Weltkrieg, in dem er die 5. Armee bzw. Heeresgruppe „Deutscher Kronprinz" führte, einen Siegfrieden. Die kaiserliche Familie floh nach der Abdankung Wilhelms II. im Ergebnis der Novemberrevolution nach den Niederlanden. Kronprinz Wilhelm verzichtete am 1. Dezember 1918 auf alle Thronrechte. 1923 kehrte er nach Deutschland zurück. Vergeblich erhoffte er, mit Hilfe der NSDAP die Monarchie wieder errichten zu können.

Kronprinzendamm

Name ab	8. Januar 1892
Ortsteil	Grunewald

Detail

Der Kronprinzendamm erhielt seinen Namen anläßlich des 10. Geburtstages des Kronprinzen Wilhelm. Vor ihrer Benennung trug die Straße seit 1885 die Bezeichnung Straße G 9.

Namenserläuterung

Kronprinz Wilhelm: vgl. Kronprinzenallee

Kudowastraße

Name ab	6. März 1891
Ortsteil	Schmargendorf

Detail

Die Straße wurde nach dem Bad Kudowa in Niederschlesien benannt. Sie liegt in einem Viertel, in dem viele Straßen die Namen von Kur- und Badeorten erhielten. Die Kudowastraße trug vor ihrer Benennung seit 1885 die Bezeichnung Straße S 16.

Namenserläuterung

Bad Kudowa: heute Kudowa Zdrój (Polen), Stadt in Niederschlesien in der Woiwodschaft Wroclaw. Sie entstand als Kolonie böhmischer Protestanten. Bereits um 1580 wurden hier Mineralquellen entdeckt. 1792 erhielt Kudowa die ersten Badeeinrichtungen. Durch den Arzt Dr. Johann Jacob wurde der Ort um 1870 zum ersten deutschen Herzbad und als solches über Deutschland hinaus bekannt. Die alkalisch-erdigen Quellen des Kurortes dienen u. a. zur Behandlung von Herz-Kreislaufleiden. 1945 wurde Kudowa Stadt und kam zu Polen.

Kufsteiner Straße

Name ab	15. Juni 1906
früherer Name	Bamberger Straße (um 1900–1906)
Ortsteil	Wilmersdorf
weiterer Bezirk	Schöneberg

Detail

Die Kufsteiner Straße entstand durch die Herauslösung und Umbenennung des südlichen Abschnitts der Bamberger Straße. Am 2. April 1993 wurde ein kleiner Abschnitt an der Durlacher Straße herausgelöst und in Hans-Rosenthal-Platz benannt.

Namenserläuterung

Kufstein: Bezirkshauptstadt im Unterinntal in Tirol, Österreich. Sie liegt am Fuße des Kaisergebirges an der Inn. 788 wurde Kufstein erstmals urkundlich genannt, im 14 Jahrhundert erhielt Kufstein Stadtrecht. Es kam 1342 erstmals und 1504 endgültig an Tirol. Nach dem

Aussterben der Herzogslinie München-Landshut siegte Herzog Albrecht IV. von Bayern im Landshuter Erbfolgekrieg, mußte aber Kufstein an den östereichischen Erzherzog und deutschen König Maximilian abtreten, dadurch kam es an Tirol. 1805 gelangte Kufstein, da Österreich Tirol an Bayern verlor, an Bayern. Nachdem der Tiroler Aufstand unter Andreas Hofer gegen die bayerisch-französische Herrschaft 1809/10 niedergeschlagen wurde, kam Kufstein bei der Teilung Tirols mit dem Norden an Bayern. Bereits seit 1814 gehört es wieder zu Österreich. Die Festung, das Wahrzeichen der Stadt und fälschlich oft Geroldseck oder Gerolseck genannt, wurde 1205 erstmals erwähnt und bestand bis in die siebziger Jahre des 19. Jahrhunderts.

Kulmbacher Straße

Name ab
früherer Name
Ortsteil

4. Juli 1929
Culmbacher Straße (1901–1929)
Wilmersdorf

Namenserläuterung

Kulmbach: Kreisstadt des gleichnamigen Landkreises im Freistaat Bayern. Sie wurde erstmals 1035 urkundlich genannt. Der Name Culminaha war von dem Fluß abgeleitet. Kulmbach war bis 1248 im Besitz der Grafen von Andechs-Dießen bzw. Herzöge von Meranien und der Grafen von Orlamünde. 1340 kam es an die Zollern, dann an die Burggrafen von Nürnberg, die auf der Plassenburg residierten. Mit dem Aussterben deren fränkischen Linie 1603 verlor Kulmbach vorläufig, später endgültig seine Funktion als Residenz- und Hauptstadt. 1791 kam Kulmbach durch Verkauf kurzzeitig an Preußen, 1810 an Bayern.

Kunz-Buntschuh-Straße

Name ab	1. April 1898
Ortsteil	Grunewald

Detail

Vor ihrer Benennung trug die Straße die Bezeichnung Straße G 3. Bedingt durch den Bau der Stadtautobahn kam 1960 der nordöstliche Teil zur neuen Straße Storkwinkel.

Namenserläuterung

Buntschuh, Kunz
* 1500
† 1559
Von diesem Zeitgenossen des Kurfürsten Joachim II. ist nur sehr wenig überliefert. Er soll am Umbau der Burg zum Berliner Schloß durch Caspar Theyß beteiligt gewesen sein. In einigen Überlieferungen wurde er als Gehilfe bezeichnet, andere lassen jedoch annehmen, daß er der eigentliche Baumeister war. Sein Name taucht ebenfalls im Zusammenhang mit dem Bau des Jagdschlosses Grunewald auf. Nach einer anderen Schilderung soll Buntschuh Hofnarr am kurfürstlichen Hofe gewesen sein.

Kuppenheimer Straße

Name ab	8. Januar 1892
frühere Namen	Darmstädter Straße (1875–1876)
	Grenzstraße (1876–1892)
Ortsteil	Wilmersdorf

Detail

Die Benennung der Kuppenheimer Straße erfolgte offenbar in Anlehnung an die blutige Niederschlagung der badischen Revolution (Gefecht bei Kuppenheim am 25. Juni 1849) durch den Kronprinzen und späteren Kaiser Wilhelm I. Von Kuppenheim aus wurde die Belagerung Rastatts geleitet. Die Straße verlief bei ihrer Benennung mit ihrem nördlichen Teil bis zur Kufsteiner Straße. Am 16. August 1928 kam der nördliche Abschnitt zur Durlacher Straße. Seit 1965

188

bildet die Kuppenheimer Straße unter Beibehaltung ihres Namens eine Grünanlage südlich des Volksparks.

Namenserläuterung

Kuppenheim: Stadt an der Murg im Landkreis Rastatt, Land Baden-Württemberg. Der Ort wurde im 11. Jahrhundert als Cuppenheim, später in verschiedenen Schreibweisen und seit 1588 in der heutigen Form erwähnt. Kuppenheim erhielt 1254 Stadtrechte. 1281 kam es an die badischen Markgrafen, zuvor war es in Besitz der Grafen von Eberstein. Nach wechselndem Besitz – u. a. durch die Markgrafen von Weißenburg – und Verlust der Stadtrechte kam es 1771 an Baden-Durlach, damit 1803 zum Kurfürstentum und 1806 Großherzogtum, 1919 zum Freistaat Baden. Nach 1945 gehörte Kuppenheim zu Württemberg-Baden, seit 1952 zu Baden-Württemberg; 1950 erhielt es das Stadtrecht erneut verliehen.

Kurfürstendamm

Name ab | um 1830
Ortsteil | Wilmersdorf
weiterer Bezirk | Charlottenburg

Detail

Als im Jahre 1542 das Jagdschloß Grunewald erbaut wurde, entstand als Verbindung zwischen dem Berliner Stadtschloß und dem Jagdschloß dieser als Knüppeldamm angelegte Weg durch das sumpfige Gelände. Auf ihm begaben sich die Kurfürsten mit ihrem Gefolge zu den Jagden in den Grunewald. Die Schreibweise des Straßennamens lautete von um 1830 bis 1874 Churfürsten Damm, seit 15. August 1874 ist die offizielle Bezeichnung Kurfürstendamm. Der Ausbau des Damms erfolgte aber erst seit 1889 durch die Kurfürstendamm-Gesellschaft, die dafür vom Fiskus 234 Hektar Gelände im Grunewald für die Anlage einer Villenkolonie erwerben konnte. Um 1850 wurde der Teil zwischen der Xantener und der Brandenburgischen Straße in Priester Weg umbenannt.

Namenserläuterung	*Kurfürst*: Der Begriff Kurfürst leitete sich von Kur, dem Althochdeutschen „churi", ab, was soviel wie Wahl bedeutete. Das Recht zur Königswahl hatten zunächst alle Reichsfürsten, seit Ende des 12. Jahrhunderts mußten auch Erzbischöfe einbezogen werden. Seit 1257 wählte allein das Kurfürstenkollegium der sieben Reichsfürsten den deutschen König. Zu ihnen gehörte auch der Markgraf von Brandenburg. 1324 und 1338 ist das bis dahin gewohnheitsmäßig praktizierte Recht durch Reichsgesetz fixiert und die Einmischung des Papsttums in die deutsche Königswahl zurückgewiesen worden. Die Goldene Bulle 1356 regelte die Befugnisse zur Königswahl endgültig. Die Zahl der Kurfürsten veränderte sich in der Folgezeit wiederholt, zuletzt gab es 10 Kurfürsten. 1806 verschwand das Kurfürstentum mit der Auflösung des Heiligen Römischen Reiches Deutscher Nation.

Kurfürstenplatz

Name ab	um 1880
Name bis	nicht ermittelt
Ortsteil	Wilmersdorf
Detail	Der Kurfürstenplatz befand sich an der Kreuzung Kurfürstendamm/Joachim-Friedrich-Straße/Johann-Georg-Straße. Er ist bereits seit längerer Zeit nicht mehr vorhanden.
Namenserläuterung	*Kurfürst*: vgl. Kurfürstendamm

Kurmärker Platz

Name ab	30. Januar 1912
Name bis	18. September 1934
heutiger Name	Hagenplatz (1934)
Ortsteil	Grunewald
Detail	Bei der Umbenennung am 18. September 1934 erhielt ein Teil der Kurmärker Straße zusammen mit dem Kurmärker Platz den neuen Namen Hagenplatz.

Namenserläuterung	*Kurmark:* ein Territorium, das seit 1356 mit der Kurwürde verbunden war. Die Kurmark Brandenburg umfaßte die Altmark, Prignitz, die Mittelmark, die Uckermark sowie die Herrschaften Beeskow und Storkow. Nach dem Wiener Kongreß 1815 ging die Kurmark (ohne die Altmark) mit der Neumark und sächsischen Gebieten in der preußischen Provinz Brandenburg auf.

Kurmärker Straße

Name ab	1. April 1898
Name bis	18. September 1934
heutiger Name	Hagenplatz (1934)
	Hagenstraße (1934)
Ortsteil	Grunewald
Detail	Bei der Umbenennung am 18. September 1934 erhielt ein Teil der Kurmärker Straße zusammen mit dem Kurmärker Platz den neuen Namen Hagenplatz. Der restliche Teil der Kurmärker Straße wurde in die bereits 1898 benannte Hagenstraße eingegliedert.
Namenserläuterung	*Kurmark:* vgl. Kurmärker Platz

Küstriner Straße

Name ab	1892
Name bis	30. März 1950
heutiger Name	Damaschkestraße (1950)
Ortsteil	Wilmersdorf
weiterer Bezirk	Charlottenburg
Detail	Die Küstriner Straße wurde in Wilmersdorf 1892 und in Charlottenburg um 1900 benannt. Vor ihrer Benennung trug die Straße die Bezeichnung Straße 19b.
Namenserläuterung	*Küstrin:* heute Kostrzyn, Woiwodschaft Poznán (Polen). Die Stadt war einst dem preußischen Regierungsbezirk Frankfurt (Oder) zugeordnet. Erstmals erwähnt wurde

sie als Cozsterine 1232. Als Oppidum wurde sie erstmals 1261 bezeugt. Vermutlich durch Markgraf Albrecht III. erhielt sie noch vor 1300 Stadtrecht. Zwischen 1536 und 1571 war Küstrin der Sitz des Markgrafen Johann (Hans). Ehemals diente sie als preußische Festung. Ein Teil der Festung war bereits 1444 durch den Deutschen Ritterorden gebaut worden. Der Kronprinz und spätere preußische König Friedrich II. wurde 1730 hier im Auftrag seines Vaters, Friedrich Wilhelm I. wegen bekanntgewordener Fluchtpläne gefangengehalten. Sein Freund und Vertrauter Hans Hermann von Katte wurde wegen Beihilfe auf der Festung hingerichtet.

Landauer Straße

Name ab

Ortsteil

Detail

Namenserläuterung

19. August 1909

Wilmersdorf

Die Landauer Straße liegt im sogenannten Rheingauviertel, in dem die Straßen nach Gemeinden aus dem Rheingau benannt wurden.

Landau in der Pfalz: kreisfreie Stadt im Land Rheinland-Pfalz. Sie wurde 1106 urkundlich erstmals erwähnt, erhielt 1274 Stadtrecht und wurde 1291 Freie Reichsstadt. In der Folgezeit mehrfach verpfändet, kam sie 1517 zur Landvogtei Elsaß. Nach dem Dreißigjährigen Krieg bis 1815 gehörte Landau zu Frankreich und kam nach einjähriger Zugehörigkeit zu Österreich 1816 an Bayern, 1946 zum Land Rheinland-Pfalz.

Landecker Straße

Name ab

Ortsteil

Detail

1902

Schmargendorf

Die Landecker Straße trug vor ihrer Benennung die Bezeichnung Straße S 30. Sie liegt in einem Viertel, in dem viele Straßen die Namen von Kur- und Badeorten erhielten.

Namenserläuterung | *Bad Landeck:* heute Ladek Zdrój (Polen), Stadt in der Woiwodschaft Wroclaw in Niederschlesien. Der Ort liegt am Zufluß der Dobrinka in die Küddow. Hier verlief der die Mark Brandenburg mit Ostpreußen verbindende alte Markgrafenweg über den Fluß Küddow, er wurde später zur Reichsstraße Nr. 1. Als Toranlage errichtete der Deutsche Ritterorden hier ein sogenanntes Wildhaus. Landeck entstand zwischen 1270 und 1290 als regelmäßig angelegte Marktsiedlung mit Stadtrecht. Der Ort gehörte zur Grafschaft Glatz und entwickelte sich seit etwa 1400 als Badeort. Mit Glatz kam Landeck 1742 zu Preußen. Im späten 18. Jahrhundert leitete der Ausbau der Kuranlagen einen Aufschwung ein, der sich bis ins 20. Jahrhundert fortsetzte. 1945 kam die Stadt zu Polen.

Landhausstraße

Name ab | 6. Oktober 1905
frühere Namen | Magdeburger Straße (vor 1876–1876)
| Hopfenbruchstraße (1876–1890)
| Hessische Straße (1890–1895)
| Lieckstraße (1895–1905)
Ortsteil | Wilmersdorf

Namenserläuterung | *Landhausstraße:* Die Straße wurde nach einem Landhaus mit einem Restaurant benannt, das sich an der Ecke Berliner Straße befand.

Larionweg

Name ab | 23. Oktober 1931
Name bis | 12. Januar 1932
heutiger Name | Carionweg
Ortsteil | Schmargendorf

Detail | Der Name beruhte auf einem Schreibfehler und mußte Carionweg heißen. Daher erfolgte die Umbenennung in Carionweg.

Namenserläuterung | *Larion/Carion:* vgl. Carionweg

193

Lassenstraße

Name ab	16. April 1937
früherer Name	Siemensstraße (1898–1937)
Ortsteil	Grunewald

Namenserläuterung

Lassen, Christian
* 22. 10. 1800 Bergen (Norwegen)
† 08. 05. 1876 Bonn
Indologe. 1822 studierte er in Heidelberg, anschließend in Bonn, wo ihn August Wilhelm von Schlegel zur Indologie führte. Nach zeitweiligen Aufenthalten in Paris und London promovierte er 1827 und wurde 1830 Professor der altindischen Sprache und Literatur in Bonn. Lassen veröffentlichte zahlreiche Übersetzungen, wissenschaftliche Beiträge und Fachbücher. Sein Monumentalwerk „Indische Alterthumskunde" erschien ab 1847 in 4 Bänden. Bei seinen Untersuchungen der altindischen Kultur und Geschichte wertete er auch epigraphische und numismatische Quellen aus. Er gilt als Begründer der Wissenschaft von den indischen Altertümern.

Laubacher Straße

Name ab	16. März 1888
frühere Namen	Steglitzer Weg (um 1856 – um 1880)
	Grüner Weg (um 1880–1888)
Ortsteil	Wilmersdorf
weiterer Bezirk	Schöneberg

Namenserläuterung

Laubach: Stadt im Landkreis Gießen, Land Hessen. Sie liegt am Westrand des Vogelbergs an der Wetter im Naturpark Vogelsberg. Laubach wurde im 8. Jahrhundert als Loubahe, später ab 1312 als Lauppach, erwähnt. 1405 erhielt Laubach Stadtrecht. Es war zunächst Gut der Reichsabtei Hersfeld. 1278 kam Laubach als Lehen an Hanau. Nach wechselndem Besitz gehörte es 1418 den Solms und ihren verschiedenen Linien, seit 1607 der Linie Solms-Laubach und seit 1767 der Linie Solms-Wildenfels-Laubach. 1806 kam es an Hessen-Darmstadt, nach 1945 zum neu gebildeten Land Hessen. Im Ort befinden sich Schloß und Bibliothek der Grafen Solms-Laubach.

Laubenheimer Platz

Name ab	19. August 1909
Name bis	1. November 1963
heutiger Name	Ludwig-Barnay-Platz (1963)
Ortsteil	Wilmersdorf

Namenserläuterung

Laubenheim: Gemeinde südlich von Bingen im Landkreis Bad Kreuznach, Land Rheinland-Pfalz. Sie liegt links der Nahe und ist als Weinbauort bekannt. Nach dem Wiener Kongreß 1815 kam der Ort zur neugebildeten hessischen Provinz Rheinhessen, 1945 zur französischen Besatzungszone und dadurch zum Land Rheinland-Pfalz.

Laubenheimer Straße

Name ab	19. August 1909
Ortsteil	Wilmersdorf

Detail

Die Laubenheimer Straße liegt im sogenannten Rheingauviertel, in dem die Straßen ihre Namen nach Gemeinden aus dem Rheingau erhielten.

Namenserläuterung

Laubenheim: vgl. Laubenheimer Platz

Lauenburger Straße

Name ab	um 1875
Name bis	um 1888
spätere Namen	Parallelstraße (um 1888–1892)
	Coblenzer Straße (1892–1926)
heutiger Name	Koblenzer Straße (1926)
Ortsteil	Wilmersdorf

Detail	Die Straße liegt in einem Viertel, dessen Straßennamen mit Bismarck und seiner Umgebung verbunden sind.
Namenserläuterung	*Lauenburg*: Stadt im Kreis Herzogtum Lauenburg, Land Schleswig-Holstein. Das von slawischen Polaben besiedelte Gebiet war im 12. Jahrhundert von den Welfen unterworfen worden, die 1143 gebildete Grafschaft Ratzeburg kam 1227 an die askanischen Herzöge von Sachsen. Um die 1182 erbaute Lauenburg entstand der Ort. Er erhielt 1260 Stadtrechte, als bei der askanischen Teilung das Herzogtum Sachsen-Lauenburg gebildet wurde. Nach dem Aussterben dieser Linie der Askanier 1689 kam Lauenburg an Lüneburg-Celle, 1705 bereits an Hannover, 1815–1864 gehörte es zu Dänemark. Nach dem Deutsch-Dänischen Krieg 1864 zunächst unter preußisch-österreichischem Kondominium, wurde Lauenburg 1865 mit Preußen in Personalunion verbunden. Otto von Bismarck erhielt 1890 den Titel Herzog von Lauenburg, nachdem er bereits 1871 den Sachsenwald als Domäne bekam. Der größte Teil des Herzogtums ging 1876 in die preußische Provinz Schleswig-Holstein als Kreis Herzogtum Lauenburg ein. 1946 kam Lauenburg zu dem von den britischen Behörden gebildeten Land Schleswig-Holstein.

Lauenburger Straße

Name ab	um 1890
Name bis	20. Mai 1937
früherer Name	An der Trift (um 1856 – um 1890)
späterer Name	Walter-Fischer-Straße (1937–1947)
heutiger Name	Fechnerstraße (1947)
Ortsteil	Wilmersdorf
Namenserläuterung	*Lauenburg:* vgl. Lauenburger Straße (um 1875 – um 1888)

Lentzeallee

Name ab	26. November 1917
früherer Name	Freiburger Straße (1892–1917)
Ortsteile	Schmargendorf, Wilmersdorf
weiterer Bezirk	Zehlendorf

Namenserläuterung

Lentze, August
* 21. 10. 1860 Hamm (Westfalen)
† 12. 04. 1945 Werben (Spreewald)
Preußischer Politiker, Minister. 1899 Stadtrat in Gera, 1895 Bürgermeister in Mühlhausen (Thüringen), 1899 Bürgermeister in Barmen. Lentze war 1906 zum Oberbürgermeister von Magdeburg gewählt worden, er gehörte dem Preußischen Herrenhaus an und war preußischer Finanzminister von 1910 bis 1917. Nach dem Ersten Weltkrieg war Lentze von 1923 bis 1933 Präsident der Deutschen Rentenbank.

Leo-Blech-Platz

Name ab	20. Juli 1959
früherer Name	Menzelplatz (1906–1959)
Ortsteil	Grunewald

Namenserläuterung

Blech, Leo
* 22. 04. 1871 Aachen
† 25. 08. 1958 Berlin
Dirigent, Komponist. Er war Schüler von Engelbert Humperdinck und seit 1906 in Berlin als Dirigent und Generalmusikdirektor des Opernhauses und der Staatsoper tätig. 1937 emigrierte er nach Riga und später nach Stockholm, wo er Hofkapellmeister der Königlichen Oper wurde. Als Leo Blech 1949 nach (West-)Berlin zurückkehrte, wurde er Generalmusikdirektor an der Städtischen Oper und 1957 deren Ehrenmitglied. Er schrieb u. a. Opern, Orchesterwerke, Kammermusik und Lieder.

Leon-Jessel-Platz

Name ab	21. Mai 1985
Ortsteil	Wilmersdorf

Namenserläuterung

Jessel, Leon
* 22. 01. 1871 Stettin
† 04. 02. 1942 Berlin
Komponist, Dirigent. Jessel war Kapellmeister u. a. in Stettin, Oberhausen, Kiel und Lübeck. Nach 1911 wohnte und arbeitete er u. a. auch in Wilmersdorf. Als Komponist wurde er vor allem durch populäre Melodien und seine Operette „Schwarzwaldmädel" bekannt, die 1917 an der Berliner Komischen Oper uraufgeführt wurde. Nach 1933 war Jessel als Jude Restriktionen und Verfolgungen ausgesetzt. 1940 wurde er von der Gestapo verhaftet und ins Polizeigefängnis am Alexanderplatz verschleppt. Nach anderthalbjähriger Haft starb er an den Folgen schwerer Mißhandlungen. Sein Vermögen ist einer Stiftung zugeführt worden, die jetzt vom Bezirksamt Wilmersdorf verwaltet wird und bedürftige Bürger unterstützt.

Liebenwerdastraße

Name ab	6. März 1891
Name bis	1. April 1898
früherer Name	Spandauer Weg (um 1885–1891)
späterer Name	Spandauer Straße (1898–1927)
heutiger Name	Berkaer Straße (1927)
Ortsteil	Schmargendorf

Detail

Die Liebenwerdastraße verlief zwischen der Hubertusallee und dem Hohenzollerndamm. Am 1. April 1898 wurde sie als nördlicher Abschnitt in die Spandauer Straße einbezogen, wodurch ihr Name entfiel.

Namenserläuterung

Bad Liebenwerda: Stadt im Landkreis Elbe-Elster an der Schwarzen Elster, Land Brandenburg. Der Ort ist vermutlich im 12. Jahrhundert im Anschluß an die dor-

198

tige Burg entstanden. 1301 wurde Liebenwerda als civitas urkundlich erwähnt. Die Stadt kam 1485 an die ernestinische Linie der Wettiner und 1547 an die albertinische Linie, die sie 1815 an Preußen abtrat. 1910 wurde ein Eisenmoorbad eingerichtet, und es begann der Ausbau zum Kur- und Badeort. Seit 1924 nennt sich die Stadt Bad Liebenwerda.

Lieckstraße

Name ab	1895
Name bis	6. Oktober 1905
frühere Namen	Flensburger Straße (1875–1890)
	Magdeburger Straße (vor 1876–1876)
	Hopfenbruchstraße (1876–1890)
	Hessische Straße (1890–1895)
späterer Name	Gerdauener Straße (1920–1929)
heutiger Name	Landhausstraße (1905)
	Gerdauer Straße (1929)
Ortsteil	Wilmersdorf
Namenserläuterung	*Lieck*
	Es handelt sich wahrscheinlich um den Namen eines Grundstücksbesitzers, über dessen Land die Straße führte.

Liegnitzer Straße

Name ab	8. Januar 1892
Name bis	2. März 1911
heutiger Name	Cicerostraße (1911)
Ortsteil	Wilmersdorf
Detail	Die Liegnitzer Straße trug vor ihrer Benennung die Bezeichnung Straße 28 b. Am 2. März 1911 wurde sie der Cicerostraße als südliche Verlängerung angegliedert.
Namenserläuterung	*Liegnitz:* heute Legnica (Polen), Hauptstadt der gleichnamigen Woiwodschaft, ehemals Hauptstadt des Regierungsbezirkes Liegnitz, Provinz Niederschlesien, an der

Katzbach gelegen. Die Stadt entstand durch die Teilung Niederschlesiens 1251 und fiel 1329 unter böhmische Lehnshoheit. 1675 ging Liegnitz an die Habsburger über, 1681 kam es zu Kurbrandenburg. Nach dem 1. Schlesischen Krieg 1742 fiel die Stadt an Preußen. Im Siebenjährigen Krieg kam es am 15. August 1760 zur Schlacht bei Liegnitz, bei der die preußischen Truppen unter Friedrich II. die Österreicher besiegten und dem bedrohten Korps des Prinzen Heinrich in Breslau zu Hilfe eilten. Seit 1945 gehört Liegnitz zu Polen.

Lietzenburger Straße

Name ab

Ortsteil

weitere Bezirke

1890

Wilmersdorf

Charlottenburg, Schöneberg

Detail

Zum Zeitpunkt ihrer Benennung verlief die Lietzenburger Straße zwischen dem Olivaer Platz und der Rankestraße im Bezirk Charlottenburg. Sie bildete die Bezirksgrenze zwischen Wilmersdorf und Charlottenburg. 1966 kamen als westliche Verlängerung die Achenbachstraße (Bezirk Wilmersdorf) und die Südtangente (Bezirke Wilmersdorf und Schöneberg) zur Lietzenburger Straße hinzu.

Namenserläuterung

Lietzenburg: ursprünglicher Name für das Lustschloß und die Sommerresidenz von Sophie Charlotte, der Gemahlin von Kurfürst Friedrich III. Als Landhaus geplant, wurde der Hauptbau 1695–1699 von Johann Arnold Nering und Martin Grünberg erstellt, später mehrfach erweitert. Das Schloß lag nahe dem Dorf Lietzow (auch Lützow genannt), das 1373 erstmals urkundlich erwähnt wurde und dem Benediktinerinnenkloster bzw. der Stadt Spandau unterstand. Nach dem Tode von Königin Sophie Charlotte ließ Friedrich I., inzwischen König in Preußen, 1705 Schloß Lietzenburg (Lützenburg) und die neu entstandene Siedlung in Charlottenburg benennen, gleichzeitig erhielt die Siedlung Stadtrecht. 1719/20 wurde das alte Dorf Lietzow nach Charlottenburg eingemeindet. 1877 wurde Charlottenburg kreisfrei, 1920 bei der Eingemeindung zum 7. Bezirk Berlins.

Linnicher Straße

Name ab	um 1935
Name bis	17. Oktober 1960
heutiger Name	Paretzer Straße (1960)
Ortsteil	Wilmersdorf

Detail

Vor ihrer Benennung trug die Linnicher Straße seit 1910 die Bezeichnung Straße 28. Am 17. Oktober 1960 wurde die Linnicher Straße in die Paretzer Straße einbezogen.

Namenserläuterung

Linnich: Stadt im Landkreis Düren im Land Nordrhein-Westfalen. Sie liegt nordöstlich von Aachen in der Jülicher Börde an der mittleren Rur. Sie besitzt vermutlich seit 1358 Stadtrecht, als die Abtei Prüm gleichzeitig ihre Rechte in Linnich an die Herren von Randerath verkaufte. 1395 wurde Linnich als Stadt erwähnt, einige Jahre zuvor war es an Jülich gekommen. Im 16. Jahrhundert erlebte die Stadt ihre Blütezeit. Mit dem wechselvollen Schicksal des Erbes des Herzogtums Jülich kam Linnich zu Bayern, 1815 zu Preußen und nach 1945 zum Land Nordrhein-Westfalen. Durch Eingemeindungen hat sich die Stadt 1969 beträchtlich vergrößert.

Lipaer Straße

Name ab	um 1890
Name bis	3. August 1908
frühere Namen	Mecklenburger Straße (um 1875 – vor 1880)
	Hamburger Straße (vor 1880 – um 1890)
heutiger Name	Trautenaustraße (1908)
Ortsteil	Wilmersdorf

Detail

Die Lipaer Straße wurde zusammen mit der früheren Rosberitzer Straße 1908 zur Trautenaustraße.

Namenserläuterung

Lipa: Böhmisch-Leipa, heute Ceská Lipa (Tschechien), Kreisstadt im Nordböhmischen Kraj, an der Ploucnice, südöstlich von Decin. Bei Lipa in Böhmen kämpften 1866 die in Lichterfelde kasernierten Gardeschützen.

Lippspringer Straße

Name ab	1902
Name bis	nicht ermittelt
Ortsteil	Schmargendorf

Detail

Die im Bebauungsplan als Straße S 28 ausgewiesene Straße sollte nach ihrer Benennung zwischen der Mecklenburgischen und der Forckenbeckstraße angelegt werden, jedoch wurde dieses Vorhaben nicht verwirklicht.

Namenserläuterung

Bad Lippspringe: Stadt und Kurort im Landkreis Paderborn im Land Nordrhein-Westfalen. Im 8. Jahrhundert eine sächsische Siedlung, wurde sie 780 erstmals Lippiogyspringiae genannt. Nach der Unterwerfung der Sachsen bauten die Franken Lippspringe zu einem befestigten Ort aus. Im 13./14. Jahrhundert wurde eine Burg erbaut, 1346 das Dorf als Lippspring erwähnt. 1445 erhielt der Ort Stadtrechte, die er im 19. Jahrhundert verlor und 1921 wiederbekam. Lippspringe gehörte bis 1803 zum Bistum Paderborn, kam dann zu Preußen und wurde nach mehrjähriger französischer Besetzung 1814 in die preußische Provinz Westfalen eingegliedert. Durch Entdeckung von Thermalquellen 1832 wurde Lippspringe ein Badeort, den Namen Bad Lippspringe führt die Stadt seit 1913. Mit Bildung des Landes Nordrhein-Westfalen gehört die Stadt zu diesem.

Livländische Straße

Name ab	1895
Ortsteil	Wilmersdorf

Detail

Zum Zeitpunkt der Benennung verlief die Livländische Straße zwischen der Mainzer und der Hildegardstraße. 1930 erfolgte die Verlängerung der Straße in nördlicher Richtung bis zur Straße Am Volkspark.

Namenserläuterung

Livland: historisches Gebiet in Estland und Lettland zwischen Ostsee, Düna und Peipussee. Das von finnischen Liven bewohnte Land gehörte seit dem 10. Jahrhundert zum Fürstentum Nowgorod. 1158 errichteten Lübecker Kaufleute an der Dünamündung eine Handelsniederlassung. Der deutsche Einfluß verstärkte sich 1185 durch die Missionstätigkeit des Chorherrn Meinhard aus dem holsteinischen Segeberg. 1201 gründete Bischof Albert I. die Stadt Riga und 1202 den Schwertbrüderorden, der 1237 im Deutschen Orden aufging. 1560 wurde aus dem Ordensstaat ein Herzogtum, das 1561 die polnisch-litauische Oberhoheit anerkennen mußte. 1629 eroberten die Schweden Livland, 1721 kam es zu Rußland. Im Ergebnis des Ersten Weltkrieges und der russischen Revolution entstanden die Republiken Estland und Lettland. Ihre Besetzung 1940 führte zur Angliederung an die UdSSR. Seit deren Auflösung sind Estland und Lettland unabhängige Staaten, die sich wieder Livland teilen.

Lochowdamm

Name ab	31. August 1937
Name bis	19. Dezember 1968
heutiger Name	Fritz-Wildung-Straße (1968)
Ortsteil	Schmargendorf
Detail	Vor seiner Benennung trug der Lochowdamm die Bezeichnung Straße S 21.
Namenserläuterung	*Lochow* deutscher General. Er gehörte im Ersten Weltkrieg zum 3. Armeekorps.

Lorcher Straße

Name ab	um 1900
Name bis	nicht ermittelt
Ortsteil	Wilmersdorf
Detail	Die Straße sollte zwischen der Hanauer und der Nauheimer Straße angelegt werden, dieses Vorhaben wurde jedoch nicht verwirklicht.

Lorch: Stadt im Rheingau-Taunus-Kreis im Land Hessen. Zu fränkischer Zeit vermutlich ein Salhof, wurde der Ort 1085 als Lorecha erstmals belegt. Im 15. Jahrhundert setzte sich die heutige Bezeichnung durch. Lorch gehörte zum Rheingau, das 983 durch den Erzbischof von Mainz erworben wurde. Durch seine Lage an der Mündung der Wisper in den Rhein und als Umschlagplatz für Schiffsfrachten, die wegen der Untiefen im Binger Loch auf dem Landwege transportiert werden mußten, erlangte es im Mittelalter Bedeutung. Lorch entwickelte frühzeitig städtisches Leben, hatte aber – auch wenn zeitweilig als Stadt bezeichnet – als Flecken nur beschränkt städtische Rechte. Erst 1885 wurde es Stadt. 1803 war Lorch vom Mainzer Erzbistum an Nassau, 1866 an Preußen und 1945 wieder zu Hessen gekommen. Lorch ist heute vor allem als Weinort mit seinen Weinlagen Niederflur, Kapellenberg, Pfaffenwies und Bodental bekannt.

Lorcher Straße

Name ab

Ortsteil

19. August 1909

Wilmersdorf

Detail

Die Lorcher Straße liegt im sogenannten Rheingauviertel, in dem die Straßen nach Gemeinden aus dem Rheingau benannt wurden. 1936 erfolgte in westlicher Richtung die Verlängerung bis zur Schlangenbader Straße.

Namenserläuterung

Lorch: vgl. Lorcher Straße

Louisenstraße

Name ab

Name bis

heutiger Name

Ortsteil

1876

16. März 1888

Meierottostraße (1888)

Wilmersdorf

Namenserläuterung	*Luise Auguste Wilhelmine Amalie* * 10. 03. 1776 Hannover † 19. 07. 1810 Hohenzieritz b. Neustrelitz Königin von Preußen. Luise, Tochter von Herzog Karl II. von Mecklenburg-Strelitz, heiratete 1793 in Berlin den späteren König von Preußen Friedrich Wilhelm III. Sie war die Mutter Friedrich Wilhelms IV. sowie Wilhelms I. Sie griff aktiv in die Politik ein. 1807 setzte sie sich in einer Unterredung mit Napoleon I. vergeblich für mildere Friedensbedingungen für Preußen ein. Königin Luise wurde zu einer der Symbolfiguren des Widerstandes gegen Napoleon. Innenpolitisch stand sie den Reformern von Stein und von Hardenberg nahe und versuchte zwischen konträren gesellschaftlichen Kräften zu vermitteln. Nach ihrem frühen Tod wurde sie als Verkörperung weiblicher Tugend und Vaterlandsliebe dargestellt und ging in die Geschichte als „schöne Luise" ein.

Luchsweg

Name ab Ortsteil	29. März 1939 Schmargendorf
Detail	Der Luchsweg trug vor seiner Benennung die Bezeichnung Straße G 24. Er liegt in einer Wohnsiedlung, in der die Straßen ihre Namen nach Wildtieren erhielten. Die Siedlung gehörte bis 1939 zum Ortsteil Dahlem im Bezirk Zehlendorf, kam dann zum Wilmersdorfer Ortsteil Grunewald und 1952 zum Ortsteil Schmargendorf.
Namenserläuterung	*Luchs:* Gattung bis 1,3 Meter langer, hochbeiniger Wildkatzen. Der Luchs ist ein vorwiegend nachtaktives, gelblich- bis rotbraun-, häufig dunkelgeflecktes Raubtier mit kleinem Kopf, langen Pinselohren und auffallendem Backenbart. Er lebt vor allem in Wäldern und Halbwüsten Asiens und Nordamerikas, in Europa ist er fast ausgerottet, jedoch laufen in einigen Ländern Versuche für eine erneute Ansiedlung durch Auswilderung.

Luciusstraße

Name ab   Mai 1905

Ortsteil   Schmargendorf

Detail   Vor ihrer Benennung trug die Luciusstraße die Bezeichnung Straße S 53. Am 23. Dezember 1957 wurde im Nordosten ein kleiner Abschnitt herausgelöst und in die Hundekehlestraße einbezogen.

Namenserläuterung   *Lucius von Ballhausen, Robert Freiherr*
* 20. 12. 1835 Erfurt
† 10. 09. 1914 Klein-Ballhausen (Kreis Weißensee)
Preußischer Politiker, Minister. Das Studium von Naturwissenschaften und Medizin schloß er 1858 mit der Promotion ab. Danach unternahm er verschiedene Auslandsreisen und bewirtschaftete ab 1863 sein Gut. Er nahm an den Kriegen 1864, 1866 und 1870/71 teil. Lucius war seit 1866 aktiver Politiker. Als einer der Führer der Freikonservativen und späteren Deutschen Reichspartei gelangte er 1870 in den norddeutschen Reichstag und war von 1871 bis 1881 Mitglied des Deutschen Reichstags, mit Unterbrechung von 1870 bis 1893 des preußischen Abgeordnetenhauses. Lucius, der das Sozialistengesetz massiv befürwortet hatte, leitete von 1879 bis zu seinem Rücktritt 1890 das preußische Landwirtschaftsministerium. Seit 1888 Freiherr, wurde er 1895 auf Lebenszeit Mitglied des Preußischen Herrenhauses. Seine Aufzeichnungen „Bismarck-Erinnerungen" wurden 1920 herausgegeben.

Ludwig-Barnay-Platz

Name ab   1. November 1963

früherer Name   Laubenheimer Platz (1909–1963)

Ortsteil   Wilmersdorf

Detail   Der Platz erhielt seinen Namen nach dem Mitbegründer des Deutschen Theaters in Berlin, Ludwig Barnay. Die Benennung erfolgte anläßlich der 80. Wiederkehr des Gründungstages dieses Theaters. Er liegt in der Künstlersiedlung, die 1929 von der Genossenschaft Deutscher Bühnenangehöriger geschaffen wurde.

Namenserläuterung

Barnay, Ludwig: vgl. Barnayweg

Ludwigkirchplatz

Name ab
früherer Name
Ortsteil

4. November 1895
Straßburger Platz (um 1890–1895)
Wilmersdorf

Detail

Die Umbenennung des Straßburger Platzes in Ludwigkirchplatz erfolgte wenige Monate nach der Grundsteinlegung für die katholische Kirche Sankt Ludwig, die am 29. Juni 1895 erfolgt war.

Namenserläuterung

Sankt Ludwig-Kirche: Die Kirche der katholischen Gemeinde Sankt Ludwig wurde am 29. Juni 1897 eingeweiht. Sie erhielt ihren Namen im Gedenken an den Zentrumspolitiker Ludwig Windthorst, der als Initiator für den Bau der Kirche gilt, nach seinem Namenspatron, Ludwig IX., dem Heiligen, König von Frankreich (* 25. 04. 1214 in Poissy, † 25. 08. 1270 vor Tunis). Ludwig IX. wurde mit 12 Jahren im Jahre 1226 zum König gekrönt. Er unternahm zwei Kreuzzüge: 1248 – 1254 nach Ägypten und 1270 nach Tunis; in dem zuletzt genannten verlor er sein Leben. Er wurde 1297 heiliggesprochen. Ludwig IX. gehörte zum Herrrscherhaus der Bourbonen, deren Wappen drei Lilien zieren. In der Kirche befindet sich deshalb diese Lilie in den Mosaiken des Altarraums, an den Leuchterbänken, an der Monstranz und auf einigen Meßgewändern.

Ludwigkirchstraße

Name ab	1. Oktober 1900
frühere Namen	Carlstraße (um 1885 – um 1890)
	Hagenauer Straße (um 1890–1900)
Ortsteil	Wilmersdorf
Detail	Die Ludwigkirchstraße führt von der Fasanenstraße zum Ludwigkirchplatz mit der Kirche der katholischen Gemeinde Sankt Ludwig. Die Straße erhielt ihren Namen drei Jahre nach der Einweihung dieser Kirche.
Namenserläuterung	*Sankt Ludwig-Kirche:* vgl. Ludwigkirchplatz

Lützenstraße

Name ab	1892
Ortsteil	Wilmersdorf
Detail	Vor ihrer Benennung trug die Lützenstraße seit 1885 die Bezeichnung Straße 1.
Namenserläuterung	*Lützen:* Stadt im Landkreis Weißenfels im Land Sachsen-Anhalt. Das 1269 erwähnte Lucin entstand aus einer slawischen Siedlung, nahe der 1252 erbauten Burg. Die Entwicklung des Ortes zur Stadt hing eng mit der frühen Ausbildung seines Marktes (1281) zusammen. Die im 14. Jahrhundert mit Wall und Graben gesicherte Stadt fiel 1561 an Kursachsen und 1815 an Preußen. Im Dreißigjährigen Krieg kam es am 16. November 1632 zu einer Schlacht zwischen den Schweden unter König Gustav II. Adolf und den kaiserlichen Truppen unter Wallenstein. Die Schlacht endete zwar mit dem Rückzug Wallensteins, aber Gustav II. Adolf war in der Schlacht gefallen und wurde in Lützen beigesetzt. Nach dem Tod des Königs übernahmen auf schwedischer Seite Herzog Bernhard von Sachsen-Weimar und Generalmajor Dodo von Knyphausen den Oberbefehl.

Lützowstraße

Name ab	um 1876
Name bis	1890
heutiger Name	Mainzer Straße (1890)
Ortsteil	Wilmersdorf

Detail

Die Straße bildet heute den den östlichen Abschnitt der Mainzer Straße.

Namenserläuterung

Lützow, Ludwig Adolph Wilhelm Freiherr von
* 18. 05. 1782 Berlin
† 06. 12. 1834 Berlin
Preußischer General, Freischärler. Der Sohn eines Offiziers trat 1795 in die preußische Armee ein und war im Krieg gegen Napoleon I. an der Schlacht bei Auerstedt 1806 und an der Verteidigung Kolbergs 1807 beteiligt. 1809 schloß er sich Schills Freischaren an. Zu Beginn des Befreiungskrieges bildete er im Februar 1813 in der preußischen Armee das nach ihm benannte Lützowsche Freikorps (nach der Farbe ihrer Uniform „Schwarze Schar" genannt). Das zahlreiche Kriegsfreiwillige vereinende Korps wurde im Juni von französischen Truppen fast völlig zerrieben, dann neugebildet und 1814 aufgelöst. Lützow, seit 1814 Oberstleutnant, wurde 1822 zum Generalmajor befördert und kommandierte verschiedene Kavalleriebrigaden. 1833 wurde er in den Ruhestand versetzt. Bekannt wurden er und sein Korps durch das Lied „Lützows wilde, verwegene Jagd" nach dem Text von Theodor Körner und der Komposition von Carl Maria von Weber. Er wurde auf dem Garnisonsfriedhof in der Linienstraße begraben.

Lynarstraße

Name ab	24. Januar 1898
Ortsteil	Grunewald

Detail

Die Lynarstraße entstand durch das Zusammenführen der beiden Straßen G 21 und S 21.

Lynar, Graf Rochus Guerini zu
* 25. 12. 1525 Maradia (Italien)
† 22. 12. 1596 Spandau
Baumeister, Militär. Er entstammte einem florentinischen Adelsgeschlecht, das sich nach dem 1360 zerstörten Kastell Linari nannte. Er kämpfte gemeinsam mit seinem Vater in den Diensten Karls V., später war er im Hofdienst bei Alessandro de Medici, wo er auch seine Erziehung erhielt. 1542 mußte Lynar aus Italien nach Frankreich fliehen und diente dort Franz I. 1560 trat er zum Kalvinismus über und führte 1567 den Hugenottenaufstand in Metz an, wo er Festungskommandant war. 1578 holte ihn Kurfürst Johann Georg in die Mark Brandenburg. Dort wurde er „Sr. Kurfürstlichen Gnaden bestallter General-Obrister Artollerey Munition Zeug- und Baumeister". Lynar übernahm die Leitung der Arbeiten an der Zitadelle Spandau. 1593 ernannte ihn der Kurfürst zum Hauptmann von Spandau. Er arbeitete auch an den Schlössern in Berlin, Heidelberg und Dessau sowie an den Festungen von Kassel, Küstrin und Peitz. Nach seinem Tode wurde Lynar in der Nikolaikirche in Spandau unter dem von ihm im Jahre 1581 gestifteten Altar beigesetzt.

Magdeburger Platz

Name ab
Name bis
heutiger Name
Ortsteil

1876
16. März 1888
Nikolsburger Platz (1888)
Wilmersdorf

Detail

Der Magdeburger Platz war der südwestliche von vier Plätzen, die die Eckpunkte der sogenannten Carstenn-Figur bilden.

Namenserläuterung

Magdeburg: Stadt an der Elbe und Landeshauptstadt von Sachsen-Anhalt. An einem Übergang wichtiger Handelsstraßen über die Elbe wurden Burg und Ortschaft 805 erstmals erwähnt. 937 stiftete Otto der Große das Moritzkloster, die Keimzelle des späteren Bistums Magdeburg. 965 erhielt die Stadt Marktrecht und entwickelte sich in der Folgezeit zu einem wichtigen Osthandelsplatz. Bedeutung erlangten auch das 1188 aufgezeichnete Magdeburger Recht und der Magdeburger Schöffenstuhl. Im Dreißigjährigen Krieg brannte die Stadt nach der Eroberung durch kaiserliche Truppen 1631 fast völlig nieder. 1680 fiel Magdeburg an Brandenburg-Preußen und 1740 wurde es zur Festung ausgebaut. Von 1815 bis 1944 war es Hauptstadt der preußischen Provinz Sachsen und im Zweiten Weltkrieg stark zerstört. 1952 wurde Magdeburg Bezirkshauptstadt des gleichnamigen DDR-Bezirks, es war ein Zentrum des DDR-Schwermaschinen- und Anlagenbaus. 1990 wurde Magdeburg Landeshauptstadt von Sachsen-Anhalt.

Magdeburger Straße

Name ab	vor 1876
Name bis	1876
spätere Namen	Hopfenbruchstraße (1876–1890)
	Hessische Straße (1890–1895)
	Lieckstraße (1895–1905)
heutiger Name	Landhausstraße (1905)
Ortsteil	Wilmersdorf
Namenserläuterung	*Magdeburg:* vgl. Magdeburger Platz

Mahlerstraße

Name ab	1925
Name bis	3. Oktober 1935
heutiger Name	Regerstraße (1935)
Ortsteil	Grunewald
Detail	Vor ihrer Benennung trug die Mahlerstraße die Bezeichnung Straße G 83. Im Zuge der Beseitigung von Straßennamen nach jüdischen Personen durch die Nazis, erfolgte 1935 die Umbenennung in Regerstraße.

211

Mahler, Gustav
* 07. 07. 1860 Kalischt (Böhmen)
† 18. 05. 1911 Wien
Komponist, Dirigent. Mahler studierte in Wien und begann mit 20 Jahren seine Laufbahn als Dirigent. Nach mehreren Stationen, u. a. in Prag, Leipzig, Budapest und Hamburg, setzte er vor allem in Wien, wo er von 1897 bis 1907 Direktor der Hofoper war, neue Maßstäbe der Interpretation. In Berlin gelang ihm mit der erfolgreichen Uraufführung seiner 2. Symphonie 1895 der Durchbruch als Komponist. Seine Musik ist Trägerin außermusikalischer Ideen, die teilweise und zeitweilig den Kompositionen auch in Form von Programmen vorangestellt waren. Mahler komponierte Opern (die nicht aufgeführt wurden), Symphonien, Chorwerke und Lieder.

Mainzer Straße

Name ab
früherer Name
Ortsteil

1890
Lützowstraße (um 1876–1890)
Wilmersdorf

Detail

Die Benennung der Mainzer Straße erfolgte offenbar in Anlehnung an Kaiser Wilhelm I., der noch bevor er 1861 König wurde, Gouverneur der Festung Mainz war.

Namenserläuterung

Mainz: Hauptstadt des Landes Rheinland-Pfalz. Der Name Mogontiacum verweist auf eine keltische Kultstätte, die 39–37 v. u. Z. zu einem römischen Militärstützpunkt ausgebaut wurde. Als civitas erstmals 297 erwähnt, war der Ort um 300 Hauptstadt der Provinz „Germania prima", erlosch jedoch in den Katastrophen während der Völkerwanderung im 5. Jahrhundert. 746/47 übernahm Bonifazius das Bistum Mainz und machte es zur kirchlichen Metropole Deutschlands. Im 13. Jahrhundert entwickelte sich Mainz zu einer blühenden Handelsstadt. Der Bau der alten Universität erfolgte bereits 1615–1618. 1792 und 1793 war Mainz von französischen Revolutionstruppen besetzt. Die 1793 ausgerufene Mainzer Republik endete nach wenigen Wochen. Am 21. März 1793 erklärte die Mainzer Republik ihren Anschluß an das revolutionäre Frankreich. Bereits im Juli des gleichen Jahres erlitten die französischen Truppen schwere Niederlagen, womit das Ende der Mainzer Republik besiegelt wurde. Im Ergebnis des Wiener Kongresses kam Mainz 1815 an Hessen-Darmstadt. Die Festung Mainz unterstand von 1815 bis 1866 dem Deutschen Bund und seit 1866 bis 1873 Preußen bzw. dem Deutschen Reich. In Mainz befinden sich viele Zeugnisse römischer Zeit, z. T. ausgestellt im römisch-germanischen Zentralmuseum. Im Zweiten Weltkrieg wurde das barocke Stadtbild schwer zerstört, jedoch teilweise wieder stilgerecht aufgebaut. Der Dom blieb erhalten.

Mannheimer Straße

Name ab	1890
Ortsteil	Wilmersdorf

Detail

Vor ihrer Benennung trug die Mannheimer Straße die Bezeichnung Straße 36a. Sie führte ursprünglich von der Brandenburgischen zur Mecklenburgischen Straße. Bedingt durch umfangreiche Baumaßnahmen endet sie seit dem 1. Februar 1921 nördlich vom Volkspark. Der südlich des Volksparks liegende Abschnitt erhielt den Namen Brabanter Straße. Am 1. September 1967 kam ein Teil der Straße Am Volkspark, der bis zur Barstraße führt, zur Mannheimer Straße dazu.

Namenserläuterung

Mannheim: Kreisfreie Stadt am Neckar im Land Baden-Württemberg. Sie ist Universitätsstadt und zweitgrößte Stadt in Baden-Württemberg. Im 8. Jahrhundert wurde der Ort bereits als Mannenheim (766) und in ähnlichen Namensformen erwähnt. Die Gründung als Stadt und Festungsburg Friedrichsburg erfolgte 1606 durch den Kurfürsten Friedrich IV. von der Pfalz, im folgenden Jahr erhielt Mannheim Stadtrecht. 1606 bis 1803 gehörte es zur Kurpfalz, von 1720 bis 1778 residierten – bis der Hof nach München verlegt wurde – in Mannheim die

Kurfürsten von der Pfalz. 1802/03 kam Mannheim an Baden, nach 1945 zu Württemberg-Baden und 1952 zum Land Baden-Württemberg. Das aus dem 17. Jahrhundert stammende Quadratschema der Stadt – durch Buchstaben und Ziffern statt Straßennamen bezeichnet – wurde beim Wiederaufbau der Stadt nach dem Zweiten Weltkrieg beibehalten und modernisiert, ohne das charakteristische Stadtbild zu beseitigen.

Mansfelder Straße

Name ab

Ortsteil

17. Mai 1930

Wilmersdorf

Detail

Die Mansfelder Straße entstand durch das Zusammenführen der Straßen 3 und 50.

Namenserläuterung

Mansfeld: Stadt an der Wipper im Mansfelder Land, am Ostrand des Harzes, Land Sachsen-Anhalt. Neben der Siedlung muß spätestens im 11. Jahrhundert auch die Burg erbaut worden sein, die 1229 erstmals erwähnt wurde. Sie diente als Residenz der Grafen von Mansfeld und wurde im 16. Jahrhundert zu einer der stärksten Festungen des mittleren Deutschlands ausgebaut. 1780 wurde die Burg preußisches Domänen-Zubehör und 1790 an den Bergrat Bückling verkauft. Der Ort Mansfeld wurde 1400 erstmals als „vallis Mansfeld" genannt, muß aber schon früher Markt- und Stadtrecht besessen haben. Im 15. und 16. Jahrhundert bewirkten der Kupferschieferbergbau und die Bierbrauerei einen wirtschaftlichen Aufschwung der Stadt. Sie war vor allem Wohnstätte für die Berg- und Hüttenarbeiter. Von der umfangreichen Anlage von ursprünglich drei Schlössern (mittelalterlicher Kern, im wesentlichen 16. Jahrhundert) sind große Teile Ruine, erhalten ist das Schloß Vorderort und die gotische Kapelle.

Marbacher Straße

Name ab	19. August 1909
Ortsteil	Wilmersdorf
Detail	Die Straße erhielt ihren Namen anläßlich des 150. Geburtstages von Friedrich von Schiller, der am 10. November 1759 in der Neckarstadt geboren wurde.
Namenserläuterung	*Marbach*: Stadt am Neckar im Landkreis Ludwigsburg, Land Baden-Württemberg. 972 wurde ein Dorf Marcbach und 1244 Marpach erwähnt, seit Ende des 13. Jahrhundert ist der Name Marbach gebräuchlich. Die Stadtgründung wird um 1250 angenommen. Die Hoheitsrechte gehörten seit dem 10. Jahrhundert dem Bistum Speyer, die Grundherrschaft den Grafen von Calw, später den Markgrafen von Baden und den Herzögen von Teck, seit dem 12. Jahrhundert den Grafen von Württemberg; im 15./16. Jahrhundert zeitweise Lehen, unterstand Marbach einem württembergischen Vogt. Der zur Sicherung des Landesfriedens 1405 geschlossene Marbacher Bund war vor allem gegen das Erstarken der königlichen Gewalt in Südwestdeutschland gerichtet. 1806 gehörte Marbach zum Königreich Württemberg, nach 1945 zum Land Württemberg-Baden und seit 1952 zum Land Baden-Württemerg. In Marbach befindet sich Schillers Geburtshaus und das Schiller-Museum.

Margaretenstraße

Name ab	1902
Ortsteil	Grunewald
Namenserläuterung	*Bräuer, Margarete* Tochter des Baumeisters Carl Bräuer, dem seit 1897 das Grundstück gehörte, auf dem die Margaretenstraße angelegt wurde.

Margarethenstraße

Name ab	um 1876
Name bis	16. März 1888
späterer Name	Ringbahnstraße (1888–1911)
heutige Namen	Detmolder Straße (1911)
	Wexstraße (1911)
Ortsteil	Wilmersdorf
Detail	Die Margarethenstraße wurde am 16. März 1888 in die Ringbahnstraße einbezogen.
Namenserläuterung	Der Namensgeber für diese Straße konnte nicht ermittelt werden. Es handelt sich wahrscheinlich um den Vornamen der Ehefrau des früheren Grundstücksbesitzers, der die Straße angelegt hat.

Marienbader Straße

Name ab	1891
Ortsteil	Schmargendorf
Detail	Die Marienbader Straße trug vor ihrer Benennung seit 1885 die Bezeichung Straße S 9. Am 9. November 1911 wurde der nördliche Abschnitt der Marienbader Straße in die eigenständige Plöner Straße umbenannt. Die Straße liegt in einem Viertel, in dem viele Straßen die Namen von Kur- und Badeorten erhielten.
Namenserläuterung	*Marienbad:* heute Mariánské Lázne (Tschechien), Stadt in Westböhmen. Das Heilbad wurde 1797 auf Betreiben des Abtes von Tepl gegründet und 1812 als Gemeinde konstituiert. Nach der Erklärung zum öffentlichen Kurort 1818 folgte 1860 die Erhebung zur Stadt. Die 40 Heilquellen umfassen Glaubersalzquellen und Eisensäuerlinge. Bade- und Trinkkuren sowie eisensulfathaltige Moorbäder dienen der Behandlung verschiedener Krankheiten.

Marienburger Straße

Name ab	8. Januar 1892
Name bis	4. November 1915
heutiger Name	Düsseldorfer Straße (1915)
Ortsteil	Wilmersdorf

Detail

Vor ihrer Benennung trug die Marienburger Straße seit 1885 die Bezeichnung Straße 7a. Am 4. November 1915 wurde sie als westlicher Abschnitt in die Düsseldorfer Straße einbezogen.

Namenserläuterung

Marienburg: heute Malbork (Polen), Stadt an der Nogat in der Woiwodschaft Elblag. Die Marienburg war seit 1280 Konventssitz des Deutschen Ordens und 1309 – 1457 Residenz des Hochmeisters. Im Schutz der Burg entstand die gleichnamige Siedlung, die 1276 Stadtrecht erhielt. In den beiden Schwedenkriegen 1626–1629 und 1656–1660 wurde die Stadt von Schweden belagert. Von 1629 bis 1635 stand sie unter kurbrandenburgischer Treuhandverwaltung. Ab 1772 gehörte Marienburg zu Preußen. Die zum Teil verfallene Burg wurde im 19. und 20. Jahrhundert wiederhergestellt. Nach dem Zweiten Weltkrieg kam Marienburg zu Polen.

Markgraf-Albrecht-Straße

Name ab	10. Juli 1908
Ortsteil	Wilmersdorf

Detail

Bei ihrer Benennung entstand die Markgraf-Albrecht-Straße aus Abschnitten der Straße 7 und der Straße 32.

Namenserläuterung

Albrecht I., der Bär
* um 1100
† 18. 11. 1170 Stendal
Markgraf von Brandenburg. Der Sohn des Askaniers Graf Otto von Ballenstedt herrschte von 1124 bis 1131 in der Lausitz, 1134 wurde er Markgraf der sächsischen Nordmark. Als Erbe des ihm freundschaflich verbunde-

nen, kinderlosen Hevellerfürsten Pribislaw (Heinrich) sicherte er sich nach dessen Tode 1150 die Festung Brandenburg und das Gebiet um die Havel. Nach einem zeitweiligen Verlust der Brandenburg an Jaxa von Köpenick eroberte er die Burg für die Askanier am 11. Juni 1157 endgültig zurück, was als Geburtstunde der Mark Brandenburg gilt. Seitdem bezeichnete er sich als Markgraf von Brandenburg. Seinen Anspruch als Herzog von Sachsen, der ihm 1138 durch König Konrad III. übertragen worden war, konnte er auf Dauer gegen Heinrich den Löwen nicht durchsetzen.

Markobrunner Straße

Name ab

früherer Name

Ortsteil

Detail

Namenserläuterung

19. August 1909

Rothenburger Straße (um 1906–1909)

Wilmersdorf

Die Markobrunner Straße liegt im sogenannten Rheingauviertel, in dem die Straßen ihre Namen nach Gemeinden aus dem Rheingau erhielten.

Markobrunnen: Brunnen bzw. Weinlage im Rheingau im Land Hessen. Der Markobrunnen (Marcobrunnen) auf dem Strahlenberg zwischen Hattenheim und Erbach ist eine Quelle westlich von Erbach, die zu Beginn des 19. Jahrhunderts eingefaßt wurde. Die nach der Quelle benannte Weinlage Marcobrunn ist seit dem 13. Jahrhundert bezeugt. Für den Namen gibt es verschiedene Erklärungen. Der im 12./13. Jahrhundert als markenburne oder markenbrone erwähnte Name kann sich vom alt- bzw. mittelhochdeutschen Wort marka bzw. marke für Grenze, Gebiet herleiten, da der Brunnen an der Gemarkungsgrenze zwischen Erbach und Hattenheim lag. Nach einer anderen Auffassung leitet sich der Name vom Heiligen Markus ab, der für die Erbacher Kirche 1258 als Schutzpatron bezeugt ist.

Maxdorfer Steig

Name ab	31. Juli 1947
früherer Name	Walter-Flex-Straße (um 1936–1947)
Ortsteil	Wilmersdorf

Namenserläuterung

Maxdorf: Gemeinde im Landkreis Ludwigshafen, Land Rheinland-Pfalz. Der Pfälzer Ort liegt zwischen Ludwigshafen und Bad Dürkheim.

Max-Eyth-Straße

Name ab	29. September 1911
Ortsteil	Schmargendorf
weiterer Bezirk	Zehlendorf

Namenserläuterung

Eyth, Eduard Friedrich Maximilian (Max) von
* 06. 05. 1836 Kirchheim
† 25. 08. 1906 Ulm
Ingenieur, Schriftsteller. 1852–1856 erlernte er den Beruf eines Maschineningenieurs. 1861 wirkte er bei der Konstruktion des Dampfpfluges mit. Zahlreiche Auslandsreisen führten Eyth u. a. nach Belgien, England und Ägypten, wo er sich vor allem der Einführung der Dampftechnologie in der Landwirtschaft widmete. 1885 begründete er die Deutsche Landwirtschaftsgesellschaft, deren geschäftsführender Direktor er elf Jahre in Berlin war. 1896 zog sich Eyth aus Berlin nach Ulm zurück, wo er geadelt wurde und sich der schriftstellerischen Tätigkeit zuwandte. Er schrieb vor allem Erzählungen und Fachbücher über Landwirtschaft und Technik. Bekannt wurde sein Roman „Der Schneider von Ulm".

Mecklenburger Straße

Name ab	um 1875
Name bis	vor 1880
spätere Namen	Hamburger Straße (vor 1880 – um 1890)
	Lipaer Straße (um 1890–1908)
heutiger Name	Trautenaustraße (1908)
Ortsteil	Wilmersdorf

Namenserläuterung *Mecklenburg:* größter Teil des Bundeslandes Mecklenburg-Vorpommern; historisches Gebiet an der Ostsee zwischen Pommern, Brandenburg und Schleswig-Holstein. Das von Germanen und von Slawen besiedelte Territorium wurde nach dem Wendenkreuzzug 1147 endgültig christianisiert. 1180–1227 war Mecklenburg unter dänischer Oberherrschaft. 1520 teilte es sich in die Herzogtümer Mecklenburg-Schwerin und Mecklenburg-Güstrow. Nach dem Erlöschen der Güstrower Linie 1695 bildeten sich 1701 die Herzogtümer Mecklenburg-Schwerin und Mecklenburg-Strelitz. Beide Herzöge traten 1808 dem Rheinbund bei und wurden 1815 zu Großherzögen erhoben. Der letzte Großherzog dankte 1918 ab. Beide Länder wurden 1934 zum Land Mecklenburg vereinigt und 1945 um Vorpommern und die Insel Rügen erweitert. 1952 erfolgte die Aufgliederung in die DDR-Bezirke Rostock, Schwerin und Neubrandenburg. Sie bestanden bis zur Neubildung des Landes Mecklenburg-Vorpommern 1990.

Mecklenburgische Straße

Name ab	16. März 1888
frühere Namen	Heideweg (vor 1856 – um 1856)
	Schmargendorfer Weg (um 1856 – um 1885)
	Wilmersdorfer Weg (um 1856 – um 1885)
	Straße 31 a (um 1885–1888)
	Straße 31 b (um 1885–1888)
Ortsteile	Schmargendorf, Wilmersdorf

Detail Die Mecklenburgische Straße entstand am 16. März 1888 durch die Zusammenführung der Straße 31 a zwi-

schen der Blissestraße und dem S-Bahnhof Schmargendorf und der Straße 31b zwischen dem S-Bahnhof
Schmargendorf und der Breiten Straße.

Namenserläuterung	*Mecklenburg:* vgl. Mecklenburger Straße

Mehlitzstraße

Name ab	1902
frühere Namen	Prinz-Heinrich-Straße (vor 1885–1890) Prinzenstraße (1890–1902)
Ortsteil	Wilmersdorf
Detail	Die Mehlitzstraße war früher zur Hälfte ein alter Feld- weg, die andere Hälfte führte über ein Grundstück von Mehlitz.
Namenserläuterung	*Mehlitz, Daniel Ludwig* * 20. 07. 1826 Wilmersdorf † 09. 04. 1900 Wilmersdorf Bauer und Grundbesitzer. Die Familie Mehlitz war seit 1720 in Wilmersdorf ansässig. Daniel Ludwig Mehlitz wurde 1875 Gemeindevorsteher von Wilmersdorf. Nach seinem Tode wurde er auf dem Wilmersdorfer Friedhof beigesetzt.

Meierottostraße

Name ab	16. März 1888
früherer Name	Louisenstraße (1876–1888)
Ortsteil	Wilmersdorf
Namenserläuterung	*Meierotto, Johann Heinrich Ludwig* * 22. 08. 1732 Stargard (Pommern) † 24. 09. 1800 Berlin Geograph, Pädagoge. 1760 bis 1762 besuchte er als Schüler das Joachimsthalsche Gymnasium in Berlin, danach studierte er ab 1762 an der Universität in Frank- furt (Oder). Nach dem Studium war er fünf Jahre als

Privatlehrer tätig. Ab 1771 wirkte Meierotto am Joachimsthalschen Gymnasium, seit 1775 als Rektor. Sein Wirken für eine Reform des Schulwesens führte u. a. zur Einführung der Reifeprüfung in Preußen. 1786 wurde er Mitglied der Akademie der Wissenschaften. Seit 1780 wirkte Meierotto auch als Oberschulrat für das Schulwesen in Pommern und Preußen.

Meinekestraße

Name ab	17. August 1899
Ortsteil	Wilmersdorf
weiterer Bezirk	Charlottenburg

Namenserläuterung

Meinecke, Johann Albrecht Friedrich August
* 08. 12. 1790 Soest
† 23. 12. 1870 Berlin
Philologe. Meinecke war Gymnasialprofessor in Danzig und Berlin. Als Gräzist gehörte er zu den besten Kennern der poetischen Diktion der Griechen. Von 1826 bis 1857 war er Direktor des Joachimthalschen Gymnasium in Berlin. Meinecke veröffentlichte zahlreiche Schriften und Fachbücher, u. a. sein Hauptwerk „Fragmenta comicorum Graecorum", (5 Bände, 1839–1857). Er war Mitglied der Akademie der Wissenschaften zu Berlin. Meinecke wurde in Berlin-Wedding auf dem Domfriedhof in der Liesenstraße 6 beigesetzt.

Menzelplatz

Name ab	15. Juni 1906
Name bis	20. Juli 1959
heutiger Name	Leo-Blech-Platz (1959)
Ortsteil	Grunewald

Namenserläuterung

Menzel, Adolph Friedrich Erdmann von
* 08. 12. 1815 Breslau
† 09. 02. 1905 Berlin
Maler, Graphiker. Als die Familie 1830 von Breslau nach Berlin übersiedelte, führte er nach dem Tod des Vaters

zunächst dessen Steindruckwerkstatt weiter. 1833 begann er für kurze Zeit ein Zeichenstudium an der Berliner Akademie, danach bildete er sich autodidaktisch weiter. 1834–1836 entstanden die Lithographien „Denkwürdigkeiten aus der brandenburg-preußischen Geschichte", nach 1839 die fast 400 Zeichnungen zu F. Kuglers „Geschichte Friedrich des Großen". 1853 wurde er Mitglied der Berliner Akademie, 1856 Professor. Reisen führten ihn nach Holland, Frankreich, und Italien. 1885 wurde er Ehrendoktor der Berliner Universität, 1895 Ehrenbürger Berlins. Die Verleihung des Schwarzen Adler-Ordens erhob ihn 1898 in den Adelsstand. Zu seinen bedeutendsten Werken zählen u. a. „Tafelrunde von Sanssouci" (1850) und „Das Eisenwalzwerk" (1875).

Menzelstraße

Name ab	1898
Ortsteil	Grunewald

Namenserläuterung   *Menzel, Adolph von:* vgl. Menzelplatz

Messelstraße

Name ab	10. Juli 1910
Ortsteil	Schmargendorf
weiterer Bezirk	Zehlendorf

Detail   Die Messelstraße wurde 1938 in Ruhlandallee umbenannt und 1947 wieder in Messelstraße rückbenannt.

Namenserläuterung

Messel, Alfred
* 22. 07. 1853 Darmstadt
† 24. 03. 1909 Berlin
Architekt. Messel kam nach Studien in Darmstadt und Kassel 1885 nach Berlin und arbeitete ab 1886 als Architekt. Am Beginn seiner Tätigkeit war er ein Vertreter des Historismus, doch später bestimmten funktionalistische Gestaltungsprinzipien seine Arbeiten. Mit dem

223

Wertheim-Warenhaus in der Leipziger Straße schuf Messel einen neuartigen Warenhaus-Standardtyp. Bedeutung erlangten auch seine Ergebnisse im Reformwohnungsbau. Zu seinen wichtigsten Bauten zählen u. a. die Landesversicherungsanstalt für Brandenburg Am Köllnischen Park (1903/04) sowie das Gebäude der Nationalbank für Deutschland in der Behrenstraße (1906/07).

Miquelstraße

Name ab	2. Mai 1905
Ortsteil	Schmargendorf
weiterer Bezirk	Zehlendorf

Detail

Vor ihrer Benennung trug die Miquelstraße seit 1885 die Bezeichnung Straße S 21.

Namenserläuterung

Miquel, Johannes von
* 19. 02. 1828 Neuenhaus (bei Bentheim)
† 08. 09. 1901 Frankfurt am Main
Politiker. Als Jurastudent war Miquel zunächst radikaler Demokrat und seit 1850 aktives Mitglied des Bundes der Kommunisten, 1852 wandte er sich von der Bewegung ab. Nach dem Examen arbeitete er seit 1854 in Göttingen als Rechtsanwalt. 1859 gehörte er zu den Gründern des Deutschen Nationalvereins und 1866/67 der Nationalliberalen Partei. 1867–1877 und 1887–1900 war Miquel Mitglied des Norddeutschen bzw. Deutschen Reichstags, 1867–1888 auch des Preußischen Abgeordnetenhauses, 1877–1890 Oberbürgermeister von Osnabrück und Frankfurt. Einst ein Vertrauter Bismarcks, wirkte er 1890 an dessen Sturz mit. Als preußischer Finanzminister 1890–1901 führte er eine Finanzreform durch, als Vizepräsident des preußischen Staatsministeriums seit 1897 vertrat er die Sammlungspolitik von Schwerindustrie und Landwirtschaft. 1897 wurde Miquel geadelt. 1901 mußte er wegen seiner Gegnerschaft zum Bau des Mittellandkanals zurücktreten.

Misdroyer Straße

Name ab	1891
Ortsteil	Schmargendorf
Detail	In diesem Siedlungsgebiet wurden mehrere Straßen nach Badeorten an der Nord- und Ostseeküste benannt.
Namenserläuterung	*Misdroy:* heute Miedzyzdroje (Polen), Stadtteil von Swinemünde, Ostseebad auf der Insel Wollin. Das um 1550 erwähnte Fischerdorf „Mizze drawe" war Eigentum der Dompropstei Cammin. In einem Tauschvertrag gelangte 1579 der westliche Teil der Insel in den Besitz des Landesfürsten. Seit 1835 entwickelte sich ein reger Badebetrieb. Als Attraktion entstand 1885 der erste Seesteg, der 1906 auf 360 Meter verlängert und 1913 durch eine Sturmflut zerstört wurde. Seit 1945 ist Misdroy Stadt und gehört zu Polen, 1975 wurde sie nach Swinemünde eingemeindet.

Morgenrothstraße

Name ab	23. November 1931
Name bis	17. September 1938
heutiger Name	Dünkelbergsteig (1938)
Ortsteil	Schmargendorf
Detail	Als die Nazis alle nach Juden benannten Straßen umbenannten, erhielt die Morgenrothstraße am 17. September 1938 den Namen Dünkelbergsteig.
Namenserläuterung	*Morgenroth, Julius* * 1871 † 21. 12. 1924 Berlin Arzt und Bakteriologe. Er arbeitete von 1905 bis 1919 als Vorsteher der Bakteriologischen Abteilung am Pathologischen Institut der Charité und leitete ab 1919 bis zu seinem Tode die Abteilung der Chemotherapie am Robert-Koch-Institut. Seine Hauptarbeitsgebiete bildeten die Immunitätslehre und die Chemotherapie. Er entwickelte Medikamente gegen Wundinfektion und die sogenannte Schlafkrankheit.

Mossestraße

Name ab	8. Januar 1892
Name bis	13. Juli 1934
späterer Name	Homburger Straße (1934–1972)
heutiger Name	Rudolf-Mosse-Straße (1972)
Ortsteil	Wilmersdorf

Detail

Die Mossestraße wurde am 13. Juli 1934 als westlicher Abschnitt in die Homburger Straße einbezogen.

Namenserläuterung

Mosse, Rudolf
* 09. 05. 1843 Grätz
† 08. 09. 1920 Schenkendorf
Verleger. Mosse absolvierte in Posen eine Buchhändlerlehre und arbeitete in verschiedenen Positionen in Berlin und Leipzig. 1867 rief er in Berlin die „Annoncen-Expedition Rudolf Mosse" ins Leben, die bald in allen größeren deutschen Städten Filialen aufgebaut hatte. Am 1. Januar 1872 erschien das von ihm gegründete „Berliner Tageblatt". 1889 übernahm der Verlag die „Berliner Morgenzeitung", später die „Berliner Volkszeitung" und das „8-Uhr-Abendblatt". Mosse gehörte neben August Scherl und Leopold Ullstein zu den bedeutendsten Zeitungsverlegern Berlins.

Motzstraße

Name ab	21. Oktober 1901
frühere Namen	Westphälische Straße (um 1875 – um 1880)
	Auguststraße (um 1880 – um 1890)
	Königshofer Straße (um 1890–1901)
Ortsteil	Wilmersdorf
weiterer Bezirk	Schöneberg

Detail

Der in Schöneberg liegende Abschnitt der Motzstraße wurde bereits am 6. Juli 1870 benannt. Durch die Angliederung der damaligen Königshofer Straße in Wilmersdorf am 21. Oktober 1901 bekam die Motzstraße ihre heute noch bestehende Führung.

Namenserläuterung	*Motz, Friedrich Christian Adolph von* * 18. 11. 1775 Kassel † 30. 06. 1830 Berlin Preußischer Politiker. Aus dem hessischen Adel stammend, trat er nach einer juristischen Ausbildung in Marburg in den preußischen Staatsdienst ein. Motz war u. a. 1801–1803 Landrat in Halberstadt und Eichsfeld, dann Steuerdirektor im Harz. 1815 Gouverneur des zu Preußen gehörenden Fürstentums Fulda, wurde er dann Regierungspräsident in Erfurt und 1821 Oberpräsident der preußischen Provinz Sachsen. 1825–1930 preußischer Finanzminister, reformierte er die Finanzverwaltung. Mit dem Zollvertrag Preußens mit Hessen-Darmstadt 1828 schuf er wichtige Voraussetzungen für den deutschen Zollverein. Der Deutsche Zollverein entstand 1834 nach seinem Tode unter seinem Nachfolger Karl Georg Maaßen. Das Grab von Motz befindet sich auf dem Friedhof der Dorotheenstädtischen und Friedrichwerderschen Gemeinde in der Chausseestraße.

Mühlenweg

Name ab	um 1885
Name bis	nicht ermittelt
Ortsteil	Wilmerdorf
Detail	Der Mühlenweg verlief von der Mecklenburgischen/ Ecke Blissestraße zur Paretzer Straße. Die Straße existiert seit einiger Zeit nicht mehr.
Namenserläuterung	*Mühlenweg*: Der Name bezieht sich auf den Verlauf der Straße zur damaligen Mühle, die sich in der Paretzer Straße gegenüber dem heutigen Krankenhaus befand.

Münstersche Straße

Name ab	1892
Ortsteil	Wilmersdorf

Detail | Vor ihrer Benennung trug die Münstersche Straße die Bezeichnung Straße 11 a.

Namenserläuterung | *Münster*: Stadt und Sitz des gleichnamigen Verwaltungsbezirks im Land Nordrhein-Westfalen, am Dortmund-Ems-Kanal. Ende des 8. Jahrhunderts gründete Karl der Große an der Stelle einer früheren sächsischen Siedlung eine Befestigung, die wenig später Sitz eines Bistum wurde. Der 819 erwähnte Name Mimigernaford wurde später von dem seit 1068 bezeugten Monastere, abgeleitet von monasterium, dem lateinischen Wort für Kloster, verdrängt. Noch vor 1137 wurde Münster mit eigenem Recht Stadt. Der Dreißigjährige Krieg endete mit der Unterzeichnung des Westfälischen Friedens in Münster 1648. Die Stadt gehörte bis 1803 zum Bistum Münster. Versuche, nach dem Dreißigjährigen Krieg Reichsfreiheit zu erlangen, endeten 1661 mit der Niederlage im Krieg gegen den Fürstbischof Christoph Bernhard von Galen. 1802/03 gelangte Münster bei der Säkularisation kurzzeitig an Preußen, über das Großherzogtum Berg und französische Besetzung dann 1815 endgültig an Preußen. 1816 wurde es Hauptstadt der preußischen Provinz Westfalen. Seit Bildung des Landes Nordrhein-Westfalen 1946 ist Münster Verwaltungssitz eines Regierungsbezirks. Die im Zweiten Weltkrieg fast völlig zerstörte Altstadt wurde weitgehend in traditionellen Bauformen wieder aufgebaut. Die Stadt ist katholischer Bischofssitz.

Nachodstraße

Name ab	8. Januar 1892
früherer Name	Grunewaldstraße (um 1875–1892)
	Schöneberger Straße (um 1885–1892)
Ortsteil	Wilmersdorf

Detail	Am 8. Januar 1892 erfolgte die Zusammenführung der Grunewald- und der Schöneberger Straße, die 1885 geteilt worden waren, unter dem neuen gemeinsamen Namen Nachodstraße. Der westlich der Bundesallee liegende Abschnitt der Nachodstraße wurde am 25. Juli 1908 in den Hohenzollerndamm einbezogen.
Namenserläuterung	*Nachod:* heute Náchod (Tschechien), Stadt in Ostböhmen am Fuße des Adlergebirges. Das an der Straße nach Schlesien gelegene Nachod entstand vor 1254. Die Mitte des 13. Jahrhunderts gegründete Burg fiel nach 1630 an Piccolomini, der sie als Geschenk des Kaisers für sein Vorgehen gegen Wallenstein erhielt. Die Burg wurde 1566–1614 zum Schloß umgebaut und im 17. Jahrhundert barock umgestaltet. Am 27. Juni 1866 siegten die Preußen bei Nachod über die Österreicher und ebneten damit den Weg für die Zweite Preußische Armee nach Bayern. Im 19./20. Jahrhundert entwickelte sich die Stadt Nachod vor allem durch den Elektromaschinenbau zur Industriestadt.

Nassauer Straße

Name ab	um 1875
Name bis	um 1880
spätere Namen	Promenade IV (um 1880–1892)
	Straße 28 (1892–1902)
	Weimarsche Straße (1902–1908)
	Weimarische Straße (1908)
heutiger Name	Wilmersdorf
Ortsteil	
weiterer Bezirk	Schöneberg
Detail	Die Nassauer Straße verlief zwischen der Hildegardstraße im Bezirk Wilmersdorf und dem Südwestkorso im Bezirk Schöneberg. Der im zuletzt genannten Bezirk liegende Straßenabschnitt trägt heute den Namen Stubenrauchstraße.
Namenserläuterung	*Nassau:* ehemaliges Herzogtum im heutigen Land Hessen. Um 1125 entstand eine Burg, die der entstehenden

Stadt und seit 1160 dem Grafengeschlecht Nassau den Namen gab. 1255 teilte sich dieses in eine Ottonische und in eine Walramsche Linie, die sich später weiter spalteten. Aus dem Besitz der Walramschen Linie ging 1806 das Herzogtum Nassau hervor, an das 1815 auch der Hauptteil des Stammbesitzes der Ottonischen Linie fiel. 1866 kam Nassau an Preußen, nachdem es im Preußisch-Österreichischen Krieg auf Seiten Österreichs gestanden hatte. Preußen gliederte es 1868 zusammen mit Hessen, Hessen-Homburg und weiteren Gebieten in die Provinz Hessen-Nassau ein, die 1944 in die Provinzen Nassau und Kurhessen getrennt wurde. Im September 1945 schloß die amerikanische Militärregierung Nassau, Teile Kurhessens und Hessen-Darmstadts zum Land Großhessen zusammen; aus ihm entstand das spätere Bundesland Hessen.

Nassauische Straße

Name ab	1886
frühere Namen	Buschweg (um 1856 – um 1870)
	Braunschweiger Straße (um 1870–1886)
	Wilmersdorfer Straße (1876–1886)
Ortsteil	Wilmersdorf
Detail	Die Nassauische Straße entstand 1886 durch die Zusammenlegung der Braunschweiger und der Wilmersdorfer Straße.
Namenserläuterung	*Nassau:* vgl. Nassauer Straße

Nauheimer Straße

Name ab	19. August 1909
Ortsteil	Wilmersdorf
Detail	Die Nauheimer Straße liegt im sogenannten Rheingauviertel, in dem die Straßen ihre Namen nach Gemeinden aus dem Rheingau erhielten. Vor ihrer Benennung trug die Nauheimer Straße die Bezeichnung Straße 35 a.

Bad Nauheim: Stadt und Heilbad im Wetteraukreis im Land Hessen. Der Ort wurde 1222 als Neuheim, später meist als Nuheim erwähnt. Er war zunächst in Besitz der Abteien Seligenstadt und Fulda, dann gehörte er den Herren von Hanau und gelangte über verschiedene Herrschaften 1736 an Hessen-Kassel. 1866 kam Nauheim zu Hessen-Darmstadt. Das Salzgewerbe ist seit dem 14. Jahrhundert nachgewiesen. Die Salzquellen wurden zu Beginn unserer Zeitrechnung durch die Kelten zur Salzgewinnung genutzt. Seit den Bohrungen zu Beginn des 19. Jahrhunderts wurde das Salzwasser zu Heilzwekken bei Rheuma und Kreislauferkrankungen angewendet. 1835 wurde der Solbadebetrieb aufgenommen. 1854 erhielt der Ort Stadtrecht, seit 1869 heißt er Bad Nauheim.

Neckarstraße

Name ab	19. August 1909
Name bis	20. Juli 1938
heutiger Name	Eberbacher Straße (1938)
Ortsteil	Wilmersdorf

Detail

Die Straße wurde am 20. Juli 1938 in die Eberbacher Straße als östliche Verlängerung einbezogen.

Namenserläuterung

Neckar: Nebenfluß des Rheins. Der 367 Kilometer lange Fluß entspringt 706 Meter über dem Meeresspiegel auf der Baar und mündet bei Mannheim. Der Neckar ist von Plochingen bis zur Mündung kanalisiert. Er durchfließt steilwandige Täler in Talauen und im Muschelkalk.

Nedlitzer Straße

Name ab	17. Mai 1930
Ortsteil	Grunewald

Detail

Vor ihrer Benennung trug die Nedlitzer Straße seit 1909 die Bezeichnung Straße G 24.

Namenserläuterung	*Nedlitz:* Stadtteil von Potsdam, der Landeshauptstadt von Brandenburg. 1323 wird urkundlich erstmals das „passagium Nedelitz" als Grenzpunkt auf der Havel erwähnt. Bedeutung erlangte der Ort vor allem für die Fährverbindung von Potsdam nach Spandau. Da der Bau der Potsdam-Nauener Chaussee (1840–1844) dem Fährgut schadete, erwarb der König die Fähre und ließ die 1691 errichtete Holzbrücke durch eine massive Brücke (1852–1855) ersetzen. 1935 wurde Nedlitz zu Potsdam eingemeindet.

Nenndorfer Straße

Name ab	1891
Name bis	nicht ermittelt
Ortsteil	Schmargendorf
Detail	Die Nenndorfer Straße sollte zwischen der Friedrichshaller und der Forckenbeckstraße verlaufen, sie wurde jedoch nicht angelegt.
Namenserläuterung	*Bad Nenndorf:* Gemeinde am Nordrand des Deister im Landkreis Schaumburg, Land Niedersachsen. Um 1000 wurde eine Siedlung Nyanthorpe als Besitz des Klosters Corvey erwähnt. Die Schwefelquellen waren seit dem 16. Jahrhundert bekannt. Der hessische Landgraf Friedrich II. bereitete die Gründung des Bades vor, die dann 1787 durch Landgraf Wilhelm IX. erfolgte. Der Ort gehörte zur Grafschaft Schaumburg.

Nestorstraße

Name ab	1892
Ortsteil	Wilmersdorf
Detail	Vor der Benennung trug die Straße die Bezeichnung Straße 7. 1892 erhielt der nördliche Abschnitt der Straße 7 den Namen Nestorstraße und der südliche den Namen Schlesische Straße. Am 18. Juni 1911 kam die Schlesische Straße zur Nestorstraße hinzu.

| Namenserläuterung | *Joachim I. Nestor*
* 21. 02. 1484 Kölln
† 11. 07. 1535 Stendal
Kurfürst von Brandenburg. Der älteste Sohn des Kurfürsten Johann Cicero gelangte 15jährig 1499 an die Regierung. Er galt als einer der gebildesten Fürsten seiner Zeit. Joachim I. war einer der ersten Kurfürsten, die ständig in Berlin residierten. Er erreichte die endgültige Akzeptierung des Kammergerichts in Berlin als oberstes Landesgericht. 1506 gründete er die Universität in Frankfurt (Oder). Als Gegner der Reformation führte er eine intolerante, konservative Religionspolitik durch. 1510 vertrieb er die Juden aus der Mark Brandenburg. Vom Papst erhielt er endgültig das Nominationsrecht für Landesbistümer zuerkannt. Während seiner Regierungszeit verlor die Mark die Landeshoheit über Pommern, gewann aber die Herrschaft über Ruppin, die Neumark und andere Gebiete. Nach seinem Tode kam es zur Teilung der Mark an seine Söhne Joachim II. und Johann. Sein Beiname Nestor leitete sich von Nestor, König von Pylos ab, der in der Trojasage weiser Ratgeber der Griechen war. |

Niederwaldstraße

Name ab	um 1908
Name bis	14. April 1936
heutiger Name	Rüdesheimer Straße (1936)
Ortsteil	Wilmersdorf
Detail	Am 14. April 1936 wurde die Straße als neuer südlicher Abschnitt in die Rüdesheimer Straße einbezogen.
Namenserläuterung	*Niederwald*: südwestliche Ausläufer des Taunus im Land Hessen. Er liegt im Rheingau bei Rüdesheim. Der zum Rheinknie nach Bingen steil abfallende Niederwald ist dort fast 350 Meter hoch. Das hier befindliche Niederwalddenkmal wurde 1877–1883 von Johannes Schilling erbaut und sollte als Nationaldenkmal an die Gründung des Deutschen Reiches 1871 erinnern. Der Niederwald

selbst wurde Ende des 19. Jahrhunderts als Park gestaltet. Am Südhang des Niederwalds befinden sich Weinberge mit bekannten Weinlagen.

Niersteiner Straße

| Name ab | 1898 |
| Ortsteil | Grunewald |

Detail

Die Niersteiner Straße liegt in einem Siedlungsgebiet, in dem einige Straßen nach Weinorten bzw. Weinsorten benannt wurden.

Namenserläuterung

Nierstein: Gemeinde und Weinort im Landkreis Mainz-Bingen im Land Rheinland-Pfalz. Zu den über 1000 Hektar Rebland gehören die rheinhessischen Weinlagen Auflangen, Brudersberg, Glöck, Pettenthal, Pfaffenkappe, Ölberg und Rehabach. Gefäße aus Funden der Jungsteinzeit werden nach dem Ort als Rössen-Niersteiner Typ bezeichnet. Zur Römerzeit bestand hier ein Bad mit Schwefelquellen.

Nikischstraße

| Name ab | 1935 |
| Ortsteil | Grunewald |

Detail

Die Nikischstraße wurde anläßlich des 80. Geburtstages des Dirigenten Arthur Nikisch benannt. Vor ihrer Benennung trug die Nikischstraße die Bezeichnung Straße G 82.

Namenserläuterung

Nikisch, Arthur
* 12. 10. 1855 Lébényi Szent Miklos (Ungarn)
† 23. 01. 1922 Leipzig
Dirigent. Er studierte in Wien, war Violinist im Wiener Hoforchester und kam 1878 als Kapellmeister ans Leipziger Stadttheater. 1889 dirigierte er Sinfoniekonzerte in Boston, war 1893 Kapellmeister und Operndirektor

in Budapest und kehrte 1895 als Gewandhauskapellmeister nach Leipzig zurück. Im gleichen Jahr übernahm er die Leitung der Berliner Philharmonie. Zahlreiche Gastspiele führten ihn durch Europa und nach Amerika. In Leipzig leitete er die Dirigentenklasse am Konservatorium. 1918 begründete Nikisch die Silvesteraufführungen der IX. Sinfonie von Ludwig van Beethoven.

Nikolsburger Platz

Name ab	16. März 1888
früherer Name	Magdeburger Platz (1876–1888)
Ortsteil	Wilmersdorf
Detail	Der Nikolsburger Platz ist der südwestliche von vier Plätzen, die die Eckpunkte der sogenannten Carstenn-Figur bilden.
Namenserläuterung	*Nikolsburg:* heute Mikulov (Tschechien), Stadt in Mähren. Am 26. Juli 1866 beendeten der Waffenstillstand und der Präliminarfrieden von Nikolsburg den Krieg zwischen Preußen und Österreich. Um die Friedensbedingungen gab es zunächst Differenzen zwischen Bismarck und König Wilhelm. Bismarck setzte schließlich seine Position durch, nämlich Annexionen in Norddeutschland und Wahrung der Integrität der süddeutschen Staaten, Sachsens und Österreichs. Mit dem Präliminarfrieden von Nikolsburg und mit dem ihn bestätigenden Frieden von Prag am 23. August 1866 trat Österreich Venetien ab, verzichtete auf Schleswig-Holstein, verpflichtete sich zu Entschädigungen und anerkannte die Auflösung des Deutschen Bundes. Parallel zum Vorfrieden war in Nikolsburg ein Waffenstillstandsabkommen geschlossen worden.

Nikolsburger Straße

Name ab	1892
frühere Namen	Ringstraße II (um 1880 – um 1885)
	Oldenburger Straße (um 1885–1892)
Ortsteil	Wilmersdorf
Namenserläuterung	*Nikolsburg:* vgl. Nikolsburger Platz

Norderneyer Straße

Name ab	1892
Ortsteil	Wilmersdorf

Detail

In diesem Siedlungsgebiet wurden mehrere Straßen nach Badeorten an der Nord- und Ostseeküste benannt.

Namenserläuterung

Norderney: Nordseebad und Ostfriesische Insel in der Nordsee. Sie gehören zum Landkreis Aurich im Land Niedersachsen. Die Insel, zwischen 14 Kilometer lang und 3 Kilometer breit, umfaßt eine Fläche von etwa 26 Quadratkilometern und ist damit die zweitgrößte der Ostfriesischen Inseln. Norderney wurde bereits 1398 als Oesterende erwähnt. Der Name belegt, daß sie das östliche Ende einer früher größeren Insel war. Im 16. Jahrhundert wurde sie auch als Norder-nye-Ooge erwähnt, im 18. Jahrhundert setzte sich die heutige Schreibweise durch. Die Insel gehörte als Herrenland den jeweils in Ostfriesland herrschenden Grafen und Fürsten, kam dann im 19. Jahrhundert über Hannover und Preußen nach 1945 zum Bundesland Niedersachsen. Der Ort Norderney war ursprünglich ein Fischerdorf, erst 1797 setzte langsam die Entwicklung zum Badeort und Heilbad ein. 1948 erhielt Norderney Stadtrecht.

Nürnberger Platz

Name ab	21. Oktober 1901
Ortsteil	Wilmersdorf
Detail	Der Nürnberger Platz ist der nordöstliche von vier Plätzen, die die Eckpunkte der sogenannten Carstenn-Figur bilden.
Namenserläuterung	*Nürnberg*: Kreisfreie Stadt im Regierungsbezirk Mittelfranken, Freistaat Bayern. Die Reichsburg Nürnberg entstand um 1000 und wurde 1050 erstmals erwähnt. Ende des 12. Jahrhunderts erlangte Nürnberg Stadtrecht. Nachfolger der Grafen von Raabs in der Burggrafschaft Nürnberg wurden Ende des 12. Jahrhunderts die Grafen von Zollern (seit dem 16. Jahrhundert Hohenzollern), die ihr Herrschaftsgebiet im späteren Mittel- und Oberfranken aufbauten. Nach der Belehnung mit der Mark Brandenburg 1417 an Burggraf Friedrich VI. (Kurfürst Friedrich I.) gaben sie die Bezeichnung Burggrafen auf und die meisten Rechte an Nürnberg ab. Nürnberg war im 14. Jahrhundert zur Reichsstadt aufgestiegen und von 1424 bis 1796 Aufbewahrungsort der Reichsinsignien. Seit 1806 gehört Nürnberg zu Bayern. In der faschistischen Zeit war es Tagungsort der Reichsparteitage der NSDAP, 1945 begannen hier die Nürnberger Prozesse gegen die NS-Kriegsverbrecher. Nürnberg ist als Teil des Wirtschaftsgebietes Nürnberg-Erlangen-Fürth-Schwabach mit Hafen am Rhein-Main-Donau-Schiffahrtsweg das wichtigste Dienstleistungs- und Industriezentrum Nordbayerns.

Nürnberger Straße

Name ab	16. März 1888
früherer Name	Birkenwäldchenstraße (um 1880–1888)
Ortsteil	Wilmersdorf
weitere Bezirke	Charlottenburg, Schöneberg
Detail	Die Nürnberger Straße entstand aus dem früheren nordöstlichen Abschnitt der Birkenwäldchenstraße. Der Abschnitt in Charlottenburg und Schöneberg wurde be-

237

reits am 18. Mai 1876 benannt. In Wilmersdorf sollte die Birkenwäldchenstraße auf Vorschlag der Gemeindeverwaltung Kaiserwahlstraße benannt werden. Dieser Antrag wurde wegen des Vorhandenseins der Burggrafen- und Landgrafenstraßen in diesem Bereich abgelehnt. So erfolgte schließlich am 16. März 1888 auch in Wilmersdorf die Benennung in Nürnberger Straße.

Namenserläuterung	*Nürnberg:* vgl. Nürnberger Platz

Oberfeldstraße

Name ab	um 1880
Name bis	16. März 1888
früherer Name	Halberstädter Straße (um 1872 – um 1880)
heutiger Name	Prinzregentenstraße (1888)
Ortsteil	Wilmersdorf
Namenserläuterung	*Oberfeld*: ein Gebietsteil südlich von Wilmersdorf, der im 19. Jahrhundert zum Rittergut Wilmersdorf gehörte und auf den die Straße zulief. Heute befindet sich dort der Ortsteil Friedenau im Bezirk Schöneberg.

Oberhaardter Weg

Name ab	20. März 1939
frühere Namen	Auerbachstraße (1898–1909) Joseph-Joachim-Straße (1909–1939)
Ortsteil	Grunewald
Detail	Als die Nazis alle jüdischen Straßennamen beseitigten, wurde die Joseph-Joachim-Straße am 20. März 1939 in Oberhaardter Weg umbenannt. Am 1. Dezember 1983 erfolgte die Abtrennung des Abschnitts westlich der Koenigsallee und seine Umbenennung in Gottfried-von-Cramm-Weg.
Namenserläuterung	*Oberhaardt*: Weinbaugebiet im Land Rheinland-Pfalz. Es ist Teil der Haardt, die heute meist als Pfälzer Wald

bezeichnet wird und im Nordwesten der Oberrheinischen Tiefebene liegt. Die Oberhaardt ist der Gebirgsrand von Neustadt bis südlich Schweigen-Rechtenbach und wird auch das Obere Gebirge genannt. Durch das Weinbaugebiet führt die südliche Deutsche Weinstraße. In Mußbach bei Neustadt befindet sich das älteste Weingut der Pfalz. In Schweigen-Rechtenbach, nahe der französischen Grenze, steht das Deutsche Weintor.

Oeynhausener Straße

Name ab	1891
Name bis	4. Juli 1929
heutiger Name	Oeynhauser Straße (1929)
Ortsteil	Schmargendorf

Detail

Vor ihrer Benennung trug die Oeynhausener Straße die Bezeichnung Straße S 26. Sie liegt in einem Viertel, in dem viele Straßen die Namen von Kur- und Badeorten erhielten.

Namenserläuterung

Bad Oeynhausen: Stadt und Kurort im Kreis Minden-Lübbecke im Land Nordrhein-Westfalen. Der Ort wurde 1847 nach dem Berghauptmann Carl Freiherr von Oeynhausen benannt, der 1842 die ersten Heilbrunnen erbohrte. Das Gebiet des Ortes gehörte früher zum Dorf Rheme und umfaßte im 18. Jahrhundert nur einzelne Bauernhöfe. Nach Entdeckung einer Salzquelle legte der preußische Staat 1751 die Saline Neusalzwerk an. Mitte des 19. Jahrhunderts entstanden die ersten Badehäuser, 1860 erhielt der Badeort Stadtrechte. Der 1926 erbohrte Jordansprudel ist die größte Thermalquelle des europäischen Festlandes, die Solquellen zählen zu den calcium- und kohlensäurereichsten deutschen Quellen.

Oeynhauser Straße

Name ab	4. Juli 1929
früherer Name	Oeynhausener Straße (1891–1929)
Ortsteil	Schmargendorf
Detail	Die Oeynhauser Straße liegt in einem Viertel, in dem viele Straßen die Namen von Kur- und Badeorten erhielten.
Namenserläuterung	*Bad Oeynhausen:* vgl. Oeynhausener Straße

Offenbacher Straße

Name ab	19. August 1909
Ortsteil	Wilmersdorf
weiterer Bezirk	Schöneberg
Namenserläuterung	*Offenbach am Main*: Kreisfreie Stadt im Regierungsbezirk Darmstadt, Land Hessen. 977 wurde Offenbach erstmals erwähnt. Es gelangte im 13. Jahrhundert an die Landgrafschaft Hessen, zunächst an die Herren von Münzenberg und von Falkenstein, dann 1418 teilweise und 1486 vollständig an die Grafen Isenburg. 1556 wurde es Residenz der Grafen von Isenburg-Büdingen. 1815 gehörte Offenbach zum Großherzogtum Hessen-Darmstadt und nach dem Ersten Weltkrieg zum Freistaat Hessen, seit dem Zweiten Weltkrieg zu Groß-Hessen bzw. zum Land Hessen.

Oldenburger Straße

Name ab	um 1885
Name bis	1892
früherer Name	Ringstraße II (um 1880 – um 1885)
heutiger Name	Nikolsburger Straße (1892)
Ortsteil	Wilmersdorf
Detail	Die Oldenburger Straße bildete die südwestliche Begrenzung der sogenannten Carstenn-Figur.

Oldenburg: kreisfreie Stadt im Land Niedersachsen und Sitz des Verwaltungsbezirks Weser-Ems, an der Hunte und am Küstenkanal gelegen. Um 800 bestand eine Siedlung im heutigen Stadtkern von Oldenburg. 1108 erschien erstmals der sächsische Name Aldenburg, ursprünglich lautete die friesische Bezeichnung Ommersburch (oder Ommeresburg) bzw. Ammerburg. Der als Grenzfeste entstandene Ort galt 1150 bis 1773 als Sitz der nach Zerfall des Stammensherzogtums Sachsen entstandenen Grafschaft Oldenburg, zunächst als Sitz der Grafen von Oldenburg, ab 1667 der dänischen Statthalter. Oldenburg erhielt 1345 Bremer Stadtrecht. 1774 wurde es Hauptstadt bzw. Residenz des Herzogtums, 1815 des Großherzogtums und 1918/19 des Freistaates bzw. Landes Oldenburg. In der faschistischen Zeit einem Reichsstatthalter unterstellt, ist Oldenburg seit Bildung des Landes Niedersachsen 1946 Sitz eines Verwaltungs- bzw. Regierungsbezirks.

Olivaer Platz

Name ab
Ortsteil
weiterer Bezirk

1892
Wilmersdorf
Charlottenburg

Detail

Der Platz, der teils zum Bezirk Wilmersdorf, teils zum Bezirk Charlottenburg gehört, trug vor seiner Benennung seit 1885 die Bezeichnung Platz B.

Namenserläuterung

Oliva: heute Oliwa (Polen), Stadtteil von Gdansk. Zisterzienser Mönche ließen sich 1175 in dem von ihnen als Oliva bezeichneten Ort nieder und gründeten 1178 das bis 1832 bestehende Kloster. Der Frieden von Oliva beendete am 3. Mai 1660 den seit 1655 geführten Krieg zwischen Schweden und Polen. Er bestätigte u. a. dem brandenburgischen Kurfürsten endgültig die Souveränität über das Herzogtum Preußen, zugleich erhielt er in früheren Verträgen versprochene Gebiete und mußte auf okkupierte Gebiete, darunter Vorpommern, verzichten. Das Gebiet um Oliva war auch in der Folgezeit oft umstritten. Ursprünglich slawisches Siedlungsgebiet und zum Deutschen Orden bzw. zu Polen gehörend, kam es mit den polnischen Teilungen 1772 bzw. 1793 zu Preußen. Nach dem Ersten Weltkrieg gelangte Oliva zur Freien Stadt Danzig und wurde 1926 eingemeindet. Als Stadtteil von Danzig (Gdansk) gehört es seit 1945 zu Polen.

Orber Straße

Name ab   1912
Ortsteil   Schmargendorf

Detail   Die Orber Straße liegt in einem Viertel, in dem viele Straßen die Namen von Kur- und Badeorten erhielten. Vor ihrer Benennung trug die Orber Straße seit 1885 die Bezeichnung Straße S 3.

Namenserläuterung   *Bad Orb*: Stadt und Heilbad im Main-Kinzig-Kreis im Land Hessen. Der Ort liegt im nördlichen Spessart. Urkundlich wurde er als Königsgut erstmals 1059 erwähnt, 1064 wurden der Ort und die Burg Oraha genannt. 1292 erhielt Orbahe Stadtrechte. Ursprünglich Reichsbesitz, gehörte Orb vom Ende des 11. Jahrhunderts bis 1803 zum Besitz der Mainzer Erzbischöfe bzw. deren Lehensträger. Es kam dann an den Fürstprimas Dalberg, stand von 1814 bis 1866 unter bayerischer Herrschaft und gelangte dann an Preußen. Die Salzquellen wurden schon im frühen Mittelalter, nachweislich seit 1064, genutzt und bildeten über Jahrhunderte den wichtigsten Erwerbszweig. Die Heilquellen sind durch kohlensäurereiche, eisenhaltige Natriumchloride bestimmt. 1837 erfolgte die Einrichtung der ersten Badeanstalt. Seit 1909 lautet die Bezeichnung Bad Orb. Seit 1945 gehört es zu Hessen.

Osnabrücker Straße

Name ab	1895
Name bis	22. Januar 1958
heutiger Name	Bielefelder Straße (1958)
Ortsteil	Wilmersdorf

Namenserläuterung

Osnabrück: kreisfreie Stadt an der Hase, im Regierungsbezirk Weser-Ems, Land Niedersachsen. Osnabrück wurde vermutlich als Bistum 780 gegründet. Eine Siedlung wurde 851 als Osnabrugga erstmals urkundlich erwähnt, seit dem 16. Jahrhundert besteht die hochdeutsche Form Osnabrück. 889 hatte Osnabrück Markt-, Münz- und Zollrecht erhalten. Aus der Siedlung entwickelte sich Mitte des 12. Jahrhunderts die Stadt, sie trat im 13. Jahrhundert dem Rheinischen Städtebund und der Hanse bei. Bis 1802 unterstand die Stadt dem Hochstift Osnabrück, doch blieb sie in ihren inneren Angelegenheiten weitgehend selbständig. Versuche, Reichsstadt zu werden, mißlangen. 1643–1648 fanden in der Stadt Verhandlungen statt, die zum Westfälischen Frieden und zum Ende des Dreißigjährigen Krieges führten.

Paderborner Straße

Name ab	4. November 1915
früherer Name	Düsseldorfer Straße (1892–1915)
Ortsteil	Wilmersdorf

Detail

Am 4. November 1915 wurde der westliche Abschnitt der Düsseldorfer Straße abgetrennt und in die eigenständige Paderborner Straße umgewandelt.

Namenserläuterung

Paderborn: Kreisstadt des gleichnamigen Landkreises im Land Nordrhein-Westfalen. Sie gilt als älteste Stadt Ostwestfalens. Erstmals wurde der Ort als Patrisbrunna 777 erwähnt, als Karl der Große hier den ersten Reichstag hielt. Seit 1243 lautete der Name Paderborn. Zu Beginn des 9. Jahrhunderts entstand das Bistum Paderborn. Die älteste von der Stadt ausgestellte Urkunde stammt aus dem Jahre 1239. Vom 13. bis zum 16. Jahrhundert war die Stadt Mitglied der Hanse. Paderborn, bis heute katholischer Erzbischofssitz, war die Hauptstadt des Fürstbistums Paderborn, bis es durch die Säkularisation 1802 an Preußen kam. Seit 1946 zum Land Nordrhein-Westfalen gehörend, wurde es 1975 durch Eingemeindungen zur Großstadt. Die Stadt ist katholischer Bischofssitz mit Theologischer Fakultät.

Parallelstraße

Name ab	um 1888
Name bis	8. Januar 1892
früherer Name	Lauenburger Straße (um 1875 – um 1888)
späterer Name	Coblenzer Straße (1892–1926)
heutiger Name	Koblenzer Straße (1926)
Ortsteil	Wilmersdorf
Namenserläuterung	*Parallelstraße*: Die Straße verlief von der Hildegardstraße in Wilmersdorf in Richtung Steglitz parallel zum damaligen Grünen Weg, der heutigen Blissestraße.

Paretzer Straße

Name ab	16. März 1888
Ortsteil	Wilmersdorf
Detail	Vor ihrer Benennung trug die Paretzer Straße die Bezeichnung Straße 33a. Am 17. Oktober 1960 wurden die Kempenicher und die Linnicher Straße in die Paretzer Straße einbezogen.
Namenserläuterung	*Paretz:* Ort an der Havel und Teil von Ketzin im Landkreis Havelland, Land Brandenburg. Erstmals erwähnt wurde das Dorf „Poratz" 1197. 1375 gehörte es je zur Hälfte Otto von Arnim und Otto Dyricke. Die von Dyricke erwarben 1465 das ganze Dorf mit dem Rittersitz. 1658–1795 war der Ort in Familienbesitz der von Blu-

menthals, von denen es Kronprinz Friedrich Wilhelm (III.) kaufte. Er ließ 1796 ein Landschloß erbauen, das bis 1806 zeitweiser Aufenthaltsort für ihn und Königin Luise war.

Pariser Straße

Name ab	4. November 1895
frühere Namen	Hopfenbruchstraße (um 1880 – um 1885)
	Straße 5a (um 1885–1895)
Ortsteil	Wilmersdorf
Detail	1902 wurde der östliche Abschnitt zwischen der heutigen Bundesallee und der Grainauer Straße herausgelöst und in Regensburger Straße umbenannt. Gleichzeitig kam als westlicher Abschnitt die bisherige Königsberger Straße zur Pariser Straße hinzu.
Namenserläuterung	*Paris:* Hauptstadt von Frankreich, an der Seine gelegen. Das gallische Oppidum Lutetia, als Hauptort der keltischen Parisier, wurde 52 v. u. Z. von den Römern erobert. 508 war es Hauptstadt des Fränkischen Reiches. Während es unter den Karolingern zum Grafensitz absank, entwickelte sich die Stadt Ende des 10. Jahrhunderts mit Bischofssitz und Königshof zum Mittelpunkt des Reiches. Paris wurde zur Hauptresidenz der französischen Könige, bis Ludwig der XIV. Ende des 17. Jahrhunderts seinen Sitz nach Versailles verlegte. Dennoch behielt die Stadt ihre politische und wirtschaftliche Bedeutung. Alle Revolutionen Frankreichs wurden in Paris entschieden. Nach Napoleons Abdankung 1814 nahmen die kriegführenden Mächte der Befreiungskriege hier Friedensverhandlungen auf und schlossen am 30. Mai 1814 den Frieden von Paris. Paris besitzt die älteste Universität des Landes, die Sorbonne. Die Stadt ist Sitz vieler internationaler Organisationen, wie UNESCO, OECD u. a., ferner Bischofssitz. Außerdem ist Paris Wirtschaftsmetropole des Landes.

Parkstraße

Name ab	1905
Name bis	17. Juli 1934
späterer Name	Helfferichstraße (1934–1958)
heutige Namen	Wildpfad (1934)
	Bernadottestraße (1958)
Ortsteile	Grunewald, Schmargendorf
weiterer Bezirk	Zehlendorf

Detail	Die Parkstraße verlief nördlich des Messelparks von der Spohrstraße im Ortsteil Grunewald bis zur Pacelliallee im Bezirk Zehlendorf. Am 4. April 1934 erfolgte die Abtrennung des nordwestlichen Abschnitts zwischen Spohr- und Hagenstraße und dessen gleichzeitige Umbenennung in Wildpfad. Der verbliebene Teil der Parkstraße wurde am 13. Juli 1934 in Helfferichstraße umbenannt.
Namenserläuterung	*Parkstraße*: Die Benennung erfolgte nach dem Messelpark an dem die Straße entlangführte.

Passauer Straße

Name ab	1892
Name bis	20. März 1957
heutiger Name	Ettaler Straße (1957)
Ortsteil	Wilmersdorf
weiterer Bezirk	Schöneberg

Detail	Am 20. März 1957 wurde der im Bezirk Wilmersdorf verlaufende Abschnitt der Passauer Straße herausgelöst und in Ettaler Straße umbenannt. Damit verläuft seit dieser Zeit die Passauer Straße nur noch im Bezirk Schöneberg.
Namenserläuterung	*Passau*: Kreisfreie Stadt im Freistaat Bayern am Zusammenfluß von Donau, Inn und Ilz gelegen. Im ersten Jahrhundert v. u. Z. entstand in diesem Gebiet die keltische Siedlung Boiodorum, deren Namen auf ein römisches

Kastell überging. Aus einem im 2. Jahrhundert u. Z. neu angelegten römischen Truppenlager, dem Castra Batava, ging der Kern des heutigen Passau hervor; im 3. Jahrhundert entstand das Kastell Bojotro. 739 Bestätigung des Bistums, seit 1217 waren die Passauer Bischöfe Reichsfürsten. 1225 erhielt Passau Stadtrecht. Vom 13. bis 15. Jahrhundert versuchte die Stadt vergeblich die Reichsfreiheit zu erhalten und die Herrschaft des Bistums abzuschütteln. Der Passauer Vertrag von 1552, der den Protestanten vorläufige Religionsausübung gewährte, bereitete den Augsburger Religionsfrieden 1555 vor. Nach der Säkularisation kam Passau 1803 zu Bayern.

Paulsborner Straße

Name ab
Ortsteile

16. März 1888
Wilmersdorf, Schmargendorf, Grunewald

Detail

Am 16. März 1888 wurden die Straßen 15, 34, S 15 und G 16 zu einem Straßenzug vereinigt und in Paulsborner Straße benannt.

Namenserläuterung:

Paulsborn: Ausflugsort und Forsthaus am Grunewaldsee. Das Gebäude befand sich ab 1769 im Besitz des Jagdzeugwärters Johann Paul von Born, dem auch die Erlaubnis zum Bierausschank erteilt worden war. Daraus wurde die Bezeichnung Paulsborn abgeleitet.

Pfalzburger Straße

Name ab
Ortsteil

1892
Wilmersdorf

Detail

Vor ihrer Benennung trug die Pfalzburger Straße seit 1885 die Bezeichnung Straße 8 a.

Namenserläuterung

Pfalzburg: heute Phalsbourg (Frankreich) im Département Moselle, Lothringen. Pfalzburg wurde nach 1560 angelegt, erhielt 1570 Stadtrecht und wurde Mittelpunkt des gleichnamigen Fürtentums. 1583 kam die Stadt an Lothringen, 1661 an Frankreich. 1679 wurde sie von Vauban zur Festung ausgebaut. Am 12. Dezember 1870 kapitulierte die Festung im Deutsch-Französischen Krieg, kam dann zu Deutschland und mit dem Versailler Vertrag wieder an Frankreich zurück.

Platz am Wilden Eber

Name ab	1922
Ortsteil	Schmargendorf

Detail

Der südliche Rand des Platzes bildet die Bezirksgrenze zwischen Wilmersdorf und Zehlendorf.

Namenserläuterung

Wilder Eber: An der Stelle des Platzes wurde im Jahre 1885 das Gartenrestaurant „Zur Waldschänke" errichtet. Eines Tages verirrte sich ein Keiler in den eingezäunten Biergarten und belästigte die Gäste. Der Wirt Albert Schmidt erlegte daraufhin das Tier mit seiner Flinte. Seit dieser Zeit nannte er sein Restaurant „Zum Wilden Eber". Nachdem dort ein Platz angelegt worden war, ließ der Gastwirt auf ihm ein „Eber"-Standbild aufstellen.

Plöner Straße

Name ab	9. November 1911
früherer Name	Marienbader Straße (1891–1911)
Ortsteil	Schmargendorf

Detail

Die Plöner Straße liegt in einem Viertel, in dem viele Straßen die Namen von Kur- und Badeorten erhielten. Am 9. November 1911 wurde der nördliche Abschnitt der Marienbader Straße in die eigenständige Plöner Straße umbenannt.

Namenserläuterung

Plön: Kreisstadt und Kurort am Plöner See im Land Schleswig-Holstein, im Bereich der Holsteinischen

Seenplatte. Plön, abgeleitet vom slawischen Wort plyn bzw. plune, war ursprünglich eine seit dem 9. Jahrhundert bestehende und 1071 erstmalig erwähnte slawische Burg. Sie wurde 1139 durch Heinrich von Badwide zerstört und als deutsche Burg und Stadt durch die Grafen Holstein wiederaufgebaut. Plön erhielt vermutlich 1236 Stadtrecht. Über die Plöner Linie der Schaumburger Grafen kam es zum vereinigten Herzogtum Schleswig und Holstein, 1623 bis 1761 war es Sitz der Herzöge von Schleswig-Holstein-Sonderburg-Plön, die in dem im 17. Jahrhundert erbauten Schloß residierten. Mit Schleswig-Holstein gehörte Plön bis 1864 zu Dänemark und kam dann an Preußen, nach 1945 zum Land Schleswig-Holstein.

Pommersche Straße

Name ab	um 1885
Name bis	16. März 1888
früherer Name	Ringstraße II (um 1880 – um 1885)
heutiger Name	Prager Straße (1888)
Ortsteil	Wilmersdorf

Namenserläuterung

Pommern: historische Landschaft in Polen und Deutschland beiderseits der Odermündung. Das ursprünglich von Germanen und später von Slawen besiedelte Territorium wurde 1120 vom polnischen Herzog Boleslaw III. erobert. Die im 12. Jahrhundert gegründeten Klöster zogen deutsche Siedler nach. Nach vorübergehender Teilung vereinigte Herzog Bogislaw X. 1478 das Land und festigte es durch eine geordnete Verwaltung. Er erreichte die Aufhebung des Lehnsverhältnisses zu Brandenburg, mußte diesem aber ein Erbrecht einräumen. Brandenburg-Preußen erlangte 1658 Lauenburg, Bütow und Draheim und 1720 Stettin, Usedom, Wollin und das Gebiet Vorpommerns bis zur Peene. 1815 vereinigte Preußen alle pommerschen Gebiete zur preußischen Provinz Pommern. 1945 wurde Vorpommern dem Land Mecklenburg zugeschlagen, gehörte ab 1952 zu den DDR-Bezirken Rostock und Neubrandenburg und ging

1990 im Bundesland Mecklenburg-Vorpommern auf.
Hinterpommern, Stettin und Swinemünde kamen 1945
zu Polen.

Pommersche Straße

Name ab	1892
Ortsteil	Wilmersdorf

Detail · Vor ihrer Benennung trug die Pommersche Straße seit 1885 die Bezeichnung Straße 13 b.

Namenserläuterung · *Pommern:* vgl. Pommersche Straße (um 1885–1888)

Prager Platz

Name ab	16. März 1888
früherer Name	Halberstädter Platz (1876–1888)
Ortsteil	Wilmersdorf

Detail · Der Prager Platz ist der südöstliche von vier Plätzen, die die Eckpunkte der sogenannten Carstenn-Figur bilden.

Namenserläuterung · *Prag:* tschechisch Praha, Hauptstadt der Tschechischen Republik, an der Moldau. 973 wurde das Bistum Prag gegründet. Die Stadt entwickelte sich als Siedlung zwischen den beiden Burgen Wyschehrad und Hradschin. Durch intensive Besiedlung entstand die Kleinseite, die 1257 Stadtrechte erhielt. Kaiser Karl IV., der die Stadt 1346 als Residenz gewählt hatte, gründete 1348 die Neustadt und Universität. Unter ihm erlebte Prag seine erste kulturelle und wirtschaftliche Blüte. Die wichtigsten Ereignisse der böhmischen Geschichte spielten sich hier ab. Mit dem ersten Prager Fenstersturz 1419 begannen die Hussitenkriege. 1618 löste der zweite Prager Fenstersturz den Dreißigjährigen Krieg aus, in seinem Ergebnis kam Prag mit Böhmen unter österreichische Herrschaft. Im Siebenjährigen Krieg schlug der preußische

König Friedrich II. 1757 die Österreicher bei Prag, mußte aber die Belagerung nach der Niederlage bei Kolin
abbrechen. 1784 wurden Altstadt, Neustadt, Kleinseite
und Hradschin zu einer Stadt vereint. 1918 wurde Prag
Hauptstadt des neu gebildeten Staates Tschechoslowakei. 1939–1945 war Prag von deutschen Truppen besetzt.
Mit der Auflösung der Tschechoslowakei ist Prag seit
1993 Hauptstadt der Tschechischen Republik.

Prager Straße

Name ab	16. März 1888
frühere Namen	Prinzenstraße (um 1875 – um 1880)
	Ringstraße II (um 1880 – um 1885)
	Pommersche Straße (um 1885–1888)
	Brandenburger Straße (um 1885–1888)
Ortsteil	Wilmersdorf

Detail

Am 16. März 1888 wurden die Brandenburger und die
Pommersche Straße in Prager Straße umbenannt. Der
nördliche Abschnitt, die frühere Brandenburger Straße,
wurde am 28. Januar 1959 wieder aus der Prager Straße
herausgelöst und in Grainauer Straße umbenannt. Die
Prager Straße bildet die südöstliche Begrenzung der
sogenannten Carstenn-Figur.

Namenserläuterung

Prag: vgl. Prager Platz

Preußische Straße

Name ab	um 1875
Name bis	um 1880
spätere Namen	Victoriastraße (um 1880–1888)
	Sadowastraße (1888–1906)
heutiger Name	Aschaffenburger Straße (1906)
Orrtsteil	Wilmersdorf

Namenserläuterung

Preußen: ehemaliger deutscher Staat. Der Name des
ursprünglich an der Weichsel siedelnden Volksstammes
der Pruzzen (Prußen) wurde nach deren Unterwerfung

im 13. Jahrhundert durch deutsche Feudalherren für das Gebiet des Deutschen Ordens und des späteren Herzogtums beibehalten. Seit dem 18. Jahrhundert wurde dieser Name auf den Staat der brandenburgischen Hohenzollern übertragen. Im 12. Jahrhundert entstand die Markgrafschaft Brandenburg, 1356 erlangte sie endgültig die Kurfürstenwürde. Brandenburg wurde mit dem 1525 aus Gebieten des Deutschen Ordens gebildeten und unter polnischer Lehnshoheit stehenden Herzogtum Preußen 1569 mitbelehnt und 1611 allein belehnt. 1618 gelangte Preußen an die brandenburgische Linie der Hohenzollern. Die Hohenzollern sicherten sich in Verträgen zwischen 1656 bis 1660 die Souveränität über das Herzogtum Preußen. Seit der Selbsterhebung des brandenburgischen Kurfürsten zum König in Preußen 1701 wurde dieser Name auf den brandenburgischen Staat der Hohenzollern übertragen. Durch seine weiter fortgeführte Expansions- und Großmachtpolitik vergrößerte Preußen sein Territorium. Nach dem Wiener Kongreß von 1815 gehörte Preußen in Europa zu den restaurativen Kräften. Sich im Kampf um die Vorherrschaft in Deutschland durchsetzend, stellte das preußische Königreich von 1871 bis 1918 die deutschen Kaiser. Preußen, der größte deutsche Einzelstaat, wurde nach dem Ersten Weltkrieg Freistaat und mußte Teile seines Gebietes an Polen, Dänemark und die Tschechoslowakei sowie die freie Stadt Danzig abtreten. Nach dem Zweiten Weltkrieg beschlossen 1945 die Alliierten die Auflösung Preußens, die am 25. Februar 1947 staatsrechtlich vollzogen wurde.

Preußische Straße

Name ab	8. Januar 1892
Name bis	25. Juli 1908
heutiger Name	Hohenzollerndamm (1908)
Ortsteil	Wilmersdorf
Detail	Die Preußische Straße, die vorher die Bezeichnungen Straße 15a und Straße 15b trug, lag zwischen der

Nikolsburger und der Konstanzer Straße. Sie wurde am 25. Juli 1908 in den seit 1900 bestehenden Hohenzollerndamm einbezogen.

Namenserläuterung	*Preußen:* vgl. Preußische Straße

Priester Weg

Name ab	um 1850
Name bis	um 1885
früherer Name	Kurfürstendamm (um 1830 – um 1850)
spätere Namen	Straße 18 a (um 1885–1895)
	Kostnitzer Straße (1895–1908)
heutiger Name	Konstanzer Straße (1908)
Ortsteil	Wilmersdorf
Detail	Der im 16. Jahrhundert angelegte Kurfürstendamm änderte mehrmals seinen Verlauf. Teile, die ursprünglich in eine andere Richtung verliefen, erhielten neue Namen. So wurde um 1850 der Teil zwischen der Xantener und der Brandenburgischen Straße in Priester Weg umbenannt. Um 1885 entfiel der Name Priester Weg.
Namenserläuterung	*Priester Weg:* Die Straße erhielt den Namen Priester Weg, weil sie früher der Verbindungsweg zwischen den Kirchen von Wilmersdorf und Lietzow war. Der Pfarrer von Wilmersdorf benutzte diesen auf dem Wege zur von ihm mitbetreuten Lietzower Kirche.

Prinzenstraße

Name ab	um 1875
Name bis	um 1880
spätere Namen	Ringstraße II (um 1880 – um 1885)
	Brandenburger Straße (um 1885–1888)
	Prager Straße (1888–1959)
heutiger Name	Grainauer Straße (1959)
Ortsteil	Wilmersdorf

| Namenserläuterung | *Prinz:* Aus dem Lateinischen princeps, d. h. „im Rang der Erste", Titel der nichtregierenden Mitglieder souveräner Fürstenhäuser. In Deutschland führten nach 1806 diesen Titel auch die Mitglieder standesherrlicher Familien, die vor 1806 den Fürstentitel besaßen. Der Thronfolger führte in der Regel den Titel Kronprinz bzw. Erbprinz (in Kurfürstentümern auch Kurprinz). Prinzgemahl war hingegen der Gemahl einer Herrscherin, Prinzregent war ein zur Regentschaft berufener Verwandter des (dann meist kinderlosen) Monarchen. |

Prinzenstraße

Name ab	1890
Name bis	1902
früherer Name	Prinz-Heinrich-Straße (vor 1885–1890)
heutiger Name	Mehlitzstraße (1902)
Ortsteil	Wilmersdorf
Namenserläuterung	*Prinz:* vgl. Prinzenstraße (um 1875 – um 1880)

Prinz-Heinrich-Straße

Name ab	vor 1885
Name bis	1890
späterer Name	Prinzenstraße (1890–1902)
heutiger Name	Mehlitzstraße (1902)
Ortsteil	Wilmersdorf
Namenserläuterung	*Friedrich Heinrich Ludwig* * 18. 01. 1726 Berlin † 05. 08. 1802 Rheinsberg Prinz von Preußen, Bruder von König Friedrich II., preußischer General. Im Siebenjährigen Krieg 1756–1763 war er einer der führenden preußischen Heerführer. Als diplomatischer Sonderbotschafter von Friedrich II. entwickelte er freundschaftliche Beziehungen zur Zarin Katharina II. von Rußland und leitete die preußische Delegation bei den Verhandlungen, in denen 1772 die

254

polnische Teilung festgelegt wurde. Preußen erhielt dadurch das Gebiet Westpreußen. Prinz Heinrich hatte auch wesentlichen Anteil am Abschluß des Baseler Sonderfriedens mit Frankreich 1795. Zu seinem Bruder stand er zeitlebens häufig in Opposition.

Prinzregentenstraße

Name ab	16. März 1888
frühere Namen	Halberstädter Straße (um 1872 – um 1880)
	Oberfeldstraße (um 1880–1888)
	Promenade I (um 1880–1888)
Ortsteil	Wilmersdorf

Detail   Die Prinzregentenstraße wurde am 16. März 1888 durch die Zusammenführung der Oberfeldstraße und des auf Wilmersdorfer Gebiet liegenden Abschnitts der Straße Promenade I gebildet. Die Benennung soll, sieben Tage nach dem Tod von Kaiser Wilhelm I., zur Erinnerung an dessen Prinzregentenzeit erfolgt sein. Wenig wahrscheinlich ist, daß die Benennung nach dem damaligen Prinzregenten Luitpold von Bayern vorgenommen wurde.

Namenserläuterung   *Prinzregent:* vgl. Prinzenstraße

Promenade I

Name ab	um 1880
Name bis	16. März 1888
früherer Name	Halberstädter Straße (um 1872 – um 1880)
heutiger Name	Prinzregentenstraße (1888)
Ortsteil	Wilmersdorf
weiterer Bezirk	Schöneberg

Namenserläuterung   *Promenade:* ein breiter und gepflegter, in der Regel mit Baumreihen bestandener Spazierweg. Die Promenade I gehörte zu einem Ringstraßenzug im Gebiet des heutigen Bundesplatzes, der durch die Anlage der Stadtautobahn durchschnitten wurde.

Promenade IV

Name ab	um 1880
Name bis	24. Juni 1892
früherer Name	Nassauer Straße (um 1875 – um 1880)
späterer Name	Straße 28 (1892–1902)
	Weimarsche Straße (1902–1908)
heutiger Name	Weimarische Straße (1908)
Ortsteil	Wilmersdorf
weiterer Bezirk	Schöneberg
Namenserläuterung	*Promenade*: vgl. Promenade I

Promenadenweg

Name ab	1904
Name bis	nicht ermittelt
Ortsteil	Wilmersdorf
Detail	Der Promenadenweg, der am Südwestufer des damaligen und später zugeschütteten Wilmersdorfer Sees lag, ist heute nicht mehr vorhanden.
Namenserläuterung	*Promenade:* vgl. Promenade I

Pücklerstraße

Name ab	1905
Ortsteil	Schmargendorf
weiterer Bezirk	Zehlendorf
Detail	Zum Zeitpunkt ihrer Benennung führte die Pücklerstraße vom Platz am Wilden Eber bis zur Bernadottestraße. 1913 erfolgte die Verlängerung in westlicher Richtung bis zur heutigen Clayallee, und seit 1950 verläuft sie nach der Einbeziehung der Straße S 93 bis zur Ecke Goldfinkweg im Bezirk Zehlendorf.
Namenserläuterung	*Pückler-Muskau, Hermann Ludwig Heinrich Fürst von* * 30. 10. 1785 Muskau † 04. 02. 1871 Branitz b. Cottbus

Schriftsteller, Gartengestalter. Nach dem Jurastudium war er Offizier in sächsischen und russischen Diensten. 1811 zog er sich auf den 1811 ererbten Herrensitz Muskau zurück, wo er nach englischem Vorbild eine Parklandschaft errichten ließ. 1822 wurde Pückler in den preußischen Fürstenstand erhoben. Ab 1820 unternahm er Reisen in die Niederlande, nach Frankreich, Großbritannien und Irland; die Berichte darüber wurden anonym unter dem Titel „Briefe eines Verstorbenen" (4 Bände, 1830–1832) veröffentlicht. Die in den 30er Jahren des 18. Jahrhunderts unternommenen Fahrten nach Nordafrika schlugen sich literarisch u. a. in „Semilasso in Afrika" (5 Bände, 1836) nieder. Nach Verkauf der Herrschaft Muskau 1845 lebte er hauptsächlich auf Schloß Branitz, wo er ebenfalls Gärten anlegen ließ, sowie in Berlin.

Putbuser Platz

Name ab	1891
Name bis	nicht ermittelt
Ortsteile	Wilmersdorf, Schmargendorf

Detail

Der Putbuser Platz befand sich an der Kreuzung Heiligendammer/Zoppoter Straße. In späteren Jahren erfolgte die Bebauung des Platzes, wodurch er aufgehoben wurde.

Namenserläuterung

Putbus: Stadt im Landkreis Rügen auf der Insel Rügen, Land Mecklenburg-Vorpommern. Das Dorf Podebuz wurde erstmals 1253 erwähnt. 1727 wurde Malte I. von Putbus († 1728) in den Reichsgrafenstand erhoben, 1806 wurden aus den Reichsgrafen Fürsten. 1810 gründeten die Fürsten von Putbus den Ort Putbus. Von 1818 bis Mitte des 19. Jahrhunderts war der Ort, trotz seiner Entfernung zum Meer, Luxusbad des Adels. 1854 ging der Besitz der Fürsten zu Putbus an die Grafen von Wylich und Lottum über. Das im 16. Jahrhundert erbaute Schloß diente den Herren von Putbus als Residenz. Nach dem Zweiten Weltkrieg verfiel es und wurde abgetragen. Der ursprünglich barocke Schloßpark ist zwischen 1810 und 1825 in einen Landschaftspark umgestaltet worden. 1960 wurde Putbus zur Stadt erhoben.

Pyrmonter Straße

Name ab	1892
Name bis	nicht ermittelt
Ortsteil	Schmargendorf

Detail

Ende des 19. Jahrhunderts sah man vor, zwischen der Friedrichshaller und der Forckenbeckstraße die Pyrmonter Straße anzulegen; dieses Vorhaben wurde jedoch nicht verwirklicht.

Namenserläuterung

Bad Pyrmont: Gemeinde und Heilbad im Landkreis Hameln-Pyrmont, Land Niedersachsen. Die Gemeinde Bad Pyrmont ist erst 1922 aus dem Zusammenschluß der Gemeinden Oesdorf und Pyrmont entstanden, 1938 kam Holzhausen hinzu. Urkundlich zuerst wurde Oesdorf 1051 erwähnt, während die Bezeichnung Pyermont erstmals 1185 genannt wurde. Der Name bezog sich auf die ehemalige Burg Petri mons. Die Quellen waren schon in der germanischen Zeit bekannt, seit dem 15. Jahrhundert wurden sie zu Heilzwecken genutzt. Die erste Anlage als Badeort schuf 1688 Georg Friedrich von Waldeck-Pyrmont. Pyrmont wurde 1720 Stadt, 1914 Bad.

Rankeplatz

Name ab	14. November 1901
Ortsteil	Wilmersdorf
weiterer Bezirk	Charlottenburg

Namenserläuterung

Ranke, Franz Leopold von
* 21. 12. 1795 Wiehe b. Artern
† 23. 05. 1886 Berlin
Historiker. Ranke studierte in Leipzig Theologie und Philologie, war ab 1825 Professor in Berlin und 1841 Historiograph des preußischen Staates. Eine Studienreise führte ihn 1827–1831 nach Wien und Italien. 1834 war er Lehrstuhlinhaber in Berlin und bildete viele später namhafte Historiker aus. Seine akademische Laufbahn beendete er 1871 und arbeitete danach an der Herausgabe sei-

ner „Sämtliche Werke" (54 Bände 1867–1890). Ranke brachte die methodischen Grundsätze der Quellenforschung und -kritik im akademischen Lehrbetrieb zu allgemeiner Geltung und gilt als der wichtigste Vertreter des Historismus in der Geschichtswissenschaft. 1865 wurde er geadelt und am 31. März 1885 der 41. Ehrenbürger von Berlin. Er wurde auf dem Sophienkirchhof, Sophienstraße 2–3 beigesetzt.

Rankestraße

Name ab	16. März 1888
früherer Name	Kaiserstraße (1874–1888)
Ortsteil	Wilmersdorf
weitere Bezirke	Charlottenburg, Schöneberg
Detail	Die Rankestraße durchläuft das Gebiet, in dem die drei Bezirke Wilmersdorf, Charlottenburg und Schöneberg aufeinandertreffen. In Charlottenburg wurde die Rankestraße bereits am 23. Januar 1887 benannt.
Namenserläuterung	*Ranke, Franz Leopold von:* vgl. Rankeplatz

Rastatter Platz

Name ab	8. Januar 1892
Name bis	26. August 1913
heutiger Name	Breitenbachplatz (1913)
Ortsteil	Wilmersdorf
weitere Bezirke	Steglitz, Zehlendorf
Detail	An diesem Platz stoßen die Bezirke Wilmersdorf, Steglitz und Zehlendorf aneinander.
Namenserläuterung	*Rastatt:* Kreisstadt an der Murg im gleichnamigen Landkreis, Land Baden-Württemberg. Das Ortsgebiet ist urkundlich erstmals 1085 als Besitz des Klosters Hirsau erwähnt. 1177 wurde es als Rasteten, 1683 als Radstatt genannt. 1404 erhielt Rastatt Marktrechte, um 1700

wurde es Stadt. Bei der Erbteilung 1535 gelangte es zur Markgrafschaft Baden-Baden, deren Markgrafen 1705–1771 bis zur Wiedervereinigung Badens in der Stadt residierten. Der Friede von Rastatt am 7. März 1714 beendete den Spanischen Erbfolgekrieg zwischen Österreich und Spanien und bestätigte den Utrechter Frieden von 1713. Von Dezember 1797 bis April 1799 tagte der Rastatter Kongreß, der die deutschen linksrheinischen Gebiete an Frankreich abtrat. 1841–1890 war Rastatt Festung, 1849 bildete es das Zentrum der Revolution in Baden. 1945 Teil der französischen Besatzungszone, gehört es seit der Bildung des Landes 1952 zu Baden-Württemberg.

Rastatter Straße

Name ab	um 1906
Name bis	17. Dezember 1932
späterer Name	Barnayweg (1932–1940)
heutiger Name	Steinrückweg (1940)
Ortsteil	Wilmersdorf

Detail   Die Rastatter Straße war zum Zeitpunkt ihrer Benennung eine Ringstraße nördlich des Breitenbachplatzes, die die Dillenburger, die Schlangenbader, die Binger und die Johannisberger Straße sowie den Südwestkorso mit der Kreuznacher Straße verband. Ab 19. August 1909 bestand sie nur noch aus ihrem südlichen Abschnitt zwischen dem Südwestkorso und der Kreuznacher Straße, der übrige Teil war eingezogen worden.

Namenserläuterung   *Rastatt:* vgl. Rastatter Straße

Rathenauallee

Name ab	14. Januar 1925
Name bis	25. Oktober 1933
früherer Name	Zugang zum Forstdienstacker (um 1904–1925)
heutiger Name	Taubertstraße (1933)
Ortsteil	Grunewald

Namenserläuterung

Rathenau, Walther
* 29. 09. 1867 Berlin
† 24. 06. 1922 Berlin
Industrieller, Politiker. Rathenau studierte in Berlin und Straßburg Mathematik, Physik, Chemie und Philolophie. Nach seiner Promotion 1889 war er in Chemiebetrieben tätig. In seiner schriftstellerischen Tätigkeit behandelte er wirtschaftlich-soziale, philosophische und politische Probleme, so in „Zur Mechanik des Geistes" 1913. Der Sohn des Mitbegründers der AEG, Emil Rathenau, wirkte seit 1893 in leitenden Funktionen verschiedener Industrieunternehmen, 1915 folgte er seinem Vater als Präsident der AEG. 1914/15 beeinflußte er als Abteilungsleiter im Kriegsministerium maßgebend die Organisation der deutschen Kriegswirtschaft. Nach dem Ersten Weltkrieg trat er der Deutschen Demokratischen Partei bei, deren Führung er seit 1920 angehörte. 1919–1922 nahm Rathenau, der als Realpolitiker galt, an den Verhandlungen über den Versailler Vertrag und an weiteren Konferenzen zur Regelung der Nachkriegsbeziehungen teil, er gehörte dem Vorläufigen Reichswirtschaftsrat und den Sozialisierungskommissionen an. In den Regierungen von Joseph Wirth leitete Rathenau 1921 das Wiederaufbau-Ministerium und schloß – seit Februar 1922 Außenminister – den Rapallovertrag ab. Wegen seiner Verständigungspolitik und Erfüllungspolitik gegenüber den Siegermächten wurde er von konservativen Kräften heftig angegriffen und im Juni von Mitgliedern der terroristischen „Organisation Consul" in der Nähe seiner Wohnung, an der Ecke Koenigsallee/Wallotstraße, im offenen Wagen ermordet. Rathenau wohnte von 1910 bis 1922 in der Koenigsallee 65. Er wurde auf dem Waldfriedhof Oberschöneweide, An der Wuhlheide, beigesetzt.

Rathenauplatz

Name ab	31. August 1957
Ortsteil	Grunewald
Detail	Die Benennung des Rathenauplatzes erfolgte anläßlich des 90. Geburtstages des im Jahre 1922 ermordeten Reichsministers des Auswärtigen, Walther Rathenau.
Namenserläuterung	*Rathenau, Walther:* vgl. Rathenauallee

Rauenthaler Straße

Name ab	19. August 1909
Ortsteil	Wilmersdorf
Detail	Die Rauenthaler Straße liegt im sogenannten Rheingauviertel, in dem die Straßen ihre Namen nach Gemeinden des Rheingaus erhielten.
Namenserläuterung	*Rauenthal:* Weinort im Rheingau-Taunus-Kreis im Land Hessen. Er gehört heute zu Eltville in der Nähe von Wiesbaden. Rauenthal wurde 1274 erstmals erwähnt. Es war vermutlich von dem Fiskalgut Eltville des Mainzer Erzbistum angelegt worden, um den Rauenthaler Berg für den Weinanbau zu kultivieren. Die Rauenthaler Weinlagen Baiken, Gehren, Herberg, Steinhaufen und Wieshell gehören zu den Spitzenlagen des Rheingaus.

Ravensberger Straße

Name ab	1892
Ortsteil	Wilmersdorf
Detail	Vor ihrer Benennung trug die Ravensberger Straße seit 1885 die Bezeichnung Straße 9a.
Namenserläuterung	*Ravensberg:* ehemalige Grafschaft im heutigen Land Nordrhein-Westfalen. Die Grafen von Kalvelage (Cal-

velage) besaßen um 1100 die „ruwen borg" in der Nähe von Halle (Westfalen). Als die Grafen Ravensberg 1346 ausstarben, kam die Grafschaft an Jülich. Durch Erbe entstand im 15. Jahrhundert das Herzogtum Jülich-Berg-Ravensberg, das 1511 durch Heirat mit dem Herzogtum Kleve-Mark in Personalunion vereinigt wurde. Im Jülich-Kleveschen Erbfolgestreit 1609–1614 kam Ravensberg durch den Vertrag von Xanten 1614 an Brandenburg. 1807 dem Königreich Westphalen einverleibt, kam Ravensberg 1815 wieder zu Preußen und wurde in die Provinz Westfalen eingegliedert. Das Gebiet gehört heute zum 1946 gebildeten Land Nordrhein-Westfalen.

Regensburger Straße

Name ab	1902
frühere Namen	Hopfenbruchstraße (um 1880 – um 1885)
	Straße 5a (um 1885–1895)
	Pariser Straße (1895–1902)
Ortsteil	Wilmersdorf
weiterer Bezirk	Schöneberg

Namenserläuterung

Regensburg: Kreisfreie Stadt des Regierungsbezirks Oberpfalz im Freistaat Bayern. Im 1. und 2. Jahrhundert entstanden die keltischen Siedlung Radasbona (Ratisbona) und das römische Lager Castra regina. Etwa seit 530 bis Mitte des 13. Jahrhunderts war Regensburg meist Sitz der bayerischen Herzöge, im 9.Jahrhundert auch der ostfränkischen Karolinger. Unter Kaiser Friedrich II. wurde es 1245 Freie Reichsstadt. Bereits im frühen Mittelalter Tagungsort von Fürsten- und Reichstagen, tagte in Regensburg von 1663 bis zu seiner Auflösung 1806 der Reichstag permament als Gesandtenkongreß (Immerwährender Reichstag). 1803 kam die Stadt an den Erzbischof und Fürstprimas Karl Theodor von Dalberg, der auch das 739 gegründete zur Kirchenprovinz Salzburg gehörende Bistum Regensburg führte und das kurzlebige Fürstentum Regensburg bildete. 1809 wurde Regensburg von den Franzosen erobert, seit 1810 gehört es zu Bayern.

Regerstraße

Name ab	3. Oktober 1935
früherer Name	Mahlerstraße (1925–1935)
Ortsteil	Grunewald

Detail

Im Zuge der Beseitigung von nach jüdischen Personen benannten Straßen durch die Nazis erfolgte 1935 die Umbenennung der Mahlerstraße in Regerstraße.

Namenserläuterung

Reger, Johann Baptist Joseph Max
* 19. 03. 1873 Brand (Oberpfalz)
† 11. 05. 1916 Leipzig
Komponist. Nach anfänglicher Musikunterweisung durch seine Eltern nahm er ab 1884 Unterricht bei dem Organisten Adalbert Lindner. 1890 wurde Riemann sein Kompositionslehrer. Reger beschäftigte sich mit zeitgenössischer Literatur und komponierte Lieder, Klavierwerke und Orgelmusik. 1901 ging er nach München, wo er sich Anfeindungen seiner Musik widersetzen mußte. Seit 1907 war Reger Universitätsdirektor und Kompositionslehrer in Leipzig. 1909 hatte er große Erfolge mit eigenen Kompositionen in London. Zwei Jahre später übernahm er die Leitung der Meininger Hofkapelle. 1908 erhielt Reger die Ehrendoktorwürde der Universität Berlin und wurde zum Professor ernannt.

Rehkitzsteig

Name ab	29. März 1939
Ortsteil	Schmargendorf

Detail

Der Rehkitzsteig trug vor seiner Benennung die Bezeichnung Straße G 25. Er liegt in einer Wohnsiedlung, in der die Straßen ihre Namen nach Wildtieren erhielten. Die Siedlung gehörte bis 1939 zum Ortsteil Dahlem im Bezirk Zehlendorf, kam dann zum Wilmersdorfer Ortsteil Grunewald und 1952 zum Ortsteil Schmargendorf.

Namenserläuterung	*Rehkitz:* junges Reh. Die Rehe sind Paarhufer und gehören zur Familie der Hirsche. Nach einer neunmonatigen Tragezeit werden an geschützten Stellen im Mai/Juni Kitze „gesetzt". Ihr Fell hat eine auffällig, weißgelb getüpfelte Färbung.

Reichenhaller Straße

Name ab	1891
Ortsteil	Schmargendorf
Detail	Die Reichenhaller Straße liegt in einem Viertel, in dem viele Straßen die Namen von Kur- und Badeorten erhielten.
Namenserläuterung	*Bad Reichenhall:* Kreisstadt des Kreises Berchtesgadener Land im Freistaat Bayern. Erstmals wurde der Ort 844 urkundlich erwähnt, 1158 erhielt er Stadtrecht. Nach dem Besitz durch einheimische Grafen an Bayern gekommen, war Reichenhall vor allem wegen seiner Salzvorkommen jahrhundertlang ein Streitgegenstand, der 1504 zugunsten Bayerns endete. 1834 wurde Reichenhall durch einen Großbrand fast völlig zerstört. Die Solquellen wurden schon in frühgeschichtlicher Zeit zur Salzgewinnung verwendet, Mitte des 19. Jahrhunderts begannen Kur- und Badebetrieb, 1900 wurde die Stadt Staatsbad. Neben dem Kurbetrieb bestehen gute Wintersportmöglichkeiten.

Reinerzstraße

Name ab	1891
Ortsteil	Grunewald
Detail	Die Reinerzstraße trug vor iherer Benennung seit 1885 die Bezeichnung Straße S 23. Sie liegt in einem Viertel, in dem viele Straßen die Namen von Kur- und Badeorten erhielten.
Namenserläuterung	*Bad Reinerz:* heute Duszniki Zdrój (Polen), Stadt in Niederschlesien in der Woiwodschaft Walbrzych. Der bereits

vor 1324 mit Stadtrecht ausgestattete Ort leitet seinen Namen von dem Vornamen des Gründers Reinhard (1324 Reinharcz) ab. Die Stadt gehörte zur böhmischen Herrschaft Hummel und wurde 1648 königliche Stadt. Wirtschaftlich dominierte vom 15. bis zum 19. Jahrhundert der Eisenerzabbau. Aufgrund der vorhandenen eisenhaltigen Mineralquellen wurde um 1800 der Badebetrieb aufgenommen und die Stadt zum Kurort ausgebaut. Seit 1945 gehört Bad Reinerz zu Polen.

Reissnerstraße

Name ab	8. Januar 1892
Name bis	um 1900
heutiger Name	Hohenzollerndamm (um 1900)
Ortsteil	Schmargendorf
Detail	Die Straße trug vorher seit um 1885 die Bezeichnung Straße S 37. Sie ging um 1900 im Hohenzollerndamm auf.
Namenserläuterung	Der Namensgeber für die Reissnerstraße konnte nicht ermittelt werden.

Reuterpfad

Name ab	1898
Ortsteil	Grunewald
Namenserläuterung	*Reuter, Fritz* * 07. 11. 1810 Stavenhagen † 12. 07. 1874 Eisenach Schriftsteller. Reuters Vater war Bürgermeister und Stadtrichter und verfügte über Landwirtschafts- und Mühlenbesitz. Reuter studierte in Rostock und Jena Jura. 1833 wurde er in Berlin verhaftet, 1836 als Burschenschaftler zum Tode verurteilt, 1837 zu 30 Jahren Festungshaft begnadigt und 1840 amnestiert. Danach war er landwirtschaftlicher Volontär, Hauslehrer, Redakteur und ab 1856 freischaffender Schriftsteller. Reuter gehörte zu

den kritischen Realisten des 19. Jahrhunderts. Seine Mundartdichtung zeigt volkstümlich humoristische Züge, seine Werke haben aber vor allem sozialkritischen Charakter, üben Kritik am preußischen Militarismus, am Adel und an der patriarchalischen Gutsherrschaft. Bekannteste Werke sind „Kein Hüsung", „Ut mine Stromtid" und „Dörchläuchting".

Rheinbabenallee

Name ab	2. Juli 1903
Ortsteil	Schmargendorf
weiterer Bezirk	Zehlendorf

Detail
: Die Straße trug vor ihrer Benennung seit 1885 die Bezeichnung Straße S 22.

Namenserläuterung
: Rheinbaben, Georg Freiherr von
* 21. 08. 1855 Frankfurt (Oder)
† 25. 03. 1921 Düsseldorf
Politiker. Rheinbaben war seit 1885 im Finanzministerium tätig, 1892 wurde er zum Geheimen Oberfinanzrat ernannt. 1896–1899 wirkte er als Regierungspräsident in Düsseldorf. 1899 wurde er zunächst preußischer Innenminister, 1901 preußischer Finanzminister. Danach war er 1910–1918 Oberpräsident der Rheinprovinz. Seit 1913 fungierte er auch als Vorsitzender der Goethegesellschaft.

Rheinische Straße

Name ab	4. August 1906
Name bis	1908
frühere Namen	Buschstraße (um 1876 – um 1890)
	Straße 48 (um 1890–1906)
	Jenaer Straße (1908)
heutiger Name	
Ortsteil	Wilmersdorf

Detail
: Der Jenaer Straße, die bereits 1906 benannt worden war, wurde 1908 die Rheinische Straße als südliche Verlängerung angegliedert.

Rhein: größter deutscher Fluß. Er ist 1320 Kilometer lang, entspringt in den Schweizer Alpen und mündet in den Niederlanden mit einem ausgedehnten Delta in die Nordsee. Der Name ist vermutlich vorkeltischen Ursprungs und hieß bei den Römern Rhenus. Der Rhein wird bei Wesel bis zu 990 Meter breit. Mit seinem Wasserreichtum, seinen zahlreichen Nebenflüssen (u. a. Main, Mosel, Neckar), Kanälen (Rhein-Main-Donau-Verbindung) und Häfen ist er für Schiffahrt, Energiegewinnung und Industrie bedeutend.

Rheydter Straße

Name ab

Name bis

Ortsteil

17. Mai 1930

1965

Wilmersdorf

Detail

Die geplante Rheydter Straße trug vor ihrer Benennung bereits seit 1900 die Bezeichnung Straße 14. Sie sollte zwischen der Mecklenburgischen und der Aachener Straße verlaufen, wurde dann jedoch nicht angelegt, sondern mit dem Bebauungsplan IX/8 wieder aufgehoben. In diesem Gebiet verläuft heute die Stadtautobahn.

Namenserläuterung

Rheydt: Stadtteil von Mönchengladbach, kreisfreie Stadt im Land Nordrhein-Westfalen. Rheydt ist seit Ende des 10. Jahrhunderts bezeugt, die Burg 1180 erstmals urkundlich erwähnt. Zunächst Besitz der Grafen von Kessel und des Kölner Bistums, ging die Lehnshoheit 1307 an die Grafen von Jülich. Bis 1794 gehörte Rheydt mit Unterbrechungen zur Grafschaft bzw. zum Herzogtum Jülich. Nach mehrjähriger französischer Besetzung kam Rheydt 1815 an Preußen. 1856 wurde Rheydt Stadt, von 1929 bis 1933 war es Teil der neuen Stadtgemeinde Gladbach-Rheydt. Rheydt gehört seit 1. Januar 1975 zu Mönchengladbach.

Richard-Strauss-Straße

Name ab	22. August 1953
früherer Name	Jagowstraße (1902–1953)
Ortsteil	Grunewald

Namenserläuterung	*Strauss, Richard Georg*

Strauss, Richard Georg
* 11. 06. 1864 München
† 08. 09. 1949 Garmisch
Komponist. Er besuchte die Münchener Domschule und das Ludwigs-Gymnasium. 1882/83 studierte er Philosophie, Ästhetik und Kulturgeschichte in München. Nach der Uraufführung seiner Konzertouvertüre c 1883 kam er nach Berlin und traf hier mit Hans von Bülow zusammen. Durch dessen Vermittlung wurde Strauss 1885 zum Kapellmeister der Meininger Hofkapelle ernannt. Über München und Weimar kam er wieder nach Berlin und übernahm die Leitung des Berliner Tonkünstler-Orchesters. Seit 1907 wirkte er regelmäßig als Gastdirigent der Wiener Philharmoniker. 1908 unternahm Strauss mit den Berliner Philharmonikern eine große Tournee und wurde Generalmusikdirektor. Seit 1917 gehörte er der Akademie der Künste in Berlin an. 1919 war er Operndirektor der Wiener Staatsoper, von 1933 bis 1935 Präsident der Reichsmusikkammer. Nachdem ihm 1943 die Ausreise in die Schweiz verweigert wurde, erlebte er das Kriegsende in Garmisch, wo er auch 1949 verstarb. Das Lebenswerk von Strauss umfaßt Bühnen- und Orchesterwerke, Chorkompositionen, Lieder, Kammermusik und zahlreiche Klavierkompostionen.

Ringbahnstraße

Name ab	16. März 1888
Ortsteil	Wilmersdorf

Detail	

Die Ringbahnstraße verlief zum Zeitpunkt ihrer Benennung 1888 von der Lützenstraße in Wilmersdorf bis zur Hauptstraße in Schöneberg. Diese sehr lange Straße wurde am 22. Dezember 1911 aufgeteilt. Den Namen

Ringbahnstraße behielt lediglich der nordwestliche Abschnitt zwischen der Lützenstraße und dem Kurfürstendamm. Aus dem anderen Straßenteil enstanden die Seesener, die Rudolstädter, die Detmolder und die Wexstraße.

Namenserläuterung

Ringbahn: Der Verbindungsring der Eisenbahn um Berlin wurde 1867–1877 gebaut. Er ersetzte die vorher auf der Straße liegenden Gleisanlagen, die zunehmend zu einem Verkehrshindernis wurden. In einer Länge von etwa 35 Kilometern umschließt er den heutigen Innenstadtbereich. Am 17. Juli 1871 wurde das erste, östliche und von Schöneberg über Stralau und Wedding nach Moabit führende Teilstück, am 15. November 1877 das zweite, westliche und von Schöneberg über Westend nach Moabit führende Teilstück eröffnet. Die Bahn verband die wichtigsten Fernbahnstrecken. Zwischen 1881 und 1902 wurden für den Personenverkehr eigene Gleise gebaut und die Zahl der Bahnhöfe erhöht. Später wurde die Bahn elektrifiziert (1929) und zu einem wichtigen Teil der Berliner S-Bahn.

Ringstraße I

Name ab
Name bis
heutiger Name
Ortsteil

um 1875
16. März 1888
Schaperstraße (1888)
Wilmersdorf

Namenserläuterung

Die Ringstraße I verlief in Form eines Halbrings vom Fasanenplatz bis zum Nürnberger Platz. Sie bildete die nördliche Ergänzung der Ringstraße II, denn beide Straßen zusammen ergaben einen geschlossenen Ring, der die äußere Begrenzung der sogenannten Carstenn-Figur bildet.

Ringstraße II

Name ab	um 1880
Name bis	um 1885
frühere Namen	Prinzenstraße (um 1875 – um 1880)
	Danziger Straße (vor 1880 – um 1880)
spätere Namen	Pommersche Straße (um 1885–1888)
	Brandenburger Straße (um 1885–1888)
	Oldenburger Straße (um 1885–1892)
	Wolfenbütteler Straße (um 1885–1892)
	Rosberitzer Straße (um 1885–1908)
	Gravelotter Straße (1892–1901)
heutige Namen	Prager Straße (1888)
	Nikolsburger Straße (1892)
	Fasanenstraße (1901)
	Trautenaustraße (1908)
	Grainauer Straße (1959)
Ortsteil	Wilmersdorf

Namenserläuterung Die Ringstraße II führte in Form eines Halbringes vom Fasanenplatz über den Nikolsburger und den Prager Platz bis zum Nürnberger Platz. Sie bildete die südliche Ergänzung der Ringstraße I, denn beide Straßen zusammen ergaben einen geschlossenen Ring, der die äußere Begrenzung der sogenannten Carstenn-Figur bildet.

Rintelner Straße

Name ab	17. Mai 1930
Ortsteil	Schmargendorf

Namenserläuterung *Rinteln*: Stadt an der Weser im Landkreis Schaumburg, Land Niedersachsen. Um 1153 wurde erstmals ein Dorf Rinctelen erwähnt, später auch als Renthene bezeichnet. Im 13. bis 16. Jahrhundert bildete sich die Form Rintelen bzw. Rinteln. Als Stadt wurde es um 1230 durch die Grafen von Holstein-Schaumburg gegründet und 1238/1239 mit Stadtrecht erstmals erwähnt. Nach dem Dreißigjährigen Krieg und Teilung der Grafschaft Schaumburg kam Rinteln an Hessen-Kassel, 1866 an Preußen und wurde dann der Provinz Hessen-Nassau angegliedert. 1932 unter die Verwaltung der preußischen Provinz Hannover gestellt, gelangte Rinteln mit ihr 1946 zum neugebildeten Land Niedersachsen.

Rosberitzer Straße

Name ab	um 1885
Name bis	3. August 1908
frühere Namen	Danziger Straße (vor 1880 – um 1880)
	Ringstraße II (um 1880 – um 1885)
heutiger Name	Trautenaustraße (1908)
Ortsteil	Wilmersdorf
Detail	Die Rosberitzer Straße wurde zusammen mit der Lipaer Straße 1908 in Trautenaustraße umbenannt.
Namenserläuterung	Die Herkunft des Straßennamens konnte nicht ermittelt werden.

Roseneck

Name ab	16. Mai 1900
Ortsteil	Grunewald
Namenserläuterung	*Roseneck:* An der Kreuzung Hagenstraße/Teplitzer Straße/Hohenzollerndamm entstand um 1900 eine Endhaltestelle verschiedener Linien der Großen Berliner Straßenbahngesellschaft. Deshalb wurde dort in Form eines Verbindungswegs zwischen dem Winkel Hagen- und Teplitzer Straße eine Kehre für die Straßenbahnen angelegt. Dieser Weg erhielt den Namen Roseneck oder auch Roseneckstraße, da dort Rosenbeete angelegt wurden.

Rothenburger Straße

Name ab	um 1906
Name bis	19. August 1909
heutiger Name	Markobrunner Straße (1909)
Ortsteil	Wilmersdorf

Namenserläuterung

Rothenburg ob der Tauber: Stadt im Landkreis Ansbach im Freistaat Bayern. Rothenburg entwickelte sich im 12. Jahrhundert zur Stadt. Sie entstand bei einer um 1000 erbauten Burg (Rothenburg) der Grafen von Comburg, an deren Stelle 1142 eine Reichsburg angelegt wurde. Die Burg gab auch der Stadt den Namen. Mit dem Aussterben der Comburger-Rothenburger Grafen kam die Burg 1116 an die Staufer. 1274 gab Rudolf von Habsburg Rothenburg die Bestätigung als Reichsstadt. Die Reichsfreiheit bildete für Rothenburg die Grundlage zum Aufbau eines eigenen städtischen Territoriums und zum Aufstieg zu einer der führenden Städte der süddeutschen Städtebünde. Ende des 14. Jahrhunderts erreichte es seine größte Blüte. Der Dreißigjährige Krieg vernichtete den Wohlstand der Stadt, Rothenburg wurde zu einem reichsfreien Kleinstaat. 1803 kam die Stadt mit ihrem Territorium an Bayern. Das mittelalterliche Stadtbild mit Stadtmauer und Wehrgang ist noch heute gut erhalten.

Rüdesheimer Platz

Name ab	19. August 1909
Ortsteil	Wilmersdorf

Detail

Der Rüdesheimer Platz liegt im sogenannten Rheingauviertel, in dem die Straßen und Plätze die Namen von Gemeinden des Rheingaus erhielten.

Namenserläuterung

Rüdesheim: Stadt im Rheingau-Taunus-Kreis im Land Hessen. Die rechts des Rheins am Niederwald gelegene Stadt ist durch Weinbau und Weinhandel geprägt. 1090 wurde Rudensheim erstmals erwähnt. Als Salhof 1128 genannt, bildete es vermutlich den Mittelpunkt einer fränkischen Krongutsverwaltung. Seit Anfang des 15. Jahrhunderts wurde der 1284 erstmalig genannte heutige Name gebräuchlich. Rüdesheim gehörte zunächst zur Reichsgrafschaft Rheingau, bis das Erzbistum Mainz zwischen 983 bis 1280 die Rechte der Rheingrafen immer mehr zurückdrängte und übernahm. 1803 kam Rüdesheim bei der Säkularisation zu Nassau, 1866 dann an Preußen und 1945 zu Hessen. Stadt ist Rüdesheim erst seit 1820. Bereits während der römischen Herrschaft wurde bei Rüdesheim Weinbau betreiben, mit seinen Weinlagen Bischofsberg, Hinterhaus, Kripp, Rottland, Schloßberg und Zollhaus bildet Rüdesheim bis heute ein Zentrum des Weinbaus. Seit Ende des vorigen Jahrhunderts hat sich Rüdesheim zu einem der meist besuchten Fremdenverkehrsorte am Mittelrhein entwickelt.

Rüdesheimer Straße

Name ab	19. August 1909
Ortsteil	Wilmersdorf
Detail	Am 14. April 1936 wurde die Niederwaldstraße als neuer südlicher Abschnitt in die Rüdesheimer Straße einbezogen. Die Straße liegt im sogenannten Rheingauviertel, in dem die Straßen die Namen von Gemeinden des Rheingaus erhielten.
Namenserläuterung	*Rüdesheim:* vgl. Rüdesheimer Platz

Rudolf-Mosse-Platz

Name ab	15. Dezember 1958
früherer Name	Homburger Platz (1934–1958)
Ortsteil	Wilmersdorf
Namenserläuterung	*Mosse, Rudolf:* vgl. Mossestraße

Rudolf-Mosse-Straße

Name ab	1. Mai 1972
frühere Namen	Mossestraße (1892–1934)
	Homburger Straße (1934–1972)
Ortsteil	Wilmersdorf
Detail	Bedingt durch den Bau der Stadtautobahn wurde die Homburger Straße in zwei Abschnitte getrennt. Der westlich der Stadtautobahn liegende Abschnitt erhielt am 1. Mai 1972 den neuen Namen Rudolf-Mosse-Straße.
Namenserläuterung	*Mosse, Rudolf:* vgl. Mossestraße

Rudolstädter Straße

Name ab	22. Dezember 1911
früherer Name	Ringbahnstraße (1888–1911)
Ortsteil	Wilmersdorf
Namenserläuterung	*Rudolstadt:* Kreisstadt des Landkreises Saalfeld-Rudolstadt im Freistaat Thüringen, an der Saale gelegen. Der Ort entstand um 1300 in Anlehnung an eine Burg und eine ältere slawische Siedlung des frühen 9. Jahrhunderts. 1326 erhielt Rudolstadt Stadtrecht. Ab 1599 war es Hauptstadt zunächst der Grafschaft, seit 1697 des Fürstentums Schwarzburg-Rudolstadt, das 1920 zu Thüringen kam. Mit dem Anschluß an die Eisenbahn begann Rudolstadt sich im 19. Jahrhundert zu einer Industriestadt zu entwickeln.

Rudorfstraße

Name ab	1903
Name bis	13. Mai 1929
heutiger Name	Warneckstraße (1929)
Ortsteil	Wilmersdorf
Detail	Vor ihrer Benennung trug die Straße ab 1885 die Bezeichnung Straße 15 c. Sie wurde vermutlich nach nachgenanntem Ernst Rudorff benannt.

275

Namenserläuterung	*Rudorff, Ernst F. C.* * 18. 01. 1840 Berlin † 31. 12. 1916 Berlin Komponist. Er besuchte 1857 das Friedrich-Gymnasium, 1859 die Berliner Universität und das Konservatorium in Leipzig. 1865 lehrte er am Konservatorium in Köln, wo er 1867 auch den Bachverein gründete. 1869 war er Professor der Berliner Hochschule für Musik. Außerdem gehörte Rudorff der Akademie der Künste und derem Senat an. Von 1880 bis 1890 leitete er den Sternschen Gesangverein. Er gründete die Musikalische Gesellschaft Berlin und promovierte 1910. Zu seinen zahlreichen Werken gehören u. a. Lieder, Variationen und 24 Sinfonien. 1906 wohnte er in Groß-Lichterfelde, Wilhelmstraße 26.

Ruhlaer Straße

Name ab Ortsteil	1891 Schmargendorf
Detail	Die Ruhlaer Straße liegt in einem Viertel, in dem viele Straßen die Namen von Kur- und Badeorten erhielten.
Namenserläuterung	*Ruhla:* Stadt im Wartburgkreis im Freistaat Thüringen. Namensgebend für die 1321 erstmals erwähnte Siedlung war der Bach Ruhla. 1640 wurde der Ort in einen eisenachischen und einen gothaischen Teil getrennt. Seit Mitte des 16. Jahrhunderts bestimmten Messerschmiede und Messerbeschaler das gewerbliche Leben. Im 19. Jahrhundert entwickelte sich eine kleine Industrie für Metallteile und Feinmechanik. Prägend für Ruhla war 1862 die Gründung der Uhren- und feinmechanischen Fabrik durch die Gebrüder Thiel. Erst 1921 wurden die im 17. Jahrhundert getrennten Ortsteile wieder zu einer Stadt vereinigt.

Ruhlandallee

Name ab	17. September 1938
Name bis	31. Juli 1947
früherer Name	Messelstraße (1910–1938)
heutiger Name	Messelstraße (1947)
Ortsteil	Schmargendorf
weiterer Bezirk	Zehlendorf

Namenserläuterung	Ruhland, Gustav

* 11. 07. 1860 Hessental
† 05. 01. 1914 Bad Tölz
Nationalökonom. Ruhland war Landwirt, studierte Wirtschaftswissenschaft und veröffentlichte ab 1882 Schriften und Fachbücher zur Agrarpolitik. Nach verschiedenen Studienreisen habilitierte er sich 1893 in Zürich für Nationalökonomie. Von 1898 bis 1901 war er Professor an der Universität in Freiburg. Danach widmete Ruhland sich voll der publizistischen Tätigkeit und schrieb u. a. seine Hauptwerke „System der politischen Ökonomie" (3 Bände, 1903–1908) und „Volkswirtschaftliche Grundbegriffe" (1910).

Ruhrstraße

Name ab	26. Juli 1923
Ortsteil	Wilmersdorf

Detail	

Vor ihrer Benennung trug die Ruhrstraße die Bezeichnung Straße 5. Den Namen Ruhrstraße erhielt sie nach der Besetzung des Ruhrgebiets, die am 11. Januar 1923 mit dem Einmarsch von Hunderttausend französischen und belgischen Soldaten begann.

Namenserläuterung	

Ruhr: rechter Nebenfluß des Rheins, 235 Kilometer lang, entspringt im sauerländischen Rothaargebirge und mündet bei Duisburg. Das über die untere Ruhr hinausreichende Ruhrgebiet ist das Zentrum des nordrhein-westfälischen Industriegebietes mit einer hohen Ballung der Bevölkerung und einer starken Konzentration von Industriestandorten. Es war wiederholt Schauplatz heftiger politischer und wirtschaftlich-sozialer Auseinandersetzungen (u. a. Bergarbeiterstreiks, Massenstreiks 1920, Ruhrstatut 1948). Von Januar 1923 bis Juli 1925 besetzten französische und belgische Truppen das Ruhrgebiet. Als Anlaß dienten die vorsätzlich verzögerten Reparationszahlungen durch Deutschland. Der durch die Regierung Cuno ausgerufene passive Widerstand wurde unter der Regierung Stresemann im September 1923 aufgegeben. Der Ruhr-Konflikt ist durch eine auf der Grundlage des Dawesplanes von 1924 zusammengetretene Konferenz der Reparationskommission beigelegt worden.

Saalfelder Straße

Name ab	3. Oktober 1912
Name bis	1968
Ortsteil	Wilmersdorf

Detail

Vor ihrer Benennung trug die Saalfelder Straße seit 1885 die Bezeichnung Straße 18. Bedingt durch den Bau der Stadtautobahn erfolgte 1968 die Aufhebung der Straße.

Namenserläuterung

Saalfeld/Saale: Kreisstadt des Landkreises Saalfeld-Rudolstadt, Freistaat Thüringen. Bei einem ursprünglich wohl fränkischen Königshof entstand die erstmals 1057 genannte Burg, in deren Schutz sich eine Siedlung entwickelte. 1208 wurde Saalfeld als Stadt erwähnt, 1680–1735 war es Residenz der Herzöge von Sachsen-Saalfeld. Im 16. Jahrhundert förderten vor allem der Silber-, Kupfer- und Eisenerzbergbau die wirtschaftliche Entwicklung der Stadt. Am 10. Oktober 1806 kam es bei Saalfeld zu einem der Doppelschlacht von Jena und Auerstedt vorausgehenden Gefecht, bei dem Prinz Louis Ferdinand von Preußen den Tod fand.

Sächsische Straße

Name ab	1892
Ortsteil	Wilmersdorf

Detail

Vor ihrer Benennung trug die Sächsische Straße seit 1885 die Bezeichnung Straße 12 a.

Namenserläuterung

Sachsen: Freistaat, historisches Gebiet. Das Stammesherzogtum Sachsen entstand um 900. Im südlichen Teil richtete Otto I. die Pfalzgrafschaft Sachsen ein. Das Kernland war die Mark Meißen, die im 11. Jahrhundert an die Wettiner gelangte. 1423 fielen Land, Herzogstitel und Kurwürde an den Markgrafen Friedrich IV. von Meißen. August der Starke gewann durch den Übertritt zum Katholizismus 1697 die polnische Königskrone und brachte den Absolutismus voll zur Geltung. Im Zweiten Schlesischen Krieg und im Siebenjährigen Krieg auf der Seite Österreichs, wurde Sachsen zu einer Macht zweiten Ranges degradiert. 1806 erst mit Preußen verbündet, schloß Sachsen nach dessen Niederlage mit Frankreich den Frieden von Posen und trat dem Rheinbund bei. Durch den Wiener Kongreß 1815 mußte der sächsische König die Hälfte seines Gebietes an Preußen abtreten, aus dem die preußische Provinz Sachsen gebildet wurde. Das Königreich ging 1871 im deutschen Kaiserreich auf. 1918 dankte der König ab, 1920 wurde die Verfassung des Freistaates Sachsen angenommen. 1952 erfolgte die Gebietsaufteilung in die DDR-Bezirke Dresden, Leipzig und Karl-Marx-Stadt. 1990 wurde der Freistaat Sachsen neu gebildet.

Sadowastraße

Name ab	16. März 1888
Name bis	1. August 1906
früherer Name	Preußische Straße (um 1875 – um 1880)
	Victoriastraße (um 1880–1888)
heutiger Name	Aschaffenburger Straße (1906)
Ortsteil	Wilmersdorf

| Detail | Die Sadowastraße bildet heute den nordwestlichen Abschnitt der Aschaffenburger Straße. |

| Namenserläuterung | *Sadowa:* heute Sadová (Tschechien), Ort im Kreis Hradec Králové in Ostböhmen. Sadowa liegt 13 Kilometer nordwestlich von Königgrätz (Hradec Kralové). Am 3. Juli 1866 fand zwischen Chlum und Sadowa die entscheidende Schlacht im Preußisch-Österreichischen Krieg statt, die mit dem Sieg der preußischen Truppen über die österreichisch-sächsische Armee endete. Die Schlacht bei Königgrätz wird mitunter auch Schlacht bei Sadowa genannt. |

Salzbrunner Straße

| Name ab | 1891 |
| Ortsteil | Schmargendorf |

| Detail | Die Salzbrunner Straße trug vor ihrer Benennung seit 1885 die Bezeichnung Straße S 20. Sie liegt in einem Viertel, in dem viele Straßen die Namen von Kur- und Badeorten erhielten. |

| Namenserläuterung | *Bad Salzbrunn:* heute Szczawno Zdrój (Polen), Stadt in Schlesien (Slask) in der Woiwodschaft Walbrzych. 1221 wurde der Ort als Salzborn das erste Mal erwähnt. Ende des 14. Jahrhunderts ging Salzbrunn in den Pfandbesitz der böhmischen Landeshauptleute auf Fürstenstein über. Mit diesem gelangte es 1509 in den erblichen Besitz der Familie von Hochberg. Die Entwicklung zum Bade- und Kurort begann erst ab 1815, obwohl schon vorher zahlreiche Heilbrunnen und alkalische Mineralquellen bekannt waren. 1945 wurde Bad Salzbrunn zur Stadt erhoben und kam zu Polen. |

Salzunger Straße

Name ab	1895
Name bis	nicht ermittelt
Ortsteil	Schmargendorf
Detail	Vor ihrer Benennung trug die Salzunger Straße die Bezeichnung Straße S 5. Die zwischen der Franzensbader und der Auguste-Viktoria-Straße geplante Straße wurde nicht angelegt.
Namenserläuterung	*Bad Salzungen:* Kreisstadt des Wartburgkreises im Freistaat Thüringen, an der Werra gelegen. Der Ort ist aus einem karolingischen Königshof hervorgegangen, der 775 an das Kloster Hersfeld und 850 an Fulda kam. Später wurde er Rittersitz und Marktsiedlung und erhielt Anfang des 13. Jahrhunderts Stadtrecht. Wegen der vorkommenden Salzquellen erfolgte im 19. Jahrhundert der Ausbau zum Kur- und Erholungsort. 1821 wurde das Solbad, 1837 das erste Badehaus eingeweiht. Seit 1923 ist die Stadt Bad.

Saßnitzer Straße

Name ab	1902
Ortsteil	Schmargendorf
Detail	In diesem Siedlungsgebiet wurden mehrere Straßen nach Badeorten an der Nord- und Ostseeküste benannt.
Namenserläuterung	*Saßnitz:* Stadt und Ostseebad auf Rügen im Landkreis Rügen, Land Mecklenburg-Vorpommern. Der Ort entstand 1906 aus dem Fischerdorf Saßnitz und dem Bauerndorf Crampas. Diese gehörten seit dem 15. Jahrhundert bis 1576 dem Hause Putbus. Ab 1824 gewannen beide Dörfer als Seebäder an Bedeutung. 1891 erhielt Saßnitz einen Eisenbahnanschluß an Stralsund, nach dem Bau der Mole wurde es ab 1896 Hafenort. 1909 wurde die Eisenbahnfährverbindung Saßnitz-Trelleborg (Schweden) eröffnet. Wegen seiner wachsenden Bedeutung auch als Industrie-

standort wurde Saßnitz 1957 zur Stadt erhoben. Neben der bereits länger bestehenden Fährverbindung nach Trelleborg und Bornholm entstand in jüngerer Zeit nahe der Stadt in Mukran ein moderner Fährhafen für den Güterverkehr.

Sauerländer Straße

Name ab	1892
Name bis	1965
Ortsteil	Wilmersdorf

Detail

Vor ihrer Benennung trug die Sauerländer Straße seit 1885 die Bezeichnung Straße 13c. Sie sollte zwischen der Brandenburgischen und der Westfälischen Straße parallel zur Münsterschen Straße verlaufen, wurde jedoch nicht angelegt. 1965 erfolgte die Aufhebung der geplanten Straße.

Namenserläuterung

Sauerland: nordöstlicher Teil des Rheinischen Schiefergebirges in Westfalen, südlich der Möhne und Ruhr, auch Süderland (im Sinne Südland von Westfalen) genannt. Zu ihm zählen Arnsberger Wald, Lenne-, Ebbe- und Rothaargebirge. Es ist bis 843 Meter hoch gelegen. Die Waldhochflächen werden durch ein dichtes Flußnetz mit zahlreichen Tälern tief eingeschnitten; die wichtigsten Orte sind Hagen, Iserlohn und Lüdenscheid.

Schaperstraße

Name ab	16. März 1888
früherer Name	Ringstraße I (um 1875–1888)
Ortsteil	Wilmersdorf

Detail

Die Schaperstraße bildet die nördliche Begrenzung der sogenannten Carstenn-Figur.

Namenserläuterung

Schaper, Karl
* 15. 03. 1828
† 06. 10. 1896

Pädagoge. Er war von 1872 bis 1886 Direktor des Joachimsthalschen Gymnasiums, das 1607 durch den Kurfürsten Joachim Friedrich in Joachimsthal bei Eberswalde gegründet wurde. Später hatte diese Bildungseinrichtung ihren Sitz in Berlin und wurde 1880 nach Wilmersdorf verlegt, wo am 22. Oktober 1880 unter der Leitung von Karl Schaper die Einweihung stattfand. Seine Grabstätte liegt auf dem Friedhof der St. Matthäi-Gemeinde in der Großgörschenstraße 12–14.

Schellendorffstraße

Name ab
früherer Name
Ortsteil

16. Mai 1938
Friedenthalstraße (um 1908–1938)
Schmargendorf

Detail

Als die Nazis alle nach Juden benannten Straßen umbenannten, erhielt die Friedenthalstraße am 16. Mai 1938 den Namen Schellendorffstraße.

Namenserläuterung

Schellendorff, Paul Eduard Anton Leopold Heinrich Bronsart von,
* 25. 01. 1832 Danzig
† 23. 06. 1891 Schettnienen
Militär und Politiker. 1849 trat er in den Heeresdienst ein, von 1861 bis 1878 war er im Großen Generalstab tätig. Während des Deutsch-Französischen Krieges führte er 1870 mit Napoleon III. bei Sedan erste Verhandlungen. 1883–1889 amtierte Schellendorff unter Bismarck als Kriegsminister. 1889 wurde er kommandierender General eines Armeekorps. Er verfaßte Memoiren und Kriegsliteratur, 1875/76 erschien u. a. „Der Dienst des Generalstabes im Frieden".

Schinkelstraße

Name ab   1902
Ortsteil   Grunewald

Detail

Die Schinkelstraße trug vor ihrer Benennung seit 1890 die Bezeichnung Straße G 5.

Namenserläuterung

Schinkel, Karl Friedrich
* 13. 03. 1781 Neuruppin
† 09. 10. 1841 Berlin
Architekt. Er studierte von 1799 bis 1800 an der Bauakademie in Berlin. Danach war er als Privatbaumeister und Maler tätig. 1810 bekam er eine Anstellung bei der Oberbaudeputation im Ressort „Öffentliche Prachtbauten". 1820 wurde er Professor und Senatsmitglied an der Akademie der Künste, 1838 Oberbaudirektor. Nach einem Schlaganfall 1840 erlangte er in seinem letzten Lebensjahr das Bewußtsein nicht mehr wieder. Schinkel war Hauptvertreter des deutschen Klassizismus. Zu seinen zahlreichen Berliner Bauten zählen u. a. die Neue Wache (1816–1817), das Schauspielhaus (1818–1820) und die Friedrich-Werdersche Kirche (1824–1831). Weitere Werke sind das Alte Museum, die Alte Bauakademie, das Schlößchen in Glienecke bei Potsdam, das Schlößchen Tegel, das Denkmal auf dem Kreuzberg sowie Architektonische Entwürfe, Landschafts- und Architekturbilder sowie Bühnenbilder. Sein Grab befindet sich auf dem Friedhof der Dorotheenstädtischen Gemeinde in Mitte, Chausseestraße 126.

Schlangenbader Straße

Name ab   um 1895
Ortsteil   Wilmersdorf

Detail

Vor ihrer Benennung trug die Schlangenbader Straße seit 1885 die Bezeichnung Straße 44 a.

Namenserläuterung

Schlangenbad: Gemeinde und Bad im Rhein-Taunus-Kreis im Land Hessen. 1657 kaufte ein Wormser Arzt von der Gemeinde Bärstadt ein Waldstück, um die dortigen warmen Quellen zu nutzen. Sie bildeten den Ausgangspunkt für die Entstehung Schlangenbads, dessen Aufschwung als Kurort mit dem Bau des ersten Badehauses 1694 begann und das im 18. Jahrhundert ein beliebtes Fürstenbad wurde. Der Ort gehörte zu Hessen und Mainz, bis er 1815 an Nassau kam und selbständige Gemeinde wurde. Der Name Schlangenbad soll wegen der hier vorkommenden Äskulapnatter entstanden sein, die die Römer angeblich mit in den Taunus gebracht haben.

Schleinitzstraße

| Name ab | 1898 |
| Ortsteil | Grunewald |

Detail

Die Straße trug vor ihrer Benennung seit 1890 die Bezeichnung Straße G 7. Anläßlich des 10. Todestages des Oberförsters von Schleinitz, erhielt die Straße seinen Namen.

Namenserläuterung

Schleinitz, Gustav Freiherr von
* 07. 12. 1820
† 16. 10. 1888
Forstmann. Gustav von Schleinitz war königlich-preußischer Oberförster und Wirklicher Geheimer Rat.

Schlesische Straße

Name ab	1892
Name bis	18. Juni 1911
heutiger Name	Nestorstraße (1911)
Ortsteil	Wilmersdorf

Detail

Vor der Benennung trug die Schlesische Straße die Bezeichnung Straße 7. 1892 erhielt der nördliche Abschnitt der Straße 7 den Namen Nestorstraße und der südliche den Namen Schlesische Straße. Am 18. Juni 1911 wurde die Schlesische Straße ebenfalls Teil der Nestorstraße.

Schlesien: historisches Gebiet im oberen und mittleren Odergebiet, gehört heute größtenteils zu Polen. Ein kleineres Gebiet ist Teil des Bundeslandes Sachsen bzw. der Tschechischen Republik. Im 10. Jahrhundert Böhmen unterstehend, gehörte Schlesien (polnisch Slask) ab 990 zu Polen. Der Name leitete sich wahrscheinlich von einem Stamm der Silingen ab. Im 12. Jahrhundert war Schlesien selbständiges Herzogtum und teilte sich in die Herzogtümer Nieder- und Oberschlesien. Von ihnen stammten die schlesischen Piastenlinien ab, die verschiedene Teilherzogtümer beherrschten. Zwischen 1327 und 1353 kamen die schlesischen Herzogtümer unter böhmische und dadurch 1526 unter Habsburger Hoheit, die polnischen Könige verzichteten in Verträgen auf ihre schlesischen Ansprüche. Nach den Schlesischen Kriegen gehörten 1763 bis auf den südlichen habsburgischen Teil die schlesischen Herzogtümer zu Preußen. 1807 bildete Preußen die Provinz Schlesien, zu der 1815 der größte Teil der früheren sächsischen Oberlausitz kam. Hauptstadt war Breslau (Wroclaw). Nach dem Ersten Weltkrieg erhielten Polen und die Tschechoslowakei Teile von Schlesien. Von den weiterhin bis 1945 zu Preußen gehörenden Gebieten Schlesiens kam nach dem Zweiten Weltkrieg der überwiegende Teil zu Polen. Das Gebiet links der Oder-Neiße-Grenze wurde in das Land Sachsen der sowjetischen Besatzungszone in Deutschland eingegliedert. 1952–1990 in der DDR zum Bezirk Dresden gehörend, ist es heute Teil des Freistaats Sachsen.

Schleswiger Straße

Name ab	um 1875
Name bis	16. März 1888
früherer Name	Schöneberger Weg (um 1856 – um 1875)
heutiger Name	Badensche Straße (1888)
Ortsteil	Wilmersdorf

Namenserläuterung

Schleswig: nördlicher Teil des Landes Schleswig-Holstein. Schleswig ging aus der deutschen Mark zwischen Schlei und Eider hervor und entwickelte sich unter dänischer Herrschaft seit dem 11. Jahrhundert zu einem selbständigen Herzogtum. Die in Holstein regierenden Schauenburger (Schaumburger) Grafen (seit 1474 Herzöge) erlangten 1386 Schleswig als dänisches Lehen und vereinigten es mit Holstein. Seit 1460 waren beide in Personalunion mit Dänemark verbunden. Wiederholt kam es zu Teilungen und zur Vereinigung. Spannungen nach dem Wiener Kongreß 1815 über Einheit und Zugehörigkeit Schleswig-Holsteins mündeten in die Deutsch-Dänischen Kriege 1848–1850 und 1864. Dänemark mußte 1864 auf die Herzogtümer verzichten, Schleswig kam unter preußische Verwaltung. Nach dem Österreich-Preußischen Krieg 1866 wurden Schleswig und Holstein, 1876 auch Lauenburg, preußische Provinz. 1920 gelangte durch den Versailler Vertrag und Volksabstimmung das dänisch besiedelte Nordschleswig zu Dänemark, 1946 entstand im wesentlichen aus der preußischen Provinz das Land Schleswig-Holstein.

Schleswigsche Straße

Name ab	25. April 1885
Name bis	28. Oktober 1893
heutiger Name	Uhlandstraße (1893)
Ortsteil	Wilmersdorf
Detail	Vor ihrer Benennung trug die Schleswigsche Straße die Bezeichnung Straße 6a. Am 28. Oktober 1893 wurde sie zusammen mit der Valerienstraße zur Uhlandstraße zusammengeführt.
Namenserläuterung	*Schleswig:* vgl. Schleswiger Straße

Schmargendorfer Straße

Name ab	um 1875
Name bis	19. August 1909
heutiger Name	Wiesbadener Straße (1909)
Ortsteil	Wilmersdorf

Detail

Bei dieser Straße handelte es sich um den alten Weg von Friedenau über die Flur von Wilmersdorf nach Schmargendorf.

Namenserläuterung

Schmargendorf: Ortsteil des Bezirks Wilmersdorf. Das alte Angerdorf wurde zum erstenmal 1275 bzw. 1354 urkundlich unter dem Namen Marggrevendorp (Marggraffendorpe) erwähnt, was auf eine markgräfliche Ortsgründung schließen läßt. Seit 1775 wurde es Schmargendorf genannt. Im 16. Jahrhundert kam es an die Familie von Wilmersdorf (Wilmerstorp), die es bis Ende des 18. Jahrhunderts besaß. Im 19. Jahrhundert gehörte es u. a. der Familie von Beyme, dann dem preußischen Domänenfiskus. Obwohl in der Nähe von Berlin liegend, blieb Schmargendorf jahrhundertelang ein Bauerndorf im brandenburgischen Landkreis Teltow und zählte 1880 lediglich 468 Einwohner. Sein Aufschwung begann erst mit der Eröffnung der Berliner Ringbahn 1883. Bei der Gründung der neuen Stadtgemeinde Berlin 1920 entstand aus der Großstadt Wilmersdorf, den Landgemeinden Schmargendorf und Grunewald sowie dem Gebiet Grunewald-Forst der 9. Verwaltungsbezirk Berlins mit der Bezeichnung Wilmersdorf.

Schmargendorfer Weg

Name ab	um 1856
Name bis	um 1885
früherer Name	Heideweg (vor 1856 – um 1856)
späterer Name	Straße 31a (um 1885–1888)
heutiger Name	Mecklenburgische Straße (1888)
Ortsteil	Wilmersdorf

Detail

Der Schmargendorfer Weg führte von Wilmersdorf in südwestlicher Richtung nach Schmargendorf.

Namenserläuterung

Schmargendorf: vgl. Schmargendorfer Straße

Schoelerallee

Name ab	17. Mai 1930
Name bis	9. Februar 1931
heutiger Name	Schoelerpark (1931)
Ortsteil	Wilmersdorf

Namenserläuterung

Schoeler, Heinrich Leopold
* 05. 08. 1844
† 24. 11. 1918
Mediziner. Er war viele Jahre Leiter der Augenklinik in der damaligen Carlstraße (heute Ludwigkirchstraße), wurde zum Professor berufen und erhielt den Titel Geheimer Medizinalrat. Schoeler kaufte 1893 in Wilmersdorf ein Grundstück, den „Elisenhof". Das darauf errichtete Haus erhielt später den Namen Schoelerhaus bzw. Schoelerschlößchen und das Grundstück die Bezeichnung Schoelerpark. Im Schoelerschlößchen, dessen Abriß zugunsten des Wohnungsbaus Ende der 20er Jahre verhindert werden konnte, wurde unter Obhut des Jugendamtes eine Heimatausstellung eingerichtet, die sich als Wilmersdorfer Heimatschau großer Beliebtheit erfreute. In den letzten Tagen des Zweiten Weltkriegs ist die kostbare Sammlung geplündert worden, und nur einzelne Stücke blieben für einen Neuanfang erhalten. Schoeler wurde auf dem Wilmersdorfer Friedhof beigesetzt.

Schoelerpark

Name ab	9. Februar 1931
früherer Name	Schoelerallee (1930–1931)
Ortsteil	Wilmersdorf
Namenserläuterung	*Schoeler, Heinrich Leopold:* vgl. Schoelerallee

Schöneberger Straße

Name ab	um 1885
Name bis	8. Januar 1892
früherer Name	Grunewaldstraße (um 1875 – um 1885)
heutiger Name	Nachodstraße (1892)
Ortsteil	Wilmersdorf

Detail

Im Jahre 1885 wurde aus der Grunewaldstraße der Abschnitt östlich der heutigen Bundesallee herausgelöst und Schöneberger Straße benannt. Diese Straße bildete einen Teil des Straßennetzes der sogenannten Carstenn-Figur. Am 8. Januar 1892 erfolgte erneut die Zusammenführung der Grunewald- und der Schöneberger Straße unter dem neuen gemeinsamen Namen Nachodstraße.

Namenserläuterung

Schöneberg: Verwaltungsbezirk in Berlin. Im Zuge der deutschen Ostbewegung entstand im ersten Drittel des 13. Jahrhunderts an der Handelsstraße von Sachsen zum Spreeübergang Berlin-Cölln das Dorf Schöneberg. Es wurde urkundlich erstmals 1264 erwähnt, als dem Benediktinerinnenkloster in Spandau vom Markgrafen Otto III. fünf Hufen in der „villa sconenberch" verschrieben wurden. 1506 kaufte Kurfürst Joachim I. das Dorf und unterstellte es dem Amt Mühlenhof. Die 1750/1751 angelegte Kolonie Böhmerberg wurde um 1800 Neu-Schöneberg genannt und 1875 mit dem alten Dorf, Alt-Schöneberg, vereinigt. 1898 erhielt Schöneberg das Stadtrecht, schied 1899 aus dem Landkreis Teltow aus und bildete einen eigenen Stadtkreis. Bei der Eingemeindung 1920 nach Berlin wurde Schöneberg zusammen mit Friedenau 11. Stadtbezirk. Von 1948 bis 1991 war das Schöneberger Rathaus Sitz des Senats und des Abgeordnetenhauses von Berlin.

Schöneberger Weg

Name ab	um 1856
Name bis	um 1875
späterer Name	Schleswiger Straße (um 1875–1888)
heutiger Name	Badensche Straße (1888)
Ortsteil	Wilmersdorf

Detail

Der Schöneberger Weg war der alte Ortsverbindungsweg von der Mehlitzstraße in Wilmersdorf nach Schöneberg.

Namenserläuterung

Schöneberg: vgl. Schöneberger Straße

Schrammstraße

Name ab	1905
Ortsteil	Wilmersdorf

Detail

Vor ihrer Benennung trug die Schrammstraße seit 1885 die Bezeichnung Straße 8. Um 1912 kam ein Teil der Schrammstraße zur Straße Am Volkspark.

Namenserläuterung

Schramm, Franz Otto
* 25. 10. 1845 Wilmersdorf
† 12. 10. 1902 Wilmersdorf
Unternehmer. Er entstammte einer alteingesessenen Wilmersdorfer Familie. 1879 gründete er am Wilmersdorfer See das Ausflugsrestaurant mit Schwimmbad, das „Seebad Wilmersdorf". Nach seinem Tode wurde er in der Familiengrabstätte Otto Schramm auf dem Wilmersdorfer Friedhof beigesetzt.

Schumacherplatz

Name ab	um 1936
Name bis	21. März 1956
heutiger Name	Waldmeisterstraße (1956)
Ortsteil	Grunewald

Detail	Der Schumacherplatz trug vor seiner Benennung seit 1922 die Bezeichnungen Straße G 88 a und Straße G 88 b. Am 21. März 1956 wurde der Schumacherplatz in die im Jahre 1936 benannte Waldmeisterstraße einbezogen.
Namenserläuterung	*Schumacher, Hermann* * 06. 03. 1868 Bremen † 03. 10. 1952 Göttingen Wirtschaftswissenschaftler. Schumacher war 1917–1935 Professor für Volkswirtschaft an der Berliner Universität. Er hielt Vorlesungen über Marktprobleme und veröffentlichte Schriften wie u. a. „Die Staatswissenschaften" (1930) und „Die Organisation des Weltmarkts für Qualitätswaren" (1933). Am 31. März 1935 wurde er von seiner Lehrtätigkeit an der Universität entpflichtet. 1940/41 wohnte er in Berlin-Steglitz, Arno-Holz-Straße 9.

Schwalbacher Straße

Name ab	um 1902
Name bis	nicht ermittelt
Ortsteil	Wilmersdorf
Detail	Vor ihrer Benennung trug die Schwalbacher Straße seit 1885 die Bezeichnung Straße 47a. Sie sollte zwischen der Wiesbadener und der Kreuznacher Straße angelegt werden, dieser Plan wurde jedoch nicht verwirklicht.
Namenserläuterung	*Bad Schwalbach*: Kreisstadt und Kurort im Rheingau-Taunus-Kreis im Land Hessen. Sualbach wurde erstmals 781 urkundlich erwähnt und war seit dem 13. Jahrhundert Sitz der reichsfreien Ritter von Schwalbach. Ursprünglich Langenschwalbach (Langinswalbach) genannt, gehörte es im 12. Jahrhundert zu den Dörfern des Rheingaus unter Herrschaft der Mainzer Erzbischöfe. 1352 erfolgte seine erste Erwähnung. Nach der Herrschaft der Grafen von Katzenelnbogen gehörte es zu Hessen. Die Entwicklung als Bad begann 1569, wodurch der Ort 1643 Stadtrechte erlangte. 1818 wurde es amtlich Stadt und kam zum Herzogtum Nassau. Im 19. Jahrhundert war es eines der bevorzugten Bäder von Fürsten, Königen und Kaisern.

Schwarzbacher Straße

Name ab	19. November 1958
früherer Name	Friedrichsruher Straße (1892–958)
Ortsteil	Grunewald

Detail

Im Zusammenhang mit dem Bau der Stadtautobahn wurde am 19. November 1958 der nördliche Abschnitt der Friedrichsruher Straße herausgelöst und zur selbständigen Schwarzbacher Straße.

Namenserläuterung

Schwarzbach: heute Czarne (Polen), Heilbad am Nordfuß des Isergebirges in Niederschlesien. Schwarzbach war im 16. Jahrhundert Sitz einer Linie der Familie von Schaffgotsch. Caspar von Schaffgotsch erbaute dort 1559 ein zweigeschossiges Renaissanceschloß. 1623 erwarb den Besitz ein Herr von Nimptsch, 1679 die Stadt Hirschberg, die das Schloß verpachtete. Aufgrund der vorhandenen Eisenquellen entwickelte sich in Schwarzbach der Kur- und Badebetrieb. Seit 1945 gehört der Ort zu Polen.

Schwarzwaldstraße

Name ab	24. Oktober 1908
Name bis	1. März 1912
früherer Name	Heidelberger Straße (1905–1908)
heutiger Name	Geisenheimer Straße (1912)
Ortsteil	Wilmersdorf

Detail

Die Schwarzwaldstraße entstand 1908 aus dem herausgelösten südlichen Abschnitt der Heidelberger Straße.

Namenserläuterung

Schwarzwald: Mittelgebirge in Südwestdeutschland, Land Baden-Württemberg. Es ist etwa 160 Kilometer lang und zwischen 22 und 60 Kilometer breit. Die höchsten Berge sind im Süden der Feldberg mit 1493 Metern und im Norden der Hornisgrinde mit 1164 Metern. Der Schwarzwald, im Mittelalter noch weitgehend unbesiedelt, wurde seit dem 11. Jahrhundert zum Silberbergbau genutzt. Aus der im 18. Jahrhundert entstandenen Uhrmacherei entwickelte sich eine zeitweise bedeutende Industrie („Schwarzwälder Uhren"). Die vielen Mineral- und Thermalquellen führten zur Entwicklung zahlreicher Bade- und Kurorte (Baden-Baden, Badenweiler, Triberg, Wildbad).

Schwedlerstraße

Name ab
Ortsteil

1898
Grunewald

Namenserläuterung

Schwedler, Johann Wilhelm
* 28. 06. 1823 Berlin
† 09. 06. 1894 Berlin
Bauingenieur. Der Geheime Oberbaurat Schwedler war von 1858 bis 1891 im preußischen Arbeitsministerium tätig. Seine Arbeiten zur Theorie der stählernen Brücken und Kuppelgewölbe waren bahnbrechend. 1864 entwickelte er eine Fachwerkform, bei der die Diagonalen ausschließlich auf Zug beansprucht werden, den später nach ihm benannten Schwedlerträger. Daneben entwarf er viele Stahlbrücken u. a. die Weichselbrücke bei Dirschau, die Elbbrücke bei Meißen und die Oderbrücke bei Breslau.

Schweidnitzer Straße

Name ab
Ortsteil

um 1905
Wilmersdorf

Detail

Die Schweidnitzer Straße trug vor ihrer Benennung seit 1900 die Bezeichnung Straße 2.

Namenserläuterung

Schweidnitz: heute Swidnica (Polen), Kreisstadt in Niederschlesien in der Woiwodschaft Walbrzych, an der Weistritz. Die Stadt wurde 1243 erstmals erwähnt und erhielt vor 1267 Stadtrecht. Von 1291 bis 1392 war sie Hauptstadt des Herzogtums Schlesien und Sitz einer Nebenlinie der niederschlesischen Piasten. Vom 14. bis zum 16. Jahrhundert war der Ort vor allem als Handelsplatz für Textilwaren von Bedeutung. 1640 wurde Schweidnitz Garnisionsstadt, 1742 fiel es an Preußen. 1747–1754 ließ Friedrich II. es zur preußischen Festung ausbauen. 1807 begannen die Franzosen den Abbruch der Befestigungen, 1867 wurden sie endgültig geschleift und in Promenaden rings um die Stadt verwandelt. Durch den Bahnanschluß 1844 entwickelte sich Schweidnitz im 19. Jahrhundert zur Industriestadt. 1945 kam es zu Polen.

Schweinfurthstraße

Name ab
Ortsteil
weiterer Bezirk

15. Mai 1909
Schmargendorf
Zehlendorf

Detail

Vor ihrer Benennung trug die Straße die Bezeichnung Straße S 23.

Namenserläuterung

Schweinfurth, Georg
* 29. 12. 1836 Riga
† 19. 09. 1925 Berlin
Afrikaforscher. Von 1863 bis 1866 unternahm er seine erste Reise nach Ägypten und dem Ostsudan. In Berlin war er Kustos am Botanischen Museum und Mitglied der Preußischen Akademie der Wissenschaften. In deren Auftrag erforschte Schweinfurth 1869–1871 das Gebiet des oberen Nils. Auf dieser Expedition konnte er das Quellgebiet des Stromes nach Südwesten abgrenzen. Er brachte die erste Kunde von den Pygmäen nach Europa und schrieb u. a. wissenschaftliche Artikel und Fachbücher wie z. B. „Beitrag zur Flora Äthiopiens" (1867) und „Im Herzen von Afrika" (2 Bände, 1874). Schweinfurth wurde im Botanischen Garten in Dahlem beigesetzt.

Seebergsteig

Name ab   14. April 1936
früherer Name   Dunckerstraße (1898–1936)
Ortsteil   Grunewald

Detail   Als 1936 die Nazis begannen, alle nach Juden benannten Straßen umzubenennen, erhielt die Dunckerstraße den neuen Namen Seebergsteig.

Namenserläuterung   *Seeberg, Reinhold*
* 05. 04. 1859 Pörafer (Livland)
† 23. 10. 1935 Ahrenshoop
Theologe. Der Sohn eines Landwirts studierte nach dem Besuch des Gymnasiums Theologie und Philosophie in Dorpat und Erlangen. Ab 1889 Professor an der Universität in Erlangen, folgte er 1898 einem Ruf an die Berliner Universität. Hier lehrte er bis 1935 und war Direktor des Instituts für Sozialethik. Seeberg gilt als Begründer der „modernen positiven Theologie" und als Experte auf dem Gebiet der Dogmengeschichte, zu dem er mehrere Schriften veröffentlichte. Seine bedeutendste wissenschaftliche Leistung war das „Lehrbuch der Dogmengeschichte" (1895 ff., 1959 neu aufgelegt).

Seesener Straße

Name ab   22. Dezember 1911
früherer Name   Ringbahnstraße (1888–1911)
Ortsteil   Wilmersdorf

Namenserläuterung   *Seesen:* Stadt im Kreis Goslar am nordöstlichen Harzrand im Land Niedersachsen. Unterhalb der 973/974 erstmals urkundlich genannten Burg bildeten sich an einem Schnittpunkt alter Fernhandelsstraßen zwei Siedlungen heraus. Sie waren bis ins 17. Jahrhundert als Marktort und Handelsplatz von Bedeutung. 1428 nach dem Zusammenwachsen der getrennt entstandenen Unter- und Oberstadt erhielt Seesen Stadtrecht. Die 1673 völlig niedergebrannte Oberstadt wurde als barocke Rasteranlage wieder aufgebaut. Seit Anfang des 19. Jahrhunderts entwickelte sich in Seesen der Fremdenverkehr.

Seestraße

Name ab	um 1872
Name bis	2. November 1895
heutiger Name	Hildegardstraße (1895)
Ortsteil	Wilmersdorf

Namenserläuterung

Seestraße: Die Straße erhielt ihren Namen nach dem später zugeschütteten Wilmersdorfer See, an dessen Südseite sie entlangführte.

Selchowstraße

Name ab	1906
Ortsteil	Schmargendorf

Detail

Die Selchowstraße trug vor ihrer Benennung seit 1900 die Bezeichnung Straße S 24.

Namenserläuterung

Selchow, Werner von
* 01. 02. 1806 Danzig
† 23. 02. 1884 Brandenburg/Havel
Preußischer Politiker. Er war 1842–1845 Landrat im pommerschen Kreis Lauenburg-Bütow, 1851–1853 Regierungspräsident in Liegnitz, 1856–1862 in gleicher Funktion in Frankfurt (Oder). 1862 zum Oberpräsidenten der Provinz Brandenburg berufen, kam er schom im Dezember desselben Jahres als Landwirtschaftsminister ins Preußische Staatsministerium, wo er bis zu seiner Pensionierung 1873 verblieb.

Sesselmannweg

Name ab	23. Oktober 1931
Ortsteil	Schmargendorf

Namenserläuterung

Sesselmann, Friedrich
* 1455 Kulmbach
† 1483

Theologe. Er war Bischof in Lebus. Das Hochstift Lebus war zu dieser Zeit (seit 1424) dem Erzbistum Magdeburg unterstellt. Sesselmann fungierte als Berater von Johann Cicero, der seinen Vater, Kurfürst Albrecht III. Achilles, in der Mark bei dessen häufiger Abwesenheit vertrat.

Siegburger Straße

Name ab	19. August 1909
Ortsteil	Wilmersdorf
Detail	Die Siegburger Straße liegt im sogenannten Rheingauviertel, in dem die Straßen die Namen von Gemeinden des Rheingaus erhielten.
Namenserläuterung	*Siegburg*: Kreisstadt des Rhein-Sieg-Kreises im Land Nordrhein-Westfalen. Die Stadt liegt an der Sieg. 1064 gründete der Kölner Erzbischof eine Benediktinerabtei, der er mit weiteren Gütern auch die seit dem 9./10. Jahrhundert bestehende Burg und Siedlung übertrug. Der Ort wurde 1065 als Sigeburch erstmals erwähnt, 1069 erhielt die Siedlung Markt-, Zoll- und Münzrechte. 1182 wurde Siegburg erstmals als Stadt bezeichnet. Bis dahin unter der Herrschaft der Abtei stehend, gehörte die Stadt mit der Abtei 1676 bis 1806 als Unterherrschaft zum Herzogtum Berg. Nach französischer Herrschaft kam sie 1815 an Preußen. Seit 1946 gehört Siegburg zum Land Nordrhein-Westfalen.

Siemensstraße

Name ab	1898
Name bis	16. April 1937
heutiger Name	Lassenstraße (1937)
Ortsteil	Grunewald
Namenserläuterung	*Siemens, Ernst Werner von* * 13. 12. 1816 Gut Lenthe bei Hannover † 06. 12. 1892 Berlin

Industrieller und Erfinder, Begründer der modernen Elektrotechnik. Siemens war der Sohn eines Gutspächters. Da es ihm an Mitteln für ein technisches Studium mangelte, wurde er zunächst Artillerieoffizier; er studierte drei Jahre an der Artillerie- und Ingenieur-Schule in Berlin. Hier erfand er u. a. bereits den Zeigertelegrafen. Zusammen mit dem Mechaniker Halske gründete er am 1. Oktober 1847 eine Telegrafenbauanstalt, aus der sich die spätere Weltfirma Siemens & Halske entwickelte. Jetzt begann die Zeit seiner großen Erfindungen, so 1866 die elektrische Dynamomaschine, 1879 die elektrische Lokomotive, 1880 der elektrische Aufzug und 1881 die erste elektrische Straßenbahn, die am 16. Mai 1881 in Lichterfelde ihren Betrieb aufnahm. Im Jahre 1874 berief man Siemens zum Mitglied der Preußischen Akademie der Wissenschaften, 1888 wurde er in den erblichen Adelsstand erhoben. Er wurde er auf dem Stahnsdorfer Waldfriedhof beigesetzt.

Sigismundstraße

Name ab	16. März 1888
Name bis	8. Januar 1892
heutiger Name	Johann-Sigismund-Straße (1892)
Ortsteil	Wilmersdorf
Detail	Die Sigismundstraße trug vor ihrer Benennung sei 1885 die Bezeichnung Straße 4 a.
Nanmenserläuterung	*Sigismund:* vgl. Johann-Sigismund-Straße

Sigmaringener Straße

Name ab	16. März 1888
Name bis	30. Juni 1908
früherer Name	Die kurze Trift (um 1856–1888)
heutiger Name	Sigmaringer Straße (1908)
Ortsteil	Wilmersdorf

Detail	Am 16. März 1888 wurde die Straße Die kurze Trift unter Einbeziehung der bisherigen Straße 10a in Sigmaringer Straße umbenannt.
Namenserläuterung	*Sigmaringen:* Kreisstadt des gleichnamigen Landkreises im Land Baden-Württemberg. Zunächst als Sigmaringin erwähnt, findet sich erstmals 1115 der Name Sigmaringen. Vermutlich wurde der Name von einer ursprünglichen Alemannensiedlung übernommen. Die Siedlung entstand am Fuße einer 1077 erstmals erwähnten Burg, wurde im 13. Jahrhundert Stadt und erhielt 1362 Stadtrecht. Über den Besitz der Grafen von Helfenstein und Montfort kam Sigmaringen 1290 an die Habsburger, von denen es mehrfach verpfändet wurde. Seit 1535 waren Stadt und Grafschaft im Besitz der Hohenzollern. Das Schloß diente 1575 bis ins 19. Jahrhundert als Residenz der Linie Hohenzollern-Sigmaringen. 1805 wurde Hohenzollern-Sigmaringen souverän, 1849 kam das Gebiet an Preußen, 1945 zu Württemberg-Hohenzollern. Seit 1952 gehört es zum Land Baden-Württemberg.

Sigmaringer Straße

Name ab frühere Namen	30. Juni 1908 Die kurze Trift (um 1856–1888) Sigmaringener Straße (1888–1908)
Ortsteil	Wilmersdorf
Namenserläuterung	*Sigmaringen:* vgl. Sigmaringener Straße

Sodener Straße

Name ab frührer Name Ortsteil	1902 Ehrenfeldstraße (nach 1885–1902) Wilmersdorf
Detail	Die Sodener Straße liegt in einem Viertel, in dem viele Straßen die Namen von Kur- und Badeorten erhielten. Bei späteren Baumaßnahmen wurden verschiedene Abschnitte herausgelöst.

Bad Soden am Taunus: Stadt und Kurort im Main-Taunus-Kreis im Land Hessen, am Südrand des Taunus gelegen. Als Reichsdorf stand das 1191 erstmals genannte Soden in enger Verbindung mit der Reichsstadt Frankfurt am Main. Seit dem 16. Jahrhundert bis Anfang des 19. Jahrhunderts übten Frankfurt und die Kurpfalz bzw. das Erzbistum Mainz gemeinsam die Herrschaft in Soden aus. Um 1700 begann der Badebetrieb. Der Ort kam 1803 an Nassau, 1866 an Preußen und 1945 zu Hessen. Seit 1913 heißt er Bad Soden, seit 1947 ist er Stadt.

Solsdorfer Weg

Name ab

Name bis

Ortsteil

15. Dezember 1930

1. April 1971

Wilmersdorf

Detail

Der Solsdorfer Weg trug vor seiner Benennung die Bezeichnung Straße 88. Er verlief zwischen der Rudolstädter und der Kalischer Straße. Bedingt durch den Bau der Stadtautobahn wurde die Straße am 1. April 1971 entwidmet.

Namenserläuterung

Solsdorf: Kleine Gemeinde im Landkreis Saalfeld-Rudolstadt im Freistaat Thüringen mit wenig über dreihundert Einwohnern (1992).

Spandauer Straße

Name ab

Name bis

früherer Name

heutiger Name

Ortsteil

6. März 1891

18. Februar 1927

Spandauer Weg (um 1885–1891)

Berkaer Straße (1927)

Schmargendorf

Detail

Der Name Spandauer Straße wurde gewählt, weil es sich um die alte Straße von Schmargendorf in Richtung Spandau handelte. Am 6. März 1891 erfolgte die Teilung des Spandauer Weges in zwei eigenständige Straßen mit den

Namen Liebenwerda- und Spandauer Straße. Am 1. April 1898 wurde die Liebenwerdastraße als nördlicher Abschnitt in die Spandauer Straße einbezogen.

Namenserläuterung	*Spandau:* Berliner Verwaltungsbezirk. Bis zur Eingemeindung im Jahre 1920 war Spandau eine selbständige Stadt, die ihren Ursprung am günstigen Havelübergang der großen Fernstraße hatte, die von Westen über Magdeburg und Berlin in östlicher Richtung nach Lebus führte. Es ist anzunehmen, daß die Havel von etwa 1160 bis um 1200 die Landesgrenze bildete und es hier einen lebhaften Tauschhandel gab. Nachdem die Grenze weiter nach Osten hinausgerückt war, wurde das 1232 erstmals urkundlich erwähnte Spandau wirtschaftlich und militärisch rückwärtiger Stützpunkt. Hierbei entstanden zwei bedeutungsvolle Ansiedlungen: auf der Altstadtinsel die mittelalterliche Stadt und auf der heutigen Zitadelleninsel die Hofburg. Bis zum Ende des 19. Jahrhunderts ist Spandau dann über die Größe einer Mittelstadt nicht hinausgekommen. Hemmend hatte sich auch der seit dem 17. Jahrhundert auferlegte Festungszwang ausgewirkt, so daß erst 1903 nach seiner Aufhebung eine freie Entwicklung erfolgen konnte. 1887 hatte sich Spandau als kreisfreie Stadt aus dem Kreis Osthavelland gelöst.

Spandauer Weg

Name ab	um 1856
Name bis	16. März 1888
früherer Name	Der hohe Weg (um 1830 – um 1856)
heutiger Name	Berliner Straße (1888)
Ortsteil	Wilmersdorf
Detail	Der Spandauer Weg führte ab Blissestraße nach Westen in Richtung Spandau.
Namenserläuterung	*Spandau:* vgl. Spandauer Straße

Spandauer Weg

Name ab	um 1885
Name bis	6. März 1891
spätere Namen	Liebenwerdastraße (1891–1898)
	Spandauer Straße (1891–1927)
heutiger Name	Berkaer Straße (1927)
Ortsteil	Schmargendorf
Detail	Der Name Spandauer Weg wurde gewählt, weil es sich um den alten Weg von Schmargendorf in Richtung Spandau handelte.
Namenserläuterung	*Spandau:* vgl. Spandauer Straße

Spessartstraße

Name ab	19. August 1909
Ortsteil	Wilmersdorf
Detail	Die Spessartstraße liegt im sogenannten Rheingauviertel, in dem die Straßen ihre Namen u. a. nach geographischen Bezeichnungen aus dem Rheingau erhielten.
Namenserläuterung	*Spessart:* deutsches Mittelgebirge zwischen Vogelsberg/ Rhön und Odenwald, in Bayern und Hessen. Der niedrige Vorspessart ist bei geringer Waldbedeckung dicht besiedelt, sein höchster Berg ist der Hahnenkamm mit 436 Metern. Den hohen Spessart prägen Berge mit Hochflächen und eine geschlossene Walddecke, sein höchster Berg ist der Geiersberg mit 586 Metern. Der Spessart ist im Nibelungenlied als Spehtshart (Spechtswald) erwähnt.

Spichernstraße

Name ab	16. März 1888
früherer Name	Birkenwäldchenstraße (um 1880–1888)
Ortsteil	Wilmersdorf

Detail	Die Straße war vor ihrer Benennung der südwestliche Abschnitt der Birkenwäldchenstraße. Sie bildet einen Straßenzug in der sogenannten Carstenn-Figur.
Namenserläuterung	*Spichern*: heute Spicheren (Frankreich), französische Gemeinde südlich von Saarbrücken. Am 6. August 1870 erstürmten im Deutsch-Französischen Krieg preußische Truppen der 1. und 2. Armee die Höhen bei Spichern. Dies war eines der ersten Gefechte des Krieges. Die französische Armee zog sich zurück. Der Angriff führte wegen taktischer Fehler der deutschen Führung zu schweren Verlusten, markierte aber auch den Beginn der deutschen Offensive.

Spohrstraße

Name ab	um 1936
Ortsteil	Grunewald
Detail	Die Straße trug vor ihrer Benennung seit 1922 die Bezeichnung Straße G 85.
Namenserläuterung	*Spohr, Ludwig* * 05. 04. 1784 Braunschweig † 22. 10. 1859 Kassel Komponist. Spohr entstammte einer Pfarrersfamilie und erlernte frühzeitig Violine und andere Instrumente. 1799 erhielt er die Stelle eines Hofkapellmeisters beim Herzog in Braunschweig. Erste Kompositionen schrieb er auf einer Studienreise in Rußland. Auf zahlreichen Reisen ab 1804 errang er den Ruf eines Violinvirtuosen. 1813 wurde er Kapellmeister in Wien. Seit 1817 lebte er in Frankfurt am Main und von 1822 bis 1857 war er Hofkapellmeister in Kassel. Spohr hat in fast allen Musikgattungen Bedeutendes geleistet. Von seinen Opern sind „Jessonda" (1823) und „Faust" (1816) die bekanntesten.

Steglitzer Straße

Name ab	um 1880
Name bis	16. März 1888
früherer Name	Steglitzer Weg (um 1856 – um 1880)
spätere Namen	Augustastraße (1888–1937)
	Stenzelstraße (1937–1947)
heutiger Name	Blissestraße (1947)
Ortsteil	Wilmersdorf

Detail   Die Steglitzer Straße verlief im Zuge des alten Weges, der von Wilmersdorf in südlicher Richtung nach Steglitz führte. Am 16. März 1888 wurde die Steglitzer Straße mit einem Teil des Grünen Wegs zusammengelegt und in Augustastraße umbenannt.

Namenserläuterung   *Steglitz*: Verwaltungsbezirk von Berlin. Urkundlich erstmals erwähnt wird der Ort Steglitz 1242 in einer Schenkungsurkunde, in der ein Heinrich von Stegelitz dem Kloster Lehnin das bei Potsdam gelegene Ahrensdorf überließ. Genannt wird das Dorf auch 1375 im berühmten Landbuch von Kaiser Karl IV. Steglitz gehörte verschiedenen Herren, bis es 1802 Karl Friedrich von Beyme erwarb, der auch das Steglitzer Schloß erbauen ließ. 1841 wurde Steglitz an den Domänenfiskus verkauft. Seitdem unterstand das Dorf dem Amt Mühlenhof. Im Jahre 1848 wurde das Rittergut parzelliert. Auf diesem Gelände entstand Neu-Steglitz mit dem Vorwerk Birkbusch. 1838 erhielt Steglitz Anschluß an die Berlin-Potsdamer Eisenbahn und 1841 an die Berlin-Anhalter Bahn. 1919 bildeten Steglitz und seine Nachbarorte das größte Dorf Preußens. 1920 wurde aus den ehemaligen Teltower Landgemeinden Steglitz, Lankwitz und Groß-Lichterfelde sowie der Landhaussiedlung Südende der 12. Verwaltungsbezirk von Berlin.

Steglitzer Weg

Name ab	um 1856
Name bis	um 1880
spätere Namen	Steglitzer Straße (um 1880–1888)
	Grüner Weg (um 1880–1888)
	Augustastraße (1888–1937)
	Stenzelstraße (1937–1947)
heutiger Name	Laubacher Straße (1888)
	Blissestraße (1947)
Ortsteil	Wilmersdorf
Detail	Beim Steglitzer Weg handelte es sich um den alten vom Dorf Wilmersdorf nach Steglitz führenden Weg.
Namenserläuterung	*Steglitz:* vgl. Steglitzer Straße

Steglitzer Weg

Name ab	um 1856
Name bis	8. Januar 1892
heutige Namen	Helgolandstraße (1891)
	Dillenburger Straße (1892)
Ortsteil	Wilmersdorf
Detail	Bei dieser Straße handelte es sich um den vom Dorf Schmargendorf über die Wilmersdorfer Flur nach Steglitz führenden Weg. Am 6. März 1891 wurde der nordwestliche Abschnitt des Steglitzer Wegs in Helgolandstraße und am 8. Januar 1892 der verbliebene südöstliche Teil in Dillenburger Straße umbenannt.
Namenserläuterung	*Steglitz:* vgl. Steglitzer Straße

Steinrückweg

Name ab	21. Februar 1940
frühere Namen	Rastatter Straße (um 1906–1932)
	Barnayweg (1932–1940)
Ortsteil	Wilmersdorf
Namenserläuterung	*Steinrück, Albert*

Steinrück, Albert
* 20. 05. 1872 Wetterburg
† 11. 02. 1929 Berlin
Schauspieler, Regisseur. Bevor er 1901 nach Berlin kam, spielte er Theater in Mühlhausen, Breslau und Hannover. In Berlin war er am Schillertheater, dann am Neuen und am Kleinen Theater und 1906–1908 am Deutschen Theater engagiert. 1908 ging er für 12 Jahre an das Münchener Hoftheater, wo er als Schauspieler, Regisseur und Direktor wirkte. 1921 kehrte er ans Staatstheater nach Berlin zurück. Steinrück war ein Charakterschauspieler von Format und leistete viel für die Entwicklung der realistischen Schauspielkunst.

Stenzelstraße

Name ab	20. Mai 1937
Name bis	31. Juli 1947
frühere Namen	Steglitzer Weg (um 1856 – um 1880)
	Steglitzer Straße (um 1880–1888)
	Grüner Weg (um 1880–1888)
	Augustastraße (1888–1937)
heutiger Name	Blissestraße (1947)
Ortsteil	Wilmersdorf
Namenserläuterung	*Stenzel*

Stenzel
Anhänger der NS-Bewegung. Bei tätlichen Auseinandersetzungen zwischen der SA und antifaschistischen Arbeitern erlitt der SA-Mann Stenzel nach 1933 in der Detmolder Straße/Ecke Blissestraße tödliche Verletzungen.

Sternstraße

Name ab	1906
Name bis	16. Mai 1938
heutiger Name	Klindworthsteig (1938)
Ortsteil	Grunewald

Detail
Als die Nazis alle nach Juden benannten Straßen umbenannten, erhielt am 16. Mai 1938 die Sternstraße den Namen Klindworthsteig.

Namenserläuterung
Stern, Julius
* 08. 08. 1820 Breslau
† 27. 02. 1883 Berlin
Dirigent, Musikpädagoge. Stern wurde als Jude für die Leitung der Berliner Singakademie für ungeeignet befunden und gründete 1847 den Stern'schen Gesangverein, der sich zur ernsthaften Konkurrenz der Singakademie entwickelte. 1850 war er Mitbegründer der Musikschule für Gesang, Klavier und Komposition, die später Stern'sches Konservatorium genannt wurde.

Storkwinkel

Name ab	21. März 1960
frühere Namen	Hobrechtstraße (um 1890–1960)
	Boothstraße (1892–1900)
	Humboldtstraße (1900–1960)
	Kunz-Buntschuh-Straße (1898–1960)
Ortsteil	Grunewald

Detail
Bedingt durch den Bau der Stadtautobahn wurde 1960 die Straße Storkwinkel aus der Hobrechtstraße sowie aus Teilabschnitten der Humboldt- und der Kunz-Buntschuh-Straße gebildet.

Namenserläuterung
Stork, Friedrich
* 28. 02. 1846
† 15. 07. 1897 Wilmersdorf
Kommunalpolitiker. Er war viele Jahre Geheimer Sekre-

tär im Reichskanzleramt. Danach bekleidete er von 1892 bis zu seinem Tode die Funktionen des Amts- und Gemeindevorstehers von Wilmersdorf.

Storkzeile

Name ab	17. Mai 1930
Name bis	1960
Ortsteil	Wilmersdorf

Detail

Die Storkzeile trug vor ihrer Benennung die Bezeichnung Straße 5 und verlief in winkeliger Form zwischen der Paulsborner und der Seesener Straße. Im Zuge umfangreicher Baumaßnahmen wurde die Straße 1960 aufgehoben.

Namenserläuterung

Stork, Friedrich: vgl. Storkwinkel

Strackallee

Name ab	3. Mai 1935
Name bis	7. Juni 1935
früherer Name	Bismarckallee (1898–1935)
heutiger Name	Bismarckallee (wieder ab 1935)
Ortsteil	Grunewald

Detail

Am 3. Mai 1935 verfügte der Polizeipräsident, daß die Bismarckallee in zwei selbständige Straßen aufgeteilt werden sollte: Der Abschnitt zwischen Koenigsallee und Wernerstraße sollte künftig den Namen Culmannallee, der Abschnitt zwischen Wernerstraße und Bismarckplatz den Namen Strackallee tragen. Diese Festlegung wurde jedoch bereits am 7. Juni 1935 wieder rückgängig gemacht, und es blieb bei der Straßenbezeichnung Bismarckallee.

Namenserläuterung

Strack, Johann Heinrich
* 06. 07. 1805 Bückeburg
† 16. 06. 1880 Berlin

Architekt. Er war einer der befähigsten Schüler Schinkels und seit 1839 Lehrer an der Kunst- und an der Bauakademie in Berlin. Zuletzt wirkte er als Geheimer Oberhofbaurat. Von ihm wurden u. a. die Nationalgalerie und die Siegessäule gebaut.

Straßburger Platz

Name ab	1875
Name bis	16. März 1888
späterer Name	Kaiserplatz (1888–1950)
heutiger Name	Bundesplatz (1950)
Ortsteil	Wilmersdorf

Namenserläuterung

Straßburg: französisch Strasbourg, Hauptstadt des Elsaß und Verwaltungssitz des Département Bas-Rhin im Unterelsaß. Die Stadt liegt oberhalb der Mündung der Ill in den Rhein. Sie entstand aus der römischen Siedlung Argentoratum und war Mitte des 4. Jahrhunderts eine der stärksten Befestigungen Obergermaniens. 498 kam sie an das Frankenreich, trug seit Ende des 6. Jahrhunderts den Namen Strateburgum (Stratisburgo), fiel 843 an Lothringen und 870 an das Ostfränkische Reich. Das erste Stadtrecht ist um 1150 erwähnt. Seit dem 4. Jahrhundert Bischofssitz, konnte sie sich 1262 vom Bischof unabhängig machen und wurde Freie Reichsstadt. Das nach dem Brand einer Basilika 1176 errichtete Straßburger Münster ist eines der mächtigsten Bauwerke des Mittelalters. 1621 wurde die Universität gegründet. Seit 1681 gehörte die Stadt nach der Besetzung durch Ludwig XIV. zu Frankreich. Im September 1870 kapitulierte Strasbourg im Deutsch-Französischen Krieg vor den deutschen Truppen, kam danach zu Deutschland und wurde Hauptstadt des deutschen Reichslandes Elsaß-Lothringen. Seit dem Versailler Vertrag gehörte es wieder zu Frankreich, von 1940 bis 1944 erneut zum Deutschen Reich. Seit 1949 ist Strasbourg Sitz des Europarats und (im Wechsel mit Luxemburg) seit 1958 des Europäischen Parlaments. Seit 1959 ist Straßburg auch Sitz des Europäischen Gerichtshofs für Menschenrechte.

Straßburger Platz

Name ab	um 1890
Name bis	4. November 1895
heutiger Name	Ludwigkirchplatz (1895)
Ortsteil	Wilmersdorf
Detail	Vor seiner Benennung trug der Straßburger Platz seit 1885 die Bezeichnung Platz A.
Namenserläuterung	*Straßburg:* vgl. Straßburger Platz

Straße am Schildhorn

Name ab	2. März 1981
Ortsteil	Grunewald
Detail	Die Straße am Schildhorn verläuft von der Havelallee zur Halbinsel Schildhorn, was zu ihrer Namensgebung führte.
Namenserläuterung	*Schildhorn:* Halbinsel am Ostufer der Havel. Auf der Halbinsel befindet sich das Schildhorndenkmal, welches ein Horn und einen Schild an einem Baum zeigt. Nach der durch nichts begründeten Überlieferung legte der Wendenfürst Jaczo von Köpenick an dieser Stelle des Havelufers sein Horn und seinen Schild ab, als er auf der Flucht vor Albrecht dem Bären mit seinem Pferd die Havel durchquert und sich somit gerettet hatte. Zum Dank sei er dort niedergekniet und zum christlichen Glauben übergetreten.

Straße am Schoelerpark

Name ab	1. September 1967
frühere Namen	Am Seepark (1912–1922)
	Hindenburgstraße (1922–1955)
	Am Volkspark (1955–1967)
Ortsteil	Wilmersdorf

Detail	Die Namensgebung bezieht sich auf den Verlauf der Straße, sie verläuft zwischen dem Schoelerpark und dem Volkspark.
Namenserläuterung	*Schoeler, Heinrich Leopold:* vgl. Schoelerallee

Strelitzsche Straße

Name ab	um 1902
Name bis	um 1912
spätere Namen	Am Seepark (um 1912–1922)
	Hindenburgstraße (1922–1955)
	Am Volkspark (1955–1967)
heutiger Name	Wallenbergstraße (1967)
Ortsteil	Wilmersdorf
Detail	Die Strelitzsche Straße trug vor ihrer Benennung seit 1885 die Bezeichnung Straße 29 a.
Namenserläuterung	*Strelitz:* als Mecklenburg-Strelitz eine Linie und ein Herzogtum Mecklenburgs, 1701 durch den „Hamburger Vergleich" bei der Teilung des Herzogtums Mecklenburg entstanden. Es verfügte über die Herrschaft Stargard, das Fürstentum Ratzeburg sowie über die Komtureien Mirow und Nemerow. 1815 wurde der Herzog zum Großherzog von Mecklenburg-Strelitz erhoben. Im November 1918 dankte der Großherzog von Mecklenburg-Schwerin auch für Mecklenburg-Strelitz ab, da die Erbfolgeregelung für den im Februar 1918 verstorbenen Großherzog von Mecklenburg-Strelitz noch nicht abgeschlossen war. Beide Länder wurden 1923 parlamentarisch-demokratische Freistaaten und 1934 zum Land Mecklenburg vereinigt.

Südtangente

Name ab	1963
Name bis	1966
heutiger Name	Lietzenburger Straße (1966)
Ortsteil	Wilmersdorf
weiterer Bezirk	Schöneberg

Namenserläuterung

Südtangente: ein 1963 südlich des Kurfürstendamms und der Tauentzienstraße neu angelegter Verkehrsweg, der als Verlängerung der Lietzenburger Straße eine Verkehrsentlastung für den Kurfürstendamm und die Tauentzienstraße herbeiführen sollte und 1966 in die bereits seit um 1890 bestehende Lietzenburger Straße einbezogen wurde.

Südwestkorso

Name ab	27. März 1909
Ortsteil	Wilmersdorf
weiterer Bezirk	Schöneberg

Namenserläuterung

Südwestkorso: Der Name bezieht sich auf die Richtung der Straße, in der sie von Berlin aus gesehen verläuft. In der Südwestrichtung vollzog sich auch die Ausdehnung Berlins durch die sogenannte Westwanderung. Die Straße war als Hauptverbindung von der heutigen Bundesallee zur damals neuerschlossenen Domäne Dahlem gedacht.

Sulzaer Straße

Name ab	1891
Ortsteil	Schmargendorf

Detail

Die Sulzaer Straße liegt in einem Viertel, in dem viele Straßen die Namen von Kur- und Badeorten erhielten. Vor ihrer Benennung trug sie seit 1885 die Bezeichnung Straße S 2.

Namenserläuterung	*Bad Sulza:* Stadt an der Ilm im Landkreis Weimarer Land, Freistaat Thüringen. Sulza verdankt Entstehung und Namen den dort aufbrechenden Salzquellen und wurde 1046 erstmals urkundlich erwähnt. 1064 erhielt der Ort Marktrecht, 1243 gelangte er an die Markgrafen von Meißen. Um 1250 wurde Sulza zur Stadt erhoben. Im Verlauf der ernestinischen Landesteilung, in der Sulza 1572 an Sachsen-Weimar und 1603 an Sachsen-Altenburg fiel, kam es 1672 zu einer staatlichen Aufspaltung des Sulzaer Gebiets, als Stadt-, Dorf- und Berg-Sulza. Aufgrund der vorhandenen Solquellen entwickelte sich die Stadt ab 1847 zum Kur- und Erholungsort. 1907 erfolgte die Vereinigung von Stadt- und Dorf-Sulza zu Bad Sulza, 1923 die Eingemeindung von Berg- und Oberneu-Sulza. Die Salzgewinnung wurde 1966 beendet, ein Salinemuseum dokumentiert heute deren Geschichte.

Sylter Straße

Name ab	1891
Ortsteil	Wilmersdorf
Detail	In diesem Siedlungsgebiet wurden mehrere Straßen nach Badeorten an der Nord- und Ostseeküste benannt.
Namenserläuterung	*Sylt:* nördlichste und mit 99 Quadratkilometern größte der Nordfriesischen Inseln, Land Schleswig-Holstein. Ihre Ausdehnung von Nord nach Süd beträgt etwa 40 Kilometer, von Ost nach West etwa 13 Kilometer. Ab 1386 teilten sich der dänische König und der Herzog von Schleswig den Besitz der Insel. 1435 kam sie an das Herzogtum Schleswig. Die Insel hat im Laufe der Jahrhunderte ständige Veränderungen erlebt. Vor 1000 Jahren war sie noch Teil des Festlands und wurde dann nach mehreren Sturmfluten von diesem abgetrennt und östlich verschoben. Durch den Bau des Hindenburgdamms (Eisenbahn mit Autotransport) ist Sylt seit 1927 mit dem Festland verbunden. Heute dominiert auf der Insel der Fremdenverkehr, der 1857 mit der Eröffnung des Seebades Westerland begann. Sylt steht unter Natur- und Landschaftsschutz.

Taubertstraße

Name ab	25. Oktober 1933
frühere Namen	Zugang zum Forstdienstacker (um 1904–1925)
	Rathenauallee (1925–1933)
Ortsteil	Grunewald
Namenserläuterung	*Taubert, Carl Gottfried Wilhelm*

Taubert, Carl Gottfried Wilhelm
* 23. 03. 1811 Berlin
† 07. 01. 1891 Berlin
Komponist, Dirigent. Er war seit 1831 „Leiter der Hofconcerte am Piano", Mitglied der Königlichen Akademie der Künste und von 1842 bis 1869 Kapellmeister der Oper in Berlin. Bis 1883 dirigierte er Sinfoniekonzerte. Trotz seiner Vielseitigkeit sind zahlreiche Kompositionen von ihm heute in Vergessenheit geraten. Am bekanntesten waren seine „Kinderlieder", die in 13 Heften zwischen 1843 und 1878 erschienen.

Taunusstraße

Name ab	1898
Ortsteil	Grunewald
Detail	Vor ihrer Benennung trug die Taunusstraße seit 1880 die Bezeichnung Straße 33.
Namenserläuterung	*Taunus:* Südöstlicher Teil des Rheinischen Schiefergebirges zwischen Main und Rhein im Süden, dem Rheintal im Westen, dem Lahntal im Norden und der Wetterau im Osten. Höchste Erhebung der waldreichen Hochfläche sind der Große Feldberg mit 880 Metern und der Kleine Feldberg mit 826 Metern. Im Taunus verlief in den ersten Jahrhunderten unserer Zeitrechnung der römische Limes. Durch zahlreiche Mineralquellen im Süden des Taunus entstanden Kur- und Badeorte, darunter Homburg, Soden, Wiesbaden. Bis ins 19. Jahrhundert war das Gebirge ohne Namen. Man bezeichnete es als Höhe. Diese Bezeichnung wurde im 19. Jahrhundert durch Taunus, abgeleitet vom germanischen Wort für Zaun, verdrängt.

Taunusstraße

Name ab	um 1906
Name bis	13. Juli 1934
heutiger Name	Homburger Straße (1934)
Ortsteil	Wilmersdorf
weiterer Bezirk	Schöneberg

Detail

Am 13. Juli 1934 wurde der auf Wilmersdorfer Gebiet liegende Abschnitt herausgelöst und in die Homburger Straße einbezogen; der verbliebene Teil der Taunusstraße liegt seit dieser Zeit ausschließlich auf Schöneberger Gebiet.

Namenserläuterung

Taunus: vgl. Taunusstraße (1902)

Teplitzer Straße

Name ab	1891
Ortsteil	Grunewald, Schmargendorf

Detail

Vor ihrer Benennung trug die Teplitzer Straße seit 1885 die Bezeichnung S 11. Am 1. Juli 1967 wurde ein kleiner Abschnitt im Norden herausgelöst und in die Hubertusallee einbezogen.

Namenserläuterung

Teplitz: heute Teplice (Tschechien), Stadt in Nordböhmen. Teplitz ist das älteste Heilbad Böhmens, dessen Quellen bereits 762 bekannt waren. Um das 1156 erwähnte Kloster Teplitz entwickelte sich im 13. Jahrhundert die gleichnamige Siedlung, die 1467 Stadtrecht erhielt. Die Heilquellen trugen zur Blüte der Stadt bei. Mit der Einrichtung der ersten Seidenfabrik 1829 setzte die industrielle Entwicklung ein, die nach der Angliederung des Badeortes Schönau (1895) dank der dort befindlichen Kohlengruben ständig zunahm.

Teufelsseechaussee

Name ab
Ortsteil

nach 1914
Grunewald

Detail

Sie befindet sich im Berliner Forst Grunewald und führt von der Teufelsseestraße zum Teufelssee.

Namenserläuterung

Teufelssee: See im Forst Grunewald. Der See liegt im Naturschutzgebiet Teufelsfenn.

Tharandter Straße

Name ab
Ortsteil

19. Februar 1911
Wilmersdorf

Detail

Die Tharandter Straße trug vor ihrer Benennung die Bezeichnung Straße 70.

Namenserläuterung

Tharandt: Stadt im Tal der Wilden Weißeritz im Weißeritzkreis, Freistaat Sachsen. Unterhalb der erstmals 1216 erwähnten Burg Tharandt entstand in der zweiten Hälfte des 15. Jahrhunderts eine Siedlung. 1609 erhielt sie Stadtrecht. Nach Edelsteinfunden hieß der Ort bis ins 17. Jahrhundert Granaten. 1811 wurde in Tharandt eine Forstlehranstalt gegründet, die seit 1926 als Forstwirtschaftliche Fakultät zur Technischen Universität Dresden gehört. Tharandt hat seit 1811 einen forstbotanischen Garten.

Tölzer Straße

Name ab
Ortsteil

1890
Schmargendorf

Detail

Die Tölzer Straße liegt in einem Viertel, in dem viele Straßen die Namen von Kur- und Badeorten erhielten.

Namenserläuterung

Bad Tölz: Kreisstadt des Kreises Bad Tölz-Wolfratshausen, an der Isar, im Freistaat Bayern. Um 1160 wurde erstmals ein Ort Tolet erwähnt. Henricus de Tölz baute um 1200 die frühere Burg wieder auf, 1331 erhielt der Ort Marktrecht. Seit dem Aussterben der einheimischen Grafen gehörte Tölz zu Bayern. 1705/06 war Tölz ein Mittelpunkt des bayerischen Bauernaufstandes, der sich gegen die schlechte Lage der Bauern nach der Besetzung durch Österreich im Spanischen Erbfolgekrieg richtete. Nach der Entdeckung der Heilquellen begann Mitte des 19. Jahrhunderts der Kurbetrieb, 1906 erhielt der Ort Stadtrecht.

Trabener Straße

Name ab
Ortsteil

um 1895
Grunewald

Detail

Die Trabener Straße liegt in einem Siedlungsgebiet, in dem einige Straßen nach Weinorten bzw. Weinsorten benannt wurden. Am 24. Januar 1898 wurde der nördliche Abschnitt herausgelöst und zur selbständigen Erdener Straße umbenannt; gleichzeitig erfolgte im Norden die Eingliederung des bisherigen Försterweges.

Namenserläuterung

Traben-Trarbach: Stadt im Kreis Bernkastel-Wittlich im Land Rheinland-Pfalz. Traben wurde erstmals 820 erwähnt, im 11. Jahrhundert wurde es als Travena oder Travana, seit dem 16. Jahrhundert dann als Traben bezeichnet. Der Name soll aus dem Lateinischen von „Cabern Tabernae", Ort der Weinschenken, hergeleitet sein. Trarbach wurde 1143 erstmals urkundlich als Travendrebach und um 1350 als Stadt genannt. 1354 bildeten beide Orte eine Gesamtgemeinde (Communitas). Die Sponheimer Grafen, denen das ursprünglich fränkische Königsgut Traben übereignet worden war, regierten zu dieser Zeit von der um 1350 über Trarbach erbauten Grevenburg die Hintere Grafschaft Sponheim. Nach ihrem Aussterben 1437 erbten Baden und Pfalz die Grafschaft, 1815 kam das Gebiet zu Preußen. 1856 erhielt Trarbach Stadtrecht und wurde von Traben bis 1904 getrennt. Wirtschaftliche Grundlage der Stadt bildeten seit dem Mittelalter Weinbau und – als ein Haupthandelsplatz für Moselweine – der Weinhandel.

Trautenaustraße

Name ab
frühere Namen

9. Mai 1908
Mecklenburger Straße (um 1875 – vor 1880)
Hamburger Straße (vor 1880 – um 1890)
Danziger Straße (vor 1880 – um 1880)
Ringstraße II (um 1880 – um 1885)
Rosberitzer Straße (um 1885 – 1908)
Lipaer Straße (um 1890 – 1908)

Ortsteil

Wilmersdorf

Detail

Die Trautenaustraße entstand am 3. August 1908 durch die Zusammenführung der früheren Rosberitzer Straße und Lipaer Straße. Ihr östlicher Abschnitt bildet die südliche Begrenzung der sogenannten Carstenn-Figur.

Namenserläuterung

Trautenau: heute Trutnov (Tschechien), Stadt in Ostböhmen an der Aupa, am Fuß des Riesengebirges. Sie war Schlachtenort im Preußisch-Österreichischen Krieg 1866. Der Ort entstand aus der Siedlung Upa und wurde 1264 von deutschen Kolonisten besiedelt. 1340 erhielt Trautenau Stadtrechte verliehen. Es entwickelte sich zum Hauptort des Riesengebirges. In Kriegen wurde es wiederholt zerstört. Seit 1850 entwickelte sich in der Stadt vor allem die Tuchfabrikation, so daß Trautenau zu einem Zentrum der Leinenindustrie und der Baumwollverarbeitung wurde. Seit 1945 gehörte die Stadt zur Tschechoslowakei und seit 1992 zur Tschechischen Republik.

Triberger Straße

Name ab
Ortsteil

19. August 1909
Wilmersdorf

Namenserläuterung

Triberg: Stadt im Schwarzwald-Baar-Kreis im Land Baden-Württemberg. Der heilklimatische Kur- und Wintersportort liegt in einem Talkessel unterhalb des Triberger Wasserfalls in fast 1000 Meter Höhe. Der Ort wurde erstmals 1239 als Triberc urkundlich genannt, im 14. Jahrhundert erhielt er Stadtrecht. Nach dem Aussterben der Herren von Triberg 1325 gehörte er von 1355 bis 1806 zu Österreich, das Triberg häufig verpfändete. Der Ort kam 1806 zu Baden, 1945 zur französischen Besatzungszone (Baden) und 1952 zum Land Baden-Württemberg. 1921 verlor Triberg das Stadtrecht, 1951 wurde es ihm wiederverliehen.

Tübinger Straße

Name ab   1905

Ortsteil   Wilmersdorf

Detail   Vor ihrer Benennung trug die Tübinger Straße seit 1885 die Bezeichnung Straße 17.

Namenserläuterung   *Tübingen*: Universitätsstadt am Neckar, Kreisstadt und Verwaltungssitz des gleichnamigen Landkreises und Regierungsbezirks Tübingen, Land Baden-Württemberg. Sie entstand aus einer alemannischen Siedlung, eine Burg ist urkundlich 1078 als Twingia bzw. Duwingen nachgewiesen, 1527 bereits als Tübingen bezeichnet. Die Stadtgründung erfolgte vermutlich in der zweiten Hälfte des 12. Jahrhunderts durch die Pfalzgrafen von Tübingen, um 1185 wurde der Marktflecken erweitert und als Stadt bezeichnet, in der Folgezeit wurden wiederholt Stadtrechte erwähnt. 1477 erfolgte durch den Grafen und späteren Herzog Eberhard im Bart die Gründung der Universität. Seit dem 12. Jahrhundert Zentrum des Territoriums der Pfalzgrafen, kam Tübingen 1342 an Württemberg. 1945 wurde es Sitz der Regierung des Landes Württemberg-Hohenzollern, seit 1952 gehört es zu Baden-Württemberg.

Uhlandstraße

Name ab	28. Oktober 1893
frühere Namen	Schleswigsche Straße (1885–1893)
	Valerienstraße (1885–1893)
Ortsteil	Wilmersdorf
weiterer Bezirk	Charlottenburg

Detail

Zum Zeitpunkt ihrer Benennung führte die Uhlandstraße vom Steinplatz im Bezirk Charlottenburg bis zur Wilhelmsaue im Bezirk Wilmersdorf. Am 15. April 1965 erfolgte im Süden die Verlängerung bis zur Blissestraße. Der Abschnitt im Bezirk Charlottenburg trägt bereits seit 1885 den Namen Uhlandstraße.

Namenserläuterung

Uhland, Ludwig
* 26. 04. 1787 Tübingen
† 13. 11. 1862 Tübingen
Dichter, Literaturforscher. Uhland studierte 1805–1810 in Tübingen Jura und Philologie und wurde 1812 Beamter, danach Advokat. Er setzte sich für eine württembergische Verfassung ein und war von 1819 bis 1826 Abgeordneter des württembergischen Landtages. 1829 wurde er Professor in Tübingen. Er gehörte 1848 zur liberalen Linken in der Frankfurter Nationalversammlung. Als Spätromantiker schrieb Uhland volkstümliche, sangbare Liebes- und Landschaftslyrik. Viele seiner Gedichte wurden u. a. von J. Brahms, F. Liszt, F. Schubert und R. Schumann vertont. In seinen Balladen verarbeitete er häufig historische Stoffe und setzte sich mit Zeitproblemen auseinander (z. B. „Des Sängers Fluch"). Uhland gehörte zu den Begründern der germanistischen Literaturwissenschaft und leistete bedeutende Beiträge für die volkskundliche Forschung in Deutschland.

Valerienstraße

Name ab	25. April 1885
Name bis	28. Oktober 1893
heutiger Name	Uhlandstraße (1893)
Ortsteil	Wilmersdorf

Detail — Vor ihrer Benennung trug die Valerienstraße die Bezeichnung Straße 6 a. Am 28. Oktober 1893 wurde sie zusammen mit der Schleswigschen Straße zur Uhlandstraße zusammengeführt.

Namenserläuterung — *Valerie*: weiblicher Vorname. Es handelt sich wahrscheinlich um den Vornamen der Ehefrau des früheren Grundbesitzers, der die Straße angelegt hat.

Victoriastraße

Name ab	um 1880
Name bis	16. März 1888
früherer Name	Preußische Straße (um 1875 – um 1880)
späterer Name	Sadowastraße (1888–1906)
heutiger Name	Aschaffenburger Straße (1906)
Ortsteil	Wilmersdorf

Namenserläuterung — *Viktoria Adelheid Marie Luise*
* 21. 11. 1840 London
† 05. 08. 1901 Friedrichshof im Taunus
Deutsche Kaiserin und Königin von Preußen. Sie war die Tochter der Königin Victoria von England und des Prinzgemahls Albert von Sachsen-Coburg. Ihre Vermählung mit dem späteren deutschen Kaiser Friedrich III. fand im Jahre 1858 statt. Ihr Versuch, die Politik Preußens im englischen Sinn liberaler zu gestalten, brachte sie in heftigen Gegensatz zu Bismarck. Nach dem Tode ihres Gemahls hieß sie seit 1888 offiziell auch „Kaiserin Friedrich" und zog sich nach Schloß Friedrichshof im Taunus zurück, das sie im englischen Stil hatte erbauen lassen.

Waghäuseler Straße

Name ab   1892
Ortsteil   Wilmersdorf

Detail   Die Waghäuseler Straße trug vor ihrer Benennung seit 1885 die Bezeichnung Straße 21 a. Ihre Benennung erfolgte offenbar unter Bezug auf die blutige Niederschlagung der badischen Revolution 1849 (Gefecht bei Waghäusel am 21. Juni 1849) durch den Kronprinzen und späteren Kaiser Wilhelm I.

Namenserläuterung   *Waghäusel*: Stadt im Landkreis Karlsruhe, in der Oberrheinebene, Land Baden-Württemberg. Die Großgemeinde entstand 1975 durch Zusammenschluß der Gemeinden Waghäusel, Kirrlach und Wiesental und wurde 1984 Stadt. Der Ortsteil Kirrlach war erstmals 1234 genannt, Wiesental 1297 gegründet worden. Waghäusel selbst wurde erst 1930 selbständige Gemeinde. 1472 war eine Kapelle „zum Wackhusel" errichtet worden, die im 17. Jahrhundert zur Wallfahrtskapelle vergrößert und mit einer Eremitage ergänzt wurde. 1803 wurde Waghäusel Staatsdomäne und war ab 1836 zeitweilig in Privatbesitz. Bei Waghäusel unterlag am 20. Juni 1849 das badische Revolutionsheer den preußischen Truppen.

Waldmeisterstraße

Name ab   um 1936
Ortsteil   Grunewald

Detail   Bis zu ihrer Benennung trug die Waldmeisterstraße seit 1922 die Bezeichnung Straße G 86. Am 21. März 1956 wurde der Schumacherplatz in die Waldmeisterstraße einbezogen.

Namenserläuterung   *Waldmeister*: Pflanze gehörend zur Gattung der Rötegewächse; wird auch als Maiblume oder Maikraut bezeichnet. Typisch für sie sind die vierkantigen glänzenden Stengel und die weißen Blüten in Trugdolden.

Waldmeister ist in Laubwäldern verbreitet und wird wegen seines hohen Cumaringehalts vor allem als Aromamittel verwendet.

Wallenbergstraße

Name ab	1. September 1967
frühere Namen	Strelitzsche Straße (um 1902 – um 1912)
	Am Seepark (um 1912–1922)
	Hindenburgstraße (1922–1955)
	Am Volkspark (1955–1967)
Ortsteil	Wilmersdorf
Detail	Am 1. September 1967 wurde der westliche Abschnitt der Straße Am Volkspark zur selbständigen Wallenbergstraße.
Namenserläuterung	*Wallenberg, Raoul-Gustav*

Wallenberg, Raoul-Gustav
* 05. 08. 1912 Stockholm
† unbekannt UdSSR
Architekt, Kaufmann, Diplomat. Er entstammte einer Bankierfamilie, studierte in den USA Architektur und arbeitete als Bankier u. a. in Südafrika und Palästina. Von dem in den USA bestehenden Kriegsflüchtlingsausschuß wurde er zum Leiter einer Rettungsaktion für ungarische Juden ausgewählt und ab 9. Juli 1944 von den Schweden als Diplomat in ihrer Botschaft in Budapest eingesetzt. In dieser Funktion rettete er 1944/45 über 120 000 ungarischen Juden das Leben, indem er ihnen schwedische Schutzpässe ausstellte und sie vor der Deportation ins KZ Auschwitz bewahrte. Er selbst überlebte zwei faschistische Mordanschläge. Am 17. Januar 1945, nach dem Eintreffen der sowjetischen Truppen in Budapest, wurde er vom sowjetischen Geheimdienst KGB wegen angeblicher Spionage verhaftet und nach Moskau gebracht. Seitdem ist Raoul Wallenberg verschollen. In der KGB-Zentrale in Moskau existiert von ihm eine Todesurkunde, die vom 17. Juli 1947 datiert ist und als Todesursache Herzversagen aufführt. An der Echtheit dieses Dokumentes gibt es begründete Zweifel. Der US-Kongreß ernannte Wallenberg am 22. September 1981 zum Ehrenbürger der USA.

Wallotstraße

Name ab	1898
Ortsteil	Grunewald

Namenserläuterung

Wallot, Paul
* 26. 06. 1841 Oppenheim am Rhein
† 10. 08. 1912 Langenschwalbach (Taunus)
Architekt. Er studierte in Darmstadt, Hannover und von 1856 bis 1859 an der Bauakademie in Berlin. 1863/64 legte er an der Universität Gießen seine Baumeister-Prüfung ab. Von 1868 bis 1883 war Wallot Privatbau-meister in Frankfurt am Main. Zu seinen wichtigsten Bauten gehörte u. a. das Reichstagsgebäude, zu dessen Bau er 1883 nach Berlin übersiedelte. 1894 wurde er in Dresden Königlich-Sächsischer Hofrat und Professor an der Akademie der Künste. Wallot war Hauptvertreter der italienisch geprägten Neorenaissance.

Walter-Fischer-Straße

Name ab	20. Mai 1937
Name bis	31. Juli 1947
frühere Namen	An der Trift (um 1856 – um 1890)
	Lauenburger Straße (um 1890–1937)
heutiger Name	Fechnerstraße (1947)
Ortsteil	Wilmersdorf

Namenserläuterung

Fischer, Walter
* 20.03.1910
† 14.12.1929 Berlin
Anhänger der NS-Bewegung. Der SA-Mann Fischer, von Beruf Schlosser, wurde bei bewaffneten Auseinander-setzungen in der Wegenerstraße tödlich verletzt.

Walter-Flex-Straße

Name ab	um 1936
Name bis	31. Juli 1947
heutiger Name	Maxdorfer Steig (1947)
Ortsteil	Wilmersdorf

Namenserläuterung

Flex, Walter
* 06. 07. 1887 Eisenach
† 16. 10. 1917 Peudehof b. Ösel
Schriftsteller. Flex studierte 1906–1911 deutsche Philologie in Erlangen. Anschließend war er Hauslehrer bei der Familie Bismarck. In dieser Zeit schrieb er das Drama „Klaus von Bismarck" und den Novellenzyklus „Zwölf Bismarcks". Bei Beginn des Ersten Weltkriegs meldete sich Flex freiwillig. Er wurde 1915 Leutnant und fiel 1917 bei der Eroberung der Insel Ösel. Seine Kriegsgedichte spiegeln das Kriegserlebnis der jungen Generation wider.

Wangenheimstraße

Name ab	1891
Ortsteil	Grunewald

Detail

Vor ihrer Benennung trug die Wangenheimstraße seit 1890 die Bezeichnung Straße G 1. Sie führte von der Schwarzbacher bis zur Warmbrunner Straße. Bedingt durch den Stadtautobahnbau entfiel am 4. März 1960 der nördliche Abschnitt.

Namenserläuterung

Wangenheim, Konrad Freiherr von
* 17. 09. 1849 Neu-Lobitz (Pommern)
† 10. 06. 1926 Klein-Spiegel (Pommern)
Landwirt, Politiker. Nach dem Studium widmete er sich der Bewirtschaftung seines Gutes in Klein-Spiegel. Verdienste erwarb er sich um die Entwicklung der Moorkultur. Wangenheim war 1893 Mitbegründer und von 1898 bis 1920 Vorsitzender des Bundes der Landwirte, eines Interessenverbandes ostelbischer Junker. Nach dem

Ersten Weltkrieg gehörte er dem 1921 gebildeten Reichslandbund an, der durch Verschmelzung meist rechtsgerichteter Bauernverbände entstanden war. Als konservativer Politiker war er von 1898 bis 1903 Mitglied des Reichstages bzw. des preußischen Abgeordnetenhauses.

Wangerooger Steig

Name ab   15. Dezember 1930
Ortsteil   Schmargendorf

Detail   In diesem Siedlungsgebiet wurden mehrere Straßen nach Badeorten an der Nord- und Ostseeküste benannt.

Namenserläuterung   *Wangerooge*: Heilbad und östlichste der Ostfriesischen Inseln im Landkreis Friesland, Land Niedersachsen. Die im Außensaum des Wattenmeeres gelegene Düneninsel hat eine Fläche von 4,7 Quadratkilometer und verdankt ihre heutige Form der durch den Flutstrom der Nordsee verursachten West-Ost-Wanderung der Sande. Das in der Mitte der Insel gelegene, 1860 entstandene Nordseeheilbad Wangerooge ist Nachfolger des am Inselende durch eine Sturmflut zerstörten alten Dorfes.

Warmbrunner Straße

Name ab   24. Januar 1898
früherer Name   Wilmersdorfer Straße (1898–1902)
Ortsteile   Schmargendorf, Grunewald

Detail   Die Warmbrunner Straße, die vor ihrer Benennung seit 1890 die Bezeichnung Straße S 19 trug, verlief zum Zeitpunkt ihrer Benennung zwischen dem Hohenzollerndamm und der Auguste-Viktoria-Straße. 1902 wurde als westlicher Abschnitt die bisherige Wilmersdorfer Straße einbezogen. Die Warmbrunner Straße liegt in einem Viertel, in dem viele Straßen die Namen von Kur- und Badeorten erhielten.

Namenserläuterung	*Bad Warmbrunn:* heute Cieplice Slaskie Zdrój (Polen), ein mit Jelenia Góra (Hirschberg) organisch zusammengewachsener Kurort in Niederschlesien. Die warme Quelle „calidus fons" wurde als Ortsbezeichnung erstmals 1281 erwähnt. Seit 1381 war das Gut in Besitz der Grundherrschaft bzw. später Reichsgrafschaft von Schaffgotsch. Von 1784 bis 1809 ließ der Reichsgraf Johann Nepomuk Schaffgotsch ein großzügiges Schloß erbauen. Aufgrund der vorhandenen schwefelhaltigen, radioaktiven Thermalquellen entwickelte sich Warmbrunn im 19. Jahrhundert zum Kurort und Heilbad. 1925 wurde Warmbrunn Bad, 1935 Stadt. Seit 1945 gehört es zu Polen.

Warneckstraße

Name ab	13. Mai 1929
früherer Name	Rudorfstraße (1903–1929)
Ortsteil	Wilmersdorf
Namenserläuterung	*Warneck, Gustav* * 06. 03. 1834 Naumburg an der Saale † 26. 12. 1910 Halle an der Saale Theologe. Warneck war zunächst Reiseprediger bei der Rheinischen Missionsgesellschaft und kurzzeitig im Pfarrdienst tätig. 1896 wurde er Professor für Missionswissenschaft an der Universität in Halle. Seit 1874 gab er die „Allgemeine Missions-Zeitschrift" heraus. Er gilt als Begründer der systematischen evangelischen Missionswissenschaft und verfaßte darüber zahlreiche Werke, u. a. „Die gegenseitigen Beziehungen zwischen der modernen Mission und Kultur" (1879) und „Abriß einer Geschichte der protestantischen Missionen von der Reformation bis auf die Gegenwart" (1882).

Warnemünder Straße

Name ab	1891
Ortsteil	Schmargendorf
Detail	In diesem Siedlungsgebiet wurden mehrere Straßen nach Badeorten an der Nord- und Ostseeküste benannt.
Namenserläuterung	*Warnemünde:* Ostseebad und Stadtteil von Rostock im Land Mecklenburg-Vorpommern. Der Ort erhielt seinen Namen nach der Lage an der Mündung der Warnow. 1186 wurde aqua Warnow, 1252 Warnemunde erstmals urkundlich erwähnt. Seit 1323 gehört Warnemünde zu Rostock. Es ist ein vielbesuchter Badeort und daneben Fährhafen (Verbindung nach Gedser in Dänemark und Trelleborg in Schweden seit 1903 bzw. 1991) und Werftstandort.

Wartenbergische Straße

Name ab	1890
Name bis	1892
heutiger Name	Württembergische Straße (1892)
Ortsteil	Wilmersdorf
Detail	Vor ihrer Benennung trug die Wartenbergische Straße seit 1880 die Bezeichnung Straße 14 a.
Namenserläuterung	*Wartenberg:* eine Burg im Kreis Donaueschingen im Land Baden-Württemberg, nahe der Gemeinde Geisingen. Die Herren von Wartenberg erbauten sie im 12. Jahrhundert.

Wegenerstraße

Name ab	24. August 1893
früherer Name	Holsteiner Straße (um 1890–1893)
Ortsteil	Wilmersdorf
Namenserläuterung	*Wegener, Robert*
	* 31. 08. 1829
	† 13. 08. 1895
	Kommunalpolitiker. Ökonomie-Inspektor Wegener war von 1877 bis 1886 in Wilmersdorf Amts- und Gemeindevorsteher.

Weimarische Straße

Name ab	7. April 1908
frühere Namen	Nassauer Straße (um 1875 – um 1880)
	Promenade IV (um 1880–1892)
	Straße 28 (1892–1902)
	Weimarsche Straße (1902–1908)
Ortsteil	Wilmersdorf
Namenserläuterung	*Weimar:* Kreisfreie Stadt an der Ilm im Freistaat Thüringen. Westlich der 975 erwähnten Burg Weimar gründeten die Grafen von Orlamünde um 1250 die gleichnamige Stadt, die 1254 als civitas erstmals genannt wurde. Um 1373 fiel Weimar an die Wettiner, 1485 an die Ernestiner. 1572 bzw. 1603 war es zunächst Residenz des Herzogtums Sachsen-Weimar und dann ab 1741 Sitz des Herzogtums (seit 1815 Großherzogtum) Sachsen-Weimar-Eisenach. Vor allem durch das Wirken von Goethe und Schiller entwickelte sich Weimar im 18./19. Jahrhundert zum Zentrum der deutschen Klassik. 1919 tagte in der Stadt die verfassungsgebende Deutsche Nationalversammlung. Die von ihr ausgehende erste deutsche Republik war eng mit dem Namen der Stadt verbunden (Weimarer Republik). Nach der Bildung des Landes Thüringen 1920 wurde Weimar dessen Hauptstadt. Von 1952 bis 1990 gehörte die Stadt zum DDR-Bezirk Erfurt, seit 1990 zum Freistaat Thüringen.

Weimarsche Straße

Name ab	1902
Name bis	7. April 1908
frühere Namen	Nassauer Straße (um 1875 – um 1880)
	Promenade IV (um 1880–1892)
	Straße 28 (1892–1902)
heutiger Name	Weimarische Straße (1908)
Ortsteil	Wilmersdorf
Detail	Die Benennung Weimarsche Straße erfolgte offenbar in Anlehnung an Kaiser Wilhelm I., dessen Ehefrau aus dem Hause Sachsen-Weimar stammte.
Namenserläuterung	*Weimar:* vgl. Weimarische Straße

Weinheimer Straße

Name ab	22. Juli 1908
früherer Name	Cranzer Straße (um 1905–1908)
Ortsteil	Schmargendorf
Detail	Die Weinheimer Straße entstand am 22. Juli 1908, als der südliche Abschnitt der Cranzer Straße abgetrennt und zur Weinheimer Straße umbenannt wurde.
Namenserläuterung	*Weinheim:* Stadt im Rhein-Neckar-Kreis im Land Baden-Württemberg. Sie ist eine der bekanntesten Orte an der Bergstraße. Weinheim wurde erstmals 755 erwähnt, als es durch Schenkung an die Kirche von Heppenheim kam. 790 erwarb das Kloster Lorsch Besitzrechte in Weinheim, das um 1000 von ihm Marktrechte erhielt. Nach der Auflösung der Abtei Lorsch kam Weinheim Mitte des 13. Jahrhunderts an die Kurpfalz. Zwischen 1232 und 1264 erfolgte die Anlage der befestigten Neustadt, die das Stadtrecht erlangte. 1456 wurde sie mit der Altstadt vereinigt. Seit 1803 gehört Weinheim zu Baden. Im 15. und 16. Jahrhundert gelangte die Stadt durch das Gerbergewerbe zu wirtschaftlicher Blüte.

Werkstättenweg

Name ab	4. November 1935
frühere Namen	Bahnstraße (um 1890 – um 1902)
	Bahnhofstraße (um 1902–1935)
Ortsteil	Grunewald
Namenserläuterung	*Werkstätten*: Die Straße erhielt ihren Namen nach der Eisenbahnreparaturwerkstatt auf dem Rangier- und Güterbahnhof Grunewald.

Werkstattstraße

Name ab	um 1900
Name bis	13. Juni 1906
späterer Name	Werkstattweg (1906–1925)
heutiger Name	Cordesstraße (1925)
Ortsteil	Grunewald
weiterer Bezirk	Charlottenburg
Namenserläuterung	*Werkstatt*: Die Straße, die vom Güterbahnhof Grunewald zum Messedamm im Bezirk Charlottenburg führte, erhielt ihren Namen nach der Eisenbahnreparaturwerkstatt auf dem Rangier- und Güterbahnhof Grunewald.

Werkstattweg

Name ab	13. Juni 1906
Name bis	9. März 1925
früherer Name	Werkstattstraße (um 1900–1906)
heutiger Name	Cordesstraße (1925)
Ortsteil	Grunewald
weiterer Bezirk	Charlottenburg
Namenserläuterung	*Werkstatt*: Die Straße erhielt ihren Namen nach der Eisenbahnreparaturwerkstatt auf dem Rangier- und Güterbahnhof Grunewald.

Wernerstraße

Name ab	1898
Ortsteil	Grunewald

Namenserläuterung

Werner, Anton Alexander von
* 09. 05. 1843 Frankfurt (Oder)
† 04. 01. 1915 Berlin
Historienmaler, Zeichner, Illustrator. Nach einer Lehre als Stubenmaler begann er 1860 seine Ausbildung an der Berliner Akademie und setzte sie 1862 in Karlsruhe fort. Ab 1871 wieder in Berlin, wurde er offizieller Historienmaler des Preußischen Hofes und 1875 Direktor der Hochschule für bildende Künste. Bis 1895 stand er dem Verein Berliner Künstler vor. Anton von Werner begann als Illustrator, entdeckte jedoch bald die historische Genre- und die Landschaftsmalerei. Berühmtheit erlangten seine zeitgeschichtlichen Darstellungen, vor allem „Kaiserproklamation in Versailles"(1873–1877) und „Reichstagseröffnung"(1893). Der Mosaikfries zur Reichsgründung am Sockel der Berliner Siegessäule (1873–1875) ist nach seinen Entwürfen geschaffen worden. Für den Festsaal des Berliner Rathauses entstand „Der Kongreß zu Berlin. 13. Juli 1878", ferner eine Fülle von Bildern zu Berliner Hoffestlichkeiten und Tagesereignissen. Sein Ehrengrab befindet sich an der Südmauer des Kirchhofs der Zwölf-Apostel-Gemeinde, Werdauer Weg, Bezirk Schöneberg.

Westendstraße

Name ab	um 1880
Name bis	1888
früherer Name	Charlottenburger Weg (um 1856 – um 1880)
heutiger Name	Brandenburgische Straße (1888)
Ortsteil	Wilmersdorf

Detail

Die Westendstraße war bis zu ihrer Benennung der südliche Teil des Charlottenburger Weges.

Namenserläuterung	*Westend*: Ortsteil im Bezirk Charlottenburg. Die Westendstraße führte von der Gemeinde Wilmersdorf in Richtung Westend.

Westfälische Straße

Name ab	1905
frühere Namen	Die Kuhtrift (um 1876–1888)
	Westphälische Straße (1888–1905)
Ortsteil	Wilmersdorf
Namenserläuterung	*Westfalen*: Nordöstlicher Teil des Landes Nordrhein-Westfalen. Der Hauptort ist Münster. Als Westfalen wurde im 12. Jahrhundert das Gebiet zwischen Rhein und Weser bezeichnet, das ursprünglich vom germanischen Stamm der Westfalen – einem Teil der Niedersachsen – besiedelt war. 1180 wurde Westfalen als Herzogtum erwähnt, das den Westteil des Stammesherzogtums Sachsen bildete und bei dessen Zerfall in mehrere Herrschaften zerfiel. Den Herzogstitel von Westfalen erhielten die Erzbischöfe von Köln. Das entstehende kurkölnische Gebiet bildete den Kern des heutigen Westfalen. Im 17. Jahrhundert erwarb Brandenburg Gebiete Westfalens am Niederrhein (Mark, Ravensberg, Kleve). 1803 wurde Westfalen aufgeteilt, von 1807 bis 1813 bestand als napoleonischer Vasallenstaat das aus Teilen Westfalens, preußischen Provinzen und weiteren Gebieten gebildete Königreich Westphalen (Westfalen). Der größte Teil des Gebietes kam 1815 an Preußen und bildete die Provinz Westfalen, gleichzeitig wurden Osnabrück und Lippe ausgegliedert. 1946 wurde Westfalen Teil des neugeschaffenen Landes Nordrhein-Westfalen.

Westphälische Straße

Name ab	um 1875
Name bis	um 1880
spätere Namen	Auguststraße (um 1880 – um 1890)
	Königshofer Straße (um 1890–1901)
heutiger Name	Motzstraße (1901)
Ortsteil	Wilmersdorf
Namenserläuterung	*Westfalen:* vgl. Westfälische Straße

Westphälische Straße

Name ab	16. März 1888
Name bis	1905
früherer Name	Die Kuhtrift (um 1876–1888)
heutiger Name	Westfälische Straße (1905)
Ortsteil	Wilmersdorf
Detail	Die Westphälische Straße wurde am 16. März 1888 durch die Umbenennung der Straße Die Kuhtrift unter Einbeziehung der bisherigen Straßen 14 und 35 gebildet.
Namenserläuterung	*Westfalen:* vgl. Westfälische Straße

Wetzlarer Straße

Name ab	19. August 1909
Ortsteil	Wilmersdorf
Detail	Die Wetzlarer Straße liegt im sogenannten Rheingauviertel, in dem die Straßen nach Gemeinden im Rheingau benannt wurden.
Namenserläuterung	*Wetzlar:* Kreisstadt des Lahn-Dill-Kreises im Land Hessen. Die nach dem Wetzbach benannte Stadt liegt an der Lahn unterhalb der Dillmündung. Sie entstand aus einem über dem Lahntal 897 von den Konradinern gegründeten Marienstift. Nach deren Aussterben fiel der

335

Ort Mitte des 10. Jahrhundert an das Reich. 1141/42 wurde er als Wetflaria erstmals erwähnt und spätestens 1180 Reichsstadt. Nach dem Niedergang seit Mitte des 14. Jahrhunderts gewann Wetzlar als Sitz des Reichskammergerichts von 1693 bis 1806 wieder an Bedeutung. 1803 kam die Stadt an den Fürstprimas Dalberg, 1815 zur preußischen Rheinprovinz und 1932 zur preußischen Provinz Hessen-Nassau. Seit 1945 gehörte es zu Hessen. 1977–1979 war Wetzlar Stadtteil von Lahn, das durch den Zusammenschluß von Gießen, Wetzlar und weiteren Gemeinden gebildet worden war.

Wexstraße

Name ab	22. Dezember 1911
frühere Namen	Margarethenstraße (um 1876–1888)
	Ringbahnstraße (1888–1911)
Ortsteil	Wilmersdorf
weiterer Bezirk	Schöneberg
Namenserläuterung	*Wex, Eduard*

Wex, Eduard
* 14. 07. 1827
† 14. 02. 1902
Oberbaurat. Wex war 1867–1877 als Mitarbeiter von Ernst August Dircksen leitend beim Bau der Berliner Ringbahn beteiligt. Von 1881 bis 1893 war er Präsident der Eisenbahndirektion Berlin.

Wiesbadener Straße

Name ab	19. August 1909
früherer Name	Schmargendorfer Straße (um 1875–1909)
Ortsteil	Wilmersdorf
weiterer Bezirk	Schöneberg
Detail	

Der Abschnitt im Bezirk Schöneberg wurde bereits um 1902 in Wiesbadener Straße benannt.

Namenserläuterung

Wiesbaden: Landeshauptstadt von Hessen, am Taunus gelegen. In der Zeit der römischen Herrschaft (1.–4. Jahrhundert) wurden Siedlungen und Lager errichtet, 122 wurde eine Siedlung als Aquae Mattiacae bezeichnet. Im 4./5. Jahrhundert alemannisch und fränkisch, wurde Wiesbaden 829 erstmals wieder erwähnt. Im 13. Jahrhundert vorübergehend Reichsstadt, kam es an eine Linie der Grafen von Nassau. 1233 wurde es erneut als Badeort (Wisibada) bekannt. Wiesbaden war seit 1744 Residenz des Fürstentums Nassau-Usingen, seit 1806 des Herzogtums Nassau. 1866 war die Stadt von Preußen besetzt und 1868 in die preußische Provinz Hessen-Nassau eingegliedert worden. 1945 bei Bildung des Landes (Groß-) Hessen wurde es dessen Hauptstadt. Wiesbaden ist wegen der vorhandenen Thermalquellen Badeort mit regem Kur- und Badebetrieb. Neben der Landesregierung ist Wiesbaden Sitz des Bundeskriminalamtes, des Statistischen Bundesamtes und zahlreicher Hoch- und Fachschulen.

Wildentensteig

Name ab
Ortsteil

29. März 1939
Schmargendorf

Detail

Der Wildentensteig trug vor seiner Benennung die Bezeichnung Straße G 27. Er liegt in einer Wohnsiedlung, in der die Straßen ihre Namen nach Wildtieren erhielten. Die Siedlung gehörte bis 1939 zum Ortsteil Dahlem im Bezirk Zehlendorf, kam dann zum Wilmersdorfer Ortsteil Grunewald und 1952 zum Ortsteil Schmargendorf.

Namenserläuterung

Wildente: Schwimm- und Zugvogel; mit über 100 Arten weltweit verbreitete Unterfamilie kleiner bis mittelgroßer Wasservögel. Die Nahrungsaufnahme erfolgt durch Gründeln. Sie leben in freier Wildbahn, vor allem an Seen, Flüssen, Sümpfen und Küstenabschnitten.

Wildpfad

Name ab	4. April 1934
früherer Name	Parkstraße (um 1908–1934)
Ortsteil	Grunewald

Detail

Am 4. April 1934 wurde der nordwestliche an den Grunewald grenzende Abschnitt der Parkstraße in Wildpfad umbenannt.

Namenserläuterung

Wild: Sammelbezeichnung für freilebende Tiere die dem Jagdrecht unterliegen. Man unterscheidet Hochwild, Niederwild, Haarwild und Flugwild. Bei Wildpfaden handelt es sich zumeist um vom Wild auf dem Weg zur Tränke getretene Durchbrüche durch das Unterholz.

Wildungener Straße

Name ab	um 1895
Name bis	nicht ermittelt
Ortsteil	Schmargendorf

Detail

Vor ihrer Benennung trug die Wildungener Straße die Bezeichnung Straße 46 a. Sie war Bestandteil des Schmargendorfer Bebaungsplanes und sollte zwischen der Forckenbeck- und der Mecklenburgischen Straße verlaufen, wurde jedoch nie angelegt.

Namenserläuterung

Bad Wildungen: Stadt und Badeort im Landkreis Waldeck-Frankenberg im Land Hessen. Die Stadt entwickelte sich aus drei verschiedenen, neben- und nacheinander als Wildungen bezeichneten Siedlungen. Das im 9. Jahrhundert erwähnte ursprüngliche Dorf Wildungen wurde im 13./14. Jahrhundert zur Wüstung. Die Burg, etwa 1270 als Mainzer Lehen den Grafen von Waldeck gehörend und im 16. Jahrhundert Residenz einer Linie der Grafen, bildete im 14. Jahrhundert den Ausgangspunkt für die Entstehung der selbständigen, dann Altwildungen genannten Gemeinde, die aber erst 1942 eingemeindet wurde. Die Stadtentwicklung erfolgte durch eine Neugründung von 1242, als Niederwildungen bezeichnet, die 1259 Stadtrecht erhielt. Aus ihr entwickelte sich im 19. Jahrhundert das Heilbad, das seit 1906 Bad Wildungen heißt. Die Quellen wurden seit dem 14./15. Jahrhundert zu Heilzwecken benutzt. 1940 wurde die Stadt Hessisches Staatsbad.

Wilhelmsaue

Name ab	16. März 1888
frühere Namen	Dorfaue (vor 1300–1875)
	Wilhelmstraße (1875–1888)
Ortsteil	Wilmersdorf

Detail   Die Straße Wilhelmsaue erhielt ihren Namen am 16. März 1888 durch die Umbenennung der verlängerten Wilhelmstraße. Sie war die Hauptstraße der früheren Dorfgemeinde Wilmersdorf und erhielt 1888 in der Mitte eine Grünanlage, in der 1895 eine Büste von Kaiser Wilhelm I. aufgestellt wurde.

Namenserläuterung   *Wilhelm I.*: vgl. Kaiserallee

Wilhelmstraße

Name ab	1875
Name bis	16. März 1888
früherer Name	Dorfaue (vor 1300–1875)
heutiger Name	Wilhelmsaue (1888)
Ortsteil	Wilmersdorf
Namenserläuterung	*Wilhelm I.*: vgl. Kaiserallee

Wilmersdorfer Chaussee

Name ab	um 1885
Name bis	1888
früherer Name	Charlottenburger Weg (um 1856 – um 1885)
heutiger Name	Brandenburgische Straße (1888)
Ortsteil	Wilmersdorf
Detail	Bei der Straße handelte es sich um eine Richtungsstraße von Charlottenburg nach Wilmersdorf.
Namenserläuterung	*Wilmersdorf:* Verwaltungsbezirk von Berlin. Die erste urkundliche Erwähnung von Wilmersdorf stammt aus dem Jahre 1293 in einem vom Markgrafen Albrecht III. von Brandenburg ausgestellten Dokument. Der Ort gehörte bis Mitte des 17. Jahrhunderts zu einem Teil den Familien Wilmerstorff bzw. Blumenhage, Brügge und Hake sowie dem Spandauer Kloster. Seit 1562 gehörte das Dorf und später auch das Freigut den Brandenburgischen Kurfürsten, ab 1506 unterstand es dem Amt Mühlenhof. Später wechselte es häufig den Besitzer. 1870 erwarb der Bankier und Grundstücksspekulant Johann von Carstenn das Rittergut. Wilmersdorf blieb bis zum 19. Jahrhundert ein kleines bäuerliches Angerdorf und besaß 1840 erst 626 Einwohner. Bedingt durch die Nähe zur deutschen Hauptstadt Berlin vollzog sich nach 1871 eine stürmische Entwicklung, so daß 1910 fast 110 000 Einwohner gezählt werden konnten. 1872 entstand auf dem zum Rittergut gehörenden Oberfeld die Landhauskolonie Friedenau. 1875 kam der Gutsbezirk zum Gemeindebezirk Wilmerdorf. Am 31. Oktober 1906 wurde es Stadt und am 1. April 1907 eigener Stadtkreis. Mit der Bildung der neuen Stadtgemeinde Berlin im Jahre 1920 entstand aus der Stadt Wilmersdorf, den Landgemeinden Schmargendorf und Grunewald sowie dem Gebiet Grunewald-Forst der 9. Verwaltungsbezirk von Berlin.

Wilmersdorfer Straße

Name ab	24. Januar 1898
Name bis	1902
heutiger Name	Warmbrunner Straße (1902)
Ortsteil	Grunewald
Detail	Die Wilmersdorfer Straße trug vor ihrer Benennung die Bezeichnung Straße G 19. Sie führte von der Gemeinde Grunewald über Schmargendorf in Richtung Wilmersdorf. 1902 wurde sie als westlicher Abschnitt in die Warmbrunner Straße einbezogen.
Namenserläuterung	*Wilmersdorf:* vgl. Wilmersdorfer Chaussee

Wilmersdorfer Straße

Name ab	1876
Name bis	1886
heutiger Name	Nassauische Straße (1886)
Ortsteil	Wilmersdorf
Detail	Die Straße wurde 1886 mit der Braunschweiger Straße zur neuen Nassauischen Straße zusammengelegt.
Namenserläuterung	*Wilmersdorf:* vgl. Wilmersdorfer Chaussee

Wilmersdorfer Weg

Name ab	um 1856
Name bis	um 1885
späterer Name	Straße 31 b (um 1885–1888)
heutiger Name	Mecklenburgische Straße (1888)
Ortsteil	Wilmersdorf
Namenserläuterung	*Wilmersdorf:* vgl. Wilmersdorfer Chaussee

Winkler Straße

Name ab	1898
Ortsteil	Grunewald
Detail	Die Winkler Straße liegt in einem Siedlungsgebiet, in dem einige Straßen nach Weinorten bzw. Weinsorten benannt wurden.
Namenserläuterung	*Winkel*: Stadtteil von Oestrich-Winkel im Rheingau-Taunus-Kreis, Land Hessen. Winkel ist seit dem 9. Jahrhundert als Weinort bekannt und wurde 850 erstmals erwähnt. Im Ort war der Burgsitz der Herren von Winkel, die sich Greiffenclau nannten, bis diese in das im 14. Jahrhundert erbaute Schloß Vollrads zogen. Seit 1972 ist Winkel ein Stadtteil von Oestrich-Winkel.

Wissmannstraße

Name ab	1898
Ortsteil	Grunewald
Namenserläuterung	*Wissmann, Hermann von* * 04. 09. 1853 Frankfurt (Oder) † 16. 06. 1905 Weißenbach (Steiermark) Afrikaforscher, Offizier. Er stammte aus einer Offiziers- und Beamtenfamilie und wurde 1874 Leutnant, später Major. Von 1880 bis 1882 durchquerte er im Auftrag der Afrikanischen Gesellschaft als Erster Äquatorialafrika. 1884/85 erforschte Wissmann im Dienste Leopold II. von Belgien das Kongogebiet und durchquerte Afrika erneut 1886/87. Als Reichskommissar für Deutsch-Ostafrika warf er 1888–1890 den Aufstand arabischer Sklavenhändler mit Hilfe der ersten deutschen Schutztruppe nieder. 1890 wurde er geadelt. 1895 wurde er Gouverneur in Deutsch-Ostafrika, mußte aber krankheitsbedingt 1896 sein Amt aufgeben. Wissmann schrieb zahlreiche Reiseberichte und zählt zu den wagemutigsten und erfolgreichsten Afrikaforschern.

Wittelsbacherstraße

Name ab	30. November 1910
Ortsteil	Wilmersdorf
Detail	Die Wittelsbacherstraße entstand durch die Zusammenführung der Straßen 9 und 67.
Namenserläuterung	*Wittelsbacher*: deutsches Herrschergeschlecht. Seine Ursprünge lagen vermutlich in den 1079 erstmals erwähnten Grafen von Scheyern. Seit 1115 wurde der Name der Dynastie aus der bei Aichach gelegenen Stammburg Wittelsbach hergeleitet. Die Wittelsbacher erhielten 1120 das bayerische Pfalzgrafenamt und wurden 1180 mit dem Herzogtum Bayern belehnt, das sie im 13. Jahrhundert u. a. durch die Erwerbung der Rheinpfalz ausbauten. Bereits im 13. Jahrhundert erfolgte eine Teilung in eine niederbayerische und oberbayerische Linie, aus der 1329 die selbständige pfälzische Linie hervorging. Die bayrische Linie starb 1777 aus. Die pfälzische Linie erhielt 1806 die bayrische Königskrone. In verschiedenen europäischen Ländern stellten die Wittelsbacher die Herrscher, unter ihnen erlangte Brandenburg 1356 die Kurwürde. Die Wittelsbacher dankten 1918 ab.

Wohlauer Straße

Name ab	8. Januar 1892
Name bis	18. Juni 1911
heutiger Name	Eisenzahnstraße (1911)
Ortsteil	Wilmersdorf
Detail	Bereits um 1885 erhielt diese Straße die Bezeichnung Straße 27. Am 8. Januar 1892 Wohlauer Straße benannt, wurde sie am 18. Juni 1911 in die Eisenzahnstraße einbezogen.
Namenserläuterung	*Wohlau*: heute Wołów (Polen), Stadt in der Woiwodschaft Wrocław, früher Kreisstadt in Niederschlesien,

343

Regierungsbezirk Breslau. Die westlich des Katzenge-
birges gelegene Stadt entstand in der Nähe eines slawischen Dorfes Wolowo. Sie wurde um 1275 gegründet,
1292 wurden ihr die Stadtrechte bestätigt. Bei der Teilung des Herzogtums Glogau 1312 kam das Gebiet an
die Herzöge von Oels. Von 1495 bis 1504 war es ein
selbständiges Fürstentum, fiel 1517 mit Steinau an die
Familie Thurzo und 1523 an Liegnitz. 1653/54–1664
war Wohlau erneut selbständig und dann wieder mit
Liegnitz und Brieg vereint. Nach dem Aussterben der
Lignitzer Piasten kam es 1675 an Habsburg und nach
dem Ersten Schlesischen Krieg 1742 an Preußen. Seit
1945 gehört Wohlau zu Polen.

Wolfenbütteler Straße

Name ab	um 1885
Name bis	8. Januar 1892
früherer Name	Ringstraße II (um 1880 – um 1885)
späterer Name	Gravelotter Straße (1892–1901)
heutiger Name	Fasanenstraße (1901)
Ortsteil	Wilmersdorf
Namenserläuterung	*Wolfenbüttel*: Kreisstadt des gleichnamigen Landkrei-

Wolfenbüttel: Kreisstadt des gleichnamigen Landkreises, an der Oker, Land Niedersachsen. Die mittelalterliche Siedlung wurde 1118 erstmals als Wulferesbutle,
seit 1593 bzw. 1602 als Wolfenbüttel erwähnt. 1283 bis
1753 fungierte es als eine der Residenzen der Welfen
und bildete als Sitz verschiedener Linien des Hauses
Braunschweig das Zentrum des Fürstentums Wolfenbüttel. Eine mehrfach umbenannte Siedlung wurde als
Heinrichstadt ausgebaut und mit fürstlichen Privilegien
ausgestattet; aus ihr und weiteren Teilen der Residenz
entstand 1747 die Stadt Wolfenbüttel.

Württembergische Straße

Name ab	1892
früherer Name	Wartenbergische Straße (1890–1892)
Ortsteil	Wilmersdorf

Namenserläuterung

Württemberg: Teil des Landes Baden-Württemberg. Das Geschlecht derer von Württemberg kann bis 1081 zurückverfolgt werden, als Conradus de Wirdeberch (Wirtinisberc) auf dem Wirteneberg, dem späteren Wirtemberg, die Stammburg erbaute. Das Land wurde 1495 Herzogtum, ab 1803 Kurfürstentum und nach dem Preßburger Frieden 1805 Königreich. 1871 trat das Land dem Deutschen Reich bei. 1918 dankte der letzte König Wilhelm II. von Württemberg ab, das Land erhielt 1919 eine neue Verfassung als Freistaat. 1945 erfolgte die Teilung Württembergs in die beiden Länder Württemberg-Hohenzollern und Württemberg-Baden. 1952 kam es zum Zusammenschluß mit Baden zum Land Baden-Württemberg.

Würzburger Straße

Name ab	um 1900
Ortsteil	Wilmersdorf
weiterer Bezirk	Schöneberg

Namenserläuterung

Würzburg: kreisfreie Stadt und Verwaltungssitz des Regierungsbezirks Unterfranken im Freistaat Bayern. Im 7. Jahrhundert entstand eine Siedlung, die unter den Merowingern Mittelpunkt eines Herzogtums wurde. 704 wurde sie als Castellum Virteburh erwähnt. 742 entstand das Bistum Würzburg, 1030 erhielt Würzburg wichtige Stadtrechte. Um 1200 wurde die Burg auf dem Marienberg angelegt, die 1253–1719 Residenz der Bischöfe von Würzburg war. In Auseinandersetzungen mit den Bischöfen unterlag die Bürgerschaft. 1582 wurde die Universität als gegenreformatorische Einrichtung gegründet. Von etwa 1600 bis 1867 diente die Burg als Festung. 1802/03 kam Würzburg an Bayern, zwischenzeitlich von 1805 bis 1814 war es Residenz des Großherzogtums Würzburg.

Xantener Straße

Name ab	1892
Ortsteil	Wilmersdorf
Detail	Die Xantener Straße trug vor ihrer Benennung seit 1885 die Bezeichnung Straße 5c.
Namenserläuterung	*Xanten*: Stadt im Kreis Wesel im Land Nordrhein-Westfalen. Der Name leitete sich aus dem Lateinischen „ad sanctos", zu den Heiligen, ab. Nördlich eines früheren römischen Militärlagers – des Castra vetera – entstand um 100 die Siedlung Castra Ulpia Traiana, die im 5. Jahrhundert zerstört wurde. Zwischen beiden entstand im 4. Jahrhundert eine Memoira für den Heiligen Viktor, aus dem sich ein Stift und Siedlung entwickelten. Sie wurden 838 erstmals als ad sanctos erwähnt. Der Ort erlangte im 11. Jahrhundert als Kaufmannsiedlung stadtähnlichen Charakter und erhielt 1228 Stadtrecht. 1392 wurde er gemeinsamer Besitz von Kleve und dem Kurbistum Köln. 1444 kam Xanten an Kleve und mit diesem durch den den Jülich-Kleveschen Erbfolgestreit beendenden Vertrag von Xanten 1614 an Brandenburg bzw. Preußen.

Zähringerstraße

Name ab	30. November 1910
Ortsteil	Wilmersdorf
Detail	Die Zähringerstraße wurde durch die Zusammenführung der Straßen 9a und 66 gebildet.
Namenserläuterung	*Zähringer*: Süddeutsches Fürstengeschlecht. Bedeutende schwäbische Adelsfamilie des Mittelalters. Sie nannten sich nach der Burg Zähringen bei Freiburg im Breisgau. Die Zähringer erschienen spätestens im 10. Jahrhundert als Grafen des Breisgaus. Sie besaßen zeitweilig im 11. Jahrhundert die Herzogtümer Kärnten und Schwaben. Berthold II. nannte sich nach dem Verzicht auf Schwaben Herzog von Zähringen. Das Territo-

rium der Zähringer reichte im 12. Jahrhundert von Offenburg bis in die Westschweiz. Nachdem 1218 die männliche Linie ausstarb, bestanden nur abgespaltetene Nebenlinien weiter, aus denen die Markgrafen und späteren Großherzöge von Baden bzw. Baden-Durlach und Baden-Baden entstammten.

Zoppoter Straße

Name ab	1891
Ortsteil	Wilmersdorf

Detail

Um 1906 erfolgte die südliche Verlängerung der Zoppoter Straße bis zur Lentzeallee. In diesem Siedlungsgebiet wurden mehrere Straßen nach Badeorten an der Nord- und Ostseeküste benannt.

Namenserläuterung

Zoppot: heute Sopot (Polen), Stadt in der Woiwodschaft Gdansk an der Danziger Bucht. Ende des 16. Jahrhunderts entstand das Fischerdorf Sopot Dolny, das 1772 an Preußen kam. 1823 begann der Ausbau zum Seebad und Kurort, 1870 wurde es an die Bahnlinie Danzig–Köslin angeschlossen. Stadtrecht erhielt Zoppot im Jahre 1901. 1920 kam es zur Freien Stadt Danzig, 1939 zum Reichsgau Danzig-Westpreußen. Seit 1945 gehört die Stadt zu Polen.

Zugang zum Forstdienstacker

Name ab	um 1904
Name bis	14. Januar 1925
späterer Name	Rathenauallee (1925–1933)
heutiger Name	Tauberstraße (1933)
Ortsteil	Grunewald

Detail

Vor seiner Benennung trug der Zugang zum Forstdienstacker seit 1885 die Bezeichnung Straße G 1.

Namenserläuterung

Forstdienstacker: Bezeichnung für eine Forstanlage, die u. a. als Baumschule genutzt wurde.

Quellenbeleg

Aachener Platz
39/Bd. 1, S. 9; 55/S. 7 f.; 57/Bd. 1, S. 7;
79/S. 1 ff.; 105/Bd. 1, 2; 124/Bd. 1,
S. 7 148/S. 5 ff.; 150

Aachener Straße
34; 70/S. 1; 150

Achenbachstraße
73/Bd. 1, S. 78; 113/S. 5; 124/Bd. 1, S. 17;
150

Ahrweilerstraße
34; 41/Bd. I, S. 124; 55/S. 43 f.; 57/Bd. 1,
S. 81, Bd. 13, S. 23; 70/S. 1; 73/Bd. 15,
S. 463; 150; 151/S. 1

Albrecht-Achilles-Straße
22/S. 11 f.; 34; 70/S. 1; 106/S. 524; 119;
124/Bd. 1, S. 54, Bd. 2, S. 58; 150

Alter Begräbnisplatz
150

Am Bahnhof Grunewald
34; 69; 70/S. 1

Am Postfenn
34; 70/S. 1

Am Seepark
150

Amselstraße
34; 70/S. 1; 145/S. 29; 150

Am Volkspark
34; 70/S. 1; 150

An der Trift
150

Ansbacher Straße
34; 55/S. 20 f.; 57/Bd. 1, S. 207; 83/S. 23 ff.;
109/S. 14 f.; 148/S. 9; 150

Apeldoorner Straße
34; 37/S. 598 f.; 57/Bd. 1, S. 226; 96/S. 69;
150; 151/S. 1

Aschaffenburger Straße
34; 35/S. 11; 55/S. 22 f.; 57/Bd. 1, S. 289;
70/S. 1; 83/Bd. 7, S. 30 ff.; 113/S. 62; 150

Aßmannshauser Straße
34; 35/S. 74; 55/S. 436 f.; 57/Bd. 1, S. 298,
Bd. 15, S. 161, 295; 70/S. 1; 80/S. 15 f.;
125/Bd. 1; 150; 151/S. 2; 157/S. 85

Auerbacher Straße
34; 42/1938, Nr. 23, S. 448; 70/S. 2;
84/S. 12; 150

Auerbachstraße
22; 34; 42/1938, Nr. 23, S. 448; 150

Augsburger Straße
13; 32/Bd. 2, S. 33; 34; 70/S. 2; 109/S. 23;
150

Augustastraße
34; 42/1937, Nr. 24, S. 416; 113/S. 70; 150;
153/S. 217

Auguste-Viktoria-Straße
34; 36/S. 545 f.; 57/Bd. 2, S. 12; 70/S. 2;
96/S. 68 f.; 113/S. 70; 124/Bd. 1, S. 131;
146; 150

Auguststraße
34

Babelsberger Straße
34; 70/S. 2; 86/S. 8/9; 150

Badensche Straße
34; 70/S. 2; 113/S. 77 f.; 114/Bd 1, S. 94;
124/Bd. 1, S. 144 f.; 109/S. 26 ff.;
150; 156

Bahnhofstraße
34; 150; 153

Bahnstraße
150

Baiersche Straße
150

Ballenstedter Straße
34; 70/S. 2; 87/S. 29/30; 150

Bamberger Straße
34; 35/S. 19; 57/Bd. 2, S. 88; 70/S. 2;
83/Bd. 7, S. 60 ff.; 109/S. 30 ff.;
124/Bd. 1, S. 150; 150

Barbarossastraße
34; 37/S. 189; 45/S. 159 ff.; 70/S. 3;
106/S. 537; 113/S. 379 f.; 124/Bd. 2, S. 206;
150

Barnayweg
22/S. 27; 34; 42/1933, Nr. 1, S. 10; 150

Barstraße
12/Bd. 1; 34; 43/S. 364; 57/Bd. 2, S. 115;
70/S. 3; 73/Bd. 2, S. 564; 113/S. 87; 150

Bayerische Straße
34; 70/S. 3; 83; 109/S. 36 ff.; 113/S. 96 ff.;
119; 150

Bechstedter Weg
34; 42/1931, Nr. 1, S. 4; 65/S. 13; 70/S. 3;
150; 153/S. 226

Beckmannstraße
40/Bd. 2, S. 700; 42/1925, Nr. 49, S. 615; 150

Bergheimer Platz
34; 50/S. 53 ff.; 55/S. 63; 57/Bd. 2, S. 205;
70/S. 3; 79/S. 61 f.; 150

Bergheimer Straße
34; 70/S. 3; 150

Berkaer Platz
34; 70/S. 3; 85/S. 27 f.; 150

Berkaer Straße
34: 42/1927, S. 75; 70/S. 3; 150; 153/S. 228

Berliner Platz
18; 20; 40/Bd. 3, S. 144 ff.; 42/1926, S. 301;
58/ S. 52 f.; 70/S. 3; 121/Bd. 3, S. 848 ff.;
150

Berliner Straße
34; 70/S. 3; 150

Berliner Weg
150

Bernadottestraße
34; 37/S. 78 f.; 57/Bd. 4, S. 215; 70/S. 4; 150

Bernhardstraße
34; 70/S. 4; 150

Bernhard-Wieck-Promenade
34; 70/S. 4; 150

Bernhard-Wieck-Straße
34; 42/1925, Nr. 49, S. 615; 70/S. 4; 150

Bettinastraße
34; 70/S. 4; 126/Bd. 1, S. 369 ff.; 150

Beverstedter Weg
34; 42/1931, Nr. 1, S. 4; 70/S. 4; 78/Bd. 2,
S. 33 f.; 150

Beymestraße
34; 38/Bd. 1, S. 273 f.; 69/S. 15 f.; 150

Bibersteig
34; 70/S. 4; 145/S. 45; 150

Bielefelder Straße
34; 39/Bd. 1, S. 246; 49/S. 49 ff.; 55/S. 71 f.;
57/Bd. 2, S. 257; 70/S. 4; 148/S. 37 ff.; 150;
151/S. 4

Bilsestraße
34; 22/S. 43; 70/S. 4; 150

Bingener Straße
39/Bd. 1, S. 252; 54/S. 103 ff.; 55/S. 73 f.;
57/Bd. 2, S. 271, Bd. 11, S. 326; 70/S. 5;
124/Bd. 6, S. 273; 141/S. 507 f.; 150

Binger Straße
34; 70/S. 5; 150

Birger-Forell-Platz
34; 70/S. 5; 100/S. 201

Birkenwäldchenstraße
34; 117/S. 29; 150

Bismarckallee
21/S. 100 ff.; 34; 37/S. 85 f.; 42/1935, Nr. 20,
S. 473, Nr. 26, S. 580; 57/Bd. 2, S. 282 f.;
59; 60; 70/S. 5; 124/Bd. 4, S. 188 f.; 150

Bismarckplatz
34; 70/S. 5; 150

Bismarckplatz
150

Blissestraße
34; 70/S. 5; 150

Blüthgenstraße
34; 70/S. 5; 118/Bd. 2, S. 26; 150

Böckmannsche Privatstraße
150

Bonner Straße
39/Bd. 1, S. 281; 50/S. 68 ff.; 55/S. 82 ff.;
57/Bd. 2, S. 338; 79/S. 86 ff.; 137/Bd. 5;
148/S. 42 ff.; 150

Bonner Straße
34; 70/S. 5; 150

Boothstraße
33/S. 17; 34; 69/S. 21 ff.; 150

Borkumer Straße
34; 39/Bd. 1, S. 283; 57/Bd. 3, S. 10; 70/S. 5;
150

Bornimer Straße
34; 70/S. 5; 86/S. 133 f.; 150

Bornimstraße
150

Bornstädter Straße
34; 150

Bornstedter Straße
34; 70/S. 6; 86/S. 134 f.; 150

Brabanter Platz
34; 39/Bd. 1, S. 289; 57/Bd. 3, S. 26; 70/S. 6;
107/S. 129; 124/Bd. 1, S. 208; 150

Brabanter Straße
34; 70/S. 6; 150

Brahmsstraße
34; 70/S. 6; 126/Bd. 2, S. 508 ff.; 150

Brandenburger Straße
34; 70/S. 6; 86/S. XV ff.; 113/S. 148 f.;
117/S. 29; 150

Brandenburgische Straße
34; 70/S. 6; 150

Braunschweiger Straße
48/S. 42 ff.; 55/S. 90 ff.; 57/Bd. 3, S. 41 f.;
78/Bd. 2, S. 47 ff.; 124/Bd. 1, S. 212 f.;
148/S. 46 ff.; 150

Bregenzer Straße
34; 39/Bd. 1, S. 297; 43/S. 164; 57/Bd. 3,
S. 45; 70/S. 6; 129/Bd. 1, S. 141; 150

Breitenbachplatz
34; 70/S. 6; 73/Bd. 3, S. 293; 150

Breite Straße
34; 70/S. 6; 150

Brieger Straße
34; 90/S. 54 ff.; 150

Brienner Straße
12; 34; 70/S. 6; 73/Bd. 3, S. 331;
113/S. 157; 150; 151/S. 5

Briloner Straße
49/S. 83 ff.; 57/Bd. 3, S. 62; 79/S. 108 f.;
124/Bd. 6, S. 259 ff.; 150

Bruchsaler Straße
34; 70/S. 6; 82/S. 101 f.; 150; 156

Bruchsal Straße
150

Buchhofstraße
150

Buchwaldplatz
210

Bundesallee
8/S. 257; 20/S. 192; 34; 57/Bd. 3, S. 126 ff.;
70/S. 7; 117/S. 29; 114/Bd. 1, S. 196;
124/Bd. 1, S. 229 ff.; 150

Bundesplatz
8/S. 258; 34; 70/S. 7; 150

Burgunder Straße
34; 39/Bd. 1, S. 328; 57/Bd. 3, S. 147 f.; 70;
106/S. 562; 113/S. 179 f.; 124/Bd. 1,
S. 248 ff.; 150

Buschstraße
69; 150

Buschweg
69; 150

Carionweg
22/S. 74; 34; 67/Bd. 1, S. 306 f.; 70/S. 7;
150

Carl-Ludwig-Schleich-Promenade
22/S. 350; 34; 70/S. 7; 150

Carlstraße
150

Caspar-Theyß-Straße
22/S. 396; 34; 70/S. 8; 150

Charlottenbrunner Straße
34; 70/S. 8; 90/S. 9; 150

Charlottenburger Weg
20; 27; 34; 86/S. 42 ff.; 138; 150

Charlottenburger Weg
150

Cicerostraße
16/S. 63; 22/S. 207; 34; 67/Bd. 1, S. 276,
302; 70/S. 8; 86/Bd. 10, S. XIV f.;
113/S. 585; 124/Bd. 3, S. 177; 150

Clayallee
8/S. 259; 20; 22/S. 79 f.; 21/S. 186 ff.; 34;
57/Bd. 3, S. 287; 70/S. 8; 124/Bd. 1, S. 295;
150

Coblenzer Straße
150; 156

Cordesstraße
34; 42/1925, Nr. 13; 70/S. 8; 150

Crampasplatz
34

Cranzer Straße
34; 70/S. 8; 89/S. 29; 121/Bd. 6, S. 87; 150

Cronberger Straße
34; 150

Culmannallee
42/1935, Nr. 20, S. 473, Nr. 26. S. 580;
43/S. 488; 60/S. 141; 113/S. 684; 150

Culmbacher Straße
34

Cunostraße
34; 70/S. 8; 150

Dachsberg
34; 41; 80/S. 73; 57/Bd. 5; 70/S. 9;
111/S. 202; 150

Damaschkestraße
8/S. 259; 34; 70/S. 9; 126/Bd. 3, S. 497; 150

Danziger Straße
34; 47; 113/S. 228; 117/S. 29; 94; 150

Darmstädter Straße
34; 43; 48/S. 83 ff.; 55/S. 113 f.; 57/Bd. 4,
S. 41; 80/S. 74 ff.; 148/S. 61

Darmstädter Straße
34; 70/S. 9; 150

Davoser Straße
34; 39/Bd. 1, S. 412; 57/Bd. 4, S. 50;
70/S. 9; 150; 151/S. 7

Deidesheimer Straße
34; 40/Bd. 5, S. 205; 41/S. 166; 52/S. 123 ff.;
57/Bd. 4, S. 60; 70/S. 9; 93/S. 147; 150

Delbrückstraße
34; 70/S. 9; 114/Bd. 1, S. 232; 126/Bd. 4,
S. 579 f.; 150

Der hohe Weg
150

Detmolder Straße
34; 40/Bd. 5, S. 287; 70/S. 9; 121/Bd. 6,
S. 484; 150

Die Kuhtrift
150

Die kurze Trift
34; 150

Dievenowstraße
34; 40/Bd. 5, S. 490; 70/S. 9; 150

Dillenburger Straße
34; 51/S. 93 f.; 55/S. 119 f.; 57/Bd. 4,
S. 178, 258, Bd. 8, S. 91 f., Bd. 12, S. 309 f.;
70; 113; 124/Bd. 4, S. 169 f.; 150

Doberaner Straße
34; 40/Bd. 5, S. 571; 47/S. 282; 70/S. 9; 150

Dorfaue
150

Dorfstraße
150

Douglasstraße
34; 70/S. 10; 150

Driburger Straße
34; 40/Bd. 5, S. 681; 55/S. 30; 57/Bd. 4,
S. 245; 79/S. 42, 310 f.; 150

Duisburger Straße
34; 50/S. 129 ff.; 55/S. 131 f.; 57/Bd. 4,
S. 258; 70/S. 10; 79/S. 154 ff.; 148/S. 72 f.; 150

Dunckerstraße
22/S. 101 f.; 34; 42/1936, Nr. 18, S. 359;
150; 153/S. 219

Dünkelbergsteig
34; 42/1938, Nr. 40, S. 738; 70/S. 10;
126/Bd. 4, S. 162; 150

Durlacher Straße
34; 70/S. 10; 82/S. 325 ff.; 121/Bd. 13,
S. 472 f.; 150; 156

Düsseldorfer Straße
34; 55/S. 103 ff.; 57/Bd. 4, S. 271 f.;
70/S. 10; 79/S. 161 ff.; 113/S. 589, 599 f.;
124/Bd. 3, S. 195; 148/S. 66 ff.; 150

Eberbacher Straße
34; 40/Bd. 6, S. 77; 42/1930, S. 349;
55/S. 133, 138 f.; 57/Bd. 4, S. 279; 70/S. 11;
82/S. 132 f.; 141/S. 492 ff.; 150; 151/S. 8

Egerstraße
34; 70/S. 11; 121/Bd. 7, S. 432 f.; 150

Ehrenfeldstraße
150

Eichhörnchensteig
34; 70/S. 11; 145/S. 79; 150

Eichkampstraße
34; 70/S. 11; 143/S. 42; 150

Eilsener Straße
41; 57/Bd. 5; 150

Eisenzahnstraße
22/S. 126; 34; 36/S. 160 f.; 57/Bd. 6, S. 131;
70/S. 11; 106/S. 607; 113/S. 384; 124/Bd. 2,
S. 207; 67/Bd. 1, S. 263 ff.; 150

Eislebener Straße
34; 70/S. 11; 87/S. 102 ff.; 121/Bd. 7,
S. 590; 143/S. 44; 150

Elberfelder Straße
40/Bd. 25, S. 525; 55/S. 566; 79/S. 173 ff.;
150

Elgersburger Straße
34; 70/S. 11; 85/S. 99; 150

Elsterplatz
34; 70/S. 11; 84/S. 14 f.; 150

Eltviller Straße
55/S. 138 f.; 57/Bd. 5, S. 46 f.; 80/S. 98 f.;
141/S. 486 ff.; 150

Emser Platz
34; 35/S. 12 f., 74; 40/Bd. 6, S. 357;
54/S. 74 ff.; 55/S. 31; 57/Bd. 5, S. 55;
70/S. 11; 114/Bd. 1, S. 288; 150

Emser Straße
34; 70/S. 11; 150

Erbacher Straße
3; 34; 51/S. 100 ff.; 55/S. 145; 57/Bd. 5, S. 100;
70/S. 11; 73/Bd. 6, S. 479; 74; 80/Bd. 4,
S. 103 f.; 113/S. 316; 141/S. 497 f.; 150

Erdener Straße
34; 41/S. 158; 70/S. 11; 150; 151/S. 9

Erfurter Straße
40/Bd. 6, S. 517; 85/S. 100 ff.; 150

Ermslebener Straße
34; 40/Bd. 6, S. 533; 42/1930, S. 349;
70/S. 11; 87/S. 113 f.; 150

Ettaler Straße
34; 57/Bd. 5, S. 159, Bd. 11, S. 64; 70/S. 11;
73/Bd. 6, S. 611; 83/S. 177; 128; 150;
151/S. 11

Falkensteiner Straße
34; 70/S. 12; 150

Fasanenplatz
34; 117/S. 29, 69 ff.; 121/Bd. 4, S. 499; 150

Fasanenstraße
70/S. 12; 117/S. 29; 150

Fechnerstraße
2/Bd. 11, S. 329; 34; 8/S. 263; 70/S. 12; 150

Fehrbelliner Platz
34; 70/S. 12; 86/S. 172; 150

Fischottersteig
34; 70/S. 12; 145/S. 252; 150

Flensburger Straße
35/S. 27; 55/S. 159 f.; 57/Bd. 5, S. 337;
77/S. 47 ff.; 150

Flinsberger Platz
34; 70/S. 12; 90/S. 10; 121/Bd. 2, S. 328;
150

Fontanestraße
21; 22/S. 121; 34; 70/S. 12; 150

Forckenbeckstraße
22/S. 121 f.; 34; 70/S. 12; 113/S. 352;
126/Bd. 5, S. 296 ff.; 150

Försterweg
34; 150

Franzensbader Straße
34; 40/Bd. 7, S. 542; 70/S. 12; 150

Freiburger Straße
34; 52/S. 222 ff.; 55/S. 164 ff.; 57/Bd. 6,
S. 108 f.; 82/Bd. 6, S. 180 ff.; 150

Friedenthalstraße
34; 38/Bd. 1, S. 739; 42/1938, Nr. 23,
S. 448; 126/Bd. 5, S. 447; 150

Friedrichshaller Straße
34; 53/S. 84 ff.; 57/Bd. 6, S. 137; 70/S. 13;
82/S. 32; 150

Friedrichsruher Straße
34; 41/S. 38 f.; 57/Bd. 6, S. 137, Bd. 10,
S. 287; 70/S. 13; 77; 114/Bd. 1, S. 354;
122/Bd. 4, S. 1216; 123/Bd. 3; 150

Frischlingssteig
34; 70/S. 13; 145; 150

Fritz-Wildung-Straße
34; 46/S. 175 ff.; 70/S. 13; 150

Fürther Straße
34; 55/S. 172; 57/Bd. 6, S. 168; 70/S. 13;
83/S. 205 f.; 150

Furtwänglerstraße
22/S. 132; 34; 70/S. 13; 150

Gartenstraße
150

Gasteiner Straße
34; 39/Bd. 1, S. 174; 57/Bd. 6, S. 214;
70/S. 13; 73/Bd. 7, S. 12 f.; 105/Bd. 2,
S. 352 f.; 124/Bd. 2, S. 226; 150; 151/S. 10

Geisbergstraße
34; 43; 70/S. 13; 113/S. 1269; 114/Bd. 1,
S. 378; 150

Geisenheimer Straße
3; 34; 41/S. 168; 70/S. 14; 73/Bd. 8, S. 230 f.;
74; 80/S. 153 f.; 141/S. 502 ff.; 150

Georgstraße
34; 150

Georg-Wilhelm-Straße
22/S. 137; 34; 57/Bd. 6, S. 287; 67/Bd. 1,
S. 335 f., 343; 70/S. 14; 113/S. 427; 150

Gerdauener Straße
34; 47/S. 54 f.; 70/S. 14; 121/Bd. 10; 150

Gerdauer Straße
34; 70/S. 14; 150

Gerolsteiner Straße
34; 54/S. 144 ff.; 55/S. 184; 57/Bd. 6,
S. 305; 70/S. 14; 150

Gieselerstraße
34; 70/S. 14; 150

Gillstraße
34; 70/S. 14; 150

Gillweg
34; 70/S. 14; 150

Gneiststraße
1; 22/S. 144; 34; 70/S. 14; 113/S. 447;
124/Bd. 2, S. 278; 150; 167/S. 50

Goldfinkweg
34; 70/S. 14; 145; 150

Gottfried-von-Cramm-Weg
34; 127

Grainauer Straße
34; 35; 41/S. 310, 315; 70/S. 14; 117/S. 29;
150

Gravelotter Straße
43/S. 462; 57/Bd. 7, S. 150; 106/S. 623;
113/S. 463; 117/S. 69; 124/Bd. 2, S. 291;
150

Grenzstraße
150

Griegstraße
34; 70/S. 15; 92; 150

Grieser Platz
34; 57/Bd. 7, S. 184; 70/S. 15; 73/Bd. 7,
S. 648; 122/Bd. 3, S. 163; 150

Grüner Weg
34; 150

Grunewaldstraße
117/S. 29; 150

Güntzelstraße
34; 70/S. 15; 150

Gustav-Freytag-Straße
34; 70/S. 15; 116/S. 137 ff.; 126/Bd. 5,
S. 425 ff.; 150

Habermannplatz
34; 70/S. 15; 150

Hagenauer Straße
40/Bd. 9, S. 355; 150

Hagenplatz
34; 42/1934, Nr. 39, S. 1246; 70/S. 15;
114/Bd. 2, S. 455; 150; 153/S. 224

Hagenstraße
34; 70/S. 15; 150; 153/S. 224

Halberstädter Platz
40/Bd. 9, S. 374 f.; 70/S. 15; 87/S. 169 ff.;
150

Halberstädter Straße
150

Halberstädter Straße
34; 70/S. 15; 150

Halenseestraße
34; 70/S. 16; 150

Hamburger Straße
34; 40/Bd. 9; 42/1934, Nr. 30, S. 989;
55/S. 206 ff.; 57/Bd. 7; 77; 148/S. 99 ff.; 150

Hammersteinstraße
34; 56; 64/Bd. 3, S. 557; 70/S. 16; 73/Bd. 7;
78/S. 261; 104; 126; 150; 151/S. 12

Hanauer Straße
51/S. 218 ff.; 57/Bd. 7, S. 300; 70/S. 16;
80/S. 186 ff.; 113/S. 486; 150

Hannoversche Straße
50/S. 169 ff.; 55/S. 212 ff.; 57/Bd. 7,
S. 314 f.; 78/S. 164 ff.; 124/Bd. 3, S. 35 f.;
148/S. 108 f.; 150

Hannöversche Straße
150

Hans-Rosenthal-Platz
10/1993, Nr. 22, 30.4., S. 1226; 24/1993,
3./4. 4. 1993; 57/Bd. 15, S. 253

Harlinger Straße
34; 40/Bd. 9, S. 487; 70/S. 16; 77/S. 175;
113; 124/Bd. 4, S. 282 f.; 150

Hasensprung
3; 34; 70/S. 16; 74; 150; 151/S. 12

Hauptstraße
150

Havelchaussee
34; 70/S. 16; 114/Bd. 2, S. 141; 150

Heidelberger Platz
34; 52/S. 71 ff.; 57/Bd. 8, S. 34 f.; 70/S. 16;
83/S. 254 ff.; 150

Heidelberger Straße
150

Heideweg
150

Heilbronner Straße
34; 51/S. 112 ff.; 57/Bd. 8, S. 36; 70/S. 16;
82/S. 266 ff.; 109/S. 210

Heiligendammer Straße
15/S. 123; 34; 40/Bd. 5, S. 571; 70/S. 16;
150

Hektorstraße
16/S. 62; 22/S. 206; 34; 67/Bd. 1, S. 276,
295 ff., 305 ff.; 70/S. 17; 107/S. 459, 555;
113/S. 583; 126/Bd. 10; 150

Helfferichstraße
22/S. 226; 34; 73/Bd. 8, S. 362; 113/S. 515;
124/Bd. 3, S. 53; 150

Helgolandstraße
34; 39/Bd. 2, S. 395; 43; 57/Bd. 8, S. 55 f.;
70/S. 17; 77; 150

Helmstedter Straße
34; 48/S. 186 ff.; 55/S. 186 ff. 57/Bd. 8,
S. 61; 70/S. 17; 78/S. 186 ff.; 150

Henriettenplatz
34; 36/S. 158, 167 f.; 62/S. 76 f.; 67/Bd. 1,
S. 361; 70/S. 17; 124/Bd. 4, S. 258; 150

Herbertstraße
34; 36/S. 55 f.; 59; 70/S. 17; 113/S. 128;
130; 150

Herthastraße
34; 40/Bd. 15, S. 442; 70/S. 17; 91/S. 1794;
150

Hessische Straße
80; 110/S. 249 ff.; 113/S. 527 ff.; 119;
124/Bd. 3, S. 63 ff.; 150

Heydenstraße
34; 56/S. 595; 70/S. 17; 150; 151/S. 13

Hildegardstraße
34; 70/S. 17; 150

Hildesheimer Straße
55/S. 235 f.; 57/Bd. 8, S. 106; 78/S. 194 ff.;
113/S. 533 f.; 150

Hindenburgstraße
21; 22/S. 241; 34; 97; 113/S. 535; 142; 150

Hintere Straße
150

Hobrechtstraße
22/S. 189 f.; 34; 150

Hochheimer Straße
3; 34; 40/Bd. 10, S. 131, 142; 70/S. 17; 74;
80/S. 212 f.; 141/S. 482; 150

Hochmeisterplatz
34; 70/S. 18; 115/S. 59 f.; 150

Hoffmann-von-Fallersleben-Platz
34; 38/Bd. 1, S. 1206 f.; 70/S. 18; 150

Hohensteiner Straße
34; 70/S. 18; 121/Bd. 12, S. 168; 150

Hohenzollerndamm
34; 57/Bd. 8, S. 150 f.; 67/Bd. 1, S. 257;
70/S. 18; 113/S. 551; 124/Bd. 3, S. 79 ff.; 150

Hohenzollernplatz
150

Hohenzollernplatz
34; 70/S. 18; 150

Hohmannstraße
34; 70/S. 19; 150

Höhmannstraße
34; 70/S. 18; 150

Holsteiner Straße
39/Bd. 5, S. 435; 40/Bd. 10, S. 195;
57/Bd. 16, S. 141 ff.; 109/S. 238;
124/Bd. 5, S. 205 f.; 150

Holsteiner Straße
150

Holsteinische Straße
34; 70/S. 19; 150

Homburger Platz
48/S. 258 ff.; 57/Bd. 8, S. 167; 80/S. 21 ff.;
113/S. 528 f.; 150

Homburger Platz
150

Homburger Straße
34; 70/S. 19; 150; 153/S. 225

Honnefstraße
55/S. 36; 57/Bd. 8, S. 174; 73/Bd. 8,;
79/S. 44, 419; 150

Hopfenbruchstraße
150

Hopfenbruchstraße
150

Hubertusallee
34; 70/S. 19; 114/Bd. 2, S. 534; 121/Bd. 12,
S. 305; 150

Hubertusbader Straße
34; 70/S. 19; 114/Bd. 2, S. 534; 150

Humboldtstraße
21; 22; 34; 70/S. 19; 150

Hundekehlestraße
34; 70/S. 19; 150

Hundequeleweg
34; 70/S. 19; 150

Ilmenauer Straße
34; 70/S. 19; 85/S. 211 f.; 150

Issumer Straße
42/1930, S. 349; 55/S. 254 f.; 57/Bd. 9,
S. 22; 73/Bd. 9, 1931; 150

Jagowstraße
10/1953, Nr. 57; 22/S. 203; 34; 150

Jenaer Straße
34; 40/Bd. 11, S. 155; 70/S. 19; 85;
121/Bd. 13, S. 117; 150

Joachim-Friedrich-Straße
16/S. 62; 22/S. 205 f.; 34; 43/S. 220;
57/Bd. 9, S. 87 f.; 70/S. S. 20; 113/S. 584;
124/Bd. 2, S. 242, Bd. 5, S. 83; 150

Joachimplatz
22/S. 206; 114F/Bd. 2, S. 574; 150

Joachimstaler Straße
34; 70/S. 20; 86/S. 228; 143/S. 76; 150

Johannaplatz
34; 36/S. 56; 59; 60; 70/S. 20; 130/S. 61 ff.,
443, 448, 453; 150

Johann-Georg-Straße
16/S. 63; 22/S. 207; 34; 43/S. 208, 217 ff.;
67/Bd. 1, S. 298, 327, 335, 367; 70/S. 20;
113/S. 585 f.; 150

Johannisberger Straße
3; 34; 41/S. 166 ff.; 57/Bd. 6, S. 246, Bd. 9,
S. 96 f.; 70/S. 20; 73/Bd. 11, S. 204; 74; 80/
S. 232 ff.; 141/S. 502; 150

Johann-Sigismund-Straße
16/S. 63; 34; 43/S. 224; 57/Bd. 9, S. 91;
67/Bd. 1, S. 334 ff., 365; 70/S. 20;
113/S. 586; 124/Bd. 3, S. 177, 195; 150

Joseph-Joachim-Platz
22/S. 206; 34; 70/S. 20; 150

Joseph-Joachim-Straße
34; 150

Jülicher Straße
34; 50/S. 220 ff.; 55/S. 256 f.; 79/S. 315 ff.;
110/S. 239; 113/S. 599 f.; 124/Bd. 3, S. 195;
150

Jungfernstraße
150

Kahlstraße
34; 42/1929, Nr. 35, S. 680; 70/S. 21;
126/Bd. 11, S. 21 f.; 150

Kaiserallee
34; 36/S. 544 f.; 99; 113; 124/Bd. 6;
117/S. 29; 150

Kaiserplatz
8/S. 258; 150

Kaiserstraße
34; 117/S. 29; 150

Kalischer Straße
34; 40/Bd. 11, S. 354; 70/S. 21;
121/Bd. 13, S. 331; 150

Kalkhorster Straße
34; 42/1930, S. 349; 65; 70/S. 21; 150

Karlsbader Straße
34; 40/Bd. 11, S. 478; 70/S. 21; 121/Bd. 13,
S. 470 f.; 150

Karlsruher Straße
34; 55/S. 261 f.; 57/Bd. 9, S. 218; 70/S. 21;
82/Bd. 6, S. 325 ff.; 150

Katharinenstraße
34; 70/S. 21; 150; 151

Kaubstraße
34; 54/S. 180 ff.; 57/Bd. 9, S. 249; 70/S. 21;
113/S. 630; 150

Kelheimer Straße
34; 40/Bd. 11, S. 579; 55/S. 266;
57/Bd. 9, S. 262; 70/S. 21; 83; 150

Kempenicher Straße
34; 35/S. 122; 42/1930, S. 349; 150; 158

Kirchhofstraße
150

Kirchstraße
34; 70/S. 22; 150

Kissinger Platz
34; 57/Bd. 9, S. 320; 70/S. 22; 83/S. 53 f.;
114/Bd. 2, S. 616; 150

Kissinger Straße
34; 70/S. 22; 150

Klindworthsteig
22/S. 223; 42/1938, Nr. 23, S. 448; 70/S. 22;
150

Knausstraße
22/S. 224; 34; 70/S. 22; 150

Koblenzer Straße
34; 54/S. 194 ff.; 55/S. 276 f.; 57/Bd. 10,
S. 26 f.; 70/S. 22; 81/S. 178 ff.; 150; 156

Koenigsallee
34; 70/S. 22; 150

Kolberger Platz
34; 40/Bd. 12, S. 165; 70/S. 22; 121/Bd. 14,
S. 47; 150

Köllnischer Platz
17/Bd. 1, S. 26 ff.; 19/S. 35; 40/Bd. 3,
S. 144 ff.; 58/S. 53; 150

Königsberger Straße
121/Bd. 14, S. 134; 150

Königsberger Straße
150

Königshofer Straße
57/Bd. 10, S. 73; 83/S. 346 f.; 150

Königsmarckstraße
34; 70/S. 22; 150; 151/S. 22

Königsweg
34; 70/S. 22; 150

Konstanzer Straße
34; 35; 52/S. 273 ff.; 57/Bd. 10, S. 83;
70/S. 23; 110/S. 315; 150

Kösener Straße
70/S. 22; 87/S. 251 f.; 150

Kostnitzer Straße
52/S. 273; 150

Krampasplatz
34; 70/S. 23; 94/S. 313; 150

Kranzer Straße
34; 70/S. 23; 150

Kreuznacher Straße
35/S. 16; 54/S. 77 ff.; 55/S. 38; 57/Bd. 10,
S. 149; 70/S. 23; 150

Kronberger Straße
34; 40/Bd. 12, S. 537; 55/S. 286; 70/S. 23;
80/S. 260 f.; 121/Bd. 12, S. 213;
141/S. 397 ff.; 150

Kronprinzenallee
8/S. 259; 34; 36/S. 546; 57/Bd. 20, S. 88;
106/S. 855 f.; 124/Bd. 3, S. 79 ff., Bd. 6,
S. 272; 146, 150; 157/S. 23

Kronprinzendamm
34; 70/S. 23; 150

Kudowastraße
34; 70/S. 23; 90/S. 10; 121/Bd. 2, S. 334 f.;
150

Kufsteiner Straße
43; 57/Bd. 10, S. 178; 70/S. 23; 73/Bd. 10;
109/S. 37; 124/Bd. 6, S. 88; 129/Bd. 1,
S. 638; 150

Kulmbacher Straße
34; 55/S. 288 f.; 70/S. 23; 83/S. 357 f.;
109/S. 14 f., 40,; 113/S. 684; 150

Kunz-Buntschuh-Straße
34; 70/S. 24; 150

Kuppenheimer Straße
34; 52/S. 285 ff.; 70/S. 24; 82/S. 364 f.; 150;
151/S. 24

Kurfürstendamm
34; 57/Bd. 10, S. 207; 69/S. 9; 70/S. 24;
106/S. 685; 113/S. 686 f.; 124/Bd. 3, S. 303;
143/S. 93; 150

Kurfürstenplatz
150

Kurmärker Platz
34; 42/1934, Nr. 39, S. 1246; 86; 121/Bd.
14, S. 494; 150; 153

Kurmärker Straße
34; 42/1934, Nr. 39, S. 1246; 153

Küstriner Straße
8/S. 259; 34; 40/Bd. 12, S. 648; 121/Bd. 14,
S. 511; 150

Landauer Straße
34; 55/S. 293; 57/Bd. 10, S. 244; 70/S. 24;
110/S. 325; 150

Landecker Straße
34; 47/S. 793 f.; 70/S. 24; 89/S. 117;
114/Bd. 2, S. 676; 121/Bd. 14, S. 335; 150

Landhausstraße
34; 70/S. 24; 150

Larionweg
34; 70/S. 24; 150

Lassenstraße
34; 70/S. 24; 126/Bd. 13, S. 673; 150;
153/S. 228

Laubacher Straße
34; 51/S. 207 ff.; 57/Bd. 10; 70/S. 24;
80/S. 265 f.; 109/S. 287; 150; 151/S. 24

Laubenheimer Platz
34; 73/Bd. 11; 128; 150; 158

Laubenheimer Straße
34; 70/S. 24; 150

Lauenburger Straße
55/S. 298; 77/S. 121; 110; 113/S. 1052 f.;
124/Bd. 3, S. 319 f.; 150

Lauenburger Straße
34; 42/1937, Nr. 24, S. 416; 150; 153/S. 224

Lentzeallee
34; 70/S. 25; 73/Bd. 11, S. 310; 150; 151/S. 19

Leo-Blech-Platz
22/S. 46; 34; 70/S. 25; 150

Leon-Jessel-Platz
22/S. 204 f.; 70/S. 25; 150

Liebenwerdastraße
34; 58/S. 169; 121/Bd. 15, S. 336; 150

Lieckstraße
150

Liegnitzer Straße
90/S. 285 ff.; 113/S. 716; 150

Lietzenburger Straße
14/S. 174 ff.; 20/S. 253 ff.; 34; 62; 67;
70/S. 25; 143/S. 101; 150; 151/S. 19

Linnicher Straße
12; 34; 42/1930, S. 349; 55/S. 311;
57/Bd. 11, S. 67; 73/Bd. 11, S. 455;
79/S. 408 ff.; 150; 159/S. 241 f.

Lipaer Straße
34; 123/Bd. 3, S. 49; 114/Bd. 2, S. 717; 150

Lippspringer Straße
34; 49/S. 222 ff.; 55/S. 39; 73/Bd. 11,
S. 460; 79/Bd. 3, S. 44; 150

Livländische Straße
34; 40/Bd. 13, S. 466; 70/S. 25; 121/Bd. 15,
S. 181 f.; 150

Lochowdamm
34; 150

Lorcher Straße
3; 51/S. 320 ff.; 55/S. 315; 57/Bd. 11,
S. 112; 70/S. 25; 74; 80/S. 283 ff.;
113/S. 1017; 141/S. 508 ff.; 150

Lorcher Straße
34; 70/S. 25; 150

Louisenstraße
40/Bd. 13, S. 606; 117/S. 29; 126/Bd. 15,
S. 500 ff.; 150; 157/S. 55 f.

Luchsweg
34; 70/S. 25; 145/S. 219; 150

Luciusstraße
34; 56/S. 905; 59; 70/S. 25; 126/Bd. 15;
150; 151/S. 19

Ludwig-Barnay-Platz
34; 70/S. 25; 150

Ludwigkirchplatz
34; 69/S. 26 ff.; 70/S. 26; 127/Bd. 9, S. 196;
150

Ludwigkirchstraße
34; 70/S. 26; 150

Lützenstraße
34; 40/Bd. 13, S. 636; 70/S. 26; 87/S. 286 f.;
150

Lützowstraße
22/S. 267; 36/S. 328 f.; 57/Bd. 11, S. 164 f.;
150; 167/S. 39

Lynarstraße
22/S. 268; 34; 70/S. 26; 75/S. 66f.;
114/Bd. 2, S. 742; 126/Bd. 15, S. 583 ff.; 150

Magdeburger Platz
34; 40/Bd. 14, S. 7; 87; 117/S. 29 ff.; 150

Magdeburger Straße
150

Mahlerstraße
34; 92; 150; 153/S. 225

Mainzer Straße
34; 54; 70/S. 26; 81/S. 214 ff.; 114/Bd. 2,
S. 749; 150; 156

Mannheimer Straße
34; 52/S. 109 ff.; 55/S. 326 f.; 57/Bd. 11,
S. 244; 70/S. 26; 82/Bd. 6, S. 419 ff.; 150

Mansfelder Straße
34; 42/1930, S. 349; 70/S. 27; 87/S. 316 ff.;
114/Bd. 2, S. 754; 150

Marbacher Straße
34; 51/S. 155 ff.; 57/Bd. 11, S. 253;
70/S. 27; 124/Bd. 4, S. 72; 150

Margaretenstraße
34; 70/S. 27; 150

Margarethenstraße
34; 150

Marienbader Straße
34; 40/Bd. 14, S. 203 f.; 70/S. 27;
121/Bd. 15; 150

Marienburger Straße
40/Bd. 14, S. 205; 89/S. 128 ff.; 150

Markgraf-Albrecht-Straße
22/S. 12; 34; 36/S. 19 f.; 67; 70/S. 27; 124;
150

Markobrunner Straße
3; 34; 41/S. 166; 57/Bd. 5, S. 100; 70/S. 27;
74; 80/S. 104; 122/Bd. 7; 141/S. 497; 150

Maxdorfer Steig
8/S. 263; 34; 35; 41/S. 172; 70/S. 27; 150

Max-Eyth-Straße
34; 70/S. 27; 126/Bd. 4, S. 714 f.; 150

Mecklenburger Straße
34; 40/Bd. 14, S. 364 f.; 121/Bd. 15,
S. 809 f.; 150

Mecklenburgische Straße
34; 70/S. 28; 150

Mehlitzstraße
34; 70/S. 28; 150

Meierottostraße
1/Bd. 21, S. 214; 34; 70/S. 28; 117/S. 29;
134/S. 87; 150

Meinekestraße
34; 70/S. 28; 73/Bd. 12, S. 348; 150;
168/S. 417

Menzelplatz
21; 22/S. 280; 34; 114/Bd. 2, S. 786; 150

Menzelstraße
34; 70/S. 28; 150

Messelstraße
8/S. 261; 22/S. 281; 34; 42/1938, Nr. 40,
S. 738; 70/S. 28; 150

Miquelstraße
34; 36/S. 352; 57/Bd. 12, S. 123;
106/S. 719; 113/S. 813; 150

Misdroyer Straße
34; 70/S. 29; 94/S. 232; 150

Morgenrothstraße
42/1938, Nr. 40, S. 738; 150

Mossestraße
22/S. 288; 42/1934, Nr. 30, S. 989; 150;
153/S. 225

Motzstraße
1/Bd. 22; 22/S. 288 f.; 34; 38/Bd. 2, S. 1946
f.; 61/S. 239; 70/S. 29; 124; 150

Mühlenweg
150

Münstersche Straße
34; 57/Bd. 12, S. 245; 70/S. 29; 79/Bd. 3,
S. 461 ff.; 110/S. 306 f.; 113/S. 831 f.;
114/Bd. 3, S. 815; 150; 151/S. 22

Nachodstraße
34; 40/Bd. 15, S. 283; 70/S. 29; 114/Bd. 3,
S. 819; 143/S. 29; 150

Nassauer Straße
57/Bd. 12, S. 310; 80; 110/S. 249 ff., 401 ff.;
113/S. 527 ff., 839; 119; 124/Bd. 3, S. 63 ff.;
150

Nassauische Straße
34; 70/S. 29; 150

Nauheimer Straße
34; 51/S. 336 ff.; 55/S. 42; 57/Bd. 12, S. 326;
70/S. 29; 80/S. 24 ff.; 141/S. 423 f.; 150

Neckarstraße
34; 39/Bd. 4, S. 44; 57/Bd. 12, S. 336; 150

Nedlitzer Straße
34; 42/1930, S. 349; 70/S. 29; 86/S. 287 f.; 150

Nenndorfer Straße
34; 55/S. 42 f.; 57/Bd. 12, S. 343; 70/S. 29; 150

Nestorstraße
16/S. 61; 22/S. 206; 34; 57/Bd. 9, S. 87,
Bd. 13, S. 18; 67/Bd. 1, S. 276, 285 ff.,
305 ff.; 70/S. 29; 124/Bd. 3, S. 177; 150

Niederwaldstraße
3; 34; 35; 42/1936, Nr. 18, S. 359;
80/S. 322; 153/S. 226

Niersteiner Straße
34; 40/Bd. 15; 41/S. 172 f.; 57/Bd. 13,
S. 72; 70/S. 30; 150

Nikischstraße
22/S. 298; 34; 70/S. 30; 150

Nikolsburger Platz
34; 43/S. 456; 57/Bd. 13, S. 80, 70/S. 30;
113/S. 860, 954; 117/S. 29 ff.; 150; 151/S. 23

Nikolsburger Straße
34; 70/S. 30; 117/S. 29 ff.; 150

Norderneyer Straße
34; 39/Bd. 4, S. 80; 55/S. 378; 57/Bd. 13,
S. 103; 70/S. 30; 78/S. 209; 150

Nürnberger Platz
34; 57/Bd. 13, S. 139 f.; 70/S. 30;
83/S. 500 ff.; 117/S. 29 ff.; 114/Bd. 3,
S. 849; 124/Bd. 3, S. 79 ff., Bd. 4, S. 238;
148/S. 184 f.; 150

Nürnberger Straße
34; 70/S. 30; 143/S. 115; 150

Oberfeldstraße
150

Oberhaardter Weg
34; 41/S. 204 ff.; 57/Bd. 7, S. 255; 70/S. 30;
93/S. 224 ff.; 150; 151/S. 23

Oeynhausener Straße
34; 49/S. 277 ff.; 55/S. 44; 57/Bd. 13,
S. 285; 79/S. 45 f.; 150

Oeynhauser Straße
34; 70/S. 30; 150

Offenbacher Straße
34; 39/Bd. 2, S. 406; 57/Bd. 4, Bd. 8,
Bd. 13, 70/S. 31; 80/S. 331 f.; 109/S. 387;
150; 151/S. 23

Oldenburger Straße
40/Bd. 16, S. 167; 48/S. 265 ff.; 124/Bd. 4,
S. 249 f.; 117/S. 29; 150

Olivaer Platz
34; 43/S. 289; 57/Bd. 13, S. 191; 70/S. 31;
88/S. 35 ff., 163 f.; 110/S. 118 f.;
113/S. 887; 143/S. 116; 150

Orber Straße
34; 51/S. 360 f.; 55/S. 45; 57/Bd. 13, S. 218;
70/S. 31; 80/S. 26 ff.; 150

Osnabrücker Straße
34; 48/S. 395 f.; 57/Bd. 13, S. 244;
78/S. 313 ff.; 148/S. 191 f.; 150

Paderborner Straße
34; 49/S. 281 f.; 55/S. 399 f.; 57/Bd. 13,
S. 292; 70/S. 31; 79/S. 509 ff.; 114/Bd. 3,
S. 879; 150

Parallelstraße
150

Paretzer Straße
34; 70/S. 31; 86/S. 305 f.; 150

Pariser Straße
34; 40/Bd. 16, S. 541 ff.; 70/S. 31; 113;
114/Bd. 3, S. 884; 117/S. 29; 121; 150

Parkstraße
34; 150

Passauer Straße
34; 57/Bd. 14, S. 10; 109/S. 405 f.;
124/Bd. 4, S. 315 f.; 150;

Paulsborner Straße
34; 70/S. 31; 150

Pfalzburger Straße
34; 57/Bd. 14, S. 83; 70/S. 31; 150;
151/S. 24

Platz am Wilden Eber
34; 70/S. 32; 150

Plöner Straße
34; 48/S. 435 ff.; 55/S. 410; 57/Bd. 14, S. 174;
70/S. 32; 77/S. 163 f.; 113/S. 947; 150

Pommersche Straße
40/Bd. 17, S. 347; 70/S. 32; 94; 117/S. 29;
121/Bd. 19, S. 78; 150

Pommersche Straße
34; 70/S. 32; 150

Prager Platz
34; 40/Bd. 17, S. 436 ff.; 70/S. 32;
117/S. 29 ff.; 121/Bd. 19, S. 197 f.; 150

Prager Straße
34; 70/S. 32; 117/S. 29 ff.; 150

Preußische Straße
106/S. 749; 110/S. 477 ff.; 113/S. 960 ff.;
119; 124/Bd. 5, S. 77 ff.; 135; 136; 150; 162

Preußische Straße
150

Priester Weg
150

Prinzenstraße
34; 117/S. 29; 150

Prinzenstraße
150

Prinz-Heinrich-Straße
22/S. 175; 57/Bd. 8, S. 49; 150

Prinzregentenstraße
34; 38/Bd. 2, S. 1737 f.; 57/Bd. 11, S. 133, 151,
Bd. 13, S. 275, Bd. 14, S. 276; 70/S. 32; 119;
124/Bd. 4, S. 39 f., 43, 287, Bd. 5, S. 84; 150

Promenade I
150

Promenade IV
150

Promenadenweg
150

Pücklerstraße
34; 40/Bd. 17, S. 610; 70/S. 33;
116/Bd. 2, S. 186; 150

Putbuser Platz
34; 40/Bd. 17, S. 636; 94/S. 275 f.;
121/Bd. 19, S. 424; 150

Pyrmonter Straße
34; 55/S. 45 f.; 57/Bd. 14, S. 332; 78/S. 331;
150

Rankeplatz
22/S. 321; 34; 38/Bd. 2, S. 2253 ff.;
70/S. 33; 150

Rankestraße
34; 70/S. 33; 143/S. 122 f.; 150

Rastatter Platz
51/S. 349 ff.; 57/Bd. 15, S. 51 f.;
124/Bd. 5, S. 103; 150

Rastatter Straße
150

Rathenauallee
34; 36/S. 408 f.; 42/1925, Nr. 4, S. 19;
57/Bd. 15, S. 54; 113/S. 982; 114/Bd. 3,
S. 947; 124/Bd. 5, S. 104; 150; 153/S. 227

Rathenauplatz
34; 70/S. 33; 150

Rauenthaler Straße
3; 34; 41/S. 166 ff.; 70/S. 33; 74;
80/Bd. 4, S. 339; 150; 151/S. 25

Ravensberger Straße
34; 57/Bd. 15, S. 68; 70/S. 33; 79/Bd. 3,
S. 525; 113/S. 984; 124/S. 105; 150

Regensburger Straße
34; 57/Bd. 15, S. 94 f.; 70/S. 33; 80/S. 570 f.;
106; 109/S. 437 f.; 117/S. 29; 124/Bd. 5,
S. 121; 150; 151/S. 26

Regerstraße
34; 70/S. 33; 92; 150; 153/S. 225

Rehkitzsteig
34; 70/S. 34; 145/S. 276 f.; 150

Reichenhaller Straße
34; 57/Bd. 15, S. 103, 70/S. 34; 83/S. 55 f.;
148/S. 48; 150

Reinerzstraße
34; 40/Bd. 18, S. 240, 70/S. 34; 90/S. 12 ff.;
150

Reissnerstraße
150

Reuterpfad
34; 70/S. 34; 114Bd. 3, S. 965; 121/Bd. 20,
S. 52; 150

Rheinbabenallee
34; 70/S. 34; 122/Bd. 10; 150

Rheinische Straße
39/Bd. 4; 57/Bd. 15, S. 159 f.; 150

Rheydter Straße
55/S. 345 f.; 57/Bd. 12, S. 170 f., Bd. 15,
S. 167; 79/S. 540 ff.; 150

Richard-Strauss-Straße
10/1953, Nr. 57; 34; 70/S. 34; 92;
114/Bd. 3, S. 970; 150

365

Ringbahnstraße
20/S. 999; 34; 67/Bd. 2, S. 732 f., 70/S. 34;
140/S. 15, S. 57 ff.; 150

Ringstraße I
34; 117/S. 29 ff.; 150

Ringstraße II
34; 117/S. 29 ff.; 150

Rintelner Straße
34; 42/1930, S. 349; 48/S. 301 ff.;
57/Bd. 15, S. 192; 70/S. 34; 150; 153/S. 226

Rosberitzer Straße
34; 117/S. 29; 150

Roseneck
34; 70/S. 34; 150

Rothenburger Straße
34; 35/S. 52 f.; 41/S. 535 ff.; 55/S. 434 f.;
57/Bd. 15, S. 262; 83/S. 603 ff.;
148/S. 210 ff.; 150

Rüdesheimer Platz
34; 51/S. 373 ff.; 55/S. 439; 57/Bd. 15,
S. 279; 70/S. 35; 80/S. 359 f.; 114/Bd. 3,
S. 1004; 150

Rüdesheimer Straße
34; 4/1936, Nr. 18, S. 359; 70/S. 35; 150;
153/S. 226

Rudolf-Mosse-Platz
34; 70/S. 35; 150

Rudolf-Mosse-Straße
34; 70/S. 35; 150

Rudolstädter Straße
34; 40/Bd. 20, S. 431; 70/S. 35;
85/S. 360 ff.; 150

Rudorfstraße
108/S. 505; 163/S. 1003; 150

Ruhlaer Straße
34; 40/Bd. 20, S. 630; 70/S. 35; 85/S. 364 f.;
150

Ruhlandallee
8/S. 261; 34; 42/1938, Nr. 40, S. 738;
73/Bd. 16, S. 187 f.; 150; 168/S. 557

Ruhrstraße
34; 39/Bd. 4, S. 372 f.; 57/Bd. 15, S. 282 f.;
70/S. 35; 124/Bd. 5, S. 162 f.; 150

Saalfelder Straße
85/S. 369 ff.; 121/Bd. 20, S. 520; 150

Sächsische Straße
34/40/Bd. 19, S. 40 ff.; 70/S. 36; 84;
121/Bd. 20, S. 545 ff.; 150

Sadowastraße
121/Bd. 14, S. 132, Bd. 20, S. 556; 150

Salzbrunner Straße
34; 70/S. 36; 90/S. 14; 150

Salzunger Straße
58/S. 238 f.; 85/S. 36 ff.; 150

Saßnitzer Straße
34; 70/S. 36; 94/S. 313 f.; 121; 150

Sauerländer Straße
34; 39/Bd. 4, S. 411; 57/Bd. 16, S. 67; 150

Schaperstraße
34; 70/S. 36; 117/S. 29; 150

Schellendorffstraße
34; 42/1938, Nr. 23, S. 448; 59/Bd. 2;
70/S. 36; 122/Bd. 2, S. 914 f.; 150; 151

Schinkelstraße
22/S. 349; 34; 70/S. 36; 114/Bd. 3, S. 1039;
150

Schlangenbader Straße
34; 41/S. 128 ff.; 57/Bd. 16, S. 132;
70/S. 36; 80/S. 371 f.; 122/Bd. 10, S. 192;
141/S. 387 f.; 150

Schleinitzstraße
34; 70/S. 36; 150

Schlesische Straße
34; 39/Bd. 5, S. 41; 57/Bd. 16, S. 139; 90;
110/S. 553 ff.; 124/Bd. 5, S. 204 f.; 150

Schleswiger Straße
39/Bd. 5, S. 435; 57/Bd. 16, S. 141 ff.; 77;
106/S. 813; 124/Bd. 5, S. 205; 150

Schleswigsche Straße
150

Schmargendorfer Straße
27; 101; 114/Bd. 3, S. 1047; 150

Schmargendorfer Weg
114Bd. 3, S. 1047; 150

Schoelerallee
34; 42/1930, S. 349; 70/S. 37; 150

Schoelerpark
34; 70/S. 37; 150

Schöneberger Straße
20; 62; 86/S. 94 ff.; 117/S. 29; 147; 150; 165

Schöneberger Weg
150

Schrammstraße
34; 70/S. 37; 150

Schumacherplatz
34; 66/S. 182; 112/S. 731; 150

Schwalbacher Straße
55/S. 49; 57/Bd. 16, S. 219; 80/S. 28;
114/Bd. 3. S. 1070; 141/S. 388; 150

Schwarzbacher Straße
34; 70/S. 37; 90/S. 489 f.; 150

Schwarzwaldstraße
39/Bd. 4, S. 460; 57/Bd. 17, S. 16, S. 259;
150

Schwedlerstraße
34; 40/Bd. 19, S. 634; 70/S. 37;
121/Bd. 21, S. 395; 150

Schweidnitzer Straße
34; 70/S. 37; 90/S. 491 ff.; 121/Bd. 21,
S. 401; 150

Schweinfurthstraße
22/S. 364; 34; 70/S. 38; 150

Seebergsteig
22/S. 364 f.; 42/1936, Nr. 18, S. 359;
70/S. 38; 150; 153/S. 219

Seesener Straße
34; 40/Bd. 20, S. 46; 70/S. 38;
121/Bd. 21, S. 499; 150

Seestraße
150

Selchowstraße
34; 70/S. 38; 150; 151/S. 29

Sesselmannweg
34; 70/S. 38; 104/S. 194; 110; 150; 151/S. 29

Siegburger Straße
34; 55/S. 467 f.; 57/Bd. 17, S. 10 f.; 70/S. 38;
79/S. 577 f.; 110/S. 52 f., 586; 148/S. 45; 150

Siemensstraße
30/Bd. 13; 34; 150; 153/S. 228

Sigismundstraße
34; 150

Sigmaringener Straße
34; 40/Bd. 12; 55/S. 469; 70/S. 38;
82/S. 623 ff.; 110/S. 269, 586; 113/S. 551;
128; 150

Sigmaringer Straße
34; 70/S. 38; 150

Sodener Straße
34; 51/S. 400 ff.; 55/S. 50; 57/Bd. 17, S. 66;
70/S. 38; 80/S. 29 f.; 110/S. 588; 150

Solsdorfer Weg
34; 42/1931, S. 4; 65/S. 132; 150

Spandauer Straße
20; 42/1927, S. 75; 75; 86; 150; 153/S. 228

Spandauer Weg
150

Spandauer Weg
150

Spessartstraße
34; 39/Bd. 5, S. 81; 57/Bd. 17, S. 155;
70/S. 38; 150

Spichernstraße
34; 43/S. 462; 70/S. 38; 117/S. 29;
113/S. 1150; 150; 151/S. 30

Spohrstraße
34; 70/S. 39; 108/S. 407; 150

Steglitzer Straße
20; 34; 86/S. 103 f.; 138/S. 317 ff.; 150

Steglitzer Weg
150

Steglitzer Weg
150

Steinrückweg
34; 70/S. 39; 150

Stenzelstraße
8/S. 262, 34; 42/1937, Nr. 24, S. 416; 150;
153/S. 217

Sternstraße
22/S. 385; 34; 42/1938, Nr. 23, S. 448, 150

Storkwinkel
34; 70/S. 39; 150

Storkzeile
42/1930, S. 349, 150

Strackallee
22/S. 387; 42/1935, Nr. 20, S. 473, 1935,
Nr. 26, S. 580; 150

Straßburger Platz
34; 39/Bd. 5, S. 128 f.; 57/Bd. 17, S. 304;
124/Bd. 6, S. 28; 150

Straßburger Platz
150

Straße am Schildhorn
34; 70/S. 39

Straße am Schoelerpark
34; 70/S. 39; 150

Strelitzsche Straße
31/S. 871; 40/Bd. 14, S. 364 f.; 121/Bd. 15,
S. 809 f.; 150

Südtangente
150

Südwestkorso
34; 70/S. 39; 114/Bd. 3, S. 1169; 150

Sulzaer Straße
34; 70/S. 39; 114/Bd. 3, S. 1170; 150

Sylter Straße
34; 70/S. 39; 114Bd. 3, S. 1172; 150

Taubertstraße
22/S. 393; 34; 70/S. 39; 150; 153/S. 227

Taunusstraße
34; 39/Bd. 5, S. 175; 57/Bd. 18, S. 104;
70/S. 39; 150

Taunusstraße
150

Teplitzer Straße
34; 70/S. 40; 40/Bd. 16, S. 326; 121/Bd. 23;
150

Teufelsseechaussee
34

Tharandter Straße
34; 70/S. 40; 121/Bd. 23, S. 387; 150

Tölzer Straße
34; 43/S. 302; 57/Bd. 18, S. 236; 70/S. 40;
83/S. 57 f.; 148/S. 50; 150

Trabener Straße
34; 54/S. 419 ff.; 55/S. 497 f.; 57/Bd. 16,
S. 256; 70/S. 40; 81/S. 371; 98; 150

Trautenaustraße
34; 70/S. 40; 117/S. 29; 121/Bd. 23, S. 755;
150

Triberger Straße
34; 52/S. 391 f.; 55/S. 499; 57/Bd. 18,
S. 283; 70/S. 40; 82/S. 675; 150

Tübinger Straße
34; 35; 52/S. 462 ff.; 57/Bd. 18, S. 324;
70/S. 40; 148/S. 236 f.; 150

Uhlandstraße
34; 38/Bd. 3, S. 2948 ff.; 70/S. 41;
113/S. 1221; 114/Bd. 4, S. 1221;
143/S. 164; 150

Valerienstraße
150

Victoriastraße
84/Bd. 3; 113/S. 1242; 124/Bd. 6, S. 190;
150

Waghäuseler Straße
34; 55/S. 521; 57/Bd. 19, S. 249; 70/S. 41;
82/S. 709; 150; 156

Waldmeisterstraße
34; 70/S. 41; 144/S. 192; 150

Wallenbergstraße
24/Nr. 200, vom 28. 02. 1991, S. 22; 34;
70/S. 41; 150; 157/S. 82 ff:

Wallotstraße
22/S. 414; 34; 70/S. 41; 150

Walter-Fischer-Straße
8/S. 263; 34; 42/1937, Nr. 24, S. 416; 150;
153/S. 224

Walter-Flex-Straße
8/S. 263; 34; 38/Bd. 1, S. 699; 150

Wangenheimstraße
34; 70/S. 42; 150; 151/S. 32

Wangerooger Steig
34; 42/1931, Nr. 1, S. 4; 70/S. 42;
121/Bd. 25, S. 845; 150

369

Warmbrunner Straße
34; 70/S. 42; 90/S. 15; 150

Warneckstraße
34; 68/Bd. 12, S. 311; 70/S. 42; 121/Bd. 25,
S. 24; 150

Warnemünder Straße
34; 58/S. 235; 70/S. 42; 121/Bd. 25, S. 354;
150

Wartenbergische Straße
34; 82/S. 724

Wegenerstraße
34; 70/S. 42; 150

Weimarische Straße
34; 70/S. 42; 85/S. 484 ff.; 121/Bd. 25,
S. 131; 150; 156

Weimarsche Straße
150: 156

Weinheimer Straße
34; 55/S. 537 f.; 57/Bd. 19, S. 339; 70/S. 42;
82/S. 736 f.; 114/Bd. 4, S. 1272; 150

Werkstättenweg
34; 70/S. 42; 150; 153

Werkstattstraße
150

Werkstattweg
150

Wernerstraße
34; 70/S. 42; 114/Bd. 4, S. 1282; 150

Westendstraße
150

Westfälische Straße
34; 57/Bd. 20, S. 52, 55; 70/S. 43; 105;
110/S. 684 ff.; 124/Bd. 6, S. 259; 150

Westphälische Straße
150

Westphälische Straße
34; 70/S. 43

Wetzlarer Straße
34; 51/S. 441 ff.; 55/S. 547 f.; 57/Bd. 20,
S. 60; 70/S. 43; 110/S. 689; 148/S. 241; 150

Wexstraße
34; 70/S. 43; 104/S. 223; 150; 151/S. 34

Wiesbadener Straße
34; 57/Bd. 8, S. 91 f., Bd. 20, S. 82 f.; 70/S.
43; 80/S. 430 ff.; 109/S. 615 f.; 114/Bd. 4,
S. 1293; 150; 151/S. 34

Wildentensteig
34; 70/S. 43; 145/S. 85 f.; 150

Wildpfad
34; 70/S. 43; 121/Bd. 25, S. 359; 150

Wildungener Straße
55/S. 52; 57/Bd. 20, S. 88; 80/S. 33 f.;
110/S. 664; 141/S. 78 ff.; 150

Wilhelmsaue
34; 70/S. 43; 150

Wilhelmstraße
34; 70/S. 43; 150

Wilmersdorfer Chaussee
27; 101; 150

Wilmersdorfer Straße
150

Wilmersdorfer Straße
150

Wilmersdorfer Weg
150

Winkler Straße
34; 57/Bd. 13, S. 105, Bd. 20, S. 105; 70/S. 43;
80/S. 441 f.; 122/Bd. 12; 141/S. 500 f.; 150

Wissmannstraße
34; 38/Bd. 3, S. 3200; 70/S. 44; 121/Bd. 25,
S. 443; 150

Wittelsbacherstraße
34; 57/Bd. 20, S. 125; 70/S. 44;
109/S. 36 ff.; 119; 124/Bd. 6, S. 277 ff.;   150

Wohlauer Straße
34; 90/S. 569 ff.; 113/S. 1320; 114/Bd. 4,
S. 1317; 121/Bd. 25, S. 462; 150

Wolfenbütteler Straße
48/S. 389 ff.; 57/Bd. 20, S. 117/S. 29; 139;
78/S. 435 ff.; 150

Württembergische Straße
34; 57/Bd. 20, S. 169 f.; 70/S. 44; 82;
110/S. 705 ff.; 150

Würzburger Straße
34; 55/S. 563 ff.; 57/Bd. 20, S. 170 f.;
70/S. 44; 148/S. 247 f.; 150

Xantener Straße
34; 35/S. 69; 55/S. 567; 57/Bd. 20, S. 179;
70/S. 44; 124/Bd. 6, S. 288 f.; 148/S. 255;
150

Zähringerstraße
34; 57/Bd. 20, S. 211 f.; 70/S. 44; 119;
124/Bd. 6, S. 293; 150

Zoppoter Straße
34; 70/S. 44; 121/Bd. 25, S. 771; 150

Zugang zum Forstdienstacker
150

Literatur- und Quellenverzeichnis

1   Allgemeine Deutsche Biographie. Auf Veranlassung Seiner Majestät des Königs von Bayern, herausgegeben durch die Historische Commission bei der Königlichen Akademie der Wissenschaften, Band 1 ff., Leipzig 1875 ff.

2   Allgemeines Lexikon der bildenden Künstler, von der Antike bis zur Gegenwart, herausgegeben von Ulrich Thieme, 37 Bände, Leipzig 1949

3   Ambrosi, Hans/Breuer, Bernhard: Der Rheingau (Vinothek der deutschen Weinberglagen), Stuttgart 1978

4   Amtliche Nachrichten des Polizeipräsidiums in Berlin, Berlin 1942

5   Amtliches Straßenverzeichnis der Stadt Berlin, herausgegeben vom Nachrichtenamt der Stadt Berlin, Berlin 1925

6   Amtliches Straßenverzeichnis der Stadt Berlin, herausgegeben vom Magistrat Berlin, Berlin 1930

7   Amtliches Verzeichnis der Straßen von Groß-Berlin, Stand vom 1. April 1948, Berlin 1948

8   Amtliches Verzeichnis der Straßen von Berlin, Stand Januar 1952, Berlin 1952

9   Amtliches Verzeichnis der Straßen von Groß-Berlin, Stand vom 1. Juni 1957, Berlin 1957

10 Amtsblatt für Berlin, (Berlin) Jg. 1 ff., 1951 ff.

11 Amtsbuch der Stadt Berlin 1928. Im Auftrage des Magistrats Berlin herausgegeben vom Nachrichtenamt der Stadt Berlin (Rathaus), Berlin 1928

12 Atlas zur Geschichte in zwei Bänden, Gotha–Leipzig 1975

13 Augsburger Stadtlexikon. Geschichte, Gesellschaft, Kultur, Recht, Wirtschaft, Augsburg 1985

14 Baedeker, Karl: Berlin–Wilmersdorf. Stadtführer, Freiburg / Br. 1975

15 Baier, Gerd/Faber, Elmar/Hollmann Eckhard: Kunstreiseführer Deutsche Demokratische Republik, Kunst und Geschichte von der Romantik bis zur Gegenwart, Leipzig 1986

16 Baumgartner, Gabriele: Brandenburgische Persönlichkeiten. Eine Zusammenstellung von biographischen Daten über Persönlichkeiten aus der brandenburgischen Geschichte, Potsdam 1992

17   Die Bau- und Kunstdenkmale in der DDR, Hauptstadt Berlin. 2 Bände, Berlin 1984

18   Berlin. 800 Jahre Geschichte in Wort und Bild, Autorenkollektiv unter Leitung von Roland Bauer und Erik Hüns, Berlin 1980

19   Berlin. Ergebnisse der heimatkundlichen Bestandsaufnahme, Autorenkollektiv unter Leitung von Joachim Herrmann, Berlin 1987

20   Berlin Handbuch. Das Lexikon der Bundeshauptstadt, Berlin 1992

21   Die Berliner Ehrenbürger. Marginalien zur Kultur- und Sozialgeschichte Berlin-Brandenburg, Berlin 1993

22   Berliner Biographisches Lexikon. Hrsg.: Rollka, Bodo/Spiess, Volker/Thieme, Bernhard, Berlin 1993

23   Berliner Straßen und Plätze, Berlin 1989

24   Berliner Zeitung, Jg. 1991 ff.

25   Berlinische Monatsschrift Luisenstadt (Berlin), Jg. 1 f., 1992 f.

26   Berlin-Wilmersdorf. Die Jahre 1920 bis 1945. Hrsg. Udo Christoffel. Berlin 1985

27   Berlin-Wilmersdorf. Ein StadtTeilBuch. Hrsg.: Udo Christoffel, Berlin: Kunstamt Wilmersdorf 1981

28   Berlin-Wilmersdorf. Informationsbroschüre. Hersteller und Herausgeber: HASTA-Verlag für Bürgerinformation Berlin, Ausgabe 91/92

29   Berlin-Wilmersdorf. Wilmersdorf, Schmargendorf, Kolonie und Forst Grunewald, dargestellt im Kartenbild der Jahre von 1588 bis 1938. Herausgegeben von Udo Christoffel, Kunstamt Wilmersdorf 1983

30   Bertelsmann Lexikon in 15 Bänden, Gütersloh 1984/91

31   Bertelsmann Universal Lexikon, Gütersloh 1992

32   Bertelsmann-Universal-Lexikon in 20 Bänden, Gütersloh–München 1991 ff.

33   Berühmt – bekannt – vergessen. Persönlichkeiten auf Straßenschildern in Steglitz, Berlin 1987

34   Bezirksamt Wilmersdorf: Straßenbenennungsakten

35   Bild-Atlas. Schöne deutsche Kleinstädte. Mit dem Auto unterwegs zwischen Flensburg und Garmisch, Ostfildern o. J.

36   Biographien zur deutschen Geschichte von den Anfängen bis 1945. Lexikon, Berlin 1991

37   Biographien zur Weltgeschichte. Lexikon, Berlin 1989

38   Biographisches Wörterbuch zur deutschen Geschichte. Begründet von Hellmuth Rössler und Günther Franz, 3 Bände, München 1976

39   BI-Universallexikon in fünf Bänden, Leipzig 1988 ff.

40   Brockhaus Enzyklopädie in vierundzwanzig Bänden, Mannheim 1986 ff.

41   Bundesrepublik Deutschland. Schleswig-Holstein–Niedersachsen–Bremen–Hamburg–Berlin–Nordrhein-Westfalen–Rheinland-Pfalz–Hessen–Saarland–Baden-Württemberg–Bayern. Band I, Dortmund 1993/94

42   Communal-Blatt der Haupt- und Residenzstadt Berlin;
       Gemeindeblatt der Haupt- und Residenzstadt Berlin;
       Gemeindeblatt der Stadt Berlin;
       Amtsblatt der Stadt Berlin;
       Amtsblatt der Reichshauptstadt Berlin; Jg. 1 ff., 1860 ff.

43   Deutsche Geschichte in Daten, Berlin 1967

44   Deutsche Geschichte in zwölf Bänden, Berlin 1985 ff.

45   Deutsche Könige und Kaiser des Mittelalters, Leipzig–Jena–Berlin 1989

46   Deutscher Sportbund. Die Gründerjahre des Deutschen Sportbundes, Wege aus der Not zur Einheit. Frankfurt am Main 1991

47   Deutsches Städtebuch. Handbuch städtischer Geschichte. Im Auftrage der Konferenz der landesgeschichtlichen Kommissionen Deutschlands mit Unterstützung des Deutschen Gemeindetages herausgegeben von Professor Dr. Erich Keyser, Band I, Nordostdeutschland, Stuttgart 1939

48   Deutsches Städtebuch. Handbuch städtischer Geschichte. Im Auftrage der Arbeitsgemeinschaft der historischen Kommissionen und mit Unterstützung des Deutschen Städtetages, des Deutschen Städtebundes und des Deutschen Gemeindetages herausgegeben von Professor Dr. Erich Keyser, Band III, Nordwest-Deutschland. I. Niedersachsen und Bremen, Stuttgart 1952

49 Deutsches Städtebuch. Handbuch städtischer Geschichte. Im Auftrage der Arbeitsgemeinschaft der historischen Kommissionen und mit Unterstützung des Deutschen Städtetages,
des Deutschen Städtebundes und des Deutschen Gemeindetages herausgegeben von Professor Dr. Erich Keyser, Band III, Nordwest-Deutschland. II. Westfalen, Stuttgart 1954

50 Deutsches Städtebuch. Handbuch städtischer Geschichte. Im Auftrage der Arbeitsgemeinschaft der historischen Kommissionen und mit Unterstützung des Deutschen Städtetages,
des Deutschen Städtebundes und des Deutschen Gemeindetages herausgegeben von Professor Dr. Erich Keyser, Band III, Nordwest-Deutschland. 3. Landschaftsverband Rheinland,
Stuttgart 1956

51 Deutsches Städtebuch. Handbuch städtischer Geschichte. Im Auftrage der Arbeitsgemeinschaft der historischen Kommissionen und mit Unterstützung des Deutschen Städtetages,
des Deutschen Städtebundes und des Deutschen Gemeindetages herausgegeben von Professor Dr. Erich Keyser, Band IV, Südwest-Deutschland. 1. Land Hessen, Stuttgart 1957

52 Deutsches Städtebuch. Handbuch städtischer Geschichte. Im Auftrage der Arbeitsgemeinschaft der historischen Kommissionen und mit Unterstützung des Deutschen Städtetages,
des Deutschen Städtebundes und des Deutschen Gemeindetages herausgegeben von Professor Dr. Erich Keyser, Band IV, Südwest-Deutschland. 2. Land Baden-Württemberg. Teil-
band Baden, Stuttgart 1959

53 Deutsches Städtebuch. Handbuch städtischer Geschichte. Im Auftrage der Arbeitsgemeinschaft der historischen Kommissionen und mit Unterstützung des Deutschen Städtetages,
des Deutschen Städtebundes und des Deutschen Gemeindetages herausgegeben von Professor Dr. Erich Keyser, Band IV, Südwest-Deutschland. 2. Land Baden-Württemberg. Teil-
band Württemberg, Stuttgart 1962

54 Deutsches Städtebuch. Handbuch städtischer Geschichte. Im Auftrage der Arbeitsgemeinschaft der historischen Kommissionen und mit Unterstützung des Deutschen Städtetages,
des Deutschen Städtebundes und des Deutschen Gemeindetages herausgegeben von Professor Dr. Erich Keyser, Band IV, Südwest-Deutschland. 3. Land Rheinland-Pfalz und Saarland, Stuttgart 1964

55 Das deutsche Städtelexikon. Von Aachen bis Zweibrücken. 1500 Städte und Gemeinden in
der Bundesrepublik Deutschland. Mit 218 ein- und mehrfarbigen Abbildungen. Zusammengestellt und eingeleitet von Fritz Siefert, Stuttgart–Salzburg o. J.

56 Deutsches Zeitgenossenlexikon. Biographisches Handbuch deutscher Männer und Frauen
der Gegenwart, Leipzig 1905

57 dtv-Lexikon in 20 Bänden, Mannheim–München 1992

58 Eichler, Ernst/Walther, Hans: Städtenamenbuch der DDR, Leipzig 1986

59   Engelberg, Ernst: Bismarck. Urpreuße und Reichsgründer, Berlin 1985

60   Engelberg, Ernst: Bismarck. Das Reich in der Mitte Europas, Berlin 1990

61   Ernst, Helmut/Stümbke, Heinrich: Wo sie ruhen ... Kleiner Führer zu den Grabstätten bekannter Berliner in West und Ost, Berlin 1986

62   Escher, Felix: Berlin und sein Umland. Zur Genese der Berliner Stadtlandschaft bis zum Beginn des 20. Jahrhunderts, Berlin 1985

63   Flocken, Jan von: Luise. Eine Königin in Preußen. Biografie, Berlin 1990

64   Gebhardt. Handbuch der deutschen Geschichte, 9. bearbeitete Auflage. Herausgegeben von Herbert Grundmann, 4 Bände, Stuttgart 1970

65   Gemeindeverzeichnis, Korntal 1992

66   Gesamtverzeichnis des Lehrkörpers der Universität Berlin. Band I., 1810–1945, Leipzig 1955

67   Geschichte Berlins. Hrsg.: Wolfgang Ribbe, München 1987

68   Die Geschichte des Christentums. Religion, Politik, Kultur. Herausgegeben von Norbert Brox u. a., 12. Band. Erster und Zweiter Weltkrieg. Demokratien und totalitäre Systeme (1914–1958), Freiburg im Breisgau–Basel–Wien 1992

69   Gläser, Helga/Metzger, Karl-Heinz u. a.: 100 Jahre Villenkolonie Grunewald 1889–1989. Hrsg.: Bezirksamt Wilmersdorf von Berlin, Berlin 1988

70   Goldberg, Werner: Wilmersdorfer Straßen (unveröffentliches Manuskript)

71   Der große Baedeker Berlin. Stadtführer von Karl Baedeker. Mit 20 Stadtplänen, 26 Sonderplänen und 111 Zeichnungen, Berlin 1992

72   Der große Bildatlas zur Deutschen Geschichte. Von Karl dem Großen bis zur Wiedervereinigung, Gütersloh–München 1991

73   Der Große Brockhaus. Handbuch des Wissens in zwanzig Bänden, Leipzig 1928 ff.

74   Großer Deutscher Weinatlas, Mainz 1982

75   Grothe, Jürgen: Spandau – Stadt an Spree und Havel. Aus der Chronik eines Berliner Bezirks, Berlin 1981

76   Haack Weltatlas, Gotha–Leipzig 1980

77 Handbuch der historischen Stätten Deutschlands. Erster Band. Schleswig-Holstein und Hamburg. Herausgegeben von Dr. Olaf Klose, Stuttgart 1958

78 Handbuch der historischen Stätten Deutschlands. Zweiter Band. Niedersachsen und Bremen. Herausgegeben von Professor Dr. Kurt Brüning, Stuttgart 1958

79 Handbuch der historischen Stätten Deutschlands. Dritter Band. Nordrhein-Westfalen. Landesteil Nordrhein. Herausgegeben von Dr. Walther Zimmermann und Dr. Hugo Borger. Landesteil Westfalen. Herausgegeben von Dr. Friedrich von Klocke und Dr. Johannes Bauermann, Stuttgart 1963

80 Handbuch der historischen Stätten Deutschlands. Vierter Band. Hessen. Herausgegeben von Dr. Georg Wilhelm Sante, Stuttgart 1960

81 Handbuch der historischen Stätten Deutschlands. Fünfter Band. Rheinland-Pfalz und Saarland. Herausgegeben von Dr. Ludwig Petry, Stuttgart 1965

82 Handbuch der historischen Stätten Deutschlands. Sechster Band. Baden-Württemberg. Herausgegeben von Prof. D. Dr. Max Miller, Stuttgart 1965

83 Handbuch der historischen Stätten Deutschlands. Siebenter Band. Bayern. Herausgegeben von Dr. Karl Bosl, Stuttgart 1961

84 Handbuch der historischen Stätten Deutschlands. Achter Band. Sachsen. Herausgegeben von Dr. Walter Schlesinger, Stuttgart 1965

85 Handbuch der historischen Stätten Deutschlands. Neunter Band. Thüringen. Herausgegeben von Dr. Hans Patze, Stuttgart 1968

86 Handbuch der historischen Stätten Deutschlands. Zehnter Band. Berlin und Brandenburg. Herausgegeben von Dr. Gerd Heinrich, Stuttgart 1985

87 Handbuch der historischen Stätten Deutschlands. Elfter Band. Povinz Sachsen-Anhalt. Herausgegeben von Dr. Berent Schwineköper, Stuttgart 1975

88 Handbuch der historischen Stätten Deutschlands. [Vierzehnter Band.] Ost- und Westpreußen. Herausgegeben von Dr. Erich Weise, Stuttgart 1966

89 Handbuch der historischen Stätten Deutschlands. Ost- und Westpreußen. Herausgegeben von Dr. Erich Weise, Stuttgart 1981

90 Handbuch der historischen Stätten Deutschlands. Schlesien. Herausgegeben von Hugo Weczerka, Stuttgart 1977

91 Handwörterbuch des Deutschen Aberglaubens. Herausgegeben unter besonderer Mitwirkung von E. Hoffmann-Krayer und Mitarbeit zahlreicher Fachgenossen von Hanns Bächtold-Stäubli, Band III, Berlin–Leipzig 1930/31

92 Herzfeld, Friedrich: Lexikon der Musik, Frankfurt am Main–Berlin (West) – Wien 1971

93 Heuser, Emil: Neuer Pfalzführer. Mit Übersicht über die pfälzischen Haupt-Wege-Bezeichnungen, Ludwigshafen 1979

94 Hinz, Johannes: Pommern-Wegweiser durch ein vergessenes Land, Würzburg 1991

95 Historischer Bild-Atlas. Daten & Fakten der Weltgeschichte, München 1991

96 Holland. Reiseführer, Berlin 1993

97 Hubatsch, Walther: Hindenburg und der Staat, Berlin–Frankfurt–Zürich 1966

98 Hunsrück. Polyglott-Reiseführer, München 1991/92

99 Jaeckel, Gerhard: Die deutschen Kaiser. Eine illustrierte Geschichte der deutschen Herrscher von Karl dem Großen bis Wilhelm II. und Karl I. von Österreich-Ungarn, Augsburg o. J.

100 Jäger, Gabriele: Wilmersdorfer Portraits. Spurensuche in einem Berliner Bezirk. Berlin 1991

101 Kamke, Hans-Ulrich / Stöckel, Sigrid: Wilmersdorf. Geschichte der Berliner Verwaltungsbezirke, Band 11, Berlin 1989

102 Katzur, Klaus: Berlins Straßennamen. Historische Persönlichkeiten auf Straßenschildern, Berlin 1968

103 Katzur, Klaus: Berlins Straßennamen. Ihre Herkunft und Bedeutung, Berlin 1982

104 Katzur, Klaus: Berlins Straßennamen. Ihre Herkunft und Bedeutung, Berlin 1987

105 Kinder, Hermann/Hilgemann, Werner: dtv-Atlas zur Weltgeschichte. Karten und chronologischer Abriß, 2 Bände, München 1992

106 Kleine Enzyklopädie. Deutsche Geschichte von den Anfängen bis 1945, Leipzig 1965

107 Kleine Enzyklopädie. Weltgeschichte, 2 Bände, Leipzig 1981

108 Kleines Tonkünstler Lexikon. Für Musiker unf Freunde der Tonkunst, Leipzig 1910

109 Köbler, Gerhard: Historisches Lexikon der deutschen Länder. Die deutschen Territorien vom Mittelalter bis zur Gegenwart, München 1988

110 Köbler, Gerhard: Historisches Lexikon der deutschen Länder. Die deutschen Territorien vom Mittelalter bis zur Gegenwart, 4., vollständig überarbeitete Auflage, München 1992

111 Kölner Bucht und angrenzende Gebiete. Bearbeitet und zusammengestellt von Angehörigen des Geographischen und des Wirtschafts- und Sozialgeographischen Instituts der Universität zu Köln (Sammlung Geographischer Führer. Herausgegeben von Prof. Dr. A. Leidlmair, Prof. Dr. E. Meynen und Prof. Dr. C. Schott, Bd. 6), Berlin - Stuttgart 1972

112 Kürschner's Deutscher Gelehrten Kalender 1940/41. Herausgegeben von Dr. Gerhard Lüdtke, Berlin 1941

113 Lexikon der deutschen Geschichte. Personen – Ereignisse – Institutionen. Von der Zeitwende bis zum Ausgang des 2. Weltkrieges. Hrsg.: Gerhard Taddey, Stuttgart 1979

114 Lexikon der aktuellen Namen Berliner Straßen und Plätze in vier Bänden nebst einem Anhang über die Brücken und Parkanlagen in Berlin und die Umbenennungen von Straßen und Plätzen seit November 1989. Hrsg.: Hans-Jürgen Mende, 1. Auflage-Berlin: Edition Luisenstadt, 1996

115 Lexikon des Mittelalters. Band V, Hiera-Mittel–Lukanien, München–Zürich 1991

116 Lexikon deutschsprachiger Schriftsteller von den Anfängen bis zur Gegenwart in zwei Bänden, Leipzig 1974/75

117 Lieberknecht, Rolf/Metzger, Karl-Heinz/Nagel, Thomas/Röhrbein, Richard/Schafberg, Herwig: Von der Wilhelmsaue zur Carstenn-Figur. 120 Jahre Stadtentwicklung in Wilmersdorf, Berlin 1987

118 Literatur Lexikon. Autoren und Werke deutscher Sprache. Herausgegeben von Walther Killy u. a., 15 Bände, Gütersloh - München 1988 ff.

119 Matz, Klaus-Jürgen: Wer regierte wann? Regententabelle zur Weltgeschichte von den Anfängen bis zur Gegenwart, München 1992

120 Metzger, Karl-Heinz: Kirchen, Moschee und Synagogen in Wilmersdorf, Berlin 1986

121 Meyers Enzyklopädisches Lexikon in 25 Bänden, Mannheim–Wien–Zürich 1980 ff.

122 Meyers Lexikon. Mit etwa 5000 Textabbildungen und über 1000 Tafeln, Karten und Textbeiträgen, Leipzig 1925 ff.

123 Meyers Neues Lexikon in acht Bänden mit Altlasband und Jahrbücher, Mannheim–Wien–
     Zürich 1978 ff.

124 Meyers Taschenlexikon Geschichte in 6 Bänden, Mannheim–Wien–Zürich 1989

125 Meyers Universallexikon in fünfzehn Bänden, Mannheim–Wien–Zürich 1981 ff.

126 Neue Deutsche Biographie. Herausgegeben von der Historischen Kommission bei der Baye-
     rischen Akademie der Wissenschaften, Bd. 1 ff., Berlin 1953 ff.

127 Das Neue Taschenlexikon in 20 Bänden, Gütersloh 1992

128 Oesterley, Hermann: Historisches und geografisches Wörterbuch des deutschen Mittel-
     alters, Nachdruck der Ausgabe 1883, Aalen 1962

129 Österreich-Lexikon in zwei Bänden, Wien–München 1966

130 Otto von Bismarck, Dokumente seines Lebens 1815–1898, Leipzig 1986

131 Ploetz. Deutsche Geschichte. Epochen und Daten, Freiburg–Würzburg 1988

132 Ploetz. Preußen – Preußische Geschichte zum Nachschlagen, Freiburg–Würzburg 1987

133 Pomplun, Kurt: 50 Jahre „Groß-Berlin". Ein Rückblick auf die Eingemeindungen seit
     1861 mit dem Wortlaut des Berlin-Gesetzes von 1920, Berlin 1970

134 Pomplun, Kurt: Pomplun's Großes Berlin-Buch, Berlin 1986

135 Preußen. Dokumentation. Herausgegeben vom Presse- und Informationsamt des Landes
     Berlin, Berlin 1981

136 Preußen. Legende und Wirklichkeit, Berlin 1983

137 Propyläen Weltgeschichte. Eine Universalgeschichte, 10 Bände, Berlin–Frankfurt am Main
     1991

138 Rach, Hans-Jürgen: Die Dörfer in Berlin. Ein Handbuch der ehemaligen Landgemeinden
     im Stadtgebiet von Berlin, Berlin 1988

139 Ribbe, Wolfgang/Schmädeke, Jürgen: Kleine Berlin-Geschichte. Landeszentrale für poli-
     tische Bildungsarbeit Berlin in Verbindung mit der Historischen Kommission zu Berlin,
     Berlin 1989

140 Die rote Insel. Zur Geschichte des Schöneberger Arbeiterviertels, Berlin 1989

141 Roth, Hermann Josef: Hessen, München 1986

142 Runge, Wolfgang: Hindenburg. Portrait, Berlin 1977

143 Scholtze, Gisela: Charlottenburg und seine Straßen. Straßennamen im Spiegel der Zeiten, Berlin 1993

144 Schülerduden: Die Pflanzen. Herausgegeben und bearbeitet von Meyers Lexikonredaktion, Mannheim–Wien–Zürich 1988

145 Schülerduden: Die Tiere. Herausgegeben und bearbeitet von der Allgemeinen Lexikon- und Sachbuchredaktion des Bibliographischen Instituts, Mannheim–Wien–Zürich 1987

146 Schuster, G.: Stammtafel der Könige von Preußen und der Deutschen Kaiser, o. O. o. J.

147 Spatz, Willy: Aus der Geschichte Schönebergs. in: Erster Verwaltungsbericht des Magistrats der Stadt Schöneberg. Schöneberg 1899, S. 1 ff.

148 Städteführer Bundesrepublik Deutschland. 92 Städte mit 24 Karten und Plänen, 92 Stadtwappen und 182 Zeichnungen, München 1990

149 Straßenführer durch Berlin, Stand: 1. Oktober 1946, Berlin 1946

150 Straßenkartei des Bezirksamtes Wilmersdorf im Wilmersdorfer Museum

151 Straßennamenverzeichnis von Wilmersdorf. Hrsg. vom Bezirksamt Wilmersdorf in Zusammenarbeit mit dem Wilmersdorfer Heimatverein, Berlin o. J.

152 Straßen und Plätze von Berlin (West) nach Verwaltungsbezirken und Ortsteilen sowie nach Statistischen Gebieten, Wohnblöcken, Polizeirevieren und Postämtern, Stand Juni 1961, Berlin 1961

153 Straßenverzeichnis der Reichshauptstadt Berlin, herausgegeben vom Städtischen Statistischen Amt Berlin, Berlin 1938

154 Straßenverzeichnis des Gaues Berlin der NSDAP, Berlin 1939

155 Straßenverzeichnis von Berlin mit den wichtigsten Postbestimmungen, herausgegeben von der Reichspostdirektion Berlin, Berlin Oktober 1935

156 Tagesspiegel, Der; Nr. 16 282 vom 18. März 1998. Hübner, Holger: Unscheinbare Namen mit gewalttätiger Vergangenheit

157 Umbenennungen. Die neuen Straßennamen seit dem Fall der Mauer – Wegweiser zu Berlins Straßennamen, Berlin 1993

158 Unsere Welt. Atlas - Große Ausgabe, Berlin o. J.

159 Veit, Manfred: Niederrhein. Von der Nordeifel über die Aachener Landschaft zur Nieder-
     rheinischen Börde. Landschaft, Geschichte, Gegenwart, Kultur, Kunst, Volkstum. (Deut-
     sche Landeskunde, Abteilung Westdeutschland. Niederrhein, Band 1), Heroldsberg 1984

160 Verordnungsblatt für Groß-Berlin, (Berlin) Jg. 1 ff., 1945 ff.

161 Viergutz, Volker: Schöneberg. (Geschichte der Berliner Verwaltungsbezirke. Hrsg. von
     Wolfgang Ribbe, Band 5), Berlin 1988

162 Vogler, Günter/Vetter, Klaus: Preußen von den Anfängen bis zur Reichsgründung, Köln
     1980

163 Wer ist's? Unsere Zeitgenossen. Zeitgenossenlexikon. zusammengestellt und herausgege-
     ben von H. A. L. Degener, Leipzig 1906

164 Wille, Klaus-Dieter: 42 Spaziergänge in Charlottenburg und Spandau, Berlin 1976

165 Winz, Helmut: Es war in Schöneberg. Aus 700 Jahren Schöneberger Geschichte, Berlin
     1964

166 Wohlberedt, W[illi]: Verzeichnis der Grabstätten bekannter und berühmter Persönlichkei-
     ten in Groß-Berlin und Potsdam mit Umgebung. IV. Teil, Berlin o. J.

167 Wohlberedt, W[illi]: Verzeichnis der Grabstätten bekannter und berühmter Persönlichkei-
     ten in Groß-Berlin und Potsdam mit Umgebung. Neudruck der im Teil I (1932) angegebe-
     nen Grabstätten, Berlin o. J.

168 Zischka, Gert A.: Allgemeines Gelehrten Lexikon, Biographisches Handwörterbuch zur
     Geschichte der Wissenschaften, Stuttgart 1961

169 20 Jahre Heimatverein für den Bezirk Wilmersdorf. Herkunft unserer Schul- und Straßen-
     namen. Hrsg.: Heimatverein für den Bezirk Wilmersdorf, Berlin o. J.

Personenregister

A

Achenbach, Heinrich Karl Julius von 18
Adenauer, Konrad Hermann Joseph 65
Albert I., Bischof von Riga 203
Albert von Sachsen-Coburg-Gotha,
  Prinzgemahl der Königin von
  Großbritannien und Irland 322
Albrecht Friedrich, Herzog von
  Preußen 160
Albrecht I., der Bär, Markgraf von
  Brandenburg, Herzog von Sach-
  sen 58, 217, 311
Albrecht III. Achilles, Markgraf,
  Kurfürst von Brandenburg 19, 71,
  93, 298
Albrecht III., Markgraf von Branden-
  burg 192, 339
Albrecht IV., der Weise, Herzog von
  Bayern 187
Anna, Kurfürstin von Brandenburg 164
Arnim, Bettina (Elisabeth Katharina
  Ludovica Magdalena) von 43
Arnim, Carl Joachim Friedrich Ludwig
  von 43
Arnim, Otto von 244
Auerbach, Bertold (eigentlich Moses
  Baruch Auerbacher) 26, 27
August der Starke vgl. Friedrich
  August I., Kurfürst von Sachsen
  279
Augusta (Marie Luise Augusta
  Katharina), deutsche Kaiserin,
  Königin von Preußen 28
Auguste Victoria Friederike Luise
  Feodora Jenny, deutsche Kaiserin,
  Königin von Preußen 29

B

Auguste Viktoria vgl. Auguste Victoria
  Friederike Luise Feodora Jenny
  185

Badwide, Heinrich von 249
Barnay, Ludwig 35, 207
Bazaine, Francois Achille 121
Beckmann, Ernst Otto 37
Beethoven, Ludwig van 235
Bernadotte af Wisborg, Folke Graf 41
Bernhard, Herzog von Sachsen-Weimar
  208
Berthold II., Herzog von Zähringen
  346
Berthold III., Herzog von Zähringen 107
Beyme, Karl Friedrich Graf von 44,
  305
Bilse, Benjamin 46
Bismarck, Herbert von vgl. Bismarck,
  Nikolaus Heinrich Ferdinand
  Herbert von, Fürst von Schönhau-
  sen 140
Bismarck, Johanna von 162
Bismarck, Marie von verh. Gräfin zu
  Rantzau 162
Bismarck, Nikolaus Heinrich Ferdi-
  nand Herbert von, Fürst von
  Schönhausen 140, 162
Bismarck, Otto Eduard Leopold Fürst
  von 28, 49, 50, 53, 75, 78, 97,
  108, 109, 113, 140, 162, 174, 196,
  224, 235, 283, 322
Bismarck, Wilhelm von 162
Blankenheim, Gerhard von 117
Blech, Leo 197
Blisse, Auguste 50
Blisse, Christian 50
Blücher, Gebhard Leberecht, Fürst von
  Wahlstatt 62, 172

Blüthgen, Viktor (August Eberhard)
51
Böckmann 52
Bogislaw X., Herzog von Pommern
249
Boleslaw III. Kryzwousty, Herzog von
Polen 249
Bonifatius (Winfried), Bischof von
Mainz 97
Bonifazius (Winfried), Bischof von
Mainz 212
Booth, John Cornelius 53, 86
Born, Johann Paul von 247
Boumann, Johann 30
Brahms, Johannes 57, 321
Bräuer, Carl 215
Bräuer, Margarete 215
Breitenbach, Paul von 60, 61
Broniatowski, Karol 20
Bückling 214
Bülow, Hans Guido von 269
Buntschuh, Kunz 188

C

Carion (eigentlich Nägelin oder
Negelein), Johannes 67
Carstenn, Johann Anton Wilhelm von
53, 340
Cecile Auguste Marie von Mecklen-
burg-Schwerin 185
Clay, Lucius Dubignon 72
Conradus de Wirdeberch (Wirtinisberc)
345
Constantius II., Flavius Julius,
römischer Kaiser 180
Cordes, Heinrich 73
Cramm, Gottfried Freiherr von 119
Cuno, Rudolf 76

D

Dalberg, Karl Theodor Anton Maria
Freiherr von, Großherzog von
Frankfurt, Erzbischof von Regens-
burg, Fürstprimas 242, 263
Damaschke, Adolf Wilhelm Ferdinand
77
Daude, Karl 155
De Bodt, Jean 54
Delbrück, Martin Friedrich Rudolph
von 81
Diestelmeyer, Lamprecht 136
Dircksen, Ernst August 336
Douglas, David 86
Duncker, Franz Günter 87
Dünkelberg, Friedrich Wilhelm 88
Dyricke (Diericke), Otto 244

E

Eberhard V. (I.) im Bart, Graf und
Herzog von Württemberg 320
Eisenhower, Dwight David 72
Elisabeth von Brandenburg-Küstrin
171
Ernst August, Kurfürst von Hannover
130
Ernst II., Herzog von Sachsen-Coburg-
Gotha 124
Erzberger, Matthias 138
Esiko, Graf von Ballenstedt 33
Eyth, Eduard Friedrich Maximilian
(Max) von 219

F

Fechner, Hanns (Johannes) 102
Fischer, Walter 325

Flex, Walter 326
Fontane, Theodor 102, 105
Forckenbeck, Maximilian (Max) Franz
    August von 105, 106
Forell, Birger 47, 48
Franz I., König von Frankreich 210
Franz II. (Franz I.), Kaiser von
    Österreich, deutscher Kaiser 107
Freytag, Gustav 124
Friedenthal, Karl Rudolf 108
Friedrich Franz I., Herzog bzw.
    Großherzog von Mecklenburg-
    Schwerin 136
Friedrich Heinrich Ludwig, Prinz von
    Preußen 254, 255
Friedrich Heinrich, Prinz von Nassau-
    Oranien 139
Friedrich I. (Friedrich III.), König in
    Preußen, Kurfürst von Brandenburg
    70, 100, 139, 148, 178
Friedrich I. (Friedrich VI.), Markgraf
    und Kurfürst von Brandenburg,
    Burggraf von Württemberg 19, 93
Friedrich I. Barbarossa, römischer Kaiser,
    deutscher König, (Friedrich III.)
    Herzog von Württemberg 34, 125
Friedrich II. Roger, römischer Kaiser,
    deutscher König, König von Sizilien
    135, 262
Friedrich II., der Eiserne (auch Eisenzahn),
    Kurfürst von Brandenburg 93
Friedrich II., der Große, König von
    Preußen 54, 68, 192, 200, 222,
    251, 254, 294
Friedrich II., Herzog von Liegnitz,
    Brieg und Wohlau 163
Friedrich II., Landgraf von Hessen-
    Kassel 229
Friedrich III. (Friedrich V.), römischer
    Kaiser, deutscher König, österrei-
    chischer Herzog 112

Friedrich III., Herzog von Schwaben
    vgl. Friedrich I. Barbarossa 34
Friedrich III., König von Preußen,
    deutscher Kaiser 113, 124, 322
Friedrich III., Kurfürst von Branden-
    burg vgl. Friedrich I. (Friedrich III.),
    König in Preußen 70, 139, 205
Friedrich IV., der Aufrichtige, Kurfürst
    von der Pfalz 212
Friedrich IV., Markgraf von Meißen vgl.
    Friedrich I. (Friedrich IV.), Herzog
    und Kurfürst von Sachsen 279
Friedrich VI., Burggraf von Nürnberg
    vgl. Friedrich I. (VI.), Markgraf und
    Kurfürst von Brandenburg 237
Friedrich von Schleswig-Holstein-
    Sonderburg-Augustenburg 29
Friedrich Wilhelm I., König in Preußen
    192
Friedrich Wilhelm III., König von
    Preußen 167, 205
Friedrich Wilhelm IV., König von
    Preußen 167, 205
Friedrich Wilhelm Victor August Ernst
    vgl. Wilhelm, Kronprinz 148
Friedrich Wilhelm, der Große Kurfürst,
    Kurfürst von Brandenburg 58,
    103, 115, 139
Friedrich Wilhelm, Kronprinz vgl.
    Friedrich Wilhelm III., König von
    Preußen 244
Friedrich zur Lippe, Graf 109
Furtwängler, Friedrich Wilhelm 111, 112

G

Galen, Christoph Bernhard Freiherr
    von, Bischof von Münster 228
Georg Friedrich, Markgraf von
    Ansbach 160

Georg Wilhelm, Kurfürst von Brandenburg 115, 164
Gieseler, Johann 117
Gill, Henry 117, 118
Gleim, Johann Wilhelm Ludwig 100
Gneisenau, August Wilhelm Anton Graf Neidhardt von 43
Gneist, Heinrich Rudolf Hermann Friedrich von 118
Goethe, Johann Wolfgang von 43, 330
Grieg, Edvard Hagerup 121
Grünberg, Martin 200
Günderode, Caroline von 43
Güntzel, Bernhard 123
Gustav II. Adolf, König von Schweden 115, 208
Gustav V., König von Schweden 41
Gutenberg (eigentlich Gensfleich zur Laden), Johannes von 96

H

Habermann, Ernst 124
Hagen, Otto von 106, 125, 126
Halske, Johann Georg 299
Hammerstein-Loxten, Hans Freiherr von 129
Hardenberg, Karl August Fürst von 205
Hatto, Erzbischof von Mainz 46
Hauptmann, Gerhart 102
Hedwig, Kurfürstin von Brandenburg 136
Heinrich VI., römischer Kaiser, deutscher König, König von Sizilien 89
Heinrich, der Löwe, Herzog von Bayern und Sachsen 36, 59, 218
Heinrich, Prinz von Preußen vgl. Friedrich Heinrich Ludwig 200

Helfferich, Karl 137
Hermann V., Markgraf von Baden 89
Heyden-Cadow, Wilhelm Carl Heinrich von 142
Hildegard von Bingen 143
Hiltwin 143
Himmler, Heinrich 41
Hindenburg, Paul von Benneckendorff und von 144, 145
Hirsch, Max 88
Hitler, Adolf 144
Hobrecht, James Friedrich Ludolf 145
Hofer, Andreas 187
Hoffmann von Fallersleben, August Heinrich 124, 147
Hohmann, Erich 149
Höhmann, Heinrich 150
Hubertus, Bischof von Lüttich 154
Humboldt, Friedrich Wilhelm Heinrich Alexander von 155, 156
Humperdinck, Engelbert 197
Hus, Jan 181

J

Jacob, Johann 186
Jaczo von Köpenick vgl. Jaxa von Köpenick 311
Jagow, Traugott Achatz von 158
Jaxa von Köpenick 58, 218
Jessel, Leon 198
Joachim Friedrich, Kurfürst von Brandenburg 160, 161, 164, 171, 283
Joachim I. Nestor, Kurfürst von Brandenburg 136, 233, 290
Joachim I., Kurfürst von Brandenburg vgl. Joachim I. Nestor 67
Joachim II. Hektor (auch Hector), Kurfürst von Brandenburg 20, 68, 136, 162, 188, 233

Joachim, Joseph 160, 161, 165
Johann (Hans), Markgraf von Branden-
burg-Küstrin 162, 192, 233
Johann Cicero, Kurfürst von Branden-
burg 71, 233, 298
Johann Georg, Kurfürst von Branden-
burg 160, 162, 163, 210
Johann Sigismund, Kurfürst von
Brandenburg 115, 163, 164
Johann von Küstrin vgl. Johann (Hans)
Markgraf von Brandenburg-Küstrin
163, 171
Johann von Luxemburg, König von
Böhmen 91
Johann Wilhelm (Jan Willem), Kurfürst
von der Pfalz 90

K

Kahl, Wilhelm 166, 167
Karl der Kühne, Herzog von Burgund
66
Karl Friedrich, Großherzog von
Sachsen-Weimar 28
Karl I., der Große, Kaiser, fränkischer
König, König der Langobar-
den 17, 228, 243
Karl II., Herzog von Mecklenburg-
Strelitz 205
Karl IV., römischer Kaiser, deutscher
König, König von Böhmen 170,
250, 305
Karl V., römischer Kaiser, deutscher
König 210
Katharina II., Jekatarina Alexejewna,
Zarin von Rußland 254
Katharina von Brandenburg-Küstrin 171
Katharina, Markgräfin von Branden-
burg-Küstrin 171
Katte, Hans Hermann von 192

Kennedy, John Fitzgerald 73
Kleist, Heinrich von 135
Klindworth, Karl 174, 175
Knaus, Ludwig 175
Knyphausen, Dodo von 208
Koenigs, Felix 176
Königsmarck, Otto Graf von 179
Konrad III., deutscher König 218
Konrad von Hohenstaufen, Pfalzgraf 134
Konrad, Herzog von Zähringen 107
Körner, Karl Theodor 209
Krahwinkel, Hilde 119
Kugler, Franz Theodor 222
Kullmann, Eduard Franz Ludwig 75, 76

L

L'Arronge, Adolf 35
Lassen, Christian 194
Lentze, August 197
Leopold II., König der Belgier 342
Lieck 199
Lindner, Adalbert 264
Liszt, Franz 174, 321
Lochow 203
Louis Ferdinand (Ludwig Ferdinand
Christian), Prinz von Preußen 277
Lucius von Ballhausen, Robert Freiherr
206
Ludendorff, Erich 144
Ludwig der Bayer vgl. Ludwig IV. 36, 100
Ludwig I. (Karl August), König von
Bayern 172
Ludwig I. der Kelheimer, Herzog von
Bayern, Pfalzgraf 134
Ludwig II., der Deutsche, ostfränkisch-
deutscher König 36
Ludwig II., König von Bayern 100
Ludwig IV., der Bayer, römischer
Kaiser, deutscher König 36, 100

Ludwig IX., der Heilige (Saint Louis),
König von Frankreich   207
Ludwig XIV., der Sonnenkönig, König
von Frankreich   245, 310
Luise Auguste Wilhelmine Amalie,
Königin von Preußen   167, 205, 244
Luise Henriette von Oranien, Kurfür-
stin von Brandenburg   139, 140
Luitpold (Karl Joseph Wilhelm
Ludwig), Prinzregent von Bayern 255
Luther, Martin   28, 97
Lützow, Ludwig Adolph Wilhelm
Freiherr von   209
Lynar, Graf Rochus Guerini zu   210

M

Maaßen, Karl Georg   277
Mahler, Gustav   212
Malte I., Reichsgraf von Putbus   257
Mansfeld, Ernst Graf von   63
Manville, Estelle Romaine   41
Maria Pawlowna, Großfürstin und
Herzogin von Sachsen-Weimar   28
Markus, Heiliger   218
Martin V., Papst   180
Maximilian I., römischer Kaiser,
deutscher König   187
Medici, Alessandro de   210
Mehlitz, Daniel Ludwig   221
Meierotto, Johann Heinrich Ludwig
221, 222
Meinecke, Johann Albrecht Friedrich
August   222
Meinhard, Bischof von Üxküll   203
Melanchthon (eigentlich Schwarzerd),
Philipp   67
Menzel, Adolf Friedrich Erdmann von
222, 223
Messel, Alfred   223, 224

Miquel, Johannes von   224
Morgenroth, Julius   225
Mosse, Rudolf   226, 274, 275
Motz, Friedrich Christian Adolph von
227

N

Napoleon I. Bonaparte, Kaiser der
Franzosen   35, 62, 78, 97, 159,
169, 205, 209, 245
Napoleon III. Louis Bonaparte, Kaiser
der Franzosen   283
Nering, Johann Arnold   200
Nikisch, Arthur   111, 234, 235
Nimptsch   293

O

Oeynhausen, Carl Freiherr von   239
Onold   23
Oskar, Prinz von Schweden   41
Otto I., der Große, römischer Kaiser,
deutscher König, Herzog von
Sachsen   17, 210, 279
Otto II., römischer Kaiser, deutscher
König   25, 63
Otto III., Markgraf von Brandenburg
63, 290
Otto III., römischer Kaiser, deutscher
König   63
Otto von Ballenstedt, Graf   217
Oudinot, Nicolas Charles de, Herzog
von Riggo   35

P

Piccolomini Octavio, Herzog von
Amalfi   229

Pribislaw (Heinrich), Fürst der
  Heveller 218
Pückler-Muskau, Hermann Ludwig
  Heinrich Fürst von 256, 257

R

Ranke, Franz Leopold von 258, 259
Rathenau, Emil 261
Rathenau, Walther 138, 261, 262
Reger, Johann Baptist Joseph Max
  264
Reuter, Fritz 266
Rheinbaben, Georg Freiherr von 267
Riemann, Hugo 264
Rosenthal, Hans 131
Rudolf I. von Habsburg, deutscher
  König, (Rudolf IV.) Graf von
  Habsburg 87
Rudolf von Habsburg vgl. Rudolf I.
  von Habsburg 89, 183, 273
Rudorff, Ernst F. C. 275, 276
Ruhland, Gustav 277

S

Schaffgotsch, Caspar von 293
Schaffgotsch, Johann Nepomuk
  Reichsgraf 328
Schaper, Karl 161, 282
Scharwenka, Franz Xaver 175
Schellendorff, Paul Eduard Anton
  Leopold Heinrich Bronsart von 283
Scherl, August Hugo Friedrich 226
Schill, Ferdinand Baptista von 209
Schiller, Johann Christoph Friedrich
  von 215, 330
Schilling, Johannes 233
Schinkel, Karl Friedrich 30, 284, 309

Schlegel, August Wilhelm von 194
Schleich, Carl Ludwig 68
Schleiermacher, Friedrich Ernst Daniel
  43
Schleinitz, Gustav Freiherr von 285
Schlieben, Georg von 116
Schmidt, Albert 248
Schmidt, Julian 124
Schoeler, Heinrich Leopold 289, 290,
  312
Schönborn, Damian Hugo Philipp von,
  Bischof 63
Schramm, Franz Otto 291
Schramm, Hildegard 143
Schramm, Otto 143
Schubert, Franz 321
Schulze-Delitzsch, Franz Hermann
  88
Schumacher, Hermann 292
Schumann, Robert 321
Schwarzenberg, Karl Philipp Fürst zu
  35
Schwedler, Johann Wilhelm 294
Schweinfurth, Georg 295
Schwenninger 68
Schwerin, Kurt Christoph Graf von 62
Seeberg, Reinhold 296
Seherr-Thoß, Charlotte Maximiliane 69
Seherr-Thoß, Johann Christoph von 69
Selchow, Werner von 297
Sesselmann, Friedrich 297, 298
Siemens, Ernst Werner von 298, 299
Sigismund I., König von Polen,
  Großfürst von Litauen 136, 299
Sophie Charlotte, Königin in Preußen,
  Kurfürstin von Brandenburg 70,
  200
Sophie von Liegnitz, Kurfürstin von
  Brandenburg 163
Spohr, Ludwig 304
Stegelitz, Heinrich von 305

Stein, Heinrich Friedrich Karl Reichs-
    freiherr vom und zum   205
Steinrück, Albert   307
Stenzel   307
Stern, Julius   308
Stork, Friedrich   308, 309
Strack, Johann Heinrich   309
Strauss, Richard Georg   269
Swantopolk, Herzog von Pommerellen   78

T

Tacitus, Publiuś Cornelius   141
Taubert, Carl Gottfried Wilhelm   315
Theiss, Caspar (auch Theyss)   68
Theyß, Caspar   188

U

Uhland, Ludwig   321
Ullstein, Leopold   226

V

Vauban, Sébastian le Prestre de   247
Victoria (Alexandria Victoria),
    britische Königin   322
Viktor, Heiliger   346
Viktoria Adelheid Marie Luise,
    deutsche Kaiserin,
    Königin von Preußen   184, 322
Virchow, Rudolf   75, 102, 145

W

Wagner, Bernhard   42
Waldeck-Pyrmont, Georg Friedrich von 258
Wallenberg, Raoul-Gustav   324
Wallenstein, Albrecht Wenzel Eusebius
    von   91, 209, 229

Wallot, Paul   325
Wangenheim, Konrad Freiherr von   326
Warneck, Gustav   328
Weber, Carl Maria von   209
Wegener, Robert   330
Werner, Anton Alexander von   333
Wex, Eduard   336
Wieck, Bernhard   42
Wildung, Fritz   110, 111
Wilhelm (Friedrich Wilhelm Victor
    August Ernst), deutscher und
    preußischer Kronprinz   185
Wilhelm I. (Friedrich Ludwig Wil-
    helm), deutscher Kaiser, König von
    Preußen   28, 30, 31, 63, 73, 89,
    148, 167, 168, 188, 205, 212, 235,
    255, 323, 331, 339
Wilhelm II. (Friedrich Wilhelm Victor
    Albert), deutscher Kaiser, König
    von Preußen   29, 124, 148, 185
Wilhelm II., König von Württemberg 345
Wilhelm IX., Landgraf von Hessen vgl.
    Wilhelm (Wilhelm IV.) Kurfürst von
    Hessen-Kassel   229
Wilhelm von Nassau-Dillenburg vgl.
    Wilhelm I., der Schweiger   84
Wilhelmina, Helina Paulina Maria,
    Königin der Niederlande   24
Willem III. (Wilhelm III.) von Oranien,
    Statthalter der Niederlande   24
Willigis, Erzbischof von Mainz und
    Reichskanzler   46
Windthorst, Ludwig   207
Wirth, Joseph   138, 261
Wissmann, Hermann von   342
Wrangel, Karl Gustav Graf von   103

Z

Zeiss, Carl   159

Straßenverzeichnis

Aachener Platz
Aachener Straße
Achenbachstraße
Ahrweilerstraße
Albrecht-Achilles-Straße
Alter Begräbnisplatz
Am Bahnhof Grunewald
Am Postfenn
Am Seepark
Amselstraße
Am Volkspark
An der Trift
Ansbacher Straße
Apeldoorner Straße
Aschaffenburger Straße
Aßmannshauser Straße
Auerbacher Straße
Auerbachstraße
Augsburger Straße
Augustastraße
Auguste-Viktoria-Straße
Auguststraße

B

Babelsberger Straße
Badensche Straße
Bahnhofstraße
Bahnstraße
Baiersche Straße
Ballenstedter Straße
Bamberger Straße
Barbarossastraße
Barnayweg
Barstraße
Bayerische Straße

Bechstedter Weg
Beckmannstraße
Bergheimer Platz
Bergheimer Straße
Berkaer Platz
Berkaer Straße
Berliner Platz
Berliner Straße
Berliner Weg
Bernadottestraße
Bernhardstraße
Bernhard-Wieck-Promenade
Bernhard-Wieck-Straße
Bettinastraße
Beverstedter Weg
Beymestraße
Bibersteig
Bielefelder Straße
Bilsestraße
Bingener Straße
Binger Straße
Birger-Forell-Platz
Birkenwäldchenstraße
Bismarckallee
Bismarckplatz (Grunewald)
Bismarckplatz (Wilmersdorf)
Blissestraße
Blüthgenstraße
Böckmannsche Privatstraße
Bonner Straße (um 1900–?)
Bonner Straße (1909)
Boothstraße
Borkumer Straße
Bornimer Straße
Bornimstraße
Bornstädter Straße
Bornstedter Straße
Brabanter Platz
Brabanter Straße
Brahmsstraße
Brandenburger Straße

Brandenburgische Straße
Braunschweiger Straße
Bregenzer Straße
Breitenbachplatz
Breite Straße
Brieger Straße
Brienner Straße
Briloner Straße
Bruchsaler Straße
Bruchsal Straße
Buchhofstraße
Buchwaldplatz
Bundesallee
Bundesplatz
Burgunder Straße
Buschstraße
Buschweg

C

Carionweg
Carl-Ludwig-Schleich-Promenade
Carlstraße
Caspar-Theyss-Straße
Charlottenbrunner Straße
Charlottenburger Weg (Schmargendorf)
Charlottenburger Weg (Wilmersdorf)
Cicerostraße
Clayallee
Coblenzer Straße
Cordesstraße
Crampasplatz
Cranzer Straße
Cronberger Straße
Culmannallee
Culmbacher Straße
Cunostraße

Dachsberg
Damasckestraße
Danziger Straße
Darmstädter Straße (1875–1876)
Darmstädter Straße (1908)
Davoser Straße
Deidesheimer Straße
Delbrückstraße
Der hohe Weg
Detmolder Straße
Die Kuhtrift
Die kurze Trift
Dievenowstraße
Dillenburger Straße
Doberaner Straße
Dorfaue
Dorfstraße
Douglasstraße
Driburger Straße
Duisburger Straße
Dunckerstraße
Dünkelbergsteig
Durlacher Straße
Düsseldorfer Straße

E

Eberbacher Straße
Egerstraße
Ehrenfeldstraße
Eichhörnchensteig
Eichkampstraße
Eichkatzweg
Eilsener Straße
Eisenzahnstraße
Eislebener Straße
Elberfelder Straße
Elgersburger Straße
Elsterplatz
Eltviller Straße

Emser Platz
Emser Straße
Erbacher Straße
Erdener Straße
Erfurter Straße
Ermslebener Weg
Ettaler Straße

F

Falkensteiner Straße
Fasanenplatz
Fasanenstraße
Fechnerstraße
Fehrbelliner Platz
Fischottersteig
Flensburger Straße
Flinsberger Platz
Fontanestraße
Forckenbeckstraße
Försterweg
Franzensbader Straße
Freiburger Straße
Friedenthalstraße
Friedrichshaller Straße
Friedrichsruher Straße
Frischlingssteig
Fritz-Wildung-Straße
Fürther Straße
Furtwänglerstraße

G

Gartenstraße
Gasteiner Straße
Geisbergstraße
Geisenheimer Straße
Georgstraße
Georg-Wilhelm-Straße

Gerdauener Straße
Gerdauer Straße
Gerolsteiner Straße
Gieselerstraße
Gillstraße
Gillweg
Gneiststraße
Goldfinkweg
Gottfried-von-Cramm-Weg
Grainauer Straße
Gravelotter Straße
Grenzstraße
Griegstraße
Grieser Platz
Grüner Weg
Grunewaldstraße
Güntzelstraße
Gustav-Freytag-Straße

H

Habermannplatz
Hagenauer Straße
Hagenplatz
Hagenstraße
Halberstädter Platz
Halberstädter Straße (um 1872 – um
    1880)
Halberstädter Straße (1905)
Halenseestraße
Hamburger Straße
Hammersteinstraße
Hanauer Straße
Hannoversche Straße
Hannöversche Straße
Hans-Rosenthal-Platz
Harlinger Straße
Hasensprung
Hauptstraße
Havelchaussee

Heidelberger Platz
Heidelberger Straße
Heideweg
Heilbronner Straße
Heiligendammer Straße
Hektorstraße
Helfferichstraße
Helgolandstraße
Helmstedter Straße
Henriettenplatz
Herbertstraße
Herthastraße
Hessische Straße
Heydenstraße
Hildegardstraße
Hildesheimer Straße
Hindenburgstraße
Hintere Straße
Hobrechtstraße
Hochheimer Straße
Hochmeisterplatz
Hoffmann-von-Fallersleben-Platz
Hohensteiner Straße
Hohenzollerndamm
Hohenzollernplatz (1892–1901)
Hohenzollernplatz (1901)
Hohmannstraße
Höhmannstraße
Holsteiner Straße (um 1875–1888)
Holsteiner Straße (um 1890–1893)
Holsteinische Straße
Homburger Platz (um 1900 – um 1934)
Homburger Platz (1934–1958)
Homburger Straße
Honnefstraße
Hopfenbruchstraße (1876–1890)
Hopfenbruchstraße (um 1880 – um
   1885)
Hubertusallee
Hubertusbader Straße
Humboldtstraße

Hundekehlestraße
Hundequeleweg

I

Ilmenauer Straße
Issumer Straße

J

Jagowstraße
Jenaer Straße
Joachim-Friedrich-Straße
Joachimplatz
Joachimstaler Straße
Johannaplatz
Johann-Georg-Straße
Johannisberger Straße
Johann-Sigismund-Straße
Joseph-Joachim-Platz
Joseph-Joachim-Straße
Jülicher Straße
Jungfernstraße

K

Kahlstraße
Kaiserallee
Kaiserplatz
Kaiserstraße
Kalischer Straße
Kalkhorster Straße
Karlsbader Straße
Karlsruher Straße
Katharinenstraße
Kaubstraße
Kelheimer Straße
Kempenicher Straße
Kirchhofstraße
Kirchstraße

Kissinger Platz
Kissinger Straße
Klindworthsteig
Knausstraße
Koblenzer Straße
Koenigsallee
Kolberger Platz
Köllnischer Platz
Königsberger Straße (um 1872 – um
1885)
Königsberger Straße (1895–1902)
Königshofer Straße
Königsmarckstraße
Königsweg
Konstanzer Straße
Kösener Straße
Kostnitzer Straße
Krampasplatz
Kranzer Straße
Kreuznacher Straße
Kronberger Straße
Kronprinzenallee
Kronprinzendamm
Kudowastraße
Kufsteiner Straße
Kulmbacher Straße
Kunz-Buntschuh-Straße
Kunzstraße
Kuppenheimer Straße
Kurfürstendamm
Kurfürstenplatz
Kurmärker Platz
Kurmärker Straße
Küstriner Straße

L

Landauer Straße
Landecker Straße
Landhausstraße

Larionweg
Lassenstraße
Laubacher Straße
Laubenheimer Platz
Laubenheimer Straße
Lauenburger Straße (um 1875 – um
1888)
Lauenburger Straße (um 1890–1937)
Lentzeallee
Leo-Blech-Platz
Leon-Jessel-Platz
Liebenwerdastraße
Lieckstraße
Liegnitzer Straße
Lietzenburger Straße
Linnicher Straße
Lipaer Straße
Lippspringer Straße
Livländische Straße
Lochowdamm
Lorcher Straße (um 1900–?)
Lorcher Straße (1909)
Louisenstraße
Luchsweg
Luciusstraße
Ludwig-Barnay-Platz
Ludwigkirchplatz
Ludwigkirchstraße
Lützenstraße
Lützowstraße
Lynarstraße

M

Magdebuger Straße
Magdeburger Platz
Mahlerstraße
Mainzer Straße
Mannheimer Straße
Mansfelder Straße

Marbacher Straße
Margaretenstraße
Margarethenstraße
Marienbader Straße
Marienburger Straße
Markgraf-Albrecht-Straße
Markobrunner Straße
Maxdorfer Steig
Max-Eyth-Straße
Mecklenburger Straße
Mecklenburgische Straße
Mehlitzstraße
Meierottostraße
Meinekestraße
Menzelplatz
Menzelstraße
Messelstraße
Miquelstraße
Misdroyer Straße
Morgenrothstraße
Mossestraße
Motzstraße
Mühlenweg
Münstersche Straße

N

Nachodstraße
Nassauer Straße
Nassauische Straße
Nauheimer Straße
Neckarstraße
Nedlitzer Straße
Nenndorfer Straße
Nestorstraße
Niederwaldstraße (um 1908–1936)
Niersteiner Straße
Nikischstraße
Nikolsburger Platz
Nikolsburger Straße

Norderneyer Straße
Nürnberger Platz
Nürnberger Straße

O

Oberfeldstraße
Oberhaardter Weg
Oeynhausener Straße
Oeynhauser Straße
Offenbacher Straße
Oldenburger Straße
Olivaer Platz
Orber Straße
Osnabrücker Straße

P

Paderborner Straße
Parallelstraße
Paretzer Straße
Pariser Straße
Parkstraße
Passauer Straße
Paulsborner Straße
Pfalzburger Straße
Platz am wilden Eber
Plöner Straße
Pommersche Straße (um 1885–1888)
Pommersche Straße (1892)
Prager Platz
Prager Straße
Preußische Straße (um 1875 – um 1880)
Preußische Straße (1892–1908)
Priesterweg
Prinzenstraße (um 1875 – um 1880)
Prinzenstraße (1890–1902)
Prinz-Heinrich-Straße

Prinzregentenstraße
Promenade I
Promenade IV
Promenadenweg
Pücklerstraße
Putbuser Platz
Pyrmonter Straße

R

Rankeplatz
Rankestraße
Rastatter Platz
Rastatter Straße
Rathenauallee
Rathenauplatz
Rauenthaler Straße
Ravensberger Straße
Regensburger Straße
Regerstraße
Rehkitzsteig
Reichenhaller Straße
Reinerzstraße
Reissnerstraße
Reuterpfad
Rheinbabenallee
Rheinische Straße
Rheydter Straße
Richard-Strauss-Straße
Ringbahnstraße
Ringstraße I
Ringstraße II
Rintelner Straße
Rosberitzer Straße
Roseneck
Rothenburger Straße
Rüdesheimer Platz
Rüdesheimer Straße
Rudolf-Mosse-Platz
Rudolf-Mosse-Straße
Rudolstädter Straße

Rudorfstraße
Ruhlaer Straße
Ruhlandallee
Ruhrstraße

S

Saalfelder Straße
Sächsische Straße
Sadowastraße
Salzbrunner Straße
Salzunger Straße
Saßnitzer Straße
Sauerländer Straße
Schaperstraße
Schellendorffstraße
Schildhornweg
Schinkelstraße
Schlangenbader Straße
Schleinitzstraße
Schlesische Straße
Schleswiger Straße
Schleswigsche Straße
Schmargendorfer Straße
Schmargendorfer Weg
Schoelerallee
Schoelerpark
Schöneberger Straße
Schöneberger Weg
Schrammstraße
Schumacherplatz
Schwalbacher Straße
Schwarzbacher Straße
Schwarzwaldstraße
Schwedlerstraße
Schweidnitzer Straße
Schweinfurthstraße
Seebergsteig
Seesener Straße
Seestraße
Selchowstraße

Sesselmannweg
Siegburger Straße
Siemensstraße
Sigismundstraße
Sigmaringener Straße
Sigmaringer Straße
Sodener Straße
Solsdorfer Weg
Spandauer Straße
Spandauer Weg (Wilmersdorf)
Spandauer Weg (Schmargendorf)
Spessartstraße
Spichernstraße
Spohrstraße
Steglitzer Straße
Steglitzer Weg (Wilmersdorf)
Steglitzer Weg (Schmargendorf)
Steinrückweg
Stenzelstraße
Sternstraße
Storkwinkel
Storkzeile
Strackallee
Straßburger Platz (1875–1888)
Straßburger Platz (um 1890–1895)
Straße am Schildhorn
Straße am Schoelerpark
Strelitzsche Straße
Südtangente
Südwestkorso
Sulzaer Straße
Sylter Straße

T

Taubertstraße
Taunusstraße (Grunewald)
Taunusstraße (Wilmersdorf)
Teplitzer Straße
Teufelsseechaussee

Tharandter Straße
Tölzer Straße
Trabener Straße
Trautenaustraße
Triberger Straße
Tübinger Straße

U

Uhlandstraße

V

Valerienstraße
Victoriastraße

W

Waghäuseler Straße
Waldmeisterstraße
Wallenbergstraße
Wallotstraße
Walter-Fischer-Straße
Walter-Flex-Straße
Wangenheimstraße
Wangerooger Steig
Warmbrunner Straße
Wareckstraße
Warnemünder Straße
Wartenbergische Straße
Wegenerstraße
Weimarische Straße
Weimarsche Straße
Weinheimer Straße
Werkstättenweg
Werkstattstraße
Werkstattweg
Wernerstraße

Westendstraße
Westfälische Straße
Westphälische Straße (um 1875 – um
    1880)
Westphälische Straße (1888–1905)
Wetzlarer Straße
Wexstraße
Wiesbadener Straße
Wildentensteig
Wildpfad
Wildungener Straße
Wilhelmsaue
Wilhelmstraße
Wilmersdorfer Chaussee
Wilmersdorfer Straße (1898–1902)
Wilmersdorfer Straße (1876–1886)
Wilmersdorfer Weg
Winkler Straße

Wissmannstraße
Wittelsbacher Straße
Wohlauer Straße
Wolfenbütteler Straße
Württembergische Straße
Würzburger Straße

X

Xantener Straße

Z

Zähringerstraße
Zoppoter Straße
Zugang zum Forstdienstacker